「専売建築」と妻木頼黄

「標準化」の思想と実践

西山雄大

九州大学出版会

目　次

序章
課題と視角

第1節　本書の目的と背景

　本書では，日清戦争（1894. 7–1895. 4）後に急速に膨張した国家財政を賄うための一方策として導入された，煙草と塩の専売制度の施行を支えた数多の施設群が，如何にして計画され整備されたか，その実施過程を通史的に扱う。とくに，日露戦争（1904. 2–1905. 9）中に遂行された工事を含め，短時日での大量の施設計画を可能にした要素として「標準化」に着目し，検討の中心軸に据える。「標準化」の具体相を史料に即して復原的に明らかにし，技術的な側面と官庁営繕を取り巻く制度的な側面との相関性から歴史的な考察で読み解き，近代日本の建築史の流れの中に位置付けることを目指す。

図 序-1　妻木頼黄肖像写真
安藤安 編『日本橋紀念誌』（日本橋紀念誌発行所, 1911. 4）の口絵「日下部技師長、妻木博士、米元主任技師」を切り抜いて引用。同書は非売品だが，1 冊が日本建築学会図書館妻木文庫に所蔵されている（登録番号：J7010409）。

　専売制導入時の一連の施設計画を管掌したのは大蔵省営繕組織だが，その部署の筆頭の技師（内務技師との兼任）を務めたのが妻木頼黄（1859–1916）［図 序-1］である。妻木は明治期を代表する日本人建築家の一人で，当時の建築界の中心的存在であった辰野金吾（1854–1919）に対峙したことで知られている。彼らは，御雇外国人に替わる次の世代を担う存在として様式主義の建築作品を多く残すと同時に，それぞれの立場で後継人材の育成指導に力を入れた。

　明治建築史研究の泰斗である建築史家・村松貞次郎（1924–1997）は，幕末開港期以降の西洋建築技術の受容と普及の流れを「官の系譜」と「民の系譜」とに大別して整理を試みた[1]。村松は，「官の系譜」も決して一枚岩ではなく，ジョサイア・コンドル（1852–1920）以来官学で「正統」とされた英国流と，官庁街集中計画に招聘されたヘルマン・エンデ（1829–1907）およびヴィルヘルム・ベックマン（1832–1902）に由来する独逸流との間に対抗意識があったこともあわせて指摘している。彼らに続く日本人建築家のうち，前者を継承したのが工部大学校教授（後に帝国大学工科大学教授）として建築界を主導した辰野であり，後者の筆頭が「官庁営繕の巨頭」と言われる妻木であった。この対置的な図式は，後の帝国議会議事堂の設計案選定をめぐる両者の対立の淵源としても理解されている[2]。結果として，辰野・妻木ともに自ら議事堂の設計を手がけることなく世を去ったが，両者（およびそれぞれの教え子や部下たち）の間の緊張関係は，日本近代建築史を縦貫する軸として今日に至るまで語り継がれている。

　明治から昭和戦前期にかけての大蔵省営繕の沿革について記述される際にも，この議事堂建設が一つの到達点とされることが多い。「議事堂中心史観」とでも言えるこの歴史認識の枠組みでは，様式や設計案の選定方式についての議論が本格化する以前の明治 20 年代後半から 30 年代は，事実上の「空白期間」として等閑視されている。葉煙草および煙草製造，さらに塩専売のための施

設計画はまさにその時期に行われ，かつ個々の建築物の一点豪華主義的な質の追求よりも速成が重視され，大半が木造で実施された。そのためか，建築家としての妻木の代表作[3][図 序-2，図序-3]として見なされることはなく，これまで体系的な研究の対象として取り上げられていない。

　もとより，近代社会における建築の主要な役割の一つは，中央集権的な国民国家の成立を視覚的に表象することであり，議事堂はまさにその代表的な存在と言える。しかし近代社会が産業革命の産物として成立した歴史的個体であるという側面に目を向けると，産業化の鍵である量産性や均質性が建築にも何がしかの変容を迫ったものと見るべきだろう。そのとき，従来の「大作主義」的な視座からのみ建築家像や作風を描写し，その積み重ねによって歴史を叙述する方法論では，近代の時代性を正確に記述することはできない。また，工業化の途上にあった明治日本においては，設計工程の標準化すなわち「標準設計」のみでは限られた時間と人的資源での大量の施設供給が実現し得ないことは明らかである。本書ではこれらの問題意識に基づき，一品受注型の生産方式が基本の建築分野において「量産」を可能にするための生産機構として，「標準設計」よりもさらに広義的に「標準化」を仮定する。その上で，本邦の明治中後期から大正初期にかけての建築の近代化過程において，それが果たした機能と意味について考察したい。

　煙草と塩に始まる専売制度は，国家歳入の増加を図る手段として，大蔵省の主導により比較的早い段階から導入が提唱されていた[4]。しかし，仲買業者や煙草製造業者を中心に多くの民間商工業者に強制的な転廃業を迫ることになるが故に議論は紛糾し，最終的には軍事的財政的な事態の急迫によって半ばなし崩し的に導入決定に至った経緯がある[5]。日露戦争の開戦後に急遽施行

図 序-2　旧・横浜正金銀行本店本館
（現・神奈川県立歴史博物館）

筆者撮影（2023. 9）。建築監督は遠藤於菟（1866–1943）が務めた。中央のドームは関東大震災で焼亡したが，昭和 42（1967）年に神奈川県立歴史博物館として開設される際にほぼ創建時に近い形状（隅欠き八角形で直径約 12 m，ドームの高さ 10.05 m，道路面からの高さ 36 m）に復元された。

図 序-3　旧・日本勧業銀行本店
（現・千葉トヨペット本社屋）

筆者撮影（2020. 7）。数度の移築と転用を経て，現在に至る。屋根窓をはじめ細部装飾は既に失われているが，全体の和風意匠やプロポーションは保たれている。設計時の外観透視図は図 1-4 として後掲する。

が決定した煙草製造と塩の専売制が一般に「戦費調達のため」と理解される[6]所以である。したがって，局舎や倉庫など専売事業を支える全国的な施設網について事前に準備が進められることはなく，法の公布から施行までの数か月単位の僅かな期間での施設計画が要求された。その結果として，短期間で全国広範に亘る施設網を完成させるため，同一の仕様と形態に基づく木造主体の工事となった。これは実施時期と計画規模の両面から見て，戦前期の本邦における「標準設計」による建築として最初期の代表的事例の一つと言える。

　以下，本書中では「専売制施行のために計画整備された建築」のうち，明治後期から大正初期にかけての制度導入時に速成整備されたものを総称して，便宜的に「専売建築」とする。とくに大正期以降の官主導の建築において，各省の建築技師がそれぞれの所管する建築を組織名称を冠して一つの独立したジャンルであるかのように「○○建築」と称し，戦後にかけて定着した例がある。自称の場合には，謙遜の意味を込めてか「所謂」という詞を付して呼称することもある。一概には言えないが，後述する「逓信建築」や「郵政建築」はそうした代表例だろう。一方で，「専売建築」なる語の使用例は同時代の史資料は勿論，その後の刊行物などにも見られない。これは，その建築事務を管掌した営繕組織が専売局自前のものでなく大蔵省直属のため，税関施設や議院建築など数ある設計業務のうちの一つに過ぎなかったことが少なからず影響したと思われる。つまりは，設計当事者たちの専従意識の希薄さが後世の評価にも影を落としたかたちである。また，運用者である専売局の度重なる組織改編や事業拡大により，新設以降の施設整備の全容が極めて把握し難いことも挙げられる。

　そのため，本書ではひとまず，専売制度が軌道に乗った大正中期以降の施設計画については，「専売建築」の範囲外と仮定する。時期的には，妻木頼黄ら大蔵省営繕組織に初期から在籍した人員の多くの退任ともほぼ重なる。また，本文中では次のように用語を定義し使用する。

営繕：「建築物の営造と修繕」[7]。本書の対象は「新営工事」が過半を占めるため，後者の「修繕」についてはごく部分的に扱う程度に留まる。文中では「官庁営繕」や「営繕組織」など，建築用語の一部としての使用や史資料からの引用を主とする。

施設計画：発注者あるいは運用者の要求に応じて，必要な建築物や工作物を供給整備すること。本書では，新営工事や既存家屋の修繕はそのための具体的な手法として位置付ける。また，煙草と塩という一次産品の商品特性や産地の地理的な偏在が，施設群の分布や機能を大きく左右する要因である。

工事運営管理：調査企画・設計・施工監理という設計者（営繕組織）側が主体となって行う，建築物の竣工・稼働に至るまでの一連のプロジェクト・マネジメント。史料中では各施設計画を「○○新営工事」と呼称することに倣い，本書中でも「工事」を冠した。なかでも，組織の人材手配や人員の配置，遠隔地の各現場との文書の往復などを具体的な管理手法として取り上げる。

図 序-4　本書における「標準設計」と「標準化」

　なお，本書中で扱う原史料中に「標準化」あるいは「標準設計」との直接の表記や呼称が見られるわけではない。供給する施設群の仕様や形態を中央で一元的に策定して設計図書を作成し，その複製を各現場に配布することで同一の建物を各地で造営しようとする計画手法の総称として「標準設計」を用いる。つまり，設計工程のみを対象とした取り組みとして「標準設計」を想定し，対して設計の前後工程をも含めた，より総体的な合理化・規格化への組織的な志向を「標準化」とする［図 序-4］。

第 2 節　既往研究の成果と本書の視座

　ここでは，本書の第 1 章から第 5 章の各章で取り上げる課題を明確にするため，主だった既往研究を対象・分野別に纏めて，その成果と課題点を整理する。

1　妻木頼黄・大蔵省営繕組織に関する研究

　第 1 章では，専売制施行のための施設計画を管掌した営繕組織を扱う。妻木頼黄が率いた明治期の大蔵省営繕組織の史的研究については，大まかに分類すると①組織の沿革，②官僚建築家・妻木頼黄およびその部下の来歴，③設計（関与）作品の 3 つの視点設定がある。これらはいずれも既往研究による成果が厚く，各組織の在籍技術者の氏名も既に網羅されている。まずは，妻木の経歴のうちとくに前半生について簡潔に整理した上で，それぞれの既往研究が設定した論点に着目する。

　妻木頼黄は安政 6（1859）年に江戸赤坂の旗本の家に生まれ，幼名・久之丞と名付けられた。頼黄が生まれた家は妻木本家から枝分かれた分家で，その知行地が上総国にあったことから「上総妻木家」と通称された。長崎奉行代を務めた父の源三郎頼功が文久 2（1862）年に任地で病没したことから，幼くして家督を継ぎ明治維新を迎えた。その後，東京外国語学校英語学下等第四級を皮切りに数校の在籍を経て，明治 9（1876）年に下屋敷を処分して，17 歳で単身米国ニューヨークへと渡った。現地では昼間は商店に勤める傍ら夜間中学校に通っていたようだが，領事館に出

入りするうちに，後に政府の要職を占める富田鐵之助（1835-1916）や目賀田種太郎（1853-1926）らと親交を結ぶに至ったことが知られている。彼らから日本国内で修学するよう勧告を受けた頼黄は帰国して，明治11（1878）年に工部大学校造家学科（後の東京帝国大学建築学科）に入学したものの卒業することなく退学し，15（1882）年に再度渡米した。2年後にコーネル大学建築学科を卒業し，"Bachelor of Architecture" の学位を携えて翌明治18（1885）年に帰国したのが26歳のことである。辰野より5歳下の妻木が彼と対峙する存在となった根底には，工部大学校ではなく海外大学の卒業生という特殊な経歴と立場が存在したことは想像に難くない。帰国した妻木は東京府に御用掛の職を得るが，議事堂および中央官庁街建設のために明治19（1886）年2月に設置された臨時建築局の技師を兼ねた。官僚建築家としての経歴の始まりと同時にベルリンへの留学によって，独逸派の主要人物として歩み始めたことになる。明治23（1890）年3月の臨時建築局の廃止後は，内務省の所属となった[8]。これ以降，妻木は書類の上では内務技師であり続け，「専売建築」の整備に従事していた間も内務・大蔵両省に籍を置いた。

こうした技術官としての歩みを踏まえると，先に妻木の代表作として挙げた横浜正金銀行本店本館や注釈で触れたその他の建築作品の多くは本務以外の業務成果であることに気付かされる。その意味で，「専売建築」はまさに彼の官僚建築家としての本務であるにもかかわらず，建築作品としての評価を受けていない存在である。

大蔵省営繕の歴史は，大正末期から昭和初期にかけての帝国議事堂建設へと終着する一連の系譜を主流として扱われることが多く，専売制関連の施設計画はその系譜上から外れたものとしてこれまで重要視されていない。長谷川堯『日本の建築［明治大正昭和］　4議事堂への系譜』（増田彰久 写真，三省堂，1981.4）の書名は，そうした評価軸のあり方を端的に表す一例と言えよう。ただし長谷川は，妻木の建築官僚としての実務能力，すなわち「計画性と組織力」も高く評価している。なかでも「システマティックな発想と解決への、基本的な理解が芽生えていたように感じられる」（傍点原文ママ）具体的な事例として，「専売法による煙草・塩の生産、流通のためすみやかに遅滞なく完成させねばならない」もの（すなわち，本書が対象とする「専売建築」）が神戸と横浜の港湾整備とともに挙げられている。

他方で，それらの実現のための組織運営に対しての具体的な言及は乏しく，幕臣としての「妻木家の家風」など妻木個人の生い立ちや幼少期の生育環境に触れるに留まっている。上意に忠実な武家出身者に，官僚としての素質を見出す視点である。この他，妻木の初期の履歴に着目したものとしては，清水慶一・堀勇良による論考[9]がある。青年期の第一次訪米（1876-1877.6）の折に形成された人脈が「妻木の後の活動におおいに役立った」との清水らの指摘からは，妻木の立身出世への意欲の一端を垣間見ることができる。

第2章では，妻木の手によって作成された「営繕局」の設置案を取り上げる。上掲の長谷川（1981）の理解では，妻木は基本的には上から与えられた行政的財政的な課題を建築的に解決する手腕に長けた存在とされ，忠実な実務家としての側面が強調される。したがって，妻木自身の政策決定への関与については殆ど着目されていない。また，各営繕組織の沿革については，これまではその整理自体が目的化しているようにも見受けられる。第1章で扱う「臨時」編成の営繕

組織による体制が当時の展望の中でどう捉えられていたのかという点が従前の研究では検討されておらず，単に既定路線と見なされているに過ぎない。

2　標準設計に関する先行研究

　第 3 章から第 5 章では，葉煙草・煙草製造・塩の各専売制度導入時の施設計画において採用された「標準設計」の手法を整理する。建築史学あるいは建築計画学の分野における，近代日本の標準設計に関する既往研究で取り上げられているのは，大別すると以下の 4 つである。

(1)　住宅建築における標準設計

　標準設計の事例として，建築計画学の分野で今日最もよく知られているのは，戦後の住宅供給を担った鉄筋コンクリート造の公営住宅であろう。東京大学吉武泰水研究室の一員として 51C 型をはじめとした公営住宅標準設計の基本案策定に携わった鈴木成文は，その著書『五一 C 白書—私の建築計画戦後史（住まい学大系 101）』（住まいの図書館出版局，2006. 6）で，「平面が生活を表現するとの考え」からエスキスの過程では住戸平面の検討に偏っていた旨を回想している。すなわち，住宅建築においては平面計画こそが住環境の水準向上の直接的な手段として標準化の中心命題とされ，企画・設計段階から後の評価時に至るまでその認識が一貫していたことが窺われる。

　この他にも，官舎や社宅建築などを住宅史上に位置付けて検討する﨑山俊雄らの一連の調査研究 [10] では，間取りの類型化や発展系統の整理に主眼が置かれ，平面構成と居住者の所属する組織内での職位・階層との関連が指摘されている。

(2)　学校建築における標準設計

　学校建築については，戦後の小学校校舎の整備が中心的な論題となっている。文部科学省によると，昭和 25（1950）年に，教育の量的拡大に対応しつつ学校施設を全国で一定の水準に整備できるよう「鉄筋コンクリート造の標準設計」が作成された。これは，文部省（当時）から日本建築学会に委嘱されたものである。川島智雄『戦後モダニズムの学校建築』（鹿島出版会，2024. 2）では，文部省と地方自治体が共同で進めた「モデルスクール」事業や建築設計者と教育者側の協働など，法制度や人的体制を含めて，標準化の全容が描写されている。

　学校建築については，施設を管理・運用する教育界の側からも関心が寄せられる。その一例として，堀井啓幸「戦後の学校建築史（その 1）—学校施設理論の蓄積と実際に関する若干の考察—」（『学校経営研究』第 9 巻，pp. 29-48，1984. 4）では，教育環境の平準化という観点から学校建築の成立史が纏められている。

(3)　郵政建築・電電建築の標準化

　旧逓信省の建築，所謂「逓信建築」に標準設計が導入されたのは戦後のことである。ここでは，逓信建築の系譜を継承した郵政省による「郵政建築」と日本電信電話公社の「電電建築」におけ

る標準化導入の概況を整理する。

　郵政建築の通史的な展開については，日本郵政株式会社 監修・鈴木博之 監修協力『郵政建築 逓信からの軌跡』（建築画報社，2008. 12）に詳しい。戦中戦後の物資統制が解除された昭和20年代半ば以降に，「組織の力をもって全体の質的向上を図る」ために具体的な指針として「設計基準」「標準設計」（昭和25（1950）年）や「標準詳細」（昭和27（1952）年）が示された。造形的にはなお個人に委ねられるところが大であったとされるが，設計会議（逓信省時代の技師会議を発展させたもの）や「設計照会」（地方の設計案を本省に持参して，指導助言を受ける，昭和26（1951）年より開始）を通して詳細に検討され，客観性と統一性が追求された，としている。意匠面では，そうした過程で，鉄筋コンクリート造の庁舎に庇を全面的に回す「各階庇スタイル」が昭和30年代に確立され，「郵政建築」のアイデンティティとなったと総括される。

　電電建築については，昭和30年代前半における標準設計導入の経緯を纏めた向井覚『建築標準設計のシステム』（鹿島研究所出版会，1971. 1）がある。これは，標準化の成果物である局舎設計についての紹介ではなく，導入に際しての体制整備や規格の制定など電電公社設計部の組織としての取り組みを纏めたものであり，他の論考とは趣旨が異なる。同書では電電公社設計課の高柳仁の言を引いて，標準設計の目的を整理している（pp. 8-9）。

　「設計の標準化については①技術レベルの均質，②組織体としての意志の統一，③設計期間のスピード化，④設計・施工を通じての作業の一貫性を目的として行われるものである。そして，現在（引用者注：昭和35年頃の発言）では全国を通じて設計の不均質をなくし，かつ増大する仕事量に対処してゆくというのが最大の眼目なのである。」（中略）まったく私個人の考えで，標準設計というものを定義づけてみる。

　　建築の標準設計とは，組織的な技術の蓄積により，組織全体の設計技術の水準を向上させるため，その組織の到達すべき規範や実施すべき規格を具体的に明示して，判断のよりどころとする手法であって，これにより建築生産の能率化，近代化に貢献しようとするものである。

　上掲の文中では「標準化」と「標準設計」が混用されているようにも見受けられるが，実質的には，冒頭にあるように「設計の標準化」について言及したものである。

⑷　鉄道駅舎（停車場）建築における標準設計

　木造の標準設計の例としては，戦前期の鉄道駅舎がよく知られる。各駅舎に設定された等級毎に待合室・事務室・湯呑所・休憩室などの各割り当て面積が定められるとともに，その室構成の最適化モデルとして標準平面が提示された。長尾篤・丹羽和彦「わが国近代における中・小規模駅舎の標準設計」（『日本建築学会九州支部研究報告集』第43号，pp. 577-580，2004. 3）では，明治31（1898）年の「鉄道工事設計参考図面」に始まり，明治33（1900）年3月の「停車場定規」，大正7（1918）年5月の「小停車場本屋標準図」（鉄道院達616号）といったように規定に順次改訂が加えられ，中小駅舎の平面の定型化が段階的に進んだ様相が明らかにされている。等級区分という階層的な制度と平面構成との相関に着目して施設供給の実相に迫るという点では，⑴で触

れた﨑山らの官舎建築の研究と同様の視点に立脚したものと理解できよう。

　とくに前二者については，我が国の近代国家成立期の建築学の成立と発展の過程を整理した大部の著である，日本建築学会 編『日本近代建築発達史』（丸善，1972）中の「7編　建築計画」でたびたび取り上げられている。このことは，標準設計が歴史研究の対象であるだけでなく，建築計画学の分野において，同時代の社会課題を解決する手法として認識され取り組まれたことを示している。

　これらの既往研究の蓄積を踏まえた上で本書の結論の一部を先に示すと，「専売建築」における「標準化」の対象は，平面計画のみに留まらない。断面の構成，すなわち架構形式や建築材料の選定から監理に際しての態度に至るまで，文字通り微に入り細に入り設けられた規定に基づいて実施された点は，「専売建築」が他の標準設計と性質を異にする部分である。さらに，それらが改訂されつつ中長期にわたって展開したわけではなく，比較的短い期間の内に完結したことも大きな相違点と言えよう。他方で，建設予定の施設群を数段階に等級分けし，それぞれの等級に最適な床面積や仕様を宛てがう手法など共通点も見出せる。

　では，いったい何が「専売建築」とその他の標準設計事例とを分けたのであろうか。本書では，人材・組織・政策といった建築生産の背景因子として隠れがちな面にその一因を求め，個々のディテイルや要素相互の関係性を明らかにすることで，「専売建築」に輪郭を与えることを試みる。

3　旧専売局の建築遺構についての研究

　旧専売局とりわけその黎明期の施設群は，大正期から昭和初期にかけての施設更新や戦後の専売公社への移行，さらにその後の民営化時の払い下げにより，既に大半が失われている。施設更新については，新営工事から20年内外での建て替えが見られる一方で，組織末端の出張所では増改築を重ねながら設置当初の施設を使い続けていた例もあり，施設維持管理の全体的な指針は，資料的な制約もあり芒洋として捉え難い。明治末期に煙草専売局と塩務局，樟脳事務局が専売局へと統合された際の資産整理に伴う出張所の統廃合や専売事業拡大に伴う施設増大により，個別解的な工事が多数行われたことが全体像の把握を困難にしている主因と考えられる。

　大部分が失われたとは言え，現存建築物・遺構もある。建築史学の分野においてそれらに目が向けられたのは1990年代後半から2000年代初頭と比較的近年のことで，管見の限りでは，足立裕司による赤穂塩務局（兵庫県）の庁舎に関する2004年の調査報告[11]が学界における研究報告の嚆矢と言えそうである。さらに近年では，山崎幹泰によって「金沢煙草製造所新営工事設計図」の発見が報告[12]されており，図面史料と現存建築物との相互参照によりその歴史的価値を明らかにしようとしたものとして着目される。

　また，煉瓦積みの構法に関しては長谷川直司らによる調査研究がある[13]。各地に現存する塩務局所の附属文書庫の壁体を計測して仕様書と比較し，当時の大蔵省営繕における組積工事の寸法体系や工事監理の要領について検討を加えたものである。ただし，専売制に関する施設計画の大半を占めた木造工事との関連性や組織の体制整備の観点からの言及は見られない。

表 序-1 専売制導入時の現存建築物・遺構と既往調査

番号	施設名称	現存建築物・遺構	竣工	所在地	現用途	主な調査報告	備考
①	千厩葉煙草専売所	事務所	1897 Dec.	岩手県 一関市千厩	郷土資料館	畠山（2012） 西山・斎藤（2020）	国登録有形文化財（2005）
②	岡山葉煙草専売所 加茂出張所	収授所	1897 Dec.	岡山県吉備 中央町下加茂	民俗資料館	岡山県教委 編 （2005）	国登録有形文化財（2006）
❸	太田葉煙草専売所	倉庫2棟	1897 Dec.	茨城県常陸 太田市栄町	－	長谷川（堯） （1981）	掲載後取り壊しのため現存せず
④	熊本塩務局津屋崎 出張所	文書庫	1906 Jul.	福岡県福津市 津屋崎	－	－	屋根，床が崩落し壁体のみ現存
⑤	三田尻塩務局 小松志佐出張所	庁舎，文書庫， 門柱*	1906 Sep.	山口県大島町 小松開作	－	山口県教委 編 （1998）	2006年3月まで大島歴史民俗 資料館 *設立当初のものかは不明
❻	仙台塩務局石巻 （渡波）出張所	庁舎，文書庫， 門柱* など	1906 Oct.	宮城県石巻市 渡波	漁業倉庫	畠山（2012） 斎藤・西山（2021）	東日本大震災，台風被害により 取り壊し *設立当初のものかは不明
❼	名古屋塩務局 吉田出張所	庁舎，文書庫， 塩倉	1906 Nov.	愛知県幡豆郡 吉良町 （現・西尾市）	専売公社 出張所	吉良町教委 編 （2011）	現存せず
⑧	赤穂塩務局 網干出張所	庁舎，塩倉，附 属便所，門柱*	1906 Dec.	兵庫県姫路市 網干区新在家	事務所	兵庫県教委 編 （2006）	*設立当初のものかは不明
⑨	阪出塩務局伯方 （東伯方）出張所	庁舎***，文書庫	1907 Mar.	愛媛県今治市 伯方町	工場倉庫	愛媛県建築士会 編（2018）	*** 庁舎は昭和初期の建て替え
⑩	阪出塩務局伯方 （岡山）出張所	庁舎****	1907 Aug.	愛媛県今治市 大三島	農協宿舎	大成（2005）	****2006年頃に取り壊し
⓫	三田尻塩務局	庁舎，門柱	1907 Dec.	山口県防府市	職員研修所	専売公社（1980）	掲載後取り壊しのため現存せず
⑫	三田尻塩務局長府 （王司）出張所	庁舎，門衛所	1907 Sep.	山口県下関市 王司本町	公民館	山口県教委 編 （1998）	掲載後文書庫取り壊し
⓭	三田尻塩務局秋穂 （二島）出張所	庁舎，文書庫	1908 Feb.	山口県山口市 秋穂二島	住宅	山口県教委 編 （1998）	掲載後取り壊しのため現存せず 報告書では「長浜出張所」と記載
⑭	熊本塩務局 姫島出張所	文書庫，門柱*	1907 Feb.	大分県姫島村 北浦	不明	－	*設立当初のものかは不明
⑮	長崎塩務局早岐 （佐々）出張所	文書庫	1907 Mar.	長崎県佐々町 小浦免	農業倉庫	長崎県教委 編 （1998）	長崎県まちづくり景観資産 （2008）
⑯	味野塩務局 山田出張所	庁舎，文書庫， 門柱*	1908 Mar.	岡山県玉野市 山田	デイケア 施設	－	国登録有形文化財（2011） *設立当初のものかは不明
⑰	赤穂塩務局	庁舎，文書庫， 塩倉**	1908 Mar.	兵庫県赤穂市 加里屋	民俗資料館	川島（2001） 足立（2004）	払い下げ時に敷地分割，塩倉を 移築
		塩倉**			工場倉庫	兵庫県教委 編（2006） 長谷川（直）（2016）	** 塩倉は基礎嵩上げなど改修済
⓳	阪出塩務局 波止浜出張所	庁舎****， 門柱****	1911 Mar.	愛媛県今治市 波止浜	事務所	大成（2005）	****2006年頃に取り壊し
⑲	三田尻塩務局長府 （豊西上）出張所	庁舎，文書庫， 上家，塩倉	1911 Aug.	山口県下関市 吉見下	事務所	山口県教委 編（1998） 越智 編（2016）	現存（ただし，上家・塩倉の状 況は不明）
⑳	金沢煙草製造所	工場（一部）	1913 Dec.	石川県金沢市 玉川	古文書館	石川県教委（2008） 山崎（2017）	国登録有形文化財（1996） 金沢市立玉川図書館（1978）の 別館

丸数字は竣工順で，所在地は各既往報告時点の市町名。2024年の本表整理時点で取り壊し済みであっても，調査報告や書籍で取り上げられているもの（表中黒丸数字）は含めた。分布は図 序-5，図 序-6を参照。これらの他に，三田尻塩務局平生（曽根）出張所の文書庫が山口県熊毛郡平生町水場に，同じく三田尻塩務局菱海（日置）出張所の文書庫が山口県長門市掛渕に少なくとも2010年までは存在していた旨の証言を得た（山口県文書館・淺川均専門研究員より）が，2024年8月現在，既に取り壊されており現存しない。

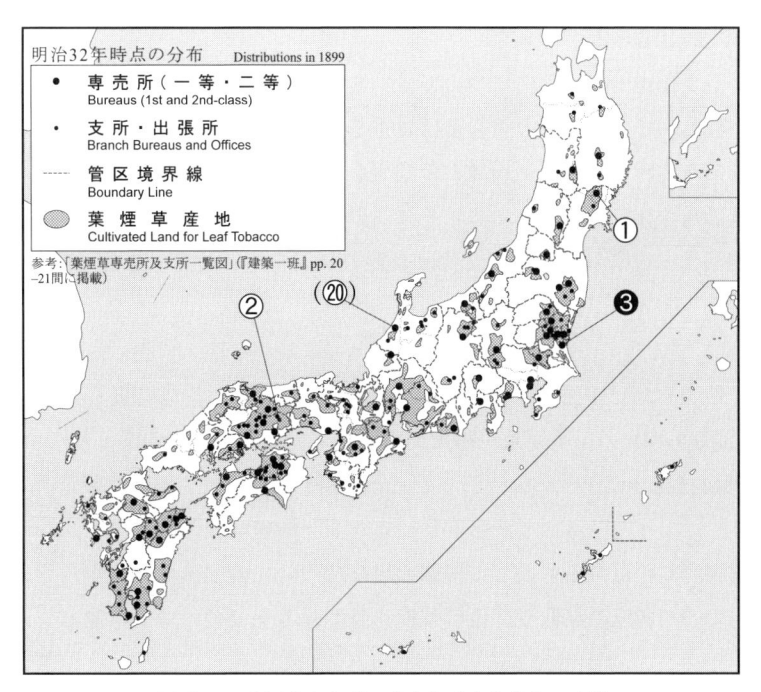

図 序-5　葉煙草専売所の分布と現存建築物・遺構

樋口紗矢氏作成協力。

⑳は煙草製造所であって葉煙草専売所ではないが，関連施設の現存例として含めた。

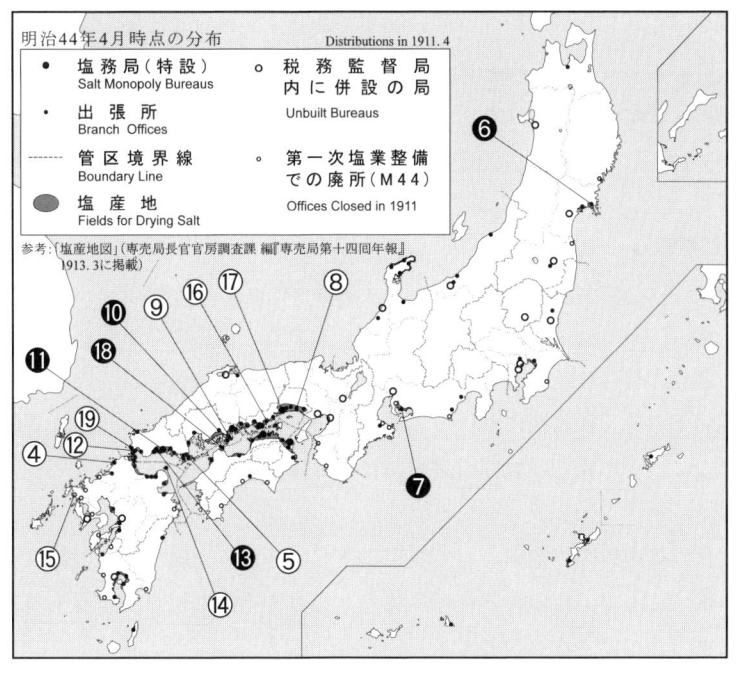

図 序-6　塩務局所の分布と現存建築物・遺構

樋口紗矢氏作成協力。

⑴　各県の近代化遺産調査報告

　各地に点在する現存建築物・遺構については，所在県単位で地域の近代化遺産として教育委員会による調査が行われており，その報告書は貴重な知見を示してくれる。既に取り壊されたものについても，塩業や葉煙草耕作など地域の産業史を形成する一部として断片的ながら調査の対象に含まれ，記録に残されている例がある。それら既往の調査と建築学分野の既往研究を網羅的に整理し，現存建築物・遺構の現用途や文化財登録の状況をあわせて示した［表 序-1，図 序-5，図序-6］。

　「専売建築」に対する扱いや評価が一定していない様は，表 序-1 に掲げた現存建築物・遺構のうち，わずか 3 件のみが日本建築学会 編『日本近代建築総覧：各地に遺る明治大正昭和の建物 新版』（技報堂出版，1983）の掲載対象（❸太田葉煙草専売所（p. 65 および p. 73 の 10070 専売公社太田支所），⑰赤穂塩務局（p. 339 の 36157 日本専売公社赤穂支局），⑳金沢煙草製造所（p. 218 の 24140 金沢市立図書館））になっていることからも察せられる。同書は調査時点で全国各地に現存していた近代建築を網羅的に収録するもので，掲載の取捨についての明確な基準が示されているわけではないが，地元での知名度の高低や評価の程度を推し量る上での一つの指標と言えるだろう。

⑵　建築学分野外からの視線

　旧専売局の建築遺構は煙草文化史の分野においても近年注目されつつあり，たばこ総合研究センター 編『たばこ史研究』誌上での報告[14] が散見される。また，既に取り壊されたものについても，古写真などが郷土資料としてごく断片的ながら記録に残されている例がある。それらは内外観写真の掲載を中心とした事例紹介程度の記述であり，実測など詳細な調査を伴っていないために建築学的には必ずしも正確な内容とは言い切れない。しかしながら，建築を通して専売制度導入期当時の地域情勢を描き出そうとする眼差しは，従来の建築史研究にはなかったものとして注目に値する。

4　本書の視座と意義

　前項 3 で列挙した既往研究や調査報告は，専売制導入時における施設供給の全体像への言及に乏しくいずれも局所的あるいは断片的なものになっており，包括的な考察が十分になされているとは言い難い。各地の現存の建築遺構の紹介に際しても，妻木頼黄の関与のみが過度に注目される状況が長く続いている。戦前期における標準設計の代表例としてよく知られる鉄道駅舎や郵便局舎などとは異なり，その成立と展開の過程については未だ不明な点が多く残されているのが実情である。

　本書では，近代建築史研究の空白として見過ごされてきた専売制導入時の施設計画をその過程から精密に描き出すことで，官による「標準化」という供給側の視点から建築の近代化過程の一様相を具体的に明らかにできるものと考えている。

　ところで，木造建築の近代化過程については，従来は主に意匠・装飾の「西洋（風）化」と架構の「耐震化」という 2 点から理解され論じられている。前者については，「見よう見まね」の

擬洋風建築における伝統的な技術との摩擦と融合を経た洋式技術の消化の過程を整理した清水重敦『日本の美術　第446号　擬洋風建築』（至文堂，2003.7）など，多くの蓄積がある。後者については，源愛日児『木造軸組構法の近代化』（中央公論美術出版，2009.8）がとくに詳しい。それら既往研究では，明治期の木造洋風建築は煉瓦造や石造など組積造の代替に過ぎないものという見方が主流である。「専売建築」の計画でも，工期と工費の制約といった消極的な理由から木造が選択されたことは否定できない。しかし一方で，標準化を志向するにあたって木造が合目的的であろうことは，先に挙げた駅舎建築が同じく木造であることからも窺われる。本書では，平面計画のみならず，構法や建築材料の選択をめぐる具体相をも含めて総体的に分析することで標準化の実相に迫り，その歴史的定位を図る。

第3節　本書の調査方法と対象史資料

　本書で扱う史資料の属性は，主に次の4点に分けられる。①現存建築物・遺構，②図面史料，③設計趣旨・仕様書など文献史料，④古写真である。昭和40年代の塩田廃止や専売公社の民営化に伴い，多くの土地・施設が払い下げられ取り壊されたとは言え，当初の供給数の多さ故に，とくに塩務局所のものについては比較的多くの現存事例がある。これらは当然ながら現在に至るまでに用途転換や増築，改修を経ており，建築当初の姿ではない。それを復原的に考証するためには，他地域の①同士を比較するだけでなく，②以下と複合的に組み合わせて検証する必要がある。

　②および③については，大蔵省営繕組織が編集発行した事業報告書を参照する。それぞれの来歴や史料的な性格については第2章にて詳述するが，紙幅の制約により収録されていない図面類も多い。図面原本は散逸しており所在不明なため，所載対象外の図面については，どういったものがあったかすら朧げにしかわからないのが実情である。また，日本建築学会図書館には，妻木頼黄の子息・二郎により寄贈された旧蔵書や関連史料が「妻木文庫」として整理・所蔵されている。これらは，妻木が設計参考用に手元に置いていたであろう図書類や内務省・大蔵省勤務時の記録書類が主で，設計図面や透視図は一部に留まる。妻木文庫の中には，「専売建築」に関する史資料は刊行物である臨時葉煙草取扱所建築部 編『臨時葉煙草取扱所建築部建築一班』（登録番号：J7010261）と大蔵省臨時建築部 編『臨時煙草製造準備局成蹟一斑　第二編建築部』（登録番号：J7010262）の他は現存しないものと考えられてきた[15]。

　上記の刊行資料には，とくに専売機構の末端に位置する出張所の図面類が省略されているが，地方僻地に点在するそれらを如何に整備したかという点は「専売建築」の実像を明らかにする上で欠かせない部分である。詳しくは第3章にて記すが，妻木文庫所収資料の悉皆調査によって，「専売建築」とは時期的にも異なる年代の資料群の中に葉煙草専売所の出張所を描いた図面原本1枚が紛れ込むかたちで保存されていたのを発見できた。旧大蔵省所管の資料は関東大震災と後の落雷火災によって大部分が焼損したと言われており，管見の限り，大蔵省営繕に関する史料が新たに発見されることは珍しい。図面史料ではないが，第2章で用いる『営繕局設置ニ関スル書類』

や第3章にて言及する「松尾家文書」は，元の所蔵機関・所有者から国立公文書館に移管された財政資料の中に含まれていたものである。財政資料にまで調査対象を広げた点は，本書の特徴の一つと言えよう。

④は，営繕組織の刊行資料に掲載されるものの他に，各地の「名所」を被写体とした絵葉書（ポストカード）を写真資料として取り上げる。撮影年が明らかでないものも多くあるが，使用済みの場合は日付の書き込みや消印によって，未使用の場合でも写真標題や記念スタンプなどによってかなりの確度をもって時期を絞り込むことができる。これらいずれにも当てはまらない場合でも，葉書の通信欄の構成書式によって，おおむね15から20年前後のスパンで発行年を絞ることはできる[16]。無論，それ以前に撮影した原版を使いまわしての再版である可能性までは否定できないが，少なくとも発行年以前に撮影されたことは自明である。

以上のように，本書では，これまでに既によく知られた妻木文庫の再調査や，建築学分野とは無関係と思われて調査対象とされてこなかった領域にまで踏み込んで史資料の博捜を行った。関連の史資料を相互に参照（クロス・リファレンス）することで，俯瞰的でありながら精度の高い分析が可能になった。各史資料の閲覧および利用に関しては，日本建築学会図書館や国立公文書館，国立国会図書館など諸機関のデジタル・アーカイブズや情報公開請求制度に拠ったところが大きい。

第4節　本書の検討対象と構成

本書は以下の五章の前後に，序章と終章を付して構成される［図 序-7］。第1章では，明治中期以降の大蔵省営繕組織の変遷や専売制実施のための施設計画に至る時代背景に言及しながら，各営繕組織が担った役割やそのための組織体制の構築について整理する。とくに組織の編成については，法的な根拠である官制を参照することで，当初設定の定員との比較を通してその実像を明らかにする。

第2章では，新史料『営繕局設置ニ関スル書類』の紹介および評価を通して，当時の大蔵省の営繕体制を当事者たちがどう課題認識し展望していたのかを明らかにする。日清・日露の戦間期である明治35（1902）年4月に時の首相・桂太郎に提議された「営繕局」設置構想は，明治31（1898）年1月の葉煙草専売制の導入から煙草製造と塩専売制の導入までの期間のいずれかの時点で作成されたものである。第1章で整理する大蔵省営繕組織の沿革は，この提案が採用されなかったが故に現実となったのであり，両者は本来表裏一体のものとして理解する必要がある。提案中では，第3章で扱う葉煙草専売所の施設計画についても比較用に統計資料や総括が収録されており，当事者たちの自己認識が窺い知れるという意味でも貴重な史料である。

葉煙草専売は，本邦における近代専売制度の嚆矢として導入された。したがって，その施設計画もまた「専売建築」の嚆矢ということになる。第3章では，その展開を2つの現存事例の実測調査の成果と同時代の史資料とを突き合わせて整理し，実相を明らかにする。さらに第5章まで

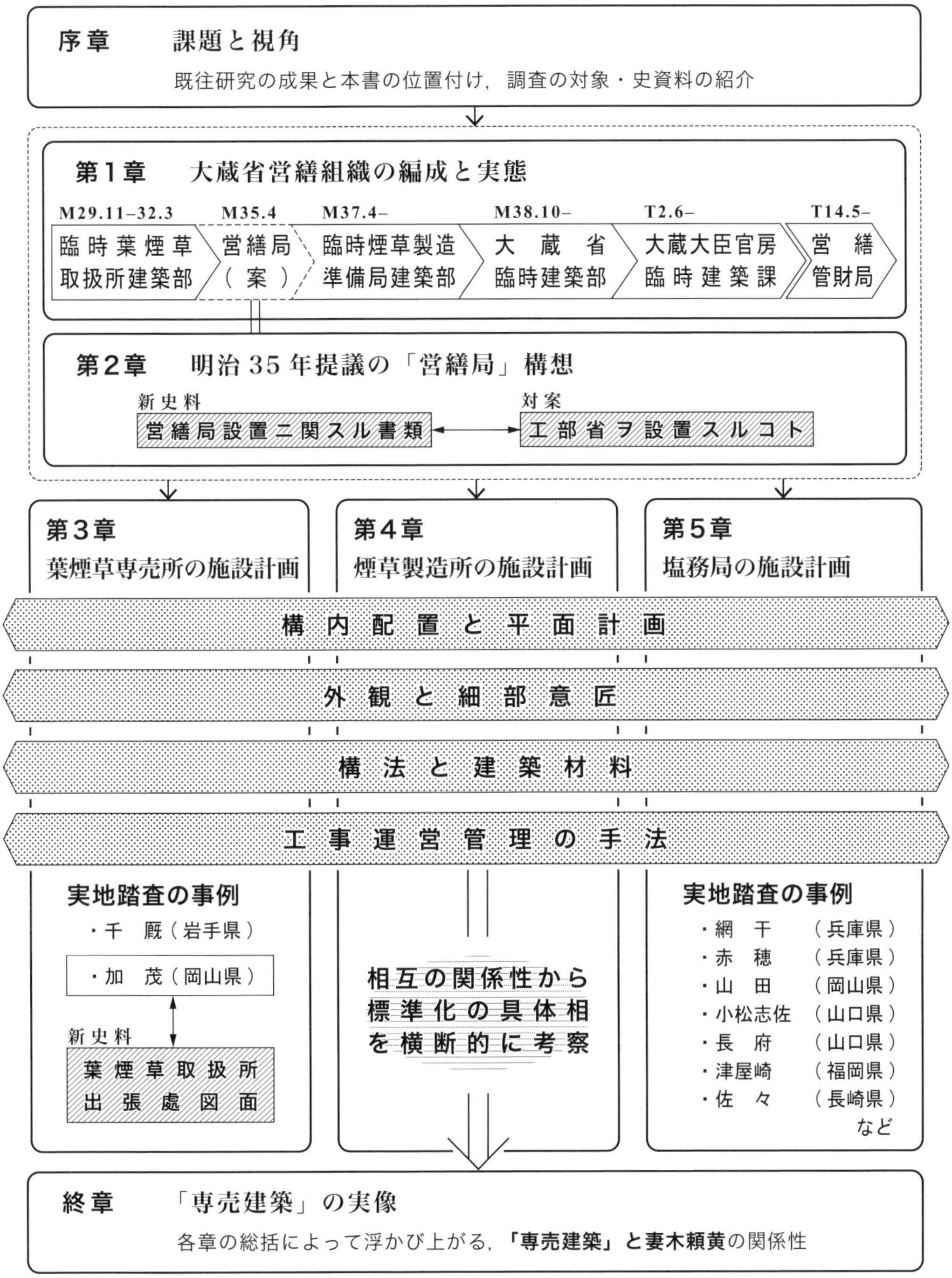

序章 課題と視角
既往研究の成果と本書の位置付け，調査の対象・史資料の紹介

第1章 大蔵省営繕組織の編成と実態

M29.11–32.3	M35.4	M37.4–	M38.10–	T2.6–	T14.5–
臨時葉煙草取扱所建築部	営繕局（案）	臨時煙草製造準備局建築部	大蔵省臨時建築部	大蔵大臣官房臨時建築課	営繕管財局

第2章 明治35年提議の「営繕局」構想

新史料 営繕局設置ニ関スル書類 ◄──► 対案 工部省ヲ設置スルコト

第3章
葉煙草専売所の施設計画

第4章
煙草製造所の施設計画

第5章
塩務局の施設計画

構 内 配 置 と 平 面 計 画

外 観 と 細 部 意 匠

構 法 と 建 築 材 料

工 事 運 営 管 理 の 手 法

実地踏査の事例
・千 厩（岩手県）
・加 茂（岡山県）

新史料 葉煙草取扱所出張處図面

相互の関係性から標準化の具体相を横断的に考察

実地踏査の事例
・網 干 （兵庫県）
・赤 穂 （兵庫県）
・山 田 （岡山県）
・小松志佐 （山口県）
・長 府 （山口県）
・津屋崎 （福岡県）
・佐 々 （長崎県）
　　　　　 など

終章 「専売建築」の実像
各章の総括によって浮かび上がる，**「専売建築」**と妻木頼黄の関係性

図 序-7 本書の構成

表 序-2　全体年表

年	月	専売法制と運用機関の沿革	大蔵省営繕組織の沿革	主な関連工事	その他	本書中の言及箇所
1876	1	煙草税則 施行				
1894	7				日清戦争 開戦	
	10				広島臨時仮議事堂 建設	
1895	4				日清講和 締結	
1896	3	●葉煙草専売法 公布				第3章
	10		●臨時葉煙草取扱所建築部 設置			
	11			●葉煙草専売所本支所工事		
1897	2			●葉煙草専売所出張所建築工事		
	4	●葉煙草専売所 設置（全国61か所）				
1898	1	●葉煙草専売法 施行				
1899	3		●臨時葉煙草取扱所建築部 廃止		●『臨時葉煙草取扱所建築部建築一斑』発行	
	4	●葉煙草専売所を専売支局と改称				
	5		臨時税関工事部 設置		●阪谷芳郎主税局長が葉煙草専売所を巡視	
1901	4				■妻木頼黄・小林金平 米仏独墺派遣	第2章
1902	4		『営繕局設置ニ関スル書類』提議			
	10	●専売支局の統廃合				
1903	6	粗製樟脳、樟脳油専売法 公布				
	10	樟脳事務局 設置（全国5か所） 粗製樟脳、樟脳油専売法 施行				
1904	2				日露戦争 開戦	第1章
	4	■煙草専売法 公布	■▲臨時煙草製造準備局建築部 設置	■民営工場徴収・修繕工事		第4章
	6	■煙草専売局 設置 ●専売支局を葉煙草収納所と改称		■煙草製造仮工場新営工事		
	7	■煙草専売法 施行				
1905	1	▲塩専売法 公布				第5章
	2			▲塩専売所仮建物新営工事		
	4	▲塩務局 設置（全国22か所）				
	6	▲塩専売法 施行				
	8				日露講和 締結	

年	月			
	10	■▲大蔵省臨時建築部 設置	■煙草製造所新営工事 ■▲専売局庁舎新営工事 ▲塩務局所新営工事	
1906	3			■▲『臨時煙草製造準備局成蹟一斑 第一編作業部』『同 第二編建築部』発行
	4	臨時税関工事部 廃止		
	11	●葉煙草収納所を煙草収納所と改称		
1907	10	■▲煙草専売局・樟脳事務局・塩務局を専売局に統合		
1909	3			■▲『大蔵省臨時建築部年報 第一』発行
1910		▲第1次塩業整備：生産の安定化を図るため生産効率に劣る塩田 1,755.5 ha を廃止		
	4			■▲『大蔵省臨時建築部年報 第二』発行
	8		▲専売支局塩倉其他新営工事	
1911	3			■『大蔵省臨時建築部年報 第三』発行
1912	1	「営繕局」設置案 再提議		
	7			■▲『大蔵省臨時建築部年報 第四』発行
1913	5			妻木頼黄 依願退職
	6	■大蔵大臣官房臨時建築課 設置		
1916	10			妻木頼黄 死去
1917	3			■『大蔵大臣官房臨時建築課年報 第五』発行
1918	6	大蔵省臨時議院建築局 設置		
1919		▲塩専売制の方針転換：「収益専売」から「公益専売」へ（技術向上を基礎とした国内塩業の保護育成）		
1921	7	■▲専売支局を地方専売局と改称		
1922	11			■『専売二十五年誌』にて RC 工事に言及
1923	9			関東大震災 発災
	10	大蔵省臨時営繕局 設置		
1925	5	■大蔵省営繕管財局 設置		
1926	9		■福岡専売支局煙草工場其ノ他新営工事	
1929		▲第2次塩業整備：塩製造人 1,568 人と塩田 1,159.1 ha を廃止，2,961 ha が残存		
	11		■広島専売支局煙草工場其ノ他新営工事	
1934	10			■『営繕管財局営繕事業年報 第一輯』発行
1936	12			■『営繕管財局営繕事業年報 第二輯』発行

凡例　●：葉煙草専売に関する事項　　■：煙草製造専売に関する事項　　▲：塩専売に関する事項

第1章　第4章　第5章

の各章では，第1章で整理する各営繕組織の体制と設計および監理の手法との関連を分析し，「標準化」の過程をより高精度に捉えたい。

　第4章では，葉煙草専売制からの拡充により成立した煙草製造専制のための製造所（工場）の施設計画を扱う。煙草製造所の施設計画は，まず民間事業者の所有する工場設備の徴収，次いで木造の仮製造所の建設，最後に煉瓦造による仮製造所の置き換え，という段階を踏んで行われた。とくに前二者は日露戦争の戦時下に実施されたこともあり，人員の不足や資材の高騰など困難な条件が揃っていた。それら各段階における施設計画の詳細と前後との関連を整理分析する。煉瓦造の煙草製造所の造営は長期的な計画であったため，後発工事は妻木頼黄没後の大正中期以降にまで及んでいる。本書では，短時日に達成された明治後期の「専売建築」に研究対象を設定するため，煉瓦造の製造所に関しては比較的初期に着工された数事例を紹介し，概略に触れるに留める。

　第5章では，塩の専売制の窓口機関として設置された塩務局の施設計画を扱う。塩専売は，煙草製造専売に続いて日露戦争中に公布・施行された。そのため煙草製造所の施設計画と同じく，まずは木造の仮建物の建設が行われ，戦後に本工事が行われた。塩務局の施設群は煙草専売の関連施設群に比べると豊富に現存しており，非現存物についても古写真などの資料が比較的多くある。それら相互の照合により，「標準化」の実相を具体的に描くことを試みる。

　なお，「粗製樟脳、樟脳油専売法」（明治36（1903）年法律第5号）に基づく樟脳専売制（管掌組織は樟脳事務局）に関する施設計画は，本書の検討対象外とした。『樟脳専売史』（日本専売公社，1956）によると，「収納官署はその位置、数に問題があつたが製脳場が山中に点在しており、その収納量も地方により大差あり従つて事務の繁閑も考え、且つ専売収入が極めて少く特設（引用者注：新築を意味すると思われる）することも困難なので、各地方にある税務監督局に収納官署を併置することとし」福岡と神戸にのみ特設の樟脳事務局が開設された[17]（p. 56）。この特設分に限らず，税務監督局内への併置が建築的にどのように実施されたのかを示す史資料に乏しく，不明な点が多い。いたずらに新規計画を立案せず，既存の施設・設備を最大限に活用する方針自体が「専売建築」を構成する要素と見ることもできるだろうが，それらを大蔵省営繕組織が主導したかどうかすら判然としないのが現状である。

　史資料からの引用にあたっては，原則として原文のまま採録したが，漢字は原文の意味を損なわない範囲で常用漢字に，変体仮名は現代仮名に改めた。ただし，史資料の標題については，検索性を考慮して登録名称の表記に準拠した。建築技術者の氏名は，旧字体や異体字も含めて原資料の表記に従って記載[18]することとした。個々の施設および建物名称については，計画・竣工当初あるいは稼動当時など本書中での言及時点のものを表記する。また，本書中とくに典拠の記載や注記のない図版は，すべて筆者の作成による。

注釈

1) 村松は「幕末・明治初期洋風建築の小屋組とその発達」（『日本建築学会論文報告集』第63号，pp. 641–644，1959. 10）において洋風建築の小屋組を洋小屋と和小屋組とに系列化し，明治中後期にかけてのその統一の経過を洋風建築技術の日本化の過程として描き出している。また，後年の『日本近代建築技術史』（彰国社，1976. 9）ではさらに踏み込んで，洋小屋を「官の系譜」，対して和小屋を「民の系譜」と表現して両者の

技術的な系統の違いを対比的に論じている。

2) 辰野と妻木を対置して記述する図式は，村松が代表監修を務めた『日本近代建築史再考―虚構の崩壊―』（新建築社，1977.3）にも継承されている。例えば，同書中の「建築家101」（pp. 47-64）で101人の日本人近現代建築家に両名とも選出されているが，辰野の紹介文は妻木への言及で締められ，同様に妻木の紹介文末には辰野の名前が登場するという交差的な文章構成になっている。なお，辰野と妻木は煉瓦造の工事監理についても対極的な考えを持っていたことを堀勇良「妻木頼黄に関する9断章」（『明治建築をつくった人々　その四』p. 76）は大隈常次郎の記述を引用するかたちで指摘している。帝国大学を中心とする英国派と官庁営繕の独逸派の抗争は単なる政治的な勢力争いではなく，両者の拠って立つ技術思想の違いに起因するものとしても理解できる。

3) 例えば，村松とほぼ同年代の稲垣栄三（1926-2001）は著書『日本の近代建築―その成立過程―』（丸善，1959.6）で，東京府庁舎・東京商業会議所・横浜正金銀行の3件を妻木による設計作品として写真を添えて紹介している。稲垣は必ずしも妻木による意匠を全面的に肯定せず，府庁舎を例に挙げて「プロポーションがまことに奇妙」と評した。神代雄一郎（1922-2000）もまた，『原色日本の美術32　近代の建築・彫刻・工芸（改訂版）』（小学館，1980.11）の中の「近代の建築」と題する論考で「この時期（引用者注：工部大学校でコンドルの教えを受けた辰野金吾や片山東熊らが活躍した19世紀末から20世紀初頭を指す）の日本人建築家による西洋建築として，東京では，(中略)妻木頼黄の東京府庁舎（一八九三年）、東京商業会議所（一八九九年）は記憶されていい建築である。(中略)横浜正金銀行（一九〇四年）をみるのもいいだろう」と記して，稲垣と同じ作品を紹介している（p. 179）。また，この他に「意識的に公共建築に和風を採用したもの」として「妻木頼黄、武田五一による東京の日本勧業銀行（挿20、一八九九年）」を挙げている（p. 179）。この日本勧業銀行に見られる「日本趣味」への傾倒や和洋の様式を巧みに折衷させる妻木の作風や意匠感覚を，長谷川堯は「『隠れ江戸人』の湧出」と評して，その著書『日本の建築［明治大正昭和］　4 議事堂への系譜』で節題として掲げている（p. 133）。

4) 煙草税則が明治6（1873）年に施行されたが，印紙を添付する簡易な形式だったために，使い回しなどの不正が横行し捕捉率が極めて低調だった。そこで，税収増の実効性を確保するために欧米各国に倣い，専売制の導入が検討された。

5) 専売制の下では生産品全量が政府によって買い上げられることになるため，葉煙草にせよ塩にせよ，一次産品の生産者にとっては安定的な現金収入を約束されることになる。そのため，生産者側は専売制賛成が大勢を占めた。ただし，仲買人はその職を失うことになるため絶対反対を貫き，議論は平行線を辿った。結局は，戦時下の財源逼迫と挙国一致の風潮を背景に制度導入が強行された。

6) 専売益金が日露戦争の戦費に充てられた，との認識は大蔵省百年史編集室 編『大蔵省百年史　上・下・別巻』（大蔵財務協会，1969.10）でも示されており，大蔵省（現・財務省）の公式見解とも言える。ただし，板谷敏彦『日露戦争、資金調達の戦い―高橋是清と欧米バンカーたち』（新潮社，2012.8）など近年の財政史分野における研究の進展により，専売益金が直接に武器弾薬の購入費用に賄われたわけではなく，外債募集時の担保に設定されることで金本位制の維持に貢献したことが明らかにされている。

7) 国土交通省「官庁営繕の業務」https://www.mlit.go.jp/gobuild/gobuild_ fr2_000002.html (2021.8.1閲覧）より。

8) こうした経緯については，橋本五雄 編『謝海言行録』（1909.9）の中の「二六　妻木頼黄氏　談」（pp. 165-170）冒頭部分に詳しい。「謝海」は神鞭知常（1848-1905）の号で，妻木が滞米中に知遇を得た一人である。この他，妻木の子息・二郎（語り手）と蔵田周忠（聞き手）の対談記事「人物風土記　第6回　苦学力行の旗本建築士　妻木頼黄氏」（『建築士』第80号，pp. 12-18，日本建築士会連合会，1959.6）にも関連する記述が見える。これらの記事は，博物館明治村 編『明治建築をつくった人々 その四 妻木頼黄と臨時建築局』（名古屋鉄道，1990.10）に整理されており，妻木家の家譜資料や遺品，証書類の写真も豊富に掲載がある。同書巻末に所載される「妻木頼黄　年譜」（松波秀子 編，pp. 86-99）には，妻木の生誕から死没までが「記事」「作品」「著作ほか」の各項目に分類され時系列順に纏められている。

9) 清水慶一・堀勇良「妻木頼黄の初期の履歴について」（『日本建築学会大会学術講演梗概集』F分冊，都市計画　建築経済・住宅問題　建築歴史・意匠，pp. 743-744，1990.9）。

10) 主な関連成果として，以下がある。いずれも供給側の視点から標準設計の成立過程を論じたもので，本書の基本的な立場は多くをこれらに倣った。
崎山俊雄・飯淵康一・永井康雄「近代日本の住宅建築における標準設計の成立過程に関する研究～海軍省官舎建築を例に～」（『日本建築学会計画系論文集』第542号，pp. 213-220，2001.4）；崎山俊雄・飯淵康一・永井康雄・安原盛彦「旧陸軍省における官舎建築の供給制度と平面構成について―近代日本の官舎建築に関する歴史的研究―」（『日本建築学会計画系論文集』第595号，pp. 189-196，2005.9）；崎山俊雄・飯淵康一・永井康雄・安原盛彦・尾川幸奈「明治初期における官舎制度の形成過程について―近代日本の官舎建築に関する歴史的研究―」（『日本建築学会計画系論文集』第608号，pp. 149-156，2006.10）；崎山俊雄・飯淵康一・永井康雄・安原盛彦「戦前期の国鉄における官舎建築の供給制度と平面構成について―その1 成立から鉄道国有化前まで（明治3年～同38年）―」（『日本建築学会計画系論文集』第624号，pp. 441-448，2008.2）；崎山俊雄・飯淵康一・安原盛彦「明治初期における地方官舎の供給制度と平面構成―近代日本の官舎建築に

関する歴史的研究—」（『日本建築学会計画系論文集』第635号，pp. 257–265，2009. 1）；﨑山俊雄・飯淵康一・安原盛彦「戦前期の国鉄における官舎建築の供給制度と平面構成について—その2 明治30年代における鉄道網の拡張と官舎再考の視点を中心に—」（『日本建築学会計画系論文集』第684号，pp. 453–461，2010. 2）。

11）足立裕司「旧赤穂塩務局庁舎と大蔵省臨時建築部について」（『日本建築学会大会学術講演梗概集』F-2分冊，建築歴史・意匠，pp. 443–444，2004. 7）。

12）山崎幹泰「「金沢煙草製造所新営工事設計図」について」（『日本建築学会北陸支部研究報告集』第60号，pp. 579–582，2017. 7）。

13）長谷川直司・守明子・河原利江「明治期煉瓦造建築物における組積工事管理」（『日本建築学会構造系論文集』第602号，pp. 59–65，2016. 4）では赤穂の事例のみが計測の対象だが，同じく長谷川による「標準設計と煉瓦積み方施工」（『一般財団法人北海道建築技術協会会報』No. 13，pp. 2–3，メーソンリー建築研究会，2017. 1）や「煉瓦積み構工法の技法と価値」（『煉瓦造建築物の保存と修復』pp. 12–19，独立行政法人国立文化財機構東京文化財研究所，2017. 8）では各地の遺構を横断的に比較している。なかでも秋穂（二島）の事例は解体に立ち会って取られた記録であり，貴重なものと言える。

14）大渓元千代「金沢市立図書館　別科」（No. 27，1989. 2）や畠山篤雄「旧千厩町の葉たばこ産業近代遺構」（No. 95，2006. 2），近年のものでは山本拓哉「専売局時代の建築物と妻木頼黄（上）／（中）／（下）」（No. 116，2011. 5／No. 117，2011. 8／No. 118，2011. 11）や編集部「岩手県花巻市で見つけた大蔵省専売局時代の煙草販売所の倉庫」（No. 146，2018）がある。

15）妻木文庫の資料目録は，「辰野文庫・妻木文庫を記念図書室に開設」（『建築雑誌』第1216号，pp. 87–95，1984. 1）に掲載されている。

16）郵政省郵便局郵便事業史編纂室 編『郵便創業120年の歴史』（ぎょうせい，1991. 3）の記述を参考にした。同書には，明治40（1907）年3月28日に郵便規則を改正し，「郵便絵葉書表面下部3分の1以内に通信文の記載を認める等を規定」したとある（p. 106）。さらに，大正7（1918）年3月1日に郵便規則を改正し，「郵便絵葉書の表面記載部分を3分の1から2分の1に拡大」したとある（p. 117）。昭和8（1933）年2月15日に「通常葉書・往復葉書上部の「はかき」の表示を「はがき」に改正」したとあり，写真付きで解説されている（p. 132）。

17）神戸と福岡以外には，鹿児島・長崎・熊本の計5か所と，各局の管内に数十の出張所が置かれた。

18）ただし，妻木に関しては史資料中で，自署のものも含めて「頼黄」「頼黄」「頼黄」など様々な表記が混在している。後掲する資料写真（図1-2，図1-8，図2-2，図3-51）を見ても，その不統一ぶりが窺われる。本書では便宜上，既往研究などで広く用いられ人口に膾炙している「頼黄」に表記を統一した。また沼尻政太朗は，原資料や既往研究中で「朗」と「郎」の表記が混在しているが，本書中では「朗」に表記統一した。

第 1 章
大蔵省営繕組織の編成と実態

　妻木頼黄を主軸とした明治中後期の大蔵省営繕組織の沿革や主要な技術者の来歴については，既に豊富な既往研究がある。妻木の生い立ちから作風を分析した前掲の長谷川堯（1981）の他，村松貞次郎は『日本近代建築家山脈』（鹿島研究所出版会，1965. 10）で，辰野中心の建築界に対する「異端の山脈」として妻木とそれに連なる人材を系統化して描写している。序章の注釈でも紹介した博物館明治村 編『明治建築をつくった人々 その四 妻木頼黄と臨時建築局―国会議事堂への系譜―』（名古屋鉄道，1990. 10）では，妻木頼黄の人物像と周辺人物との関係性[1]，妻木が所属した官庁営繕組織の系譜が広範な史料に基づいて整理されている。

　近年では，妻木家からのさらなる史料の寄贈を受けて開催された展覧会「妻木頼黄の都市と建築」（於・日本建築学会建築博物館, 2014. 4. 10–23）や並行して編集出版された同名の書籍（日本建築学会 編, 2014. 4）によって，再び注目を集めている。その後「明治 150 年」という節目（2018 年）もあってか，建築専門誌に留まらず一般書や小説の題材としても取り上げられているが，英国派の辰野に対する独逸派の妻木，学界と官界など対置的な構図で劇的に描写されるあまり，こと妻木やその周辺[2]に関してはかえって実像が見えづらくなっている一面は否定できない。

　本章では，「専売建築」の計画・実施を管掌した各組織の体制について整理する。なお，本書は各組織の編集発行による営繕報告書を主な依拠資料としている［図 1-1］。したがって，その刊行経緯や資料的性格，収録内容についても，本章であわせて整理したい。それらを補足するために用いる関連史資料については，本章以降のそれぞれの初出箇所にて来歴や概要を紹介する。

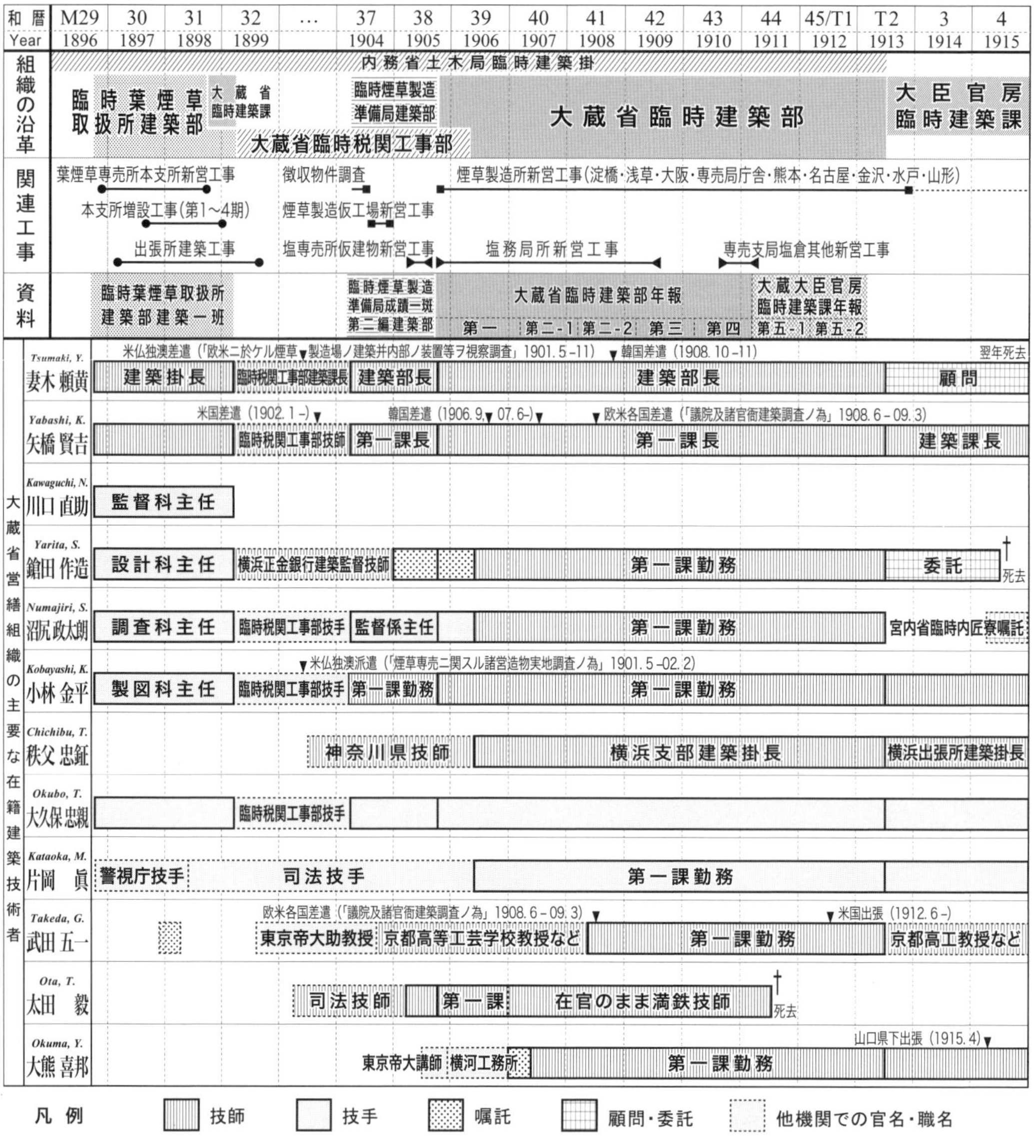

和暦 Year	M29 1896	30 1897	31 1898	32 1899	…	37 1904	38 1905	39 1906	40 1907	41 1908	42 1909	43 1910	44 1911	45/T1 1912	T2 1913	3 1914	4 1915
組織の沿革					内務省土木局臨時建築掛												
	臨時葉煙草取扱所建築部		大蔵省臨時建築課			臨時煙草製造準備局建築部		大蔵省臨時建築部								大臣官房臨時建築課	
			大蔵省臨時税関工事部														
関連工事	葉煙草専売所本支所新営工事				徴収物件調査	煙草製造所新営工事(淀橋・浅草・大阪・専売局庁舎・熊本・名古屋・金沢・水戸・山形)											
	本支所増設工事(第1〜4期)			煙草製造仮工場新営工事													
	出張所建築工事			塩専売所仮建物新営工事			塩務局所新営工事			専売支局塩倉其他新営工事							
資料	臨時葉煙草取扱所建築部建築一班				臨時煙草製造準備局成績一斑 第二編建築部		大蔵省臨時建築部年報 第一 第二-1 第二-2 第三 第四							大蔵大臣官房臨時建築課年報 第五-1 第五-2			

		M29–4 時期の在籍・官職
Tsumaki, Y. 妻木頼黄	米仏独濠差遣(「欧米ニ於ケル煙草ノ製造場ノ建築並内部ノ装置等ヲ視察調査」1901.5–11)／韓国差遣(1908.10–11) 翌年死去 建築掛長 臨時税関工事部建築課長 建築部長 建築部長 顧問
Yabashi, K. 矢橋賢吉	米国差遣(1902.1–)／韓国差遣(1906.9／07.6–)／欧米各国差遣(「議院及諸官衙建築調査ノ為」1908.6–09.3) 臨時税関工事部技師 第一課長 第一課長 建築課長
Kawaguchi, N. 川口直助	監督科主任
Yarita, S. 鎗田作造	設計科主任 横浜正金銀行建築監督技師 第一課勤務 委託 死去†
Numajiri, S. 沼尻政太朗	調査科主任 臨時税関工事部技手 監督係主任 第一課勤務 宮内省臨時内匠寮嘱託
Kobayashi, K. 小林金平	製図科主任 臨時税関工事部技手 第一課勤務 米仏独濠派遣(「煙草専売ニ関スル諸営造物実地調査ノ為」1901.5–02.2) 第一課勤務
Chichibu, T. 秩父忠鉦	神奈川県技師 横浜支部建築掛長 横浜出張所建築掛長
Okubo, T. 大久保忠親	臨時税関工事部技手
Kataoka, M. 片岡眞	警視庁技手 司法技手 第一課勤務
Takeda, G. 武田五一	欧米各国差遣(「議院及諸官衙建築調査ノ為」1908.6–09.3)／米国出張(1912.6–) 東京帝大助教授 京都高等工芸学校教授など 第一課勤務 京都高工教授など
Ota, T. 太田毅	司法技師 第一課 在官のまま満鉄技師 死去†
Okuma, Y. 大熊喜邦	東京帝大講師 横河工務所 第一課勤務 山口県下出張(1915.4)▽

凡例　▨ 技師　□ 技手　▧ 嘱託　▨ 顧問・委託　▨ 他機関での官名・職名

図1-1　明治後期の大蔵省営繕組織と専売制施行に向けた施設計画の概要

図中の「組織の沿革」欄は博物館明治村 編(1990)の pp. 78–85「大蔵省臨時建築部と国会議事堂・略史」を参照した。「関連工事」および「主要な在籍建築技術者」の在籍期間や官名・職名は「営繕記録」欄に挙げた各資料の記載による。大蔵省在籍前後の職歴は堀勇良『日本近代建築人名総覧　増補版』(中央公論新社，2022.7)を参照した。

各技手の勤務時期の重なりを手がかりに整理すると，組織の構成は3段階に整理できる。まず，第1段階は明治20年代前半から30年代半ばにかかる時期で，この期間に妻木配下の中心人物が固定化した。これは，内務省臨時建築局では数名在籍する技師の一人に過ぎなかった妻木が，筆頭の技師として大蔵省営繕組織を掌握していく過程とも重なる。次いで明治末までの凡そ10年間で緩やかに世代交代が進み，工手学校などで専門教育を受けた技術者の入職が急増している。そして，大正初期の妻木の引退とともに同世代の古参技術者も退任もしくは死去し，組織は技師・矢橋賢吉に引き継がれた。「妻木四天王」の初出は現時点では不明だが，内務省時代の腹心の部下として名が知れる湯川甲三が含まれていないことから，彼が妻木の下を離れた明治29(1896)年以降に定着した呼称と考えられる。その「四天王」の枠に，各時期に中心的な役割を担った技手の名前が当て込まれて流布されたものと見られる。

第 1 節　臨時葉煙草取扱所建築部の編成

　臨時葉煙草取扱所建築部（以下，取扱所建築部と略）は，明治 29（1896）年 3 月の葉煙草専売法公布から約半年後の同年 10 月に設立され，1 年少々後の 31（1898）年 1 月の法施行に向けて全国に開設される葉煙草専売所に関する建築事務を管掌した。

1　基礎資料の紹介と評価：臨時葉煙草取扱所建築部建築一班

　臨時葉煙草取扱所建築部 編『臨時葉煙草取扱所建築部建築一班』[3]（1899. 3。以下，『建築一班』と略）は葉煙草専売所を構成する事務所や収授所，倉庫といった施設群の竣工一覧や設計図面，仕様書などを収めた営繕記録として編集され，部長の目賀田から大蔵大臣・松方正義（1838–1924）への報告書の体裁がとられている。取扱所建築部の廃止時に，それまでの業務の集大成として取り纏められたものである。目次の前頁には，そのことを示す巻頭言が以下のように記されている。

　臨時葉煙草取扱所建築部ハ二十九年十月設置セラレ歳月ヲ閲スル爰ニ二年五月余今将ニ勅令ヲ発サレ本部ヲ閉鎖セラレントス即チ其決算支出経費ノ概要及事務功程ノ順序ヲ具シ謹テ之ヲ閣下ニ復命スルノ栄ヲ荷フ惟フニ本部ノ事業タル短月日ノ間ニ建築セル建坪ハ六万三千余坪ニ渉リ場所ハ百八十三個所使用セシ部員ハ百八十八人支出セシ金額ハ四百二十万余円ニシテ頗ル大事業トス而シテ今障碍ナク又一点ノ批評ヲ受ケスシテ此業ヲ卒フルヲ得タルハ固ヨリ閣下指導ノ致ス所ナリト雖モ亦部員ノ心術廉直一意忠亮勤勉ニ由ルニアラサレハ為ス能ハサルナリ謹テ具ス

　　明治 31 年 1 月 3 日
　　　　　　臨時葉煙草取扱所建築部長　　目賀田種太郎
　　　　大蔵大臣伯爵松方正義殿

　巻頭言の末尾には「明治 31 年」とあるが，巻末には明治 32 年 3 月 31 日の印刷発行と記されている。明治 31（1898）年の 1 月は葉煙草専売法が施行されたばかりで，取扱所建築部の活動も増設工事などが各地で継続していた時期にあたる。1 行目に 29 年 10 月の設置から 2 年 5 か月ともあることから，「明治 32 年 1 月 3 日」の誤植と考えるべきだろう。

　この『建築一班』には，工費の概算や建設資材の調達のため，庶務掛が各地の物価や労務賃を比較調査した詳細な成果も含まれる。各部詳細図などの設計図面が紙幅の制限上掲載省略されているのに対して，調査資料や各種書式は網羅的に収録されている。また，所属部員と各人の在籍期間の一覧も掲載がある。

　なお，国立公文書館所蔵の「松尾家文書」[4] 中の簿冊「財政　専売（葉煙草専売（外国法規、意見其他、法規、葉煙草取扱及取扱所））」（請求番号：平 2 3 財務 00986100）には，葉煙草専売制導入に際しての大蔵省内の検討資料が含まれている。このうち，施設計画に関するものとしては「葉煙草取扱所新築に関する件上申」（件名番号：041）や「葉煙草取扱所出張所建築事務一覧表」（件名番号：042），「臨時葉煙草取扱所建築部事務概況」（件名番号：043），「葉煙草取扱所本支所工事

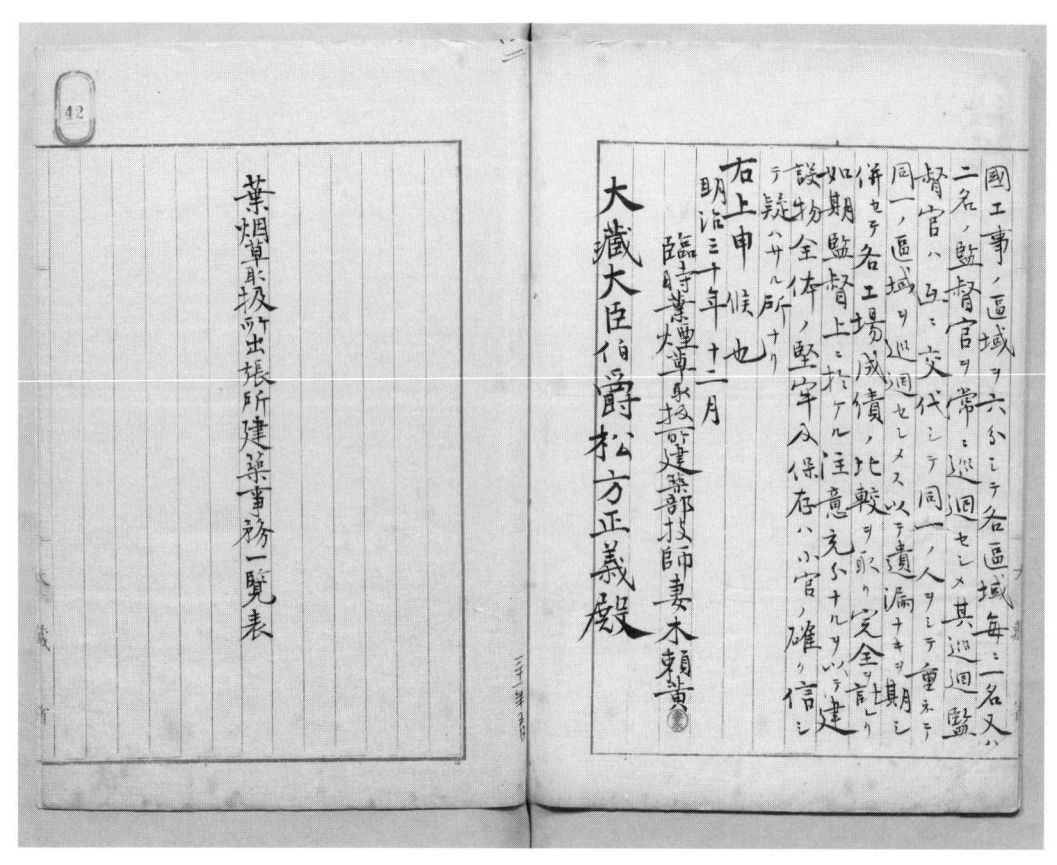

図1-2 左：葉煙草取扱所出張所建築事務一覧表 右：葉煙草取扱所新築ニ関スル件上申

成績表」（1898. 5. 15，件名番号：045），「葉煙草取扱所本支所敷地建物計画一覧表」（件名番号：046）などがある［図1-2］。いずれも大蔵省用箋に筆書きされており，書類中の随所に「妻木」の押印が見られる。記載内容や掲載される表の書式が共通していることから，『建築一班』はこれらを集成して体裁を整えた上で，取扱所建築部の廃止に際して刊行したものと推定される。

2　官制の制定と部署構成

取扱所建築部の職員の定員や部署構成など，組織としての枠組みは『建築一班』に収録される「臨時葉煙草取扱所建築部官制」（pp. 362–363）と「臨時葉煙草取扱所建築部事務規程」（pp. 363–371）で定められている。下記にそれぞれ全文を引用する〔下線　引用者〕。

勅令第 327 号　明治 29 年 10 月 10 日
朕臨時葉煙草取扱所建築部官制ヲ裁可シ之ヲ公布セシム
　　　　臨時葉煙草取扱所建築部官制
　第一条　臨時葉煙草取扱所建築部ハ大蔵大臣ノ管理ニ属シ葉煙草取扱所建築ニ関スル臨時ノ工事ヲ
　　　　掌ル

第二条　臨時葉煙草取扱所建築部ニ左ノ職員ヲ置ク

部長　　　勅任　　一人
事務官　　奏任　　専任一人
技師　　　　　　　専任二人
技手　　　　　　　専任六十人
書記　　　　　　　専任五人

第三条　部長ハ主税局長ヲ以テ之ニ充ツ
第四条　部長ハ大蔵大臣ノ命ヲ承ケ部務ヲ掌理ス
第五条　事務官ハ部長ノ指揮ヲ承ケ部務ヲ掌ル
第六条　技師ハ部長ノ指揮ヲ承ケ工務ヲ掌ル
第七条　技手ハ上官ノ指揮ヲ工務ニ従事ス
第八条　書記ハ上官ノ指揮ヲ庶務ニ従事ス

省令第 236 号　明治 29 年 10 月 13 日
其部事務規程別紙ノ通相定ム
　　　臨時葉煙草取扱所建築部事務規程
第一条　臨時葉煙草取扱所建築部ニ庶務掛及建築掛ヲ置キ其事務ヲ分掌セシム
第二条　庶務掛ニ於テハ左ノ事務ヲ掌ル
一　新築及修繕ノ計画ニ関スル事項
二　工事受負入札ニ関スル事項
三　工事受負契約ニ関スル事項
四　葉煙草取扱所設置ノ予算ニ関スル事項
五　文書ノ起草及往復ニ関スル事項
六　部長ノ官印及部印ノ管守ニ関スル事項
第三条　建築掛ニ於テハ左ノ事務ヲ掌ル
一　土地ノ測量ニ関スル事項
二　新築及修繕ノ設計ニ関スル事項
三　新築及修繕ノ監督ニ関スル事項

　部長は官制第三条の規定通り，大蔵省主税局長の目賀田種太郎が務めた。庶務掛長には事務官の島田剛太郎（1867–1945）が，建築掛長には妻木が就いた。各分科の員数の割り振りは不明だが，庶務掛の下には調理科・計算科・雑務科が，建築掛の下には設計科・製図科・調査科・監督科の各分科が置かれた。それぞれの管掌業務は『建築一班』で「事務規程」に続いて掲載（pp. 363–371）される「臨時葉煙草取扱所建築部処務細則」（省達第 385 号，1896. 12. 17）にて定められた［図1-3］。

　建築掛下の分科主任には，川口直助（監督科）・鎗田作造（設計科）・沼尻政太朗 [5]（調査科）・小林金平（製図科）の技手が充てられた。彼らはいずれも内務省勤務時代からの妻木の部下であり，取扱所建築部の所属者の中でも最古参の部類である。いま一人の技師である矢橋賢吉（1869–1927）については，とくに役職名や所属分科が記されておらず，妻木の片腕としてその補佐や各科間の連絡調整に当たったものと推察される。

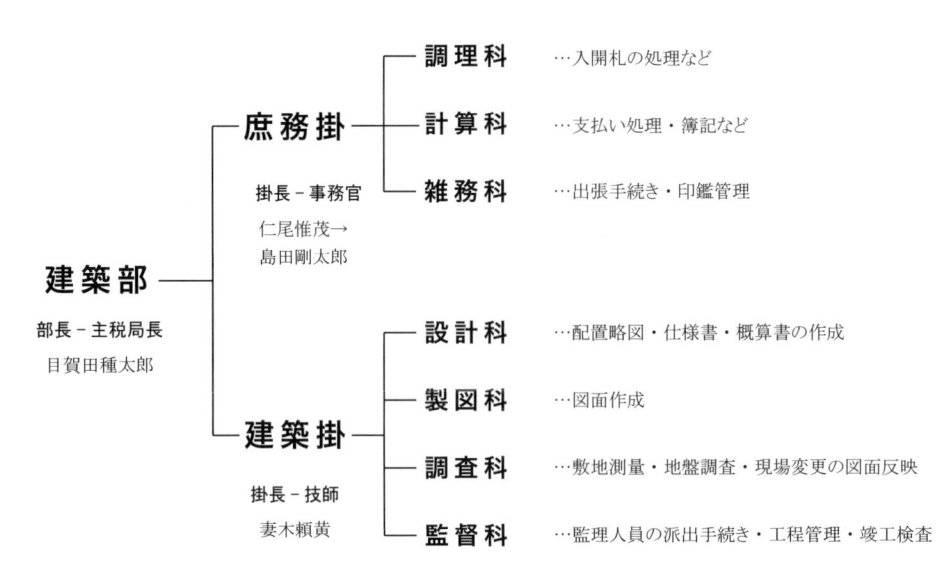

図1-3 取扱所建築部の部署編成
「臨時葉煙草取扱所建築部官制」および「臨時葉煙草取扱所建築部処務細則」より筆者作成。

3 技術者の不足と対応策

『建築一班』には，明治29年から31年度末の部閉鎖までの毎年12月時点での在籍者の実数が記録されている。とくに母数の多い技手については，官制上の定員設定に対して在籍者実数が大きく乖離していることが一見してわかる［表1-1］。葉煙草専売所の造営は，日清戦争後の陸軍の常備師団増設をはじめとした官民の経営急拡張と重なった。『建築一班』冒頭の「第一編 建築部創立及沿革」（pp. 1-3）には，それがための技術者の確保の難しさが以下のように記されており，専任の技手の確保が困難を極めたことが見て取れる〔下線 引用者〕。

技術者ノ撰定ニ至リテハ頗ル困難ヲ感シタリ何トナレハ当時師団増設ヲ始メ諸般建築事業勃興シ技術家其人ニ不足ヲ感スルノ時ニ際シ一時百有余名ノ多数ヲ備聘セサル可ラサル必要アリシヲ以テナリ（以下略）

表1-1 取扱所建築部の官名と在籍者実数 明治29-32（1896-1899）年

	官 名 と 在 籍 者 実 数						
	部長（1）	事務官（1）	技師（2）	技手（60）	書記（5）	雇	総 数
M29.12	1	1	2	9	3	37	53
（1896）	-	c2	-	c4	c9	-	c15
M30. 12	1	1	2	31	5	94	134
（1897）	-	c1	-	c1	c5	c2	c9
M31. 12	1	1	2	9	5	24	49
（1898）	-	-	-	c1	c7	c2	c10
M32. 2	1	1	2	9	3	19	35
（1899）	-	-	-	c2	c7	c2	c11

c 兼務者（Concurrent Staffs）を示す。

官名横の括弧内数字は官制上の定員を表す。「雇」は官吏ではなく正確には「官名」ではないが，ここでは組織の構成や規模を把握するため他と併記する。後掲する表1-2 および表1-3 でも同様の扱いとする。

　葉煙草専売法の施行を目前に控え，竣工検査や引き渡しの手続きで繁忙を極めた明治 30（1897）年 12 月は最も多く人員が必要とされたであろう時期だが，そこでも実在籍者数は定員の半分を充たすに過ぎない。その不足分を少しでも賄うための方策として，官制では設定されていない兼務者や雇の任用が見られる。兼務者の原所属先については，劍持寬溫に「茨城県技手」の注記が見られる（p. 344）他，長崎税関・神戸税関・造幣局・葉煙草専売所の大蔵省関係機関が列記されている（p. 356）。

　雇という任用形態には，建築技術者とそれ以外の者とが混在する。建築を専門とする者に限って言えば，技手との任用基準や担当職務の違いは，一見しただけでは不明な点が多い[6]。個々の技術者の経歴や配置現場を仔細に分析する天野あゆみの調査研究[7]では，実務経験豊富な技手と経験に乏しい雇を組にして監督に出すことで，実践教育の機会となるように配慮されていた可能性が指摘されている（天野 2022b）。

　雇は技師や技手とは異なる非官員であり，その人事権については，取扱所建築部の長が掌握していた[8]。換言すれば，妻木の専権事項であったということである。官制上の定員に拘束されないため，施設供給の実況に応じて時宜に適した柔軟な任解用が可能な雇は，員数調整によって組織規模を伸縮できる職制上便利な存在であっただろう。このことは，妻木による雇の人事的な差配に着目した既往研究によっても裏付けられている（磯田 2013，天野 2022a）[9,10]。

　取扱所建築部の実際の人員規模を整理した表 1-1 からは，明治 31（1898）年 1 月の葉煙草専売法施行後に技手・雇の在籍数がともに最盛期の 3 分の 1 以下に大きく減少していることが見て取れる。同法の施行後も各地での増設工事が数期にわたって継続実施されていたが，本部の必要人員自体は急減したものと考えられる。取扱所建築部は結局のところ，定員を割り込んだ状態のままで業務を完遂している。この点に着目すると，元々の定員が大幅に余裕を見込んで設定されたもので，ある程度の定員の割り込みが当初から見込まれていた可能性も否定はできない。

第 2 節　臨時煙草製造準備局建築部の編成

　明治 32（1899）年 3 月の取扱所建築部閉鎖から 5 年後，37（1904）年 4 月に設立された臨時煙草製造準備局建築部（以下，準備局建築部と略）は，その名称通り煙草製造所の造営を主な任務とした一方で，同時期に計画された塩専売所仮建物の新営工事をも管掌した。前者の業務内容については第 4 章で，後者は第 5 章で扱う。それらの工事の経緯や概略については，大蔵省 編『明治三十七八年戦時財政始末報告』（大蔵省，1906. 4）の中の「第四編　専売制度」（pp. 239–306）にも記述がある。

　ここで詳述はしないが，上述の約 5 年間における大蔵省営繕の主な事業である税関設備と築港工事は，妻木が建築課長を務めた大蔵省臨時税関工事部（部長・目賀田種太郎）の管掌範囲であった。取扱所建築部に在籍した妻木以外の主要な建築技術者も，この臨時税関工事部勤務を経て準備局建築部に継承されている。

1 基礎資料の紹介と評価：臨時煙草製造準備局建築部成蹟一斑 第二編建築部

　『臨時煙草製造準備局成蹟一斑』は葉煙草専売から煙草製造専売への拡大移行のための準備業務全般の報告書である。2冊に分冊されるうちの前編は煙草専売局 編『第一編作業部』（1906.3）であり，その冒頭には編集の経緯を綴った以下の「報告書」の文面が掲げられている。

　　　　　　報告書
臨時煙草製造準備局ノ設置セラレルニ当リ小官乏チ該局長官ニ承ケ爾来局員一同拮据事ニ従ヒ準備局ノ閉鎖ト共ニ其事務ノ完成ヲ報告スルニ至リタルハ小官深ク光栄トスル所ナリ茲ニ臨時煙草製造準備局成蹟一斑ヲ編成シ謹テ左右ニ奉呈ス煙草製造実施ノ準備及塩専売準備ニ関スル建築事務処理ノ顛末ハ皆之ニ備ハル伏シテ清鑑ヲ祈ル
　明治38年9月30日
　　　　　臨時煙草製造準備局長官法学博士　阪谷芳郎
　　　　　大蔵大臣男爵曾禰荒助　殿

　第一編の内容は営繕事業とは直接関わりないため，本書での言及は次頁で紹介する官制などの組織規定のみに留める。後編にあたる大蔵省臨時建築部 編『第二編建築部』（1906.3。本書では，この「第二編」を以下『成蹟一斑』と略す）は，前掲の『建築一班』と同様に竣工記録や設計図面，仕様書などを収めた営繕報告書となっている。

　国立公文書館所蔵の簿冊「公文雑纂・明治三十八年・第十七巻・大蔵省一」（請求番号：纂00876100）の中には，明治38（1905）年12月23日付で大蔵大臣・曾禰荒助（1849–1910）から総理大臣・桂太郎（1848–1913）へと「臨時煙草製造準備局事務顛末報告書」が奉呈された記録がある（件名番号：047）。この事務顛末報告書自体は現存を確認できていないものの，前述の『第一

図 1-4　日本勧業銀行外観透視図
博物館明治村 編（1990）の「34.日本勧業銀行透視図　明治32年」（p.33）を転載。同書巻末の「出品目録」（pp.100–103）によると，原図は564 mm × 720 mmで，第一勧業銀行調査室から出品された。

編作業部』冒頭の「報告書」の記述とあわせて経緯を整理すると，阪谷から提出されたものを曾禰が仲介するかたちでさらに桂へと提出したと考えられる。しかし，その間約 3 か月の期間があることから，2 冊組で文量の多い『臨時煙草製造準備局成蹟一斑』をそのまま提出することをせず，主だった内容を抜粋して事務顛末報告書が編まれたものと推量される。

　なお，『成蹟一斑』の収録図面は第 4 章および第 5 章で提示するが，とくに鳥瞰図［図 4-3, 図 5-2］と立面図［図 5-6, 図 5-7］に関しては輪郭線を強調せず，背景および前景を描き込んだ絵画的な表現が特徴的である。同様の描画表現は，「専売建築」とほぼ同時期に妻木が設計を手がけた日本勧業銀行本店（1899）の外観透視図［図 1-4］にも見られる。

2　官制の制定と部署構成

　取扱所建築部と同様に，その定員と部署構成，管掌業務は以下に引用する官制（pp. 633–635）と分課規程（pp. 637–638），さらに「臨時煙草製造準備局処務細則」（1904. 4. 15 決定，1905. 1. 10 改正，pp. 638–647）で定められた。上記の頁数はいずれも『第一編作業部』の掲載箇所を示す〔下線　引用者〕。

○臨時煙草製造準備局官制　　明治 37 年 4 月 14 日勅令第 113 号
　　第一条　臨時煙草製造準備局ハ大蔵大臣ノ管理ニ属シ煙草専売ノ準備ニ関スル臨時ノ事務ヲ掌ル
　　第二条　臨時煙草製造準備局ニ左ノ二部ヲ置ク
　　　　　作業部
　　　　　建築部
　　第三条　作業部ニ於テハ左ノ事務ヲ掌ル
　　　一　交付金ニ関スル事項
　　　二　葉煙草ノ徴収及買収ニ関スル事項
　　　三　器械其ノ他諸材料ノ買入ニ関スル事項
　　　四　売捌所設置ニ関スル事項
　　　五　政府工場外ノ作業ニ関スル事項
　　　六　回送及借庫ニ関スル事項
　　　七　製造計画ニ関スル事項
　　　八　職員採用ニ関スル事項
　　　九　職工募集ニ関スル事項
　　　十　経理ニ関スル事項
　　　十一　文書ノ往復ニ関スル事項
　　第四条　建築部ニ於テハ左ノ事務ヲ掌ル
　　　一　葉煙草以外ノ徴収及買収ニ関スル事項
　　　二　建築ニ関スル事項
　　第五条　臨時煙草製造準備局ニ左ノ職員ヲ置ク
　　　　　長　官　　　　　　　一人
　　　　　部　長　　　　　　　二人
　　　　　事務官　　専任　　　四人　　奏任
　　　　　技　師　　専任　　　九人　　内一人ヲ勅任ト為スコトヲ得

　　　　属　　　　専任　　二十八人　　判任

　　　技　手　　専任　　四十八人

第六条　長官ハ大蔵次官ヲ以テ之ニ充ツ

　　長官ハ大蔵大臣ノ指揮監督ヲ承ケ局内一切ノ事務ヲ掌理ス

第七条　作業部部長ハ煙草専売局長ヲ以テ之ニ充テ建築部部長ハ上席ノ技師ヲ以テ之ニ充ツ

　　（明治37年5月31日勅令第166号ヲ以テ改正）

　　部長ハ長官ノ指揮ヲ承ケ部務ヲ掌ル

第八条　事務官ハ上官ノ指揮ヲ承ケ局務ヲ掌ル

第九条　技師ハ上官ノ指揮ヲ承ケ技術ニ関スル事務ヲ掌ル

第十条　属ハ上官ノ指揮ヲ承ケ庶務ニ従事ス

第十一条　技手ハ上官ノ指揮ヲ承ケ技術ニ関スル事務ニ従事ス

第十二条　大蔵大臣ハ必要ト認ムル他ニ臨時煙草製造準備局出張所ヲ設クルコトヲ得

○塩専売ノ準備ニ要スル建築事務ニ関スル職員ノ件　明治38年1月1日勅令第12号

明治38年3月

　　28日勅令第84号ヲ以テ改正

第一条　塩専売ノ準備ニ関スル建築事務ハ臨時煙草製造準備局ヲシテ之ヲ掌理セシム

第二条　塩専売ノ準備ニ要スル建築事務ヲ掌理セシムル為臨時煙草製造準備局ニ臨時左ノ職員ヲ増

　　　　置シ建築部ニ属セシム

　　　技　師　　専任　　　　二人（明治38年3月28日勅令第84号ヲ以テ改正）

　　　属　　　　専任　　　　五人（同上）

　　　技　手　　専任　　三十五人（同上）

○臨時煙草製造準備局分課規程　明治37年4月15日官報登載　明治38年1月12日

追加

第一条　作業部ニ第一課第二課ヲ置キ其ノ事務ヲ分掌セシム

第二条　第一課ニ於テハ左ノ事務ヲ掌ル

　一　交付金ニ関スルコト

　二　売捌所設置ニ関スルコト

　三　回送ニ関スルコト

　四　器械其ノ他材料買入ニ関スルコト

　五　借家借地ニ関スルコト

　六　経理ニ関スルコト

　七　職員ニ関スルコト

　八　職工ニ関スルコト

　九　官印及局印ノ管守ニ関スルコト

　十　文書ノ往復ニ関スルコト

第三条　第二課ニ於テハ左ノ事務ヲ掌ル

　一　葉煙草ノ徴収及買上ニ関スルコト

　二　工場外ノ作業ニ関スルコト

　三　製造計画ニ関スルコト

第四条　建築部ニ第一課第二課ヲ置キ其ノ事務ヲ分掌セシム

第五条　第一課ニ於テハ左ノ事務ヲ掌ル
一　建築工事ノ計画ニ関スルコト
二　建築工事ノ設計及監督ニ関スルコト
三　土地測量ニ関スルコト
四　発動機械ノ計画ニ関スルコト
五　発動機械及附属器具ノ設計及附属器具ノ設計及監督ニ関スルコト
第六条　第二課ニ於テハ左ノ事務ヲ掌ル
一　工事請負及工事用物品購入ノ入札並其ノ契約ニ関スルコト
二　発動機械及附属器具購入ノ入札並其ノ契約ニ関スルコト
三　建築及機械器具ノ予算ニ関スルコト
四　葉煙草以外ノ徴収及買上ニ関スルコト
五　塩専売ノ建築事務ニ属スル器械其ノ他材料購入ニ関スルコト（明治 38 年 1 月 12 日追加）
六　同上経理ニ関スルコト（同上）
七　同上職員ニ関スルコト（同上）
八　同上文書ノ往復ニ関スルコト（同上）

　準備局長官は大蔵次官の阪谷芳郎が兼任し，建築部の部長は妻木が務めた。部署は建築事務を扱う第一課と庶務系の第二課に分けられ，第一課の各係の下にはさらに分科が置かれた［図 1-5，表 1-2］。

　各官名のうち，「庶務ニ従事スル」とされた属官の職務は取扱所建築部における書記に相当する。したがって職位としては，事務官と技師が，属と技手がそれぞれ事務系と技術系で対応関係にあった。ただしこれらの定員は，準備局内に建築部とともに設置された作業部の人員も合わせた数で，建築部のみの定員は資料中に言及がないため不明である。作業部は会計処理の他に煙草製造用の機械や器具の手配，原材料の葉煙草の調達や回送，販売機関の整備に関する準備業務を担当したため，事務官や属だけでなく機械分野や農業分野を専門とする技術者も在籍した。よって，技師あるいは技手であるからと言って，直ちに建築部の在籍者と断定することはできない。

　建築部専任の技師 [11] には妻木・矢橋の他に取扱所建築部技手から昇任した小林金平がおり，他に司法技師と兼任の太田毅（1876–1911）もいる。明治 38 年 1 月には塩専売制施行の準備業務のための技師専任 2 人・属専任 5 人・技手専任 35 人の定員増が建築部に認可 [12] されたが，同年 5 月の太田の任用までは間があり，直接の関連は不分明である。技手 [13] に関しても，官制改正に際しての一斉増員は行われていない。

　総じて，臨時煙草製造準備局という複合的な編成の組織の中で，営繕組織たる建築部の想定規模や人員運用の実態はやや見え難い。しかし表 1-1 と表 1-2 を見比べると，少なくとも前身組織である取扱所建築部に比べて大規模化したことは確実で，それに伴い兼務者の絶対数も増加している。とくに，技手や雇に留まらず，従前は専任に限られた技師にまで兼務者が見られることは，準備局建築部の組織的な特徴と言える。

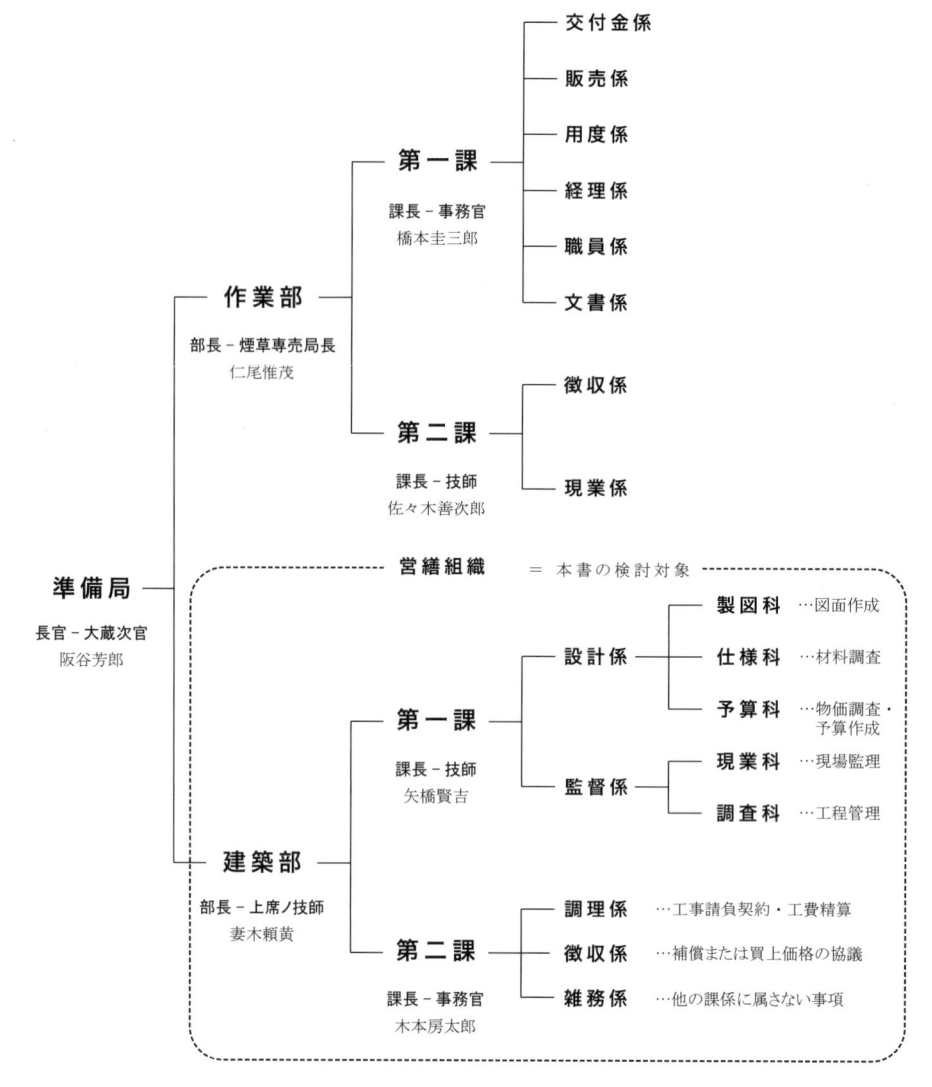

図 1-5　準備局建築部の部署編成

「臨時煙草製造準備局官制」および「臨時煙草製造準備局処務細則」より筆者作成。

表 1-2　準備局建築部の官名と在籍者実数　明治 37-38（1904-1905）年

	官　名　と　在　籍　者　実　数									
	部　長 (1)	事務官 (1)	技　師 (9+2)	属 (28+5)	技　手 (48+35)	事　務 取　扱	雇	臨時雇	嘱　託	総　数
M37. 12 (1904)	1	1	3	11	13	1	40	3	7	80
	-	-	c3	c4	c9	-	c6	-	-	c22
M38. 9 (1905)	1	1	4	11	23	1	55		7	103
	-	-	c4	c7	c6	-	c8	-	-	c25

c　兼務者（Concurrent Staffs）を示す。

官名下の括弧内数字は官制上の定員（ただし，作業部を含めた準備局全体のもの）を示す。

第 3 節　大蔵省臨時建築部の編成

　準備局建築部の管掌事務と人員を継承して明治 38 年 10 月に発足したのが，大蔵省臨時建築部（以下，臨時建築部と略）である。

1　基礎資料の紹介と評価：大蔵省臨時建築部年報

　臨時建築部の年度毎の営繕成果は『大蔵省臨時建築部年報』（以下，『年報』と略）に纏められ，第一から第五までの刊行がある。ただし，第一（1909. 3）には明治 38 年度途中から 39 年度までの 1 か年半分が集成されている。第二（1910. 4）も同様に 40 年度分を収録対象とする第一編と 41 年度分の第二編から成る。それに続く第三（1911. 3）・第四（1912. 7）は単年度毎の発行である。第五は明治 44（1911）年度から 45（1912）年度分の内容でありながらも刊行は大正 6（1917）年 3 月まで遅れ，その間の組織改編により正式には『大蔵大臣官房臨時建築課年報　第五』と題されている。

　これら『年報』中の専売制関連の施設計画についての記載内容としては，第一・第二に煙草製造所と塩務局所，第三・第四に煙草製造所，第四には他に専売支局塩倉，第五に煙草製造所の各新営工事が収録されている。ただし，税関工事や「内閣文庫新営工事」など他の管掌工事についても網羅的に収録されるため，個々の工事に関する記載内容や密度は，現場監理の出張記録が逐一掲載された『建築一斑』や『成蹟一斑』と比べて格段に簡略化されている。掲載図面も平面図および立面図などごく一部の主要なもの以外は大半が省略されており，紙幅の制約によるものか所属部員の名簿も掲載がない。「薄く広く」の編集姿勢で纏められているため『建築一斑』や『成蹟一斑』の内容と単純に比較することは難しく，大蔵省営繕組織自体の巨大化とも相まってその実像は後年になるほど摑み難いというのが実情である。

2　官制の改正と定員の増減

　臨時建築部の部署構成と定員は，官制によって下記のように定められた〔下線　引用者〕。

大蔵省臨時建築部官制　明治 38 年 9 月 26 日勅令第 211 号
第一条　大蔵省臨時建築部ハ大蔵大臣ノ管理ニ属シ煙草専売及塩専売ニ要スル臨時建築事務ヲ掌ル
第二条　大蔵省臨時建築部ニ左ノ職員ヲ置ク
　　　　部長　　　　　一人
　　　　事務官　専任一人　　　奏任
　　　　技師　　専任五人　　　内一人ヲ勅任ト為スコトヲ得
　　　　属　　　専任十五人　判任
　　　　技手　　専任五十五人
第三条　大蔵省臨時建築部長ハ大蔵省高等官又ハ大蔵省臨時建築部技師ヲ以テ之ニ充ツ
第四条　大蔵省臨時建築部長ハ大蔵大臣ノ指揮監督ヲ承ケ部務ヲ掌ル

第五条　事務官ハ上官ノ指揮ヲ承ケ部務ヲ掌ル

第六条　技師ハ上官ノ指揮ヲ承ケ技術ニ関スル事務ヲ掌ル

第七条　属ハ上官ノ指揮ヲ承ケ庶務ニ従事ス

第八条　技手ハ上官ノ指揮ヲ承ケ技術ニ関スル事務ニ従事ス

第九条　大蔵大臣ハ必要ト認ムルトキハ大蔵省臨時建築部出張所ヲ設クルコトヲ得

　　　　附則

第十条　本令ハ明治38年10月1日ヨリ之ヲ施行ス

　　　臨時煙草製造準備局官制及明治38年勅令第12号ハ之ヲ廃止ス

第十一条　臨時煙草製造準備局ニ属スル残務ニシテ同局官制第三条ニ該当スル事務ハ煙草専売局ニ於
　　　　テ、第四条第一号ニ該当スル事務ハ大蔵省臨時建築部ニ於テ之ヲ取扱ハシム

　この中で勅任の技師1人とは，部長の妻木のことを指している。臨時建築部は，翌39年4月には臨時税関工事部の廃部に伴って残存業務や在籍人員を吸収し，事務官（奏任）専任3人・技師（2人のみ勅任）専任18人・属（判任）専任35人・技手専任100人の体制となった[14][表1-3]。さらに，明治40（1907）年には「明治40年度以降継続費トシテ予算成立セル煙草製造専売創業建設費工事ハ全国各地ニ跨リ其製造工場ノ如キハ煉瓦造ノ永久的建築ニ係リ（中略）本邦ニ於ケル大事業ニ属シ到底現在ノ職員ヲ以テ処弁スルコトヲ得ス故ニ大蔵省臨時建築部職員ヲ増加スル必要アリ」として官制が改正[15]され，事務官（奏任）専任4人・技師専任26人・属（判任）専任56人・技手専任144人に増員された。重ねて同年中には，東京衛生試験場所の臨時建築事務掌理のために技手4人・属2人の臨時増員が追加で認められた[16]。

　在籍実数の経時的な変化は記録されていないが，取扱所建築部と準備局建築部での状況を見る限り，とくに技手の定員枠が容易に充足されたとは考え難い。したがって，どの程度の実態を伴う組織拡張であったか疑問が残る。なお，山口県文書館には，臨時建築部から山口県に宛てて県技手・江田への業務委嘱の願い出があったことを示す史料「第124号　江田留四郎技術員嘱託ノ

表1-3　臨時建築部の官名と在籍者実数　明治40（1907）年3月時点

在勤部	官名と実数										
	部長 (1)	支部長 (1)	事務官 (3)	技師 (18)	属 (35)	書記	技手 (100)	事務取扱	雇	顧問・嘱託員	総数
本部	1	-	1	7	20	-	35	2	103	14	183
				c5*	c4		c4		c3		c16
横浜	-	1*	-	5	7	2**	25	1	51	5	97
					c2**						c2
神戸	-	1	1	1	6***	-	8		9	8	34
							c1***				c1
計	1	2	2	13	33	2	68	3	163	27	314
				c5	c6		c5		c3		c19
備考	c　兼務者（Concurrent staffs）を示す。										
	*　横浜支部長と本部勤務技師の1名が兼任。										
	**　横浜支部勤務書記と同属の2名が兼任。										
	***　神戸支部勤務属と同技手の1名が兼任。										

官名下の括弧内数字は官制上の定員を示す。

件ニ付回報」[17]（明治 38 年 11 月 14 日付で承諾の回答起案，18 日付で決裁）が現存する［図 1-6，図 1-7，図 1-8］。妻木による協力依頼の書面（11 月 8 日付）は印刷になっており，宛名の「山口県知事渡辺融殿」のみが直筆である。この紙面は，他の府県にも同時に同じものが送達されたことを示唆しており，部の人員不足が継続していた状況を窺わせる。

　定員はこれを頂点に，明治 43（1910）年 3 月にはさらなる官制改正[18]により，属（判任）専任 51 人・技手専任 124 人へと減員に転じた。技師や事務官の定員には変化がない点や技手の定員は元々充足されていないであろうことから，在籍者の実数への影響の程度は不明である。ただ，妻木と同年代の鎗田・沼尻は同時期に退任しており，少なくとも技術者の世代交代の契機となったことは確かであろう。

　取扱所建築部・準備局建築部と比較すると存続期間の長い臨時建築部だが，その定員設定に着目すると以下の三期に区分して考えられる。

設立期：明治 38（1905）年 10 月以降。準備局建築部と臨時税関工事部の人員を母体として成立。
拡大期：明治 40（1907）年 4 月以降。煙草製造所の造営やその他の管掌業務の拡大に伴う定員増加。
縮小期：明治 43（1910）年 3 月以降。初めての定員減による制度上の組織縮小。

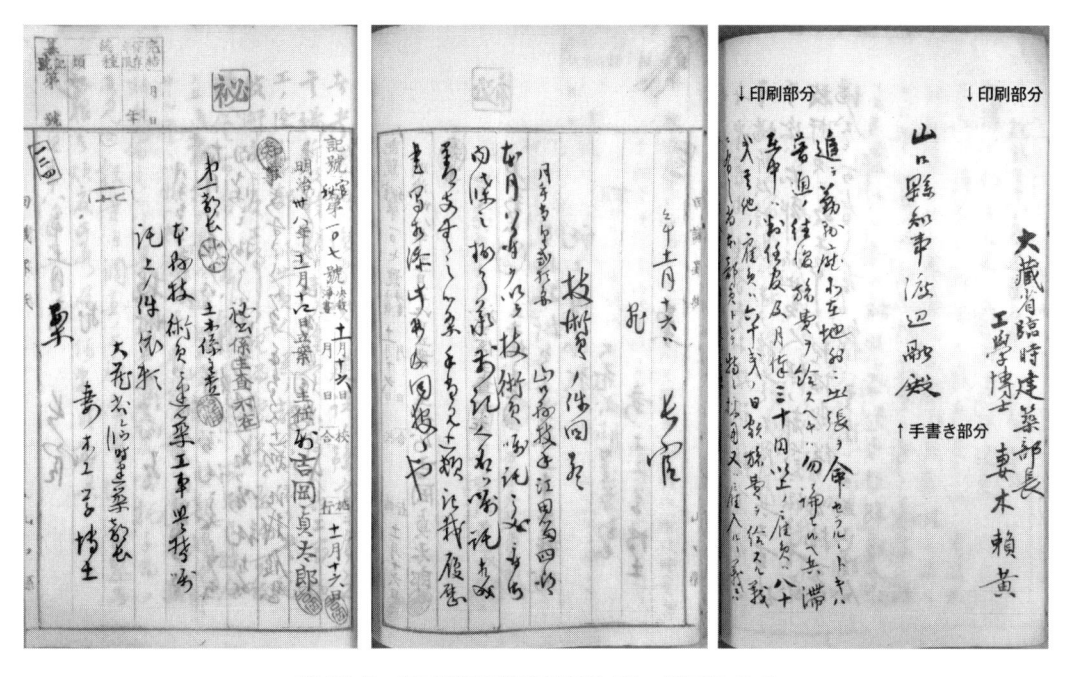

第 124 号　江田留四郎技術員嘱託ノ件ニ付回報（部分）

　図 1-6　（左）記号官秘第 107 号　本県技術員建築工事監督嘱託上ノ件依頼
　図 1-7　（中）案　技術員ノ件回答
　図 1-8　（右）大蔵省臨時建築部長工学博士妻木頼黄から山口県知事渡辺融宛の依頼状（後半部分，筆者加筆）
山口県文書館にて筆者撮影（2024. 8）。妻木からの書面（右）は一見するとすべて直筆のようだが，掠れ具合から宛名以外は印刷と判別できる。

3　その後の大蔵省営繕組織

（1）　臨時建築部の縮小

　臨時建築部は大正2（1913）年5月の妻木退任直後，6月に行政整理により大蔵大臣官房臨時建築課（以下，臨時建築課と略）へと縮小改編された。管掌業務や定員は，以下のように定められた〔下線　引用者〕。

勅令第162号 [19]

第一条　<u>専売ニ要スル臨時建築事務</u>、税関設備ニ関スル事務及横浜港湾維持ノ事務ヲ取扱ハシムル為大蔵省ニ臨時左ノ職員ヲ増置ス

　　事務官　専任一人　　　奏任

　　<u>技師　　専任十七人　　奏任　内一人ヲ勅任ト為スコトヲ得</u>

　　属　　　専任三十四人　判任

　　<u>技手　　専任八十九人　判任</u>

第二条　事務官ハ上官ノ命ヲ承ケ庶務ヲ掌ル

第三条　大蔵大臣ハ必要ニ応シ地方ニ出張所ヲ置キ第一条ノ事務ヲ分掌セシムルコトヲ得

　　　　附則

本令ハ公布ノ日ヨリ之ヲ施行ス

<u>大蔵省臨時建築部官制及明治30年勅令第13号ハ之ヲ廃止ス</u>

　課長には，臨時建築部第二課長の技師・丹羽鋤彦（1868–1955）を経て矢橋が就いた。妻木は課の技術顧問を務めたとされる。しかし『年報　第五』の続巻にあたる，臨時建築課の管掌業務を集成した刊行資料が見当たらないため，「専売建築」に関する建築事務の承継や実施体制の実情については不明な点が多い。

（2）　官庁営繕の統一

　臨時建築課は，大正14（1925）年5月に臨時議院建築局 [20] とともに大蔵省営繕管財局へと統合された。その設置時の官制は以下の通りである〔下線　引用者〕。

勅令第205号

営繕管財局官制

第一条　営繕管財局ハ大蔵省ノ管理ニ属シ議院ノ建築其ノ他一般会計ノ支弁ニ属スル建造物ノ営繕ニ関スル事項、国有財産ニ関スル総轄事務、雑種財産ノ管理処分ニ関スル事務及国有財産ノ整理ニ関スル事務ヲ掌ル

　　前項ニ規定スル営繕ニ関スル事務ハ大蔵省所管ノ構造物及東京府又ハ神奈川県ニ於テ営繕ヲ施行スル各省所管ノ建造物ニ係ルモノヲ除クノ外ハ大蔵大臣建造物ノ所管大臣ト協議シテ定メタルモノニ限ル

　　東京府又ハ神奈川県ニ於テ施行スル各省所管営繕ニ関スル事務ニシテ建造物ノ性質其ノ他ノ事由ニ因リ所管大臣大蔵大臣ト協議シテ定メタルモノニ付テハ前二項ノ規定ニ拘ラス当該官庁ニ於テ之ヲ施行ス

第二条　営繕管財局ハ特別会計ノ支弁ニ属スル建造物ノ営繕ニ関シ当該官庁ノ委託ヲ受ケ之カ設計又ハ施行ニ関スル事務ヲ行フコトヲ得

第三条　営繕管財局ニ左ノ職員ヲ置ク

長官

理事	専任一人	勅任	
書記官	専任四人	奏任	
事務官	専任三人	奏任	
技師	専任三十三人	奏任	内三人ヲ勅任ト為スコトヲ得
属	専任六十一人	判任	
技手	専任百四十三人	判任	

前項職員ノ外営繕ニ関スル事務ヲ掌ラシムル為大蔵大臣ノ奏請ニ依リ関係各庁高等官ノ中ヨリ内閣ニ於テ事務官ヲ命スルコトヲ得

第四条　長官ハ大蔵次官ヲ以テ之ニ充ツ

長官ハ大蔵大臣ノ指揮監督ヲ承ケ局中一切ノ事務ヲ総理シ所属ノ職員ヲ指揮監督ス

第五条　理事ハ長官ノ命ヲ承ケ局務ヲ掌理ス

第六条　書記官及事務官ハ上官ノ命ヲ承ケ局務ヲ掌ル

第七条　技師ハ上官ノ命ヲ承ケ技術ヲ掌ル

第八条　属ハ上官ノ指揮ヲ承ケ事務ニ従事ス

第九条　技手ハ上官ノ指揮ヲ承ケ技術ニ従事ス

第十条　大蔵大臣ハ必要ノ地ニ出張所ヲ置キ営繕ニ関スル事務ヲ分掌セシムルコトヲ得

第十一条　営繕管財局ニ参与ヲ置ク

参与ハ貴族院書記官長及衆議院書記官長ヲ以テ之ニ充ツ議院ノ建築ニ関スル事務ニ参与ス

第十二条　営繕管財局ニ議院ノ建築ニ関シ顧問ヲ置クコトヲ得

顧問ハ大蔵大臣ノ奏請ニ依リ内閣ニ於テ之ヲ命ス

顧問ハ勅任官ノ待遇トス但シ本官ヲ有スル者ハ其ノ本官ノ待遇ヲ受ク

附則

本令ハ公布ノ日ヨリ之ヲ施行ス

国有財産整理局官制及臨時議院建築局官制ハ之ヲ廃止ス

（以下略）

　組織規模の大きさに目が行きがちではあるが，ここでは長官の人事に着目したい。第四条以下では，長官には大蔵次官が就くことと規定されており，技師はその下で技術を掌る存在とされている。臨時建築部に比して，管掌業務の拡大に伴い組織規模自体が大型化しているために単純な比較はできないが，技師の位置付けはやや後退したと言える。逆説的ではあるが，臨時建築部において自ら部長を務めていた妻木の存在感の大きさと属人性の高い組織構造が窺える。妻木は単なる技術官であっただけでなく，大蔵省高官の相馬永胤（1850–1924）や目賀田種太郎らと個人的な親交を結んでいたことがよく知られているが，それを足掛かりに官庁営繕に関する政策決定にも関与しようとしていた可能性が考えられる。この点については，第 2 章でも検討を加える。

　なお，営繕管財局による刊行資料としては『営繕管財局営繕事業年報』（以下，『事業年報』）がある。巻号は「第一輯（大正 14 年度）」（1934. 10）と「第二輯（自大正 15・昭和元年度至昭和 5 年度）　上／下巻」（1936. 12）とがあり，このうち後者に福岡・広島の煙草製造所の設計資料や

工事記録が収録されている。ただし，時期的に見てそれらはいずれも，本書が対象とする「専売建築」の範囲には収まっていない。それまでは「専売建築」の延長上に継続整備されていた煙草製造所の工事に，大正後期において変化が生じたという点のみ第4章で簡潔に言及したい。

小　結

本章で通覧した3つの大蔵省営繕組織すなわち，臨時葉煙草取扱所建築部・臨時煙草製造準備局建築部・大蔵省臨時建築部は，いずれも組織名称に「臨時」の2字を冠している。前二者については，「専売建築」専従の機関であったことが官制を見るまでもなく，管掌業務をそのまま当てた組織名称から窺い知れる。また，その組織構成を精査すると，官制で設定された「専任」の技師・技手の定員に対して，実際の在籍者数は大きく乖離する状況が常態化していたことが明らかになった。その要因としては，日清戦争後の急激な経営拡張期において人材確保の現実的な裏付けに乏しかったことが考えられる。当時の技手，すなわち中堅技術者層の供給源として代表的なのは明治20（1887）年設立の工手学校だが，人材需要の急増に育成が追いつかなかったであろうことは容易に想像がつく。

さらに，不足分の充填のため，技術者の専任を明記した官制では規定されない兼務者の任用や地方吏員への委嘱が見られることを明らかにした。各工事内容については次章以下で順に整理するが，こうした人材登用の方式が，現場監理の手法や人員配置に少なからず影響を与えたであろう要因として挙げられる。とくに営繕組織の中核を担う存在であった技手について言えば，兼務者と地方機関所属者を合わせても不足分の完全な充填には至っていない。定員設定の算出過程や根拠が不明なために推論とならざるを得ないが，そもそもの組織規模の設定が過大で，業務遂行上はその充足に拘る必然性に乏しかったことも想定される。一方で，非技術者である事務官や書記，属官の在籍実数は技師および技手に比べると，定員を割り込んだ期間が多いものの，相対的には充実していた状況が見て取れる。限定的ではあるが，兼務者を加えると定員を上回る在籍者数があった期間も見受けられる。

各組織の長に目を向けると，取扱所建築部（設置期間：1896. 11–1899. 3）では大蔵省主税局長の目賀田が兼任で務めた。妻木は在籍技術者の中では筆頭の扱いだが，あくまでも技術部門を束ねる責任者という地位に留まっている。準備局建築部（設置期間：1904. 4–1905. 9）では妻木が建築部長を務めたが，官制上においても実際の業務遂行上においても，建築部は作業部と不可分一体に機能する準備局内の一部門としての扱いであり，独立した営繕組織とは断言し難い。作業部と建築部を統べる立場である準備局長官には大蔵次官の阪谷が補任されたことからも，妻木個人の立場には大きな変更はなかったものと見てよいだろう。これに対して，依然として「臨時」扱いの組織ではあるものの，臨時建築部において技術官の妻木が部長の座に就いたことは，組織の性質上の一画期と言える。それまでの取扱所建築部と準備局建築部での実績が評価された上での論功行賞的な意味合いもあり得ただろう。妻木退任後の縮小した臨時建築課においても技師の丹羽

や矢橋が課長職に就いているが，常置化され，かつ巨大化した営繕管財局では長官の地位は元のように大蔵次官の兼任となり，再び技師は就任できないこととなった。ここからも，間接的ながら妻木の大蔵省内における影響力の大きさを窺い知ることができる。

　技師の待遇面に着目すると，準備局建築部で 1 人のみとは言え，初めて勅任官（一等・二等の高等官）としての枠を認められたことが特筆される。事務官は奏任官（三等以下九等までの高等官）なので，筆頭の技師はそれより上位にあると明文化されたことになる。この待遇はその後も徐々にではあるが向上しており，妻木退任後の臨時建築課では勅任以外の技師もすべて奏任官，技手は判任官（高等官の下に位する官吏）とされている。大蔵省営繕組織が改編を重ねる過程で，その長に誰が就くかという問題とは別個に，技術官の組織内の地位自体は確実に向上していることが読み取れる。

注釈

1) 妻木の初期の活動については，前章で触れた清水・堀（1990）の他に，清水慶一「コーネル大学所蔵の小島憲之，妻木頼黄に関する資料について」（『日本建築学会大会学術講演梗概集』F 分冊，都市計画　建築経済・住宅問題　建築歴史・意匠，pp. 777-778，1989. 9）に詳しい。米国で知遇を得た相馬永胤や富田鐡之助，目賀田種太郎らは後に官界で活躍しており，いずれも旧幕臣あるいは幕府と縁故ある者とされている。目賀田は後述する臨時葉煙草取扱所建築部の部長を務め，妻木の直属の上司となった。

2) 妻木を支えた膝下の技術者については，川口直助（1845– 没年不明）・鎗田作造（1853–1925）・沼尻政太朗（1855–1932 か）・小林金平（1867–1942）が「妻木四天王」として筆頭に挙げられる。川口直助は旧姓「大迫」だが，本書では川口に表記を統一した。さらに森井健介「人物風土記補遺」（『建築士』第 82 号，pp. 32-33，日本建築士会連合会，1959. 8）は，この 4 名に秩父忠鉦・片岡眞・大久保忠親を加えて，妻木の「実際本位」の建築を支えた「実際家」として紹介している。一方で，村松貞次郎は鎗田・小林・秩父・片岡を「四天王」としており，その細部においては食い違いがある。なお，村松は『日本近代建築史ノート―西洋館を建てた人々―』（世界書院，1965. 1）で森井（1959. 8）を引用しつつ「生前の妻木頼黄を識って」いる生の声として紹介しており（p. 120），その記述を無視しているわけではない。同書の表紙カバーには，横浜正金銀行本店本館のイラスト（小泉浩明 画）が配されている。

3) 同書本文中で『建築一斑』との表記ゆれが見られる。本書では，背表紙および目次頁の印字，日本建築学会図書館妻木文庫の書名登録に倣い『建築一斑』に統一した。国立公文書館（請求番号：平２０財務14132100）でも同様に登録されている。一方で，京都大学附属図書館（資料番号：1831934228）および国立国会図書館（書誌 ID：000000484314）では『建築一斑』とされている。この点について，平山育男「『臨時葉煙草取扱所建築部建築一斑』にみる建築材料などの調査」（『2023 年度日本建築学会関東支部研究報告集 II』第 94 号，pp. 483-486，2024. 3）では，「本文冒頭の記載が標題紙標題に該当するものと判断し，資料名としては『臨時葉煙草取扱所建築部建築一斑』を採用する」としている。

4) 大蔵省主計局長，理財局長などを歴任した松尾臣善（1843–1916）の旧蔵資料で，原資料は全 83 冊の簿冊から成る。1880 年代から 1900 年代を中心とする財政一般，予算，国債，金融，貨幣，銀行，専売に関する書類などの財政資料として知られる。検索手段としては，近代史懇談会 編『松尾家文書目録』（1956. 3）がある。

5) 後に工手学校で講師を務めた沼尻については，初田亨『職人たちの西洋建築』（講談社，1997. 1）の一節「5 建築家を陰で支える―沼尻政太郎」（pp. 42-47）に詳しい経歴が記されている。

6) 雇も技手同様に単独での出張記録がある他，双方に工手学校卒業者がおり学歴面での任用基準の差異は見出せない。雇のうち在籍期間が短い者は 3 か月程度だが長い者は 2 年以上にわたっており，その点でも技手との有意な差とは言えない。

7) 天野あゆみ「大蔵省臨時葉煙草取扱所建築部における中堅建築技術者の人材確保と育成」（『京都芸術大学大学院紀要』第 3 号，pp. 132-145，2022. 10）。

8) 『建築一斑』p. 372 に掲載される「省達明治 29 年 10 月 16 日」で，雇の任解用について以下のように規定されている〔下線　引用者〕。

　　　其部雇員ノ進退及雇員ヲ各地へ差遣スルハ<u>部長限リ専行</u>シ其都度具申スヘシ

なお，戦前期の我が国の行政機関における非官吏制度に着目した石井滋「行政機関における雇員制度成立」（『ソシオサイエンス』Vol. 21, pp. 91-108, 2015. 3）では，「雇員」を明治初期の「雇」がドイツ国家学における「ス

ターツアーンゲステルテ」の影響を受けて成立した別個の存在として区別している。ただし，石井の研究は太政官時代を扱ったものであり，かつ，『建築一班』の中でも「雇」と「雇員」の両方の表記が混在する。よって，本書では両者をとくに区別せず同一のものとして扱う。

9）磯田桂史「明治30年代前半の熊本県庁における営繕体制について」（『日本建築学会九州支部研究報告集』第52号，pp. 533-536, 2013. 3）で，葉煙草専売法施行後の取扱所建築部の組織縮小に際して，矢橋賢吉が仲介役となって所属建築技術者を熊本県庁に周旋したことが明らかにされている。稿中で前職「葉煙草」として名前が挙がる小關兼吉・鈴木豊藏・後藤政二郎・田島傳・大久保慶二郎・村上藤助・大森順介・吉田長吉・長妻新太郎の9名のうち，技手は鈴木・後藤・田島・大久保・大森で，その他は雇である。取扱所建築部の廃止時には，雇員のみならず大多数の技手も職を失ったことが察せられる。磯田（2013）によると，彼ら中堅の建築技術者は熊本県赴任後は県立病院と中学済々黌の建築において主に現場監理を担い，地域の建築水準の向上に寄与したとされる。

10）天野あゆみ「明治期における中堅建築技術者の任免と履歴書」（『建築史学』第78号，pp. 102-118, 2022. 3）は，建築学会発行の『建築雑誌』が人材斡旋の場として機能していたことを指摘し，府県間の中堅技術者の人材流動性について論じている。同時代の中堅建築技術者の需要の高さに着目した，7）の天野（2022b）とあわせて考えると，取扱所建築部による建築技術者の募集採用と後の縮小あるいは廃止の際に直ちに受け皿となる後継組織が設置されなかったことは，中堅技術者に地理的な移動を促す要因となり，さらにはそれが地方への人材還流と技術の伝播をもたらしたとの理解も成り立つ。今後，中央と地方の人的関係性の詳細な検討が進めば，実務を通した建築技術者の養成と技術交流の場という官公庁営繕組織の側面を論じることが可能になるだろう。

11）堀勇良（2022）の記述では，太田は「兼司法技師（大臣官房営繕課詰）」とある（p. 251）が，『成蹟一斑』の職員抄録上では専任扱いとされている。なお，作業部勤務建築部兼務の技師には池田日升三・上田文可（兼煙草専売局技師）・松谷謐三郎・野並亀治・高桑確一（兼煙草専売局技師）がいるが，いずれも建築技術者ではない。

12）「塩専売ノ準備ニ要スル建築事務ニ関スル職員ノ件」明治38（1905）年1月公布，勅令第12号。

13）中堅技術者にあたる技手の不足は，煙草製造所の運用準備について記した『成蹟一斑　第一編作業部』の「第十一章　職員」「第二款　煙草専売局」でも下記のように言及がある（pp. 663-664）〔下線　引用者〕。準備局建築部において全く同形式の人員登用が行われたかどうかは不明だが，技術官の人員不足により類似の状況に陥っていたことが窺われる。

　　　明治三十八年四月一日即刻煙草製造開始ノ日ニ於ケル各製造所ノ現在職員ハ別表示スカ如ク其定員ニ比シ不足多ク殊ニ技手ニ於テ甚シク不足ヲ告ケタリト雖モ幸ニ明治三十八年度末ニ至ルマテハ明治三十七年五月勅令第百五十八号ニ依リ判任俸給予算定額内ニ於テ雇員嘱託員ヲ使用シ得ヘキヲ以テ直ニ技手ニ登用シ難キ民間実業家ノ如キモノハ先以テ雇員又ハ嘱託員トシテ之ヲ試用シ其品性議験ヲ考覈シ他日ヲ待テ本官ニ登用ノ方針ヲ執リタリ（以下略）

14）明治39（1897）年3月公布，勅令第55号。

15）明治40（1907）年4月公布，勅令第158号。

16）明治40（1907）年7月公布，勅令第259号。

17）簿冊「官吏々員進退原書　知事官房　明治三十八年自十月至十二月」（請求番号：戦前B人事課351）所収。江田は工手学校土木学科出身の建築技術者で，後に山口県技師に昇任している。

18）明治43（1910）年3月公布，勅令第45号。

19）大正2（1913）年6月公布。

20）大正7（1918）年6月設置。工務部長を矢橋賢吉，調査兼工務課長を大熊喜邦が務めたが，営繕管財局設置に伴い業務を移管して廃止された。この他，被災した国家機関の諸施設の応急復旧を手がけるために大正12（1923）年10月に設置された臨時営繕局が並存したが，大正14（1925）年4月をもって廃止された。

補論　大蔵省営繕組織の任免書・出張命令書

　臨時葉煙草取扱所建築部所属の雇であった後藤政二郎（1856–1931）の任免書が，千葉県文書館所蔵の「後藤家（健）文書」（2024. 4. 1 現在，計 424 点）に含まれている［図 補 1-1，図 補 1-2］。その紙面には官印は見られないが，用紙の右上・左下隅には印刷局製造を示す透かしが入っており，書式としては整ったものである［図 補 1-3，図 補 1-4］。任用と解傭のときだけではなく，工事監理のための現場出張に際しても，逐一同様の書式と用紙で命令書が発給されている［図 補 1-5］。

　時期は異なるが，後に大蔵省臨時建築部所属の丹羽鋤彦に出された大正 5（1916）年の出張辞令書は，大蔵省用箋に記入されている［図 補 1-6］。用紙こそ簡略化されつつも，記載事項（被命令者の官名および氏名・出張内容・年月日・命令者：大蔵省）や文体は共通しており，営繕組織の改編や職位の高低にかかわらず書面での命令伝達が継承されていることがわかる。

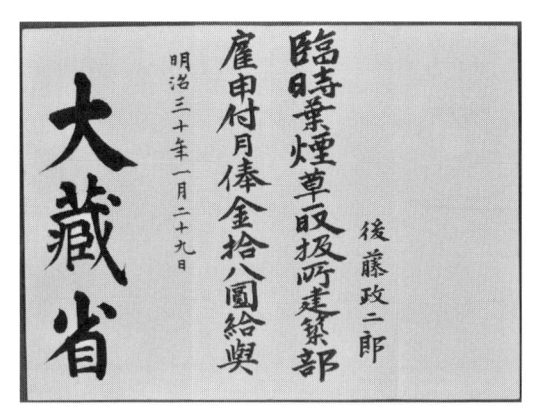

図 補 1-1　辞令（1897. 1. 29，文書番号ア 38）

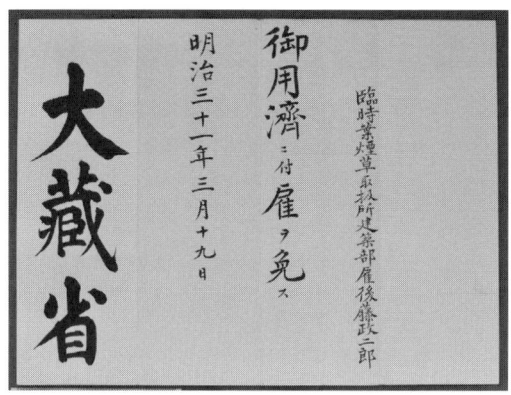

図 補 1-2　免職状（1898. 3. 19，文書番号ア 197）

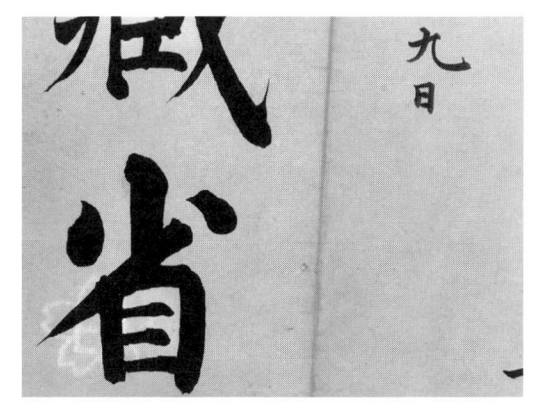

図 補 1-3　桜紋に「印」の透かし
（用紙左下隅，文書番号ア 38）

図 補 1-4　桐紋透かし（用紙右上隅，文書番号ア 38）

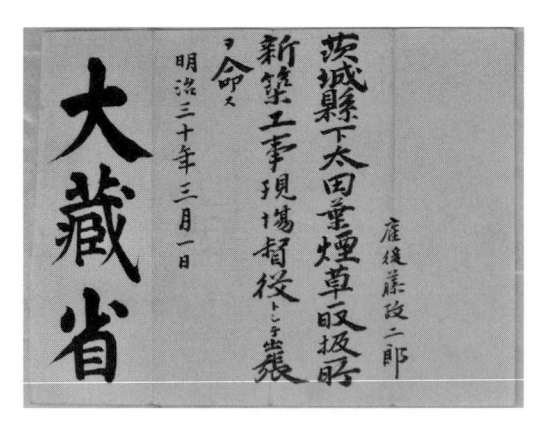

図 補 1-5 出張命令① (1897. 3. 1, 文書番号ア 41)

千葉県文書館にて筆者撮影（2023. 6. 2, 撮影補助：天野あゆみ氏）。図 補 1-5 の出張先である「茨城県下太田葉煙草取扱所」は，図 3-13 および図 3-14 として第 3 章で後掲する。これらの他に，同館には「茨城県下大宮葉煙草取扱所」への出張命令書（1897. 3. 18, 文書番号ア 39）・「茨城県下水戸葉煙草取扱所」の敷地測量の出張命令書（1897. 3. 16, 文書番号ア 42）・「茨城県下石塚葉煙草取扱所」の敷地測量の出張命令書（1897. 3. 25, 文書番号ア 43）も所蔵されている。後に千葉県技手・千葉県技師を務めた後藤の経歴については，天野あゆみ・西山雄大「鉄道省初代建築課長・久野節の千葉県技師時代の業績—千葉県営鉄道および千葉県技手・後藤政二郎との関係に着目して—」（『2023 年度日本建築学会関東支部研究報告集Ⅱ』第 94 号， pp. 471–474, 2024. 3）を参照のこと。

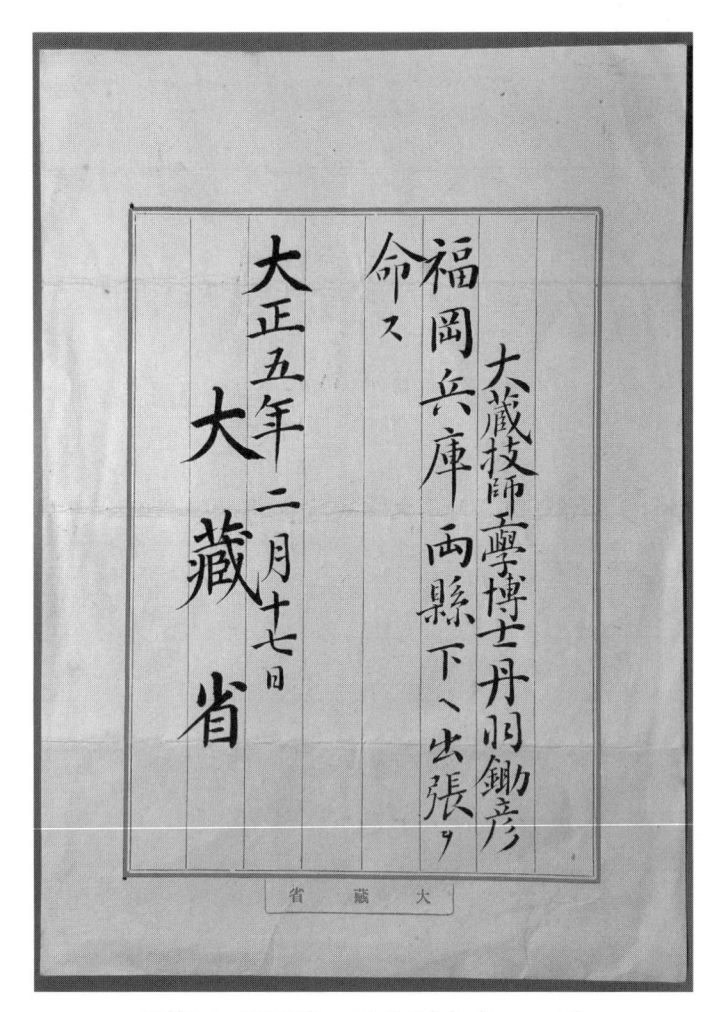

図 補 1-6 丹羽鋤彦への出張辞令書 (1916. 2. 17)

筆者蔵。丹羽は明治 22（1889）年に東京帝国大学工科大学土木工学科を卒業した後，内務省を経て大蔵省に入省した土木技術者。上掲出張は，門司と神戸の港湾整備のためのものと考えられる。

第 2 章
明治 35 年提議の「営繕局」構想

　明治中期から大正初期にかけての官庁営繕については，大蔵省のみならず，陸軍省・海軍省・逓信省・鉄道省・文部省など各省がそれぞれ独自に建築技術者を抱えて庁舎や局舎，官舎など諸施設の造営に当たらせていた。こうした多元的な営繕事業の不合理を是正すべく，中央で一元的に官庁営繕事業を統括する常設機関として「営繕局」の設置が日清・日露の戦間期にあたる明治 35（1902）年に提議された。しかし，その詳細は，今日殆ど知られておらず，検討もされていない。

　本章では，新史料の『政蔵三号　営繕局設置ニ関スル書類』（以下，本書では史料原本と同一内容の印刷資料を総称して『営繕局設置資料』とする）を紹介するとともに，幻に終わった常置の中央営繕組織の設置構想（以下，「営繕局」設置構想）について整理し検討する。「営繕局」設置構想を扱った論考としては，『公共建築』に掲載される宮村勝男の「官庁営繕の記録 6　営繕組織の変遷・近代日本の官庁街を作った建築家たちの歴史　その 2」（通巻122 号，pp. 64–69，1989. 9）があり，提議自体が従来全く知られていないわけではない。しかし，その稿中の「表-営繕組織の変遷」に「明 35. 政務調査会が営繕事業の一元的実施を提案」とある他は，内容について特段の言及はない。また，ここでは提議の主体が政務調査会と理解されている点が特筆される。

　詳しくは後述するが，史料原本を見れば政務調査会は提議を受けた側であり審議の場であったことが明らかで，提案作成段階における政務調査会の関与の形跡は見出せない。『営繕局設置資料』の原本が戦前期の財政資料として保管されていることもあり，宮村を含む建築学分野からの調査が及ばなかったものと察せられる。

　中央営繕組織の常置化は大正 14（1925）年の営繕管財局設置で漸く実現したため，大正 2（1913）年 5 月までの妻木在任中は「臨時」の体制が常態化していたことは，今さら言を俟たない。構想が実現に至らなかった背景についてはこの後整理するが，急迫した情勢下での各種の建築需要に応えるために都度断続的に「臨時」の体制が敷かれたことと，その際の具体的な施設計画の手段として採用された「標準化」との相互の関連性についても検討する。

第1節　史料『営繕局設置ニ関スル書類』の紹介と評価

1　史料の来歴と概要

（1）史料の体裁

　『営繕局設置資料』の史料原本 [1] は，内閣・総理府移管公文書の一部として現在は国立公文書館に所蔵されている。その冒頭に付された計2枚の鑑には，妻木頼黄が資料一式を作成して大蔵大臣・曾禰荒助に提出，後日阪谷芳郎の手から総理大臣・桂太郎へと提出された旨が記されている［図2-1，図2-2］。鑑2枚目の妻木の記述からは，営繕局設置案が大蔵省上層部の指示に基づいて起草されたものであることがわかる。以下に，それぞれ原文より引用する。

　　〔鑑1枚目，下線　引用者〕
　　　政蔵三号
　　　別冊営繕局設置ニ関スル調査ハ政務調査参考ノ為提出致候也
　　　明治三十五年四月二十八日
　　　　　　　　　政務調査委員主査
　　　　　　　　　　大蔵総務長官法学博士阪谷芳郎　［角印］
　　　　　内閣総理大臣伯爵桂太郎殿

　　〔鑑2枚目，下線　引用者〕
　　　別冊営繕局設置ノ件御下命ニ依リ調査起案仕候間奉候也
　　　明治三十五年四月一日
　　　　　　　　大蔵技師　妻木頼黄　［印］
　　　　　大蔵大臣男爵曾禰荒助殿

　この書面には「妻木」の押印の他，欄外に曾禰・桂両名の花押が見られ，受け取りを証明する意図で書かれたものと思われる。桂の花押については後述するが，本提議が少なくとも桂首相本人の手元にまで到達したことの証左である。それ以降の経緯については，史料から直接に窺い知ることはできない。

（2）花押の分析

　三度首相を務めた桂の花押は広く知られている。その造形的な特徴について，「国立公文書館ニュース Vol. 3」（2015. 9）は次のように紹介している［図2-3］。

　桂太郎の花押は、「太郎」という字を大きく崩した草名体です。短い横線と、「郎」の部分の曲線が力強く描かれています。画数が少なくシンプルな花押のため、特徴のある花押のひとつとして知られています。（中略）大臣の花押を見てみると、名前の一字あるいは姓の一字を用いたものが多いのですが、桂太郎は二字を使っています。

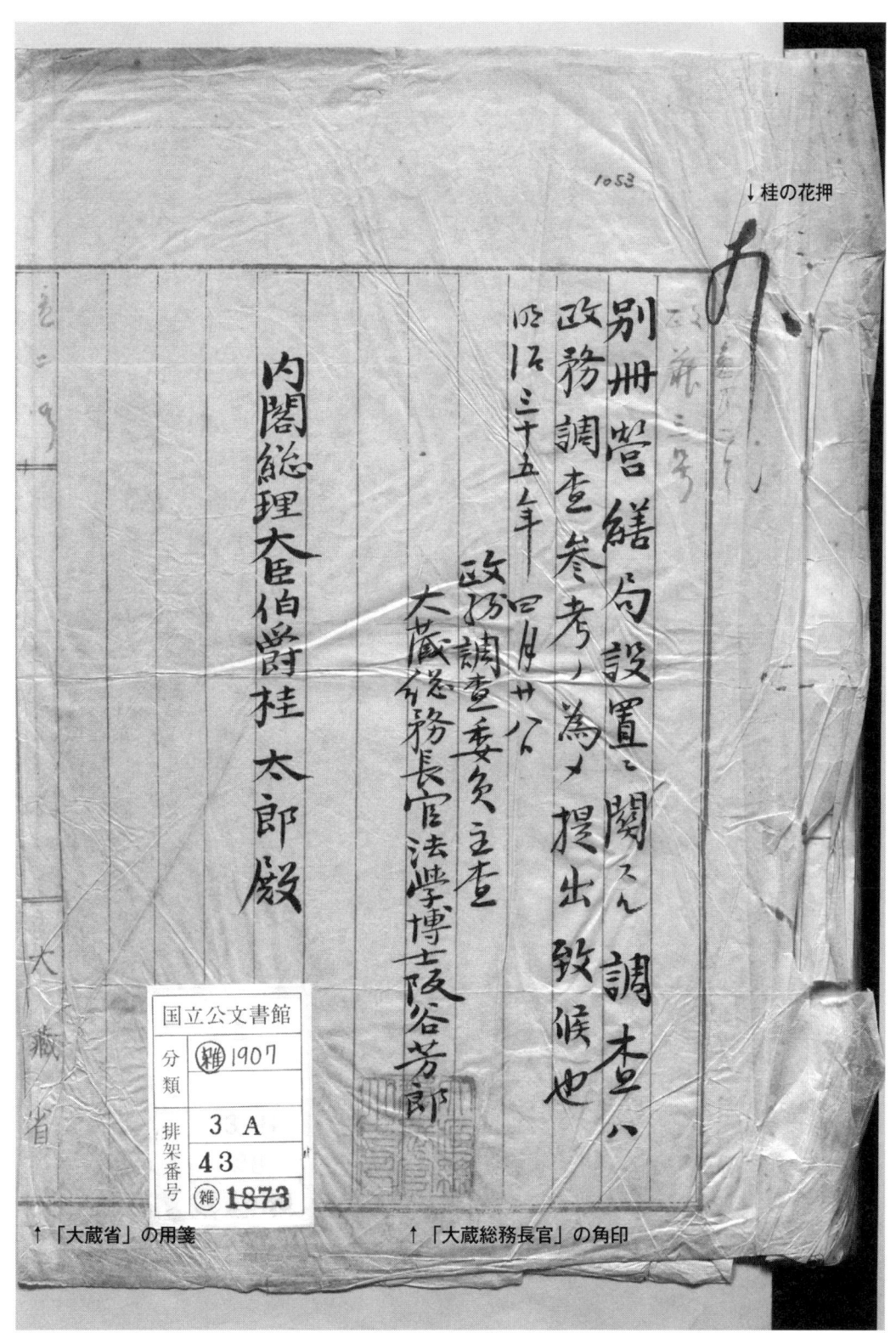

↓桂の花押

別冊営繕局設置ニ関スル調査ハ

政務調査参考ノ為メ提出致候也

明治三十五年四月廿七日

政務調査委員主査

大蔵総務長官法學博士阪谷芳郎

内閣総理大臣伯爵挂太郎殿

1053

国立公文書館

分類　㊞1907

排架番号　3 A 43　㊞1873

↑「大蔵省」の用箋　　　↑「大蔵総務長官」の角印

図2-1　鑑1枚目（筆者加筆）

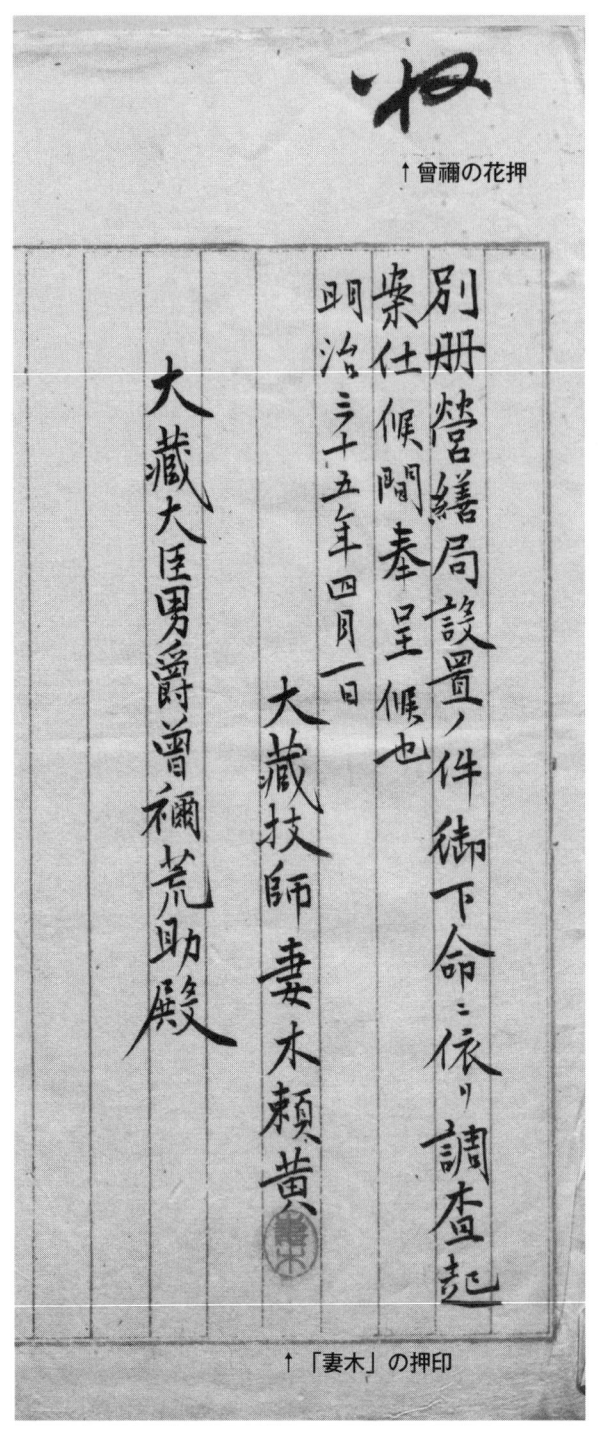

↑ 曾禰の花押

別冊營繕局設置ノ件御下命ニ依リ調査起
繰仕候間奉呈候也
明治三十五年四月一日

大藏技師 妻木賴黃

大藏大臣男爵曾禰荒助殿

↑ 「妻木」の押印

図 2-2　鑑 2 枚目（筆者加筆）

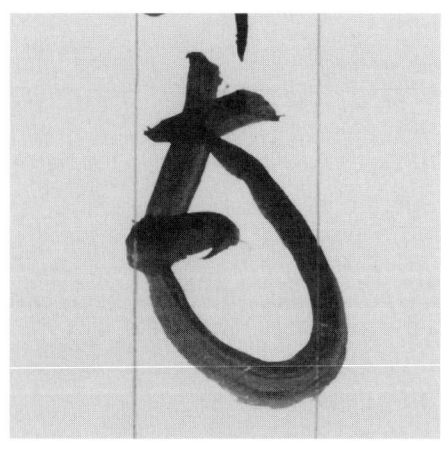

図 2-3　桂太郎の花押

「国立公文書館ニュース Vol. 3　花押と顔「桂太郎」」
http://www.archives.go.jp/naj_news/03/kaou.html
（2021. 8. 1 閲覧）より一部引用。「太郎」の二文字を
大きく崩して図案化したものと紹介されている。

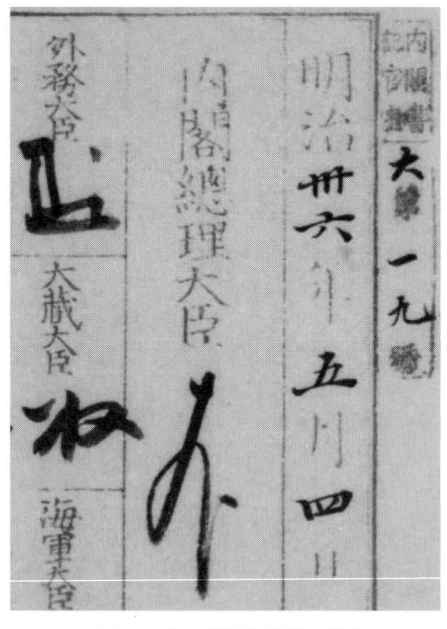

図 2-4　桂の花押と曾禰の花押

「大蔵総務長官兼大蔵省主計局長法学博士阪谷芳郎
兼官被免ノ件」（1903. 5. 7 裁可）の閣僚花押欄の部
分拡大。内閣総理大臣の欄が桂，大蔵大臣の欄が曾
禰の花押。

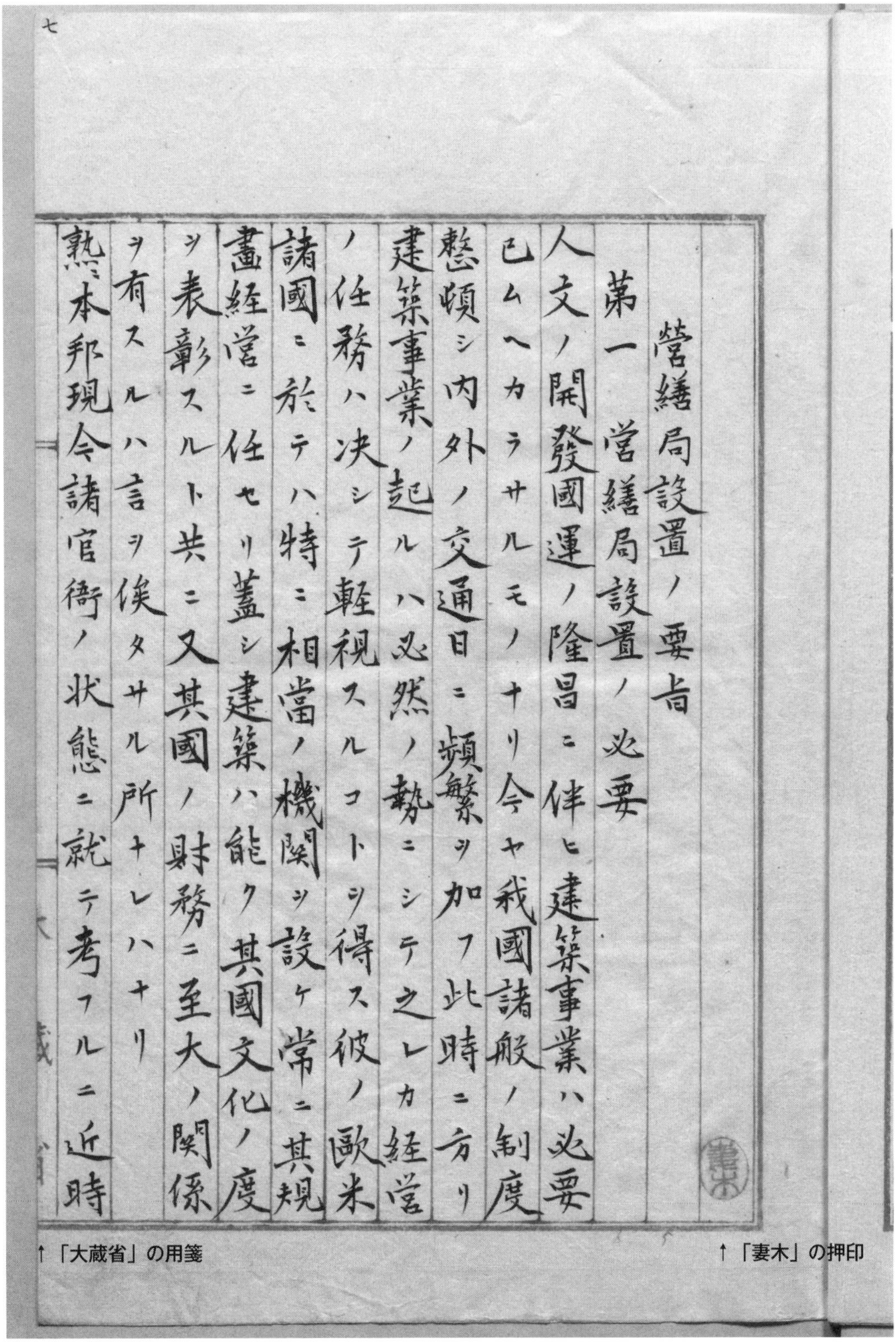

七

営繕局設置ノ要旨

第一　営繕局設置ノ必要

人文ノ開發國運ノ隆昌ニ伴ヒ建築事業ハ必要
已ムヘカラサルモノナリ今ヤ我國諸般ノ制度
整頓シ内外ノ交通日ニ頻繁ヲ加フ此時ニ方リ
建築事業ノ起ルハ必然ノ勢ニシテ之レカ經營
ノ任務ハ決シテ輕視スルコトヲ得ス彼ノ歐米
諸國ニ於テハ特ニ相當ノ機關ヲ設ケ常ニ其規
畫經營ニ任セリ蓋シ建築ハ能ク其國文化ノ度
ヲ表彰スルト共ニ又其國ノ財務ニ至大ノ關係
ヲ有スルハ言ヲ俟タサル所ナレハナリ
熟ニ本邦現今諸官衙ノ状態ニ就テ考フルニ近時

↑「大蔵省」の用箋　　　　　　　　　　　　　　　↑「妻木」の押印

図 2-5　第 7 頁「営繕局設置ノ要旨」の妻木押印（筆者加筆）

表 2-1 『営繕局設置ニ関スル書類』の各版比較

	原　本	印刷資料（翻刻版）		印刷資料（謄写版）
現所蔵	国立公文書館 簿冊標題：〔営繕局設置ニ関スル調査書ノ件〕 請求番号：雑 01907100	東京大学工学・情報理工学図書館（社基） 登録番号：1011896246	筆者蔵	国立公文書館アジア歴史資料センター 簿冊標題：昭和財政史資料第 2 号第 66 冊 請求番号：平15財務 00233100
体　裁	大蔵省用箋に筆書き	B5 判更紙活版印刷 ステープラー留め製本，表紙なし		謄写版印刷紐綴じ 表紙に「秘」の角印あり
作成年月	明治 35（1902）年 4 月提議。作成時期は不明	図書登録上は「1902.4」	不明	不明
備　考	本文は妻木の自筆と見られる字句挿入の書き込みや紙貼りによる修正痕あり 修正箇所には妻木の押印 鑑に曾禰蔵相の花押あり 用箋欄外に複数の曾禰の書き込みあり 鑑に桂首相の花押あり	左記修正を反映済み		大正 13（1924）年作成の「営繕管財局設置案要領」（件名番号：002）など関連資料と同じ簿冊に収録 内容は活字版と同一
掲載図	図 2-1，図 2-2，図 2-5	図 2-6	図 2-7	図 2-8

 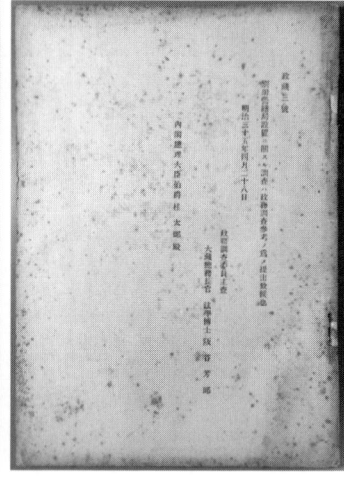 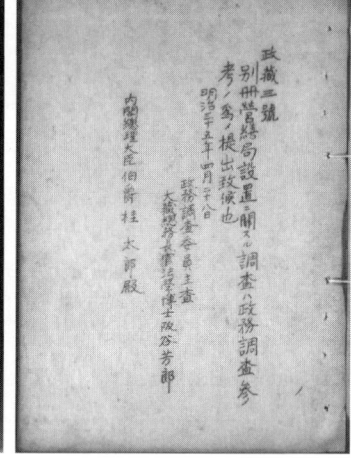

図 2-6　翻刻版印刷資料（東京大学蔵）　**図 2-7**　翻刻版印刷資料（筆者蔵）　**図 2-8**　謄写版印刷資料

表紙や奥付はない。更紙を綴じたもので，紙質は上等なものではない。

国立公文書館デジタルアーカイブ（https://www.digital.archives.go.jp/img/1277972）より。

　これに対して，『営繕局設置資料』の原本中に署記されているものは，「太郎」の「太」の字のようにも見えるが，明らかに異なる筆致をしている。これとほぼ同時期の史料である「大蔵総務長官兼大蔵省主計局長法学博士阪谷芳郎兼官被免ノ件」(1903. 5. 7 裁可)[2] の閣僚花押欄［図 2-4］に目を転じると，図 2-3 の花押を一筆書きによりさらに書き崩した形態をしており，図 2-1 と同一のものである。これらから，両者の使い分けの基準は不明であるものの，いずれもほぼ同時期の桂の花押であることが明らかである。

　桂と同じく山口出身の曾禰については，管見によれば花押に触れた調査研究などは見当たらない。その造形は，「ソね」を形象化しつつ単純な図案にしたものと見受けられる。

(3) 資料各版の比較

　史料原本は大蔵省用箋に筆書きで記入されている。鑑 2 枚目の筆致と同一であることから，本文の少なくとも主要部は妻木頼黄本人の筆と見てよいだろう［図 2-5］。

　原本とは別に，B5 判更紙に活版印刷された資料（以下，翻刻版）が存在する。東京大学工学・情報理工学図書館（工 1 号館図書室 A）に『営繕局設置ニ關スル書類／［妻木頼黄調査起案］』（登録番号：1011896246）［図 2-6］として所蔵される他，筆者も同一のもの［図 2-7］を私蔵している［表 2-1］。原本に散見される字句の加筆挿入や紙貼りの修正痕がすべて反映されていることから，草稿段階ではなく原本の完成後に翻刻されたものと判断できる。この他，翻刻版と同一の内容を謄写版印刷し紙縒り綴じした「営繕局設置に関する書類」が，財務省から国立公文書館に移管された簿冊「昭和財政史資料第２号第６６冊」（請求番号：平１５財務 00233100）に含まれることが確認できた［図 2-8］。この簿冊には大正末期の営繕管財局の設置検討に係る資料群が含まれており[3]，謄写版はその冒頭に綴じられている。翻刻版と謄写版の間に内容的な違いは見出せない。以下，本書では基本的に原本に依拠して検討を進める。

2　提出の経路

　ここで，阪谷芳郎の肩書きの一つである「政務調査委員主査」に着目してみる。調査会での検討議題を記録した簿冊「件名簿・政務調査会」[4] には明治 35 年 4 月 28 日の受付分として「阪谷主査提出」で「営繕局設置ニ関スル参考書」と記載がある［図 2-9］。第 1 次桂内閣における政務調査会の機能と実態に関して詳細は不明だが，「件名簿」には他に文部・逓信など各省大臣からの提出が見られることから，大臣・次官級で構成された政策審議機関であったと捉えられる。提出各件に関して記録されるのは件名や受付・決裁日のみで議論の詳細は記されておらず，書式中の「上達」「決裁」「上申」のいずれも空欄のままであることから，これ以上の議論の進展はなかったものと考えられる。また，「四月二十八日」の日付は鑑 1 枚目に記された日付と同一のため，原本は政務調査会の席上で桂首相へと手渡された可能性もあるだろう［図 2-10］。なお，「主査交付」の欄には「五月二日」とあるが，その意味は明らかでない。

　「件名簿」記載の件名「同　営繕局設置ニ関スル参考書」左下には，小さな朱文字で「印刷ノ分各主査内主査職へ一部ツ、送付ス五ノ二十一分ニ（引用者注：文脈から推して「別ニ」の意味か）

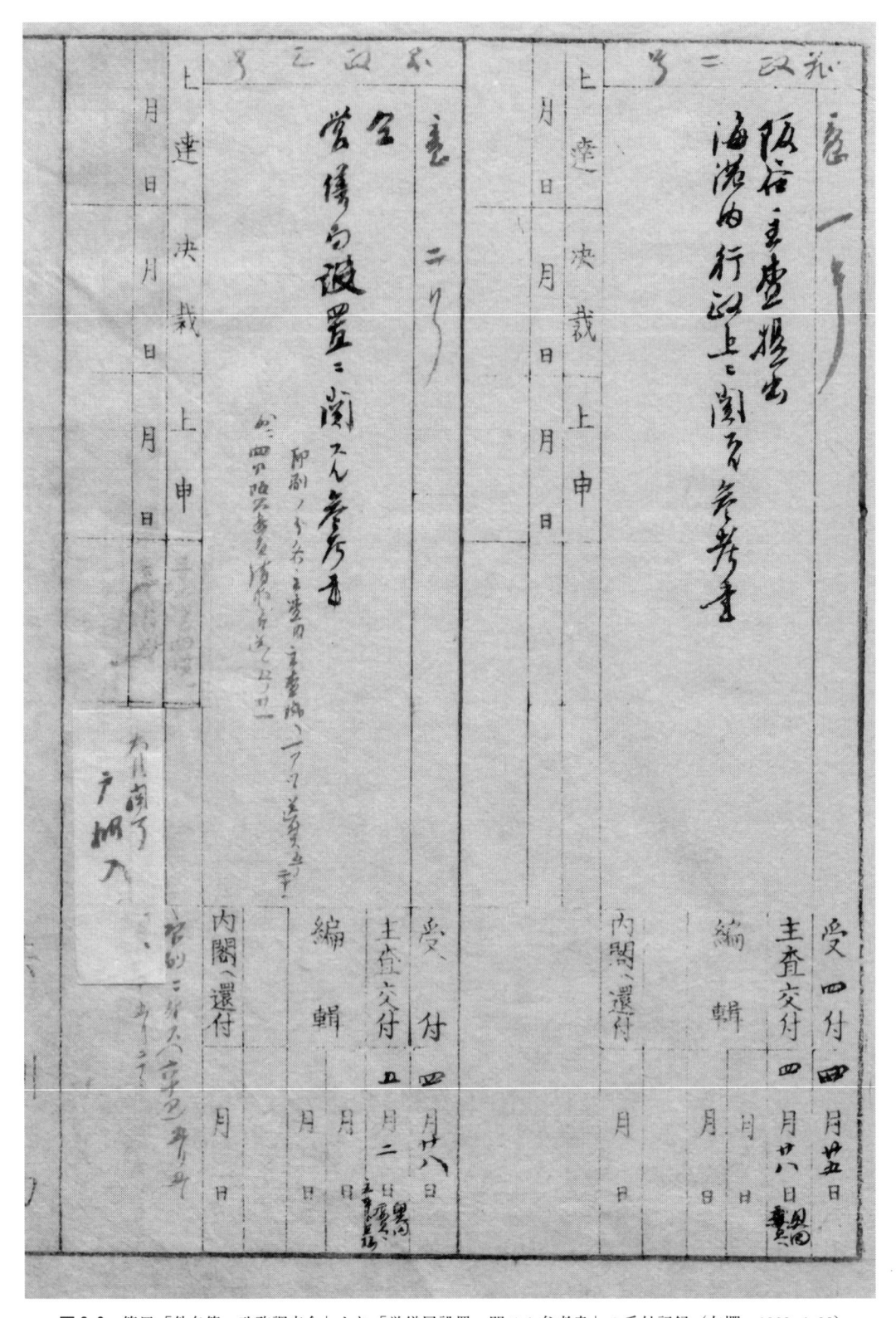

図2-9 簿冊「件名簿・政務調査会」より「営繕局設置ニ関スル参考書」の受付記録（左欄，1902. 4. 28）

表 2-2　関連年表

年	月	法制・出来事
明治 23（1890）	3	内閣臨時建築局　　　　　　　　　廃止
明治 29（1896）	10	臨時葉煙草取扱所建築部　　　　　設置 　部長・目賀田種太郎，建築掛長・妻木頼黄
明治 32（1899）	3	臨時葉煙草取扱所建築部　　　　　廃止
明治 34（1901）	6	第 1 次桂内閣 組閣（蔵相・曾禰荒助）
明治 35（1902）	4	『営繕局設置ニ関スル書類』　　　提議
時期不詳		『工部省ヲ設置スルコト』　　　　提議
明治 37（1904）	2	日露開戦
	4	臨時煙草製造準備局建築部　　　　設置 　長官・阪谷芳郎，建築部長・妻木頼黄
明治 38（1905）	9	日露講和
	10	大蔵省臨時建築部　　　　　　　　設置 　部長・妻木頼黄
大正 2（1913）	6	大蔵大臣官房臨時建築課　　　　　設置
大正 14（1925）	5	大蔵省営繕管財局　　　　　　　　設置

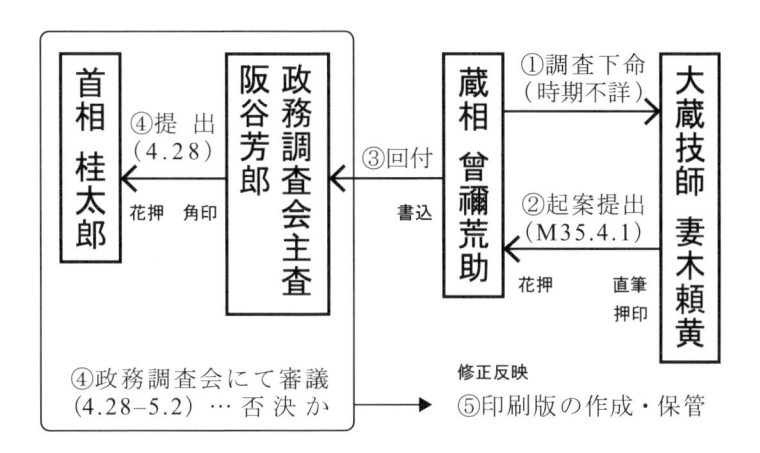

図 2-10　資料提出の経路

四部阪谷委員請求ニ付送ル五ノ廿一」と追記があり，記録保管用あるいは閲覧用として数部が印刷製本されたことが窺われる。先に触れた翻刻版や謄写版印刷の資料は，この際に作成されたものの一部，あるいはそれらを元に後日増刷されたものであろう。

第2節 「営繕局」設置案の提議内容

1 設置案の構成

　『営繕局設置資料』は提案本体である「営繕局設置ノ要旨」と「営繕局官制」に加えて，全三十号から成る添付資料により構成される［表2-3］。そのうち第一号から第二十四号までは，統一の営繕局を設置することの財政的な利点を強調し提案を補強するための統計・試算資料である。第二十五号以降は，官制制定のために参照された欧米諸国の事例調査である。英米仏独各国の関連制度が網羅されており，営繕組織の編成や管掌業務の設定に限らず議会との関係や政治体制など広汎かつ綿密な調査が行われたことを示している。

　その文量から推して，資料作成の時期は明治35（1902）年4月の提出時点より大幅に遡ることはほぼ確実であり，前年中に着手されていたことも十分に考えられる。

2 設置案の主張と営繕局の位置付け

⑴ 大蔵省傘下への官庁営繕一元化

　「営繕局設置ノ要旨」における提案の趣旨は，大きく分けて2部構成となっている。まず1つ目の段階が，従前の各省分轄の営繕体制からの脱却である。明治初期に整備された中央諸官衙の改築時期が一斉に迫っていること，各省が個別に営繕事業を続ける場合の財政上の不利を指摘して，営繕事業を一元的に管掌する営繕局の設置の提唱へと結びつけている。さらに第2の段階として，新築した建造物の維持には常に修繕が不可欠で，それを怠ると結局は建て替え周期が短くなり出費の増大を招く，との理由で新設の営繕組織を従前の臨時設置ではなく常設にすべきとの主張が展開される。

　また，他の政府機関との関係については，各省から上げられる営繕要求の規模の適否を公平に審査するために営繕局を独立官庁として設置することが候補に挙げられている。しかしその場合，国庫と各省の間で板挟みとなる営繕局が負う手続きの煩雑さ，予算編成や執行監督の権限が分散し混乱を招く虞れがあることを補足し，結局は大蔵省傘下の設置へと巧みに誘導される。さらに財政上の合理化を論拠にして，物品購入など営繕事業外へと管掌業務範囲の拡大が提唱されてもいる［図2-11］。これについては，史料紹介を兼ねて章末の付録にて全文を引用する。

　提案作成の経緯が詳らかでないため推論の域を出ないが，営繕事業を独占して省勢拡大を図る大蔵省上層部の思惑を妻木が斟酌して説明材料を肉付けし，論理構築した可能性はあるだろう。それは同時に，自身の基盤である大蔵省営繕組織を臨時編成から常置へと拡大昇格させ，確固たるものにしたい妻木の個人的な目論見とも合致したと考えられる。なお，用紙欄外の随所には書き込みがあるが，図2-2で示したものと同じ花押が据えられていることから，曾禰による筆とわかる。蔵相自らも提議の内容には仔細の注意を払い関心を寄せていたことが窺われる［図2-12，図2-13，図2-14］。

表 2-3　『営繕局設置ニ関スル書類』の構成

目　次	標　題	備　考
鑑 1 枚目	標題なし（阪谷芳郎から桂太郎へ提出）	図 2-1
鑑 2 枚目	標題なし（妻木頼黄から曾禰荒助へ提出）	図 2-2
	営繕局設置ノ要旨	章末付録 2-1　参照
	営繕局官制	章末付録 2-2　参照
	営繕局 **事務** 経費予算	
	営繕局設置ノ為メ節減シ得ヘキ経費見込計算書	
第一号	建築費及物品費最近二ヶ年度査定予算額平均表	
第二号	建築費及物品費各年度予算額比較表	
第三号	中央及地方新営費査定予算額高低表	
第四号	各省所管別新営費査定予算額表	
第五号	中央及地方修繕費査定予算額高低表	
第六号	各省所管別修繕費査定予算額表	
第七号	各本省別物品費査定予算額高低表	
第八号	各本省別物品費査定予算額表	
第九号	陸海軍及特別会計ニ属スル建築費最近二ヶ年度査定予算額平均表	
第十号	陸海軍及特別会計ニ属スル建築費査定予算額高低表	
第十一号	陸海軍及特別会計ニ属スル建築費査定予算額表	
第十二号	国庫負担ニ属スル建築費最近二ヶ年度査定予算額平均表	
第十三号	国庫負担ニ属スル建築費査定予算 総額 普通額 特別額 高低表	
第十四号	建築費ニ対スル事務費割合表	
第十五号	臨時葉煙草取扱所建築費対事務費 **年度別** 比較表	
第十六号	諸官衙及議院建築費対事務費 **年度別** 比較表	
第十七号	陸軍臨時工事費対事務費 **年度別** 比較表	
第十八号ノ甲	材料購買費節減額調	
同　　　乙	営繕費支弁建築物区分金額調	
第十九号	煉瓦造家屋建築材料流用調	
第廿号ノ甲	東京貯木所資材利益調	
同　　　乙	国庫負担ニ属スル総建築資材利益調	
同　　　丙	明治三十三年度営繕ニ要セシ木材数量調	
同　　　丁	貯木ノ為ニ生スル間接利益事項調	
第廿一号ノ甲	物品費ニ関スル節減額調	
同　　　乙	各省会計課現員表	
第廿二号	営繕局創設費説明書	
第廿三号ノ甲	営繕局創設費予算	
同　　　乙	東京貯木所創設費予算	
同　　　丙	東京貯木所創設費年度割明細書	
同　　　丁	東京貯木所創設費内訳書	
第廿四号	索遜予算出納決算法抄訳　営繕ニ関スル規定一部	
第廿五号	「トツド」氏英国議院政体	
第廿六号	「エツチ、コツクス」氏英国政体	
第廿七号	「アンソン」氏英国憲法ノ法律及習慣	
第廿八号	王国<u>バイエルン</u>及ビ北米合衆国建築部設置及監督ニ関スル件	
第廿九号	仏国官制抜萃	
第三十号	ジョザー氏各省官制抄訳（仏国）	

下線は原文ママ。「標題」中のゴシック体は史料原本では挿入記号により書き込みされている箇所で，翻刻版・謄写版ではともに修正されている。

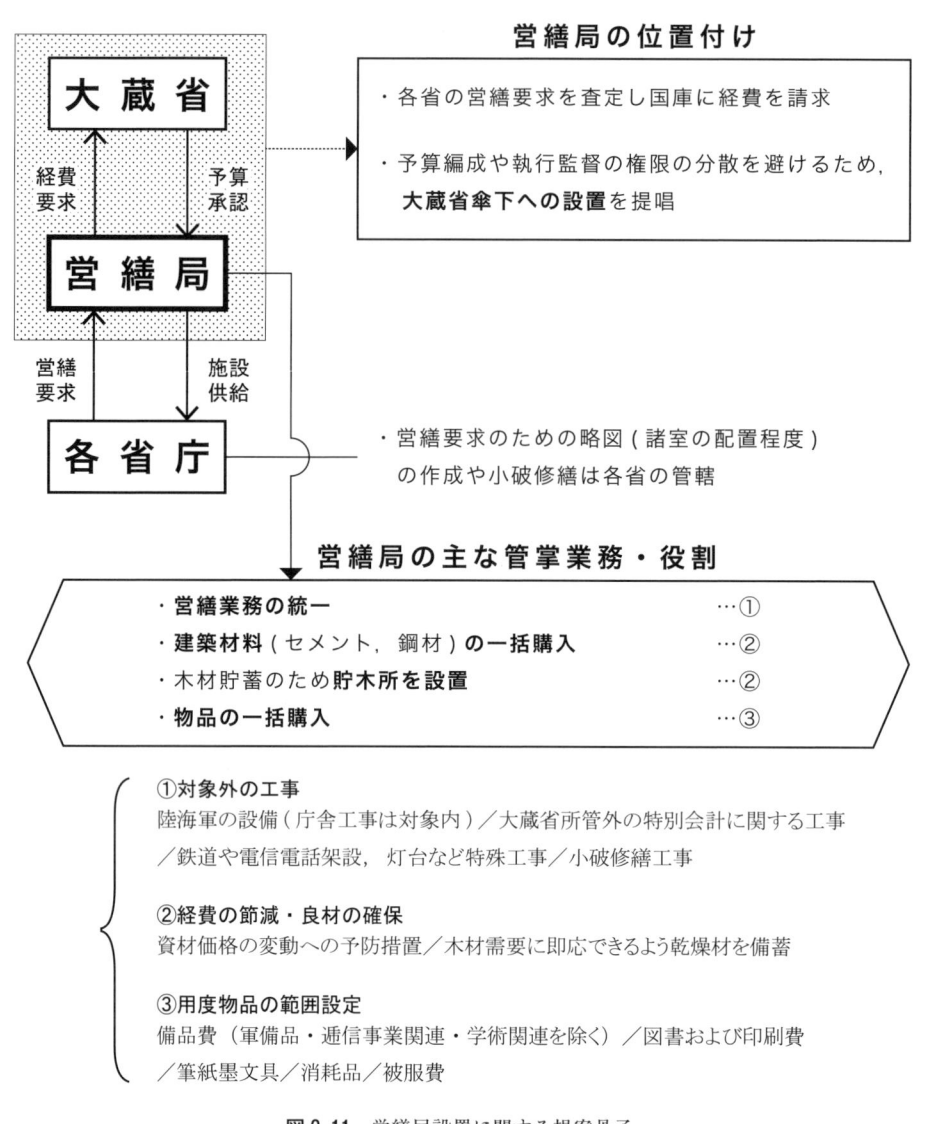

図 2-11　営繕局設置に関する提案骨子

(2)　**組織規模と編成の想定**

　　第十五号で取り上げられている臨時葉煙草取扱所建築部をはじめ，その他の大蔵省営繕組織も含めて各官名の定員を比較すると，営繕局の想定規模の巨大さが窺い知れる［表2-4］。部署編成と業務割り当てについては，工務部と建設部の役割分担など詳しいことは不明である。ただし，名称から推して検査部は竣工検査など工事品質の管理，倉庫部は物品の一括購入と保管を担う想定であったことは容易に推測できる。組織全体としては，技師が部長を務める技術系の部門が大きな比重を占めており，この充足のために多くの技術者が必要と見込まれたことが明白である［図2-15］。

　　また，営繕局は従前の事務官主導型の組織体制とは異なり，技術官が長官に就任できるよう予

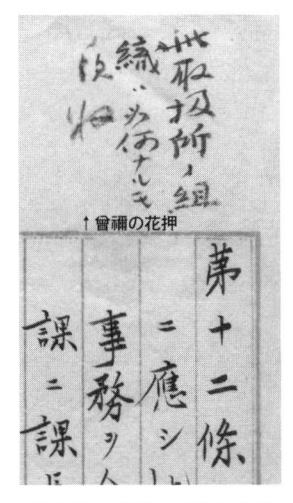

図 2-12　曾禰の書き込み①
（筆者加筆）

営繕局が地方に設置する取扱所
の組織形態についての確認。

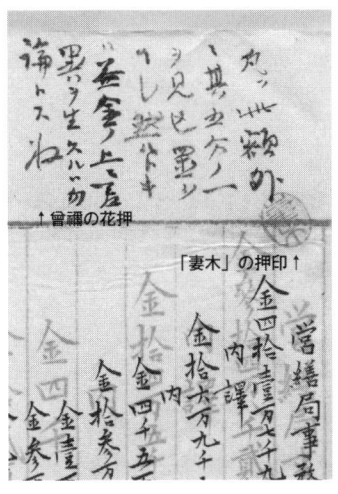

図 2-13　同書き込み②（筆者加筆）

営繕局の想定事務費についての確認。
想定額の 20 分の 1 程度を予備費とする
指示か。

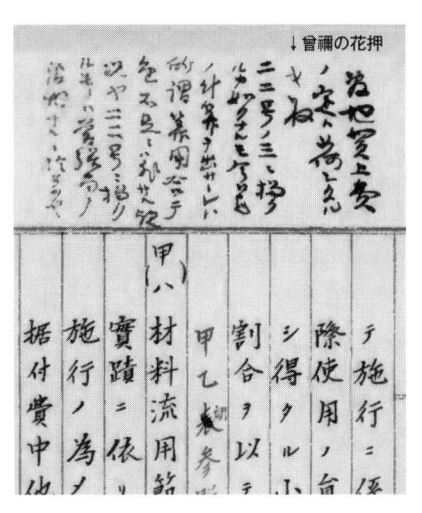

図 2-14　同書き込み③（筆者加筆）

「第 22 号　営繕局創設費説明書」についての確
認。庁舎や倉庫の敷地は官有地を使用すれば経
費がかからないとの試案に対し，その効果を数
字で示すよう求めている。

表 2-4　大蔵省営繕組織の定員規模比較

	長	事務官	技師	技手	書記	属
取扱所建築部	部長 1	1	2	60	5	-
営　繕　局	長官 1	2	18	150	38	-
準備局建築部	長官 1 / 部長 2	4	9	48	-	28
臨時建築部	部長 1	1	5	55	-	15
営繕管財局	長官 1 / 顧問 1	書記官 4 / 事務官 3	3	143	-	61

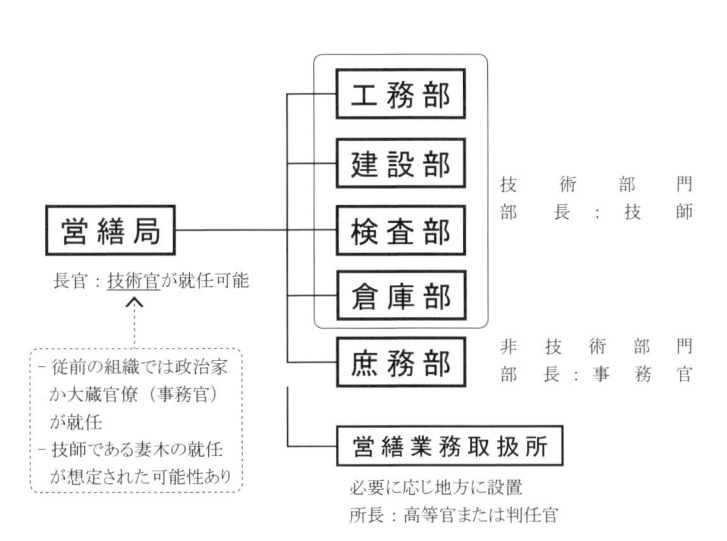

図 2-15　営繕局の部署編成

め設定された点が特徴的である。長官を務め得る技術官は他には見当たらないことから，妻木の長官就任が内々の既定路線とされていた可能性は高いだろう。第1章で整理した通り，大蔵省臨時建築部では妻木が部長として実際に組織の頂点に立ったが，その企図は，この「営繕局」構想にまで遡って読み取ることができる。

　また，「建築物の営造と修繕」という業務内容をそのまま冠した「営繕局」との名称の由来について史料中に言及はないが，修繕重視の建築事務の財政的利点を説く提案内容を直截に反映したものではないかと推測できる。直接的には謳われていないものの，明治初期の工部省営繕局と同様の一元的な常置組織への回帰やその後続いた臨時編成の組織体制を刷新しようとする意識も垣間見える。

第3節　「営繕局」設置案のその後と影響

1　設置案が実現しなかった要因

　「営繕局」設置案が実現に至らなかった直接的な要因については史資料に乏しく，現時点で断定できないが，まずは大蔵省主導の提議に対する各省の反発が推測される。とくに，人材確保の困難については前章でも取扱所建築部について言及した通りである。150人に及ぶ技手をはじめとする多量の人材確保のためには，関係各省との協調は不可欠である。その際，建築工事とは関係しない物品購入までも掌握しようとしたことが他省の反発を招き，政務調査会での合意形成に至らない要因となったことは容易に想像がつく。また当時の社会背景を考慮すると，緊張が高まる対露関係への対処など対外的な問題を優先した結果，「営繕局」設置は比較的緊急度の低い国内問題として先送りにされ，有耶無耶となったことも十分に考えられる。

2　営繕管財局設置への影響

　明治35年版の『営繕局設置資料』は先述の通り，大正末期の営繕管財局設置の検討段階において内部参照資料とされた形跡がある。その経緯や影響の程度についてはさらに調査と整理が必要だが，国有財産の維持管理を重視した点や管轄外工事の範囲設定[5]といった点は一見確かに類似している。営繕管財局設置の背景には関東大震災後の復興事業の推進という意図があったとされる[6]が，制度設計の基礎が妻木らによる「営繕局」設置構想に由来するものだとすれば，その理解に新たな一面を加えることが可能になる。

　一方で設置当初における営繕管財局の業務範囲は，官庁営繕の一元的管掌と言うには大きな制限[7]が課されており，また両者の官制上の技師の定員にも大きな開きがある［表2-4］。加えて，第1章でも言及した通り，営繕管財局の長官には大蔵次官が充てられており，技師以下の技術者はそれに従属する立場に留まる。技術官が長官に就任可能な「営繕局」との最大の相違点である。これらより総合して見ると，営繕管財局は「営繕局」設置構想の直接の流用により実現したものではないことは明らかである。

3　対案『工部省ヲ設置スルコト』

(1)　資料の来歴と体裁

　「営繕局」設置案には対案が存在する。B5判更紙に活版印刷された資料は全98頁から成る。表紙には「第九十四号　工部省ヲ設置スルコト」とあるのみで，作成者や年月を表すものは一切見られない。『営繕局設置資料』のような簡易な目次（原表記では「目録」）すらも付いておらず，急造された資料であることを窺わせる［図2-16，図2-17］。

　資料中には，「起草委員」の提出による「明治三十一年行政整理ノ際ニ於ケル工部省設置案」（1897. 10. 8）が掲載されている（pp. 45–46）。本資料はこの際の提案を焼き直したものであることは明白で，具体的な委員会の構成は不明ながら，同じ「起草委員」の手によるものと見て矛盾はない。

(2)　提案の内容

　標題の通り，明治18（1885）年12月の行政整理により廃止された工部省を再興し，その下に「建築局」を設置しようという提議である。資料の冒頭を次に引用する〔下線　引用者〕。

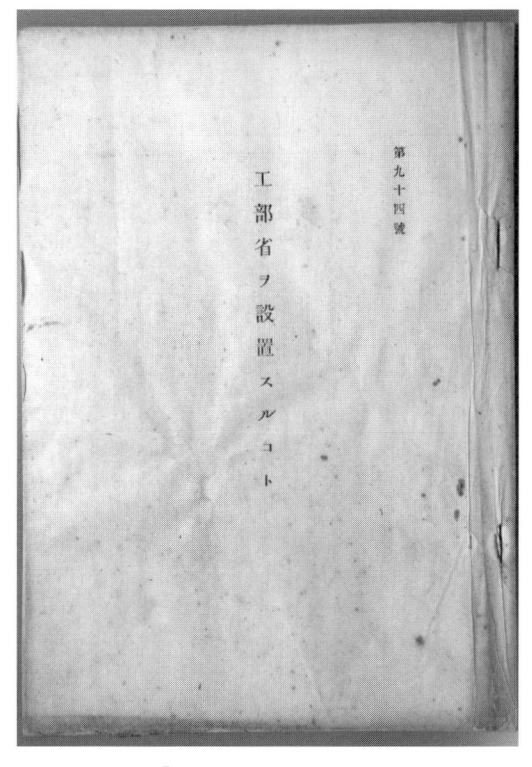

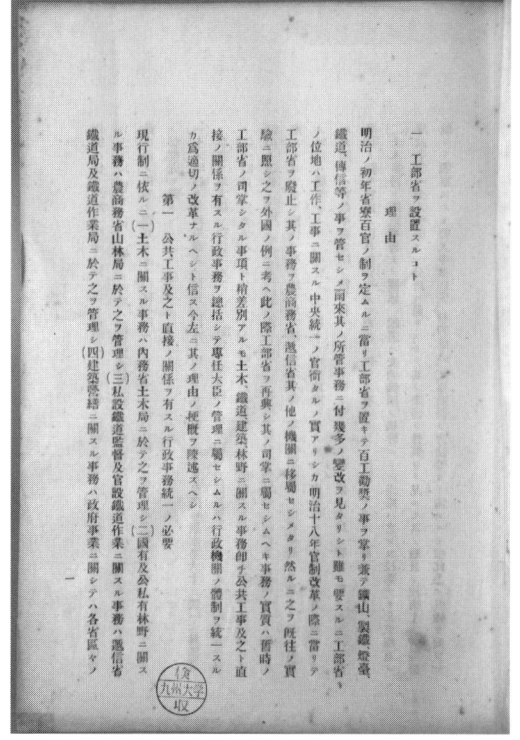

図2-16　『工部省ヲ設置スルコト』印刷資料　　　　　**図2-17**　資料内部

体裁や紙質は『営繕局設置資料』の翻刻版と同様だが，作成者の記載や目次はない。筆者蔵。

一　工部省ヲ設置スルコト

理　由

明治ノ初年省寮百官ノ制ヲ定ムルニ当リ工部省ヲ置キテ百工勧奨ノ事ヲ掌リ兼テ鉱山、製鉄、灯台、鉄道、伝信等ノ事ヲ管セシメ爾来其ノ所管事務ニ付幾多ノ変改ヲ見タリシト雖モ要スルニ工部省ノ位地ハ工作、工事ニ関スル中央統一ノ官衙タルノ実アリシカ明治十八年官制改革ノ際ニ当リテ工部省ヲ廃止シ其ノ事務ヲ農商務省、逓信省其ノ他ノ機関ニ移属セシメタリ然ルニ之ヲ既往ノ実験ニ照シ之ヲ外国ノ例ニ考ヘ此ノ際工部省ヲ再興シ其ノ司掌ニ属セシムヘキ事務ノ実質ハ旧時ノ工部省ノ司掌シタル事項ト稍差別アルモ<u>土木、鉄道、建築、林野ニ関スル事務即チ公共工事及之ト直接ノ関係ヲ有スル行政事務ヲ総括シテ専任大臣ノ管理ニ属セシムルハ行政機関ノ体制ヲ統一スルカ為適切ノ改革ナルヘシト信ス</u>今左ニ其ノ理由ノ梗概ヲ陳述スヘシ

続いて，提議の理由として6つの項目が挙げられている。ここでは，各主題と枢要のみを引用する〔下線・ルビ　引用者〕。官制案と管掌範囲については，章末の付録にて紹介する。

第一　公共工事及之ト直接ノ関係ヲ有スル行政事務統一ノ必要

（三）建築事務ノ統一及他ノ事務トノ関係　…建築事務ニ関シ中央官衙ノ設置ヲ必要トスル特別理由一アリ抑モ現時公私ノ建築物ニ対シ相当ノ監督機関ヲ具備セサルハ行政上ノ一大欠点ナリ（中略）故ニ建築局ヲ設ケテ官設事業ヲ経営スルト同時ニ公私ノ建築ニ関スル監督機関ノ中心トナシ地方ニ於テハ地方庁土木部ヲシテ該監督事務ヲ掌理スルノ機関タラシムルトキハ庶幾クハ此ノ目的ヲ達スルコトヲ得ヘシト信ス

右ノ理由ニ基ツキ建築事務ヲ統一シテ建築局ヲ新設スルモノトセハ之ヲ工部省ノ所管ニ属セシムルヲ至当ナリト思考ス何トナレハ本来建築事務ハ鉄道事務ト同シク土木事務ノ一分科ニ過キスシテ<u>鉄道ト土木ト彼此密著ノ関係ヲ有スルト同一理由ニ依リ三者相離ルヘカラサル関係ヲ有ス又建築事務ノ統轄ニ伴ヒ其ノ用材ノ供給ト国有山林経営事業トヲ彼此連結スルカ上ニ於テモ之ヲ工部省ニ置クヲ便利トスルコト勿論ナリ</u>

第二　土木、山林、鉄道及建築事務ト他ノ各省事務トノ関係

翻ツテ工部省ノ管理ニ移スヘキ事務ト各省局課ノ事務トノ関係如何ヲ観察スルニ

（一）…従来土木事務ノ内務省ニ隷属セシメラレタル理由ハ畢竟沿革的ニ起因セルニ過キス（以下略）

第三　各省事務ノ膨張

…明治二十七八年以降一般行政事務ノ膨張ハ非常ニ著シク随ツテ各省大臣ノ責任益々重大トナリ（中略）此ノ際一省ヲ特設シテ当局大臣ノ重荷ヲ分担セシムルハ必要ノ事ニ属ス

第四　外国例

之ヲ外国ノ例ニ徴スルニ欧州各国ニ於テハ公共工事（Public works）ヲ管理スルカ為殆ント工部省ヲ設置セサル邦国無ク唯英国ハ建築及土木工事ヲ合シテ中央工事局ト称スル大蔵省所属ノ官衙ヲシテ之ヲ司掌セシメ又白耳義国ニ於テハ財務及工事ヲ一省ニ於テ之ヲ総括管理スルハ稍例外ニ属ス

第五　<u>大蔵省提出営繕局設置ニ対スル意見</u>

建築事務ノ統一ニ関シテハ大蔵大臣提出ニ係ル営繕局設置案ニ於テモ亦其必要ヲ認ムト雖モ該提案ニ

付キテハ数フヘキ欠点少ナカラス就中 <u>（一）営繕局所管直轄事業ノ範囲多キニ過キ（二）機関ノ組織</u>
<u>尨大ニ過キ（三）営繕局ヲ大蔵省ノ管理ニ属セシムルカ如キハ不当ナリ</u>（中略）右ノ理由ニ依リ<u>大蔵</u>
<u>省提案ニ対シテハ其建築事務ヲ統一スルノ必要ヲ認ムルノ点ニ於テ意見ヲ同フスルモ其ノ統一ヲ行フ</u>
<u>ノ手段方法ニ至テハ茲ニ反対ノ意ヲ表明セサルヲ得ス</u>

第六　経費及利益
…建築局ハ創設ノ部局ニ属スト雖モ此レ亦各庁ニ散在スル職員及之ニ伴フ経費ヲ中央ノ一局ニ集中ス
ルニ過キサルヲ以テ固ヨリ比較的多額ノ経費ヲ要スルコト無シ（中略）工部省創設費ニ関シテハ固ヨ
リ営繕局ノ如ク宏大ナル規模ヲ必要トセサルヲ以テ莫大ノ経費ヲ要スルモノニ非ス（以下略）

　この提案の骨子はあくまで工部省の設置であり，建築局は土木局・鉄道局・山林局の三局とと
もに揃いで同省の傘下に置かれるべき存在とされている。「第五」では明確に大蔵省提出の営繕
局設置案への対抗案であることが表明されており，ここからも明治 35 年 4 月以降に取り纏めら
れた資料であることがわかる。
　「営繕局」と「建築局」の構想の違いは組織規模に留まらず，組織の行政上の役割にもある。
建築局は官民の建築業務の「監督機関」であることが想定されており，期待されたのは，その行
政指導による国内建築の質的な安定と向上であった。さらに言えば，建築の文化的な発展をも掲
げた「営繕局」案に対して，「工部省」案では建築局を土木局・鉄道局・山林局と一括で管轄す
ることによる便宜や技術的な進展への期待を重視している。

4　10 年後の再提議
　「営繕局」設置案は，明治 45（1912）年 1 月に妻木から当時の蔵相・山本達雄（1856–1947）に
再提議された。この提議書類の原本は現在のところ所在不明だが，謄写版が「松尾家文書」の簿
冊「行政　官職制、分課及処務　第 77 号」[8] に綴じられている［図 2-18，図 2-19］。ここで逐一原
文を引用紹介はしないが，その冒頭の「営繕局設置ノ要旨」では，明治 40（1908）年の第 23 回
帝国議会にて「各省ノ営繕事務統一ニ関スル建議案」が衆議院で賛成多数で可決された[9] こと
が記されている。提議の趣旨は明治 35 年のものと基本的には同じだが，官制案では以下の点が
異なる。

改革の目的：「用度物品及官有財産」の統一とそれによる財政上の合理化がさらに強調された。
職位と定員：長官の下に技術官を指揮監督する「技監」（1 人勅任）の職位が設置された。技
　　　　　　師（専任 25 人）・書記（専任 50 人）と組織の全体規模自体がやや増とされている。
　　　　　　技手の定員（専任 150 人）には変化はない。
更なる増員：上記の定員とは別に，「税関設備ニ関スル一切ノ事務ヲ掌理スル為」として書記
　　　　　　官（専任 2 人）・技師（専任 15 人）・書記（専任 25 人）・技手（専任 50 人）の臨
　　　　　　時増員が設定され，ますます巨大な組織構想となった。

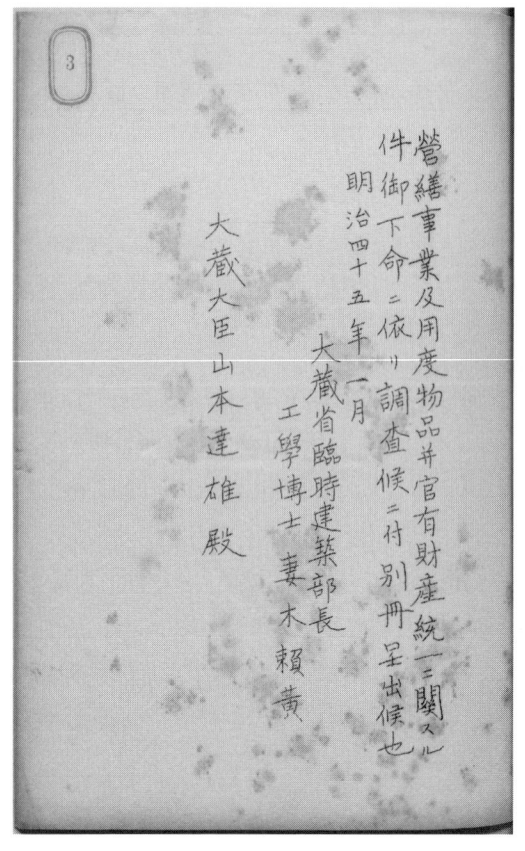

營繕事業及用度物品并官有財産統一ニ關スル
件御下命ニ依リ調査候ニ付別冊呈出候也
明治四十五年一月
大蔵省臨時建築部長
工學博士 妻木頼黄
大蔵大臣山本達雄殿

図 2-18 明治 45 年提議資料の鑑

營繕局設置ノ要旨
第一 設置ノ必要
我國諸般ノ制度ハ近時國運ノ發展ニ伴ヒ
尚之カ改善ヲ要スヘキモノナキニアラス則チ
建築事業、用度物品及官有財産ノ如キモ
之ヲ一部局ニ統一管掌セシムルハ最モ刻下
ノ時運ニ適應セルモノナルコトヲ信ス現ニ外國
ニ於テモ此制度ヲ採リテ其ノ利益ヲ認ムルモ
ノ多ク本邦ニ於テモ建築事業ノ統一ニ關
シテハ已ニ明治三十五年政務調査會ノ議
ニ付セラレ又衆議院ハ第二十三回帝國議會
ニ於テ營繕事業統一ニ關スル建議案トシテ
各省ノ新營及修繕ニ關スル事務ヲ各其ノ

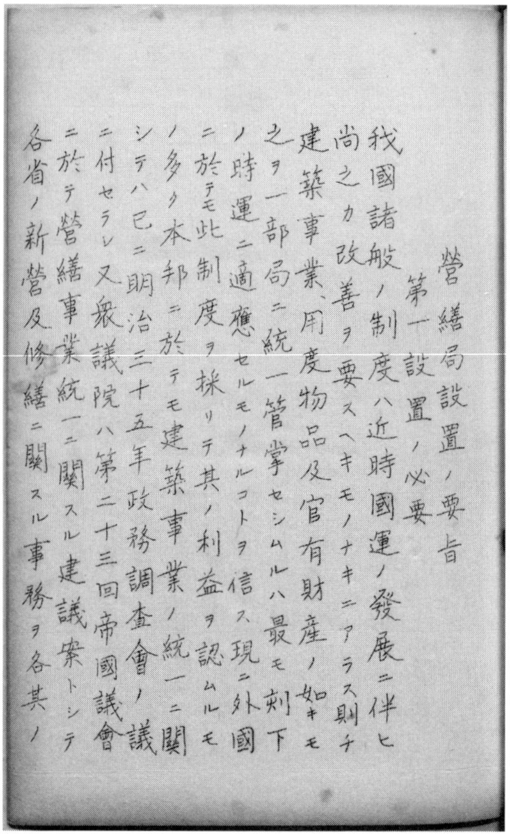

図 2-19 営繕局設置の要旨 冒頭

明治 35 年の提議では「用度物品ノ購入及保管」が営繕事業に付随する業務とされたのに対し，ここでは用度物品と官有財産の統一は主目的の一つにまで位置付けが向上している。営繕局設置の必要を説く文章は書き改められているものの，全体の文意には変更なく，新部局設置による経費の削減と建築の質的な統一を謳ったものである。この明治 45 年提議案が営繕管財局設置の際の参考資料とされた形跡は今のところ見当たらないが，官有財産の統一管理は 35 年提議案では言及がない。そのため，両提議が複合されて営繕管財局の制度的な下敷きとなった蓋然性が高い。

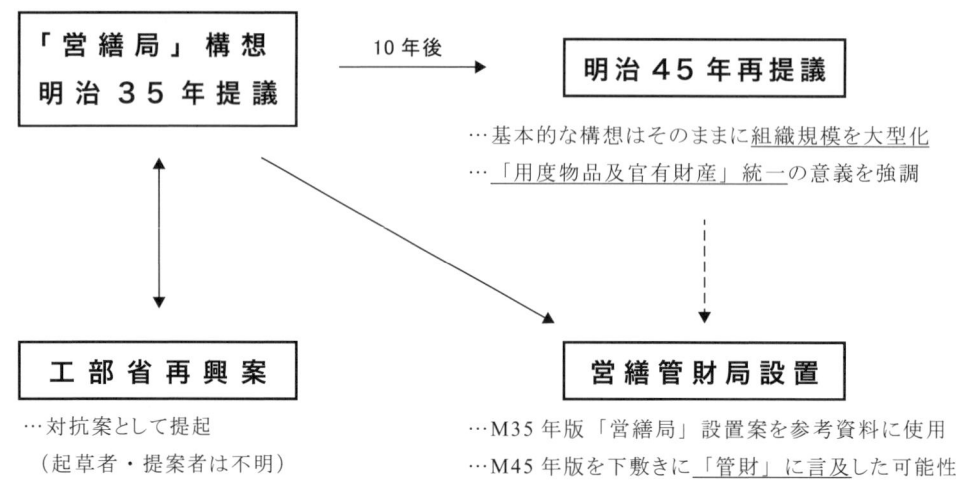

図 2-20 「営繕局」設置案の展開と影響

　桂については明治 44（1911）年 8 月 30 日の第 2 次内閣総辞職から翌年 12 月 21 日の第 3 次内閣成立までの政権を手放した空白期間にあたり，曾禰は既に死去していることから，彼らの直接の影響下から離れてもなお妻木が単独で構想を抱いていたことが窺われる。内容的には明治 35年案の焼き直しと言えるものであることから，前回の提議が実現に至らなかったのは構想自体に致命的な問題があったためではなく，外的な要因が主たるものであったと察せられる。日露開戦という時局の切迫によって水に流れた提議を，時期を選んで仕切り直したものと見るのが妥当であろう［図 2-20］。

　この再提議に際しては，とくに衆議院での可決は強力な追い風となったはずだが，またもや実現には至っていない。時期的に考えれば，同年 7 月の明治天皇崩御に伴う国内の混乱や先行きへの不安が大規模な行政改革を阻害した可能性はあるだろう。山本蔵相への提出後の経過も明らかでないが，それを論じるだけの十分な材料は今のところ筆者の手元にない。

小　結

　本章では『営繕局設置資料』を紹介するとともに，「件名簿・政務調査会」を補足的に用いて，その提出経路や建議案の内容について検討した。明らかになったのは以下の点である。

　ⅰ）大蔵省上層部の指示により妻木頼黄が起案清書し，曾禰荒助蔵相から阪谷芳郎を経て桂太
　　　郎首相に提出された。
　ⅱ）財政管理上の都合と欧米各国の事例調査を根拠に，大蔵省管轄下に常置の営繕局設置が提
　　　唱された。
　ⅲ）従前の臨時設置の官庁営繕組織に比べて遙かに巨大な組織体制が構想され，技術官でも長
　　　官に就任可能な設定とされた。

　審議の経過が明らかでないため確定的ではないが，この提議が否決された理由としては①営繕局の業務範囲設定が広過ぎたこと，②組織の想定規模が巨大すぎたことの 2 点が直接に設置経費の懸念へと繋がったであろうと推察される。さらには，③統一営繕組織を大蔵省の管轄下とすることへの反発も『工部省ヲ設置スルコト』中の主張から窺われる。ただし，工部省の再興もまた，実現に向けた具体的な動きは記録上には見えない。関連官庁の再編に伴う経費の巨額さもあり，対外的な緊張が増す情勢下で喫緊の課題ではない国内問題として先送りにされた可能性が最も高いだろう。現実には，妻木存命中には官庁営繕組織の常置化について，少なくとも表面上は進展が見られなかったことは周知の通りである。後に実際に設置された臨時煙草製造準備局建築部や大蔵省臨時建築部では，提案中で危惧された「急施工事」とそれに伴う修繕の軽視が結果として現実のものとなった。よって「専売建築」は，官庁営繕の理想の取り組み体制とは程遠い状況下，すなわち臨時設置の組織による「急施工事」の産物であったという位置付けが明らかになったと

言える。あわせて，基本的な指針が財政政策上の都合によって大きく左右される点，維持修繕が二の次とされる点など，現在に至る官庁施設や公共建築の整備をめぐる根本的な体質が，このとき既に形成され定着しつつあったことが『営繕局設置資料』を通して浮かび上がってくる。

　妻木と大蔵省上層部との関係については，相馬永胤および目賀田種太郎の滞米中からの親交が既によく知られているが，桂や曾禰，阪谷との関係については従来殆ど注目されていない。とくに桂と曾禰はいずれも長州藩出身者であり，妻木が旧幕府縁故者に限らず藩閥系の重鎮にも接近していたことを窺わせる。「営繕局」の長官に技術官が就任可能とする規定の挿入とあわせて考えると，自ら組織の頂点に立とうとする妻木の上昇志向が透けて見える。個人的な野心を実現する好機として政策提言を利用した側面も否定できないだろう。

　妻木死後に成立した営繕管財局の組織構成は，一見すると「営繕局」の構想をなぞって実現したもののようだが，長官人事の点において決定的に異なる。営繕管財局は，官庁営繕組織を建築技術者が主導するものにしようとした妻木の思惑を骨抜きにするかたちで実現したものと言えよう。

　本章で紹介した史資料群は，官庁営繕の国家経営上の位置付けを整理検討するためには，中央政局の動向を踏まえた上で，財政史や政策史的な視点を交え広範に資料を博捜し分析する必要があることを示唆している。ここで十分に明らかにできなかった提案作成の発端や提出後の審議の経過については，桂太郎と阪谷芳郎の日記や書簡などの豊富な一次史料[10]の精査による進展が期待できる。また，再提議の前後の経緯についても不明な点が多い。当該時期の帝国議会関連の資料については，国立国会図書館の「帝国議会会議録検索システム」（https://teikokugikai-i.ndl.go.jp）の充実など，調査環境が漸次整いつつある。これらの活用により，新たな展開が期待できるだろう。

注釈

1）簿冊「〔営繕局設置ニ関スル調査書ノ件〕」，国立公文書館所蔵（請求番号：雑01907100）。
2）国立公文書館所蔵の簿冊「任免裁可書・明治三十六年・任免巻十二」（請求番号：任B00333100）に含まれる。
3）第1次案（1924.7.29印刷）から第2次案（1924.9.10印刷）を経て，第3次案（1924.9.13）までを集成して綴じた「営繕管財局設置案（第1次案－第3次案）」（件名番号：003）などがある。
4）国立公文書館所蔵（請求番号：件B0064100）。
5）「営繕管財局官制第1条に依り各省に於て施行し得る営繕事業覚書」からは，管掌外工事の具体的範囲を官制に付属する「覚書」で指定すべく検討した形跡が見られる（国立公文書館所蔵の簿冊「昭和財政史資料第1号第116冊」（請求番号：平15財務00138100）に（件名番号：032）として収録）。
　　覚書案
　　営繕管財局官制第一条ニ依リ東京府又ハ神奈川県下ニ於テ施行スル建造物ノ営繕ニ関スル事務中当該官庁ニ於テ施行スヘキモノヲ左ノ如クスルコト
　　　一、陸海軍ノ軍機ノ秘密ニ属スルモノ
　　　二、電信電話ニ関スルモノ
　　　三、灯台ニ関スルモノ
　　　四、神宮及神社ノ造営ニ関スルモノ
　　　五、刑務所ノ建築ニ関スルモノ
　　　六、各庁ノ小修繕及小新営ニ関スルモノ
　　　七、其ノ他特殊ノ事由ニ因リ各省大臣大蔵大臣ト協議シテ定メタルモノ但シ別表ノ通リ
　　前記各号ニ掲クルモノト雖モ各省大臣承認ヲ為ストキハ営繕管財局ニ於テ行フコトヲ妨ケサルコト

　文章の細部こそ異なるものの，付録 2-2 で紹介するものと概ね同様の項目が列挙されており，検討の下敷きにされたことが推測される。

6) 大蔵省百年史編集室 編『大蔵省百年史　上』（大蔵財務協会，1969. 10）より。

7)「営繕管財局官制」（1925. 5. 25，勅令 205 号）では，業務対象は「大蔵省所管ノ建造物及東京府又ハ神奈川県ニ於テ営繕ヲ施行スル各省所管ノ建造物ニ係ルモノ」とされ，営繕局構想に比べて範囲が限定された。これが帝都復興を優先する措置であったのか他省との折衝の結果か，あるいは財政上の理由によるものか，現時点で詳細は明らかでない。

8) 国立公文書館所蔵（請求番号：平 2 3 財務 01010100）。

9) 明治 40（1908）年 3 月 25 日提出，翌 26 日可決。提出者は征矢野半弥（1857–1912）の他，磯部四郎・中西光三郎・粕谷義三・藤金作・菊池武徳・山口熊野の計 7 名で，立憲政友会を中心とした建議であることが窺われる。征矢野は明治 21（1888）年に自由党入りし，晩年は立憲政友会に所属した。提出者以外に，賛成者として江原素六以下 165 名が名を連ねている。貴族院は可決していないと思われるが，詳細は不明。

10) 桂太郎の旧蔵資料は国立国会図書館憲政資料室に，阪谷芳郎のものは同室の他にも東京大学社会科学研究所，専修大学図書館，神奈川県立公文書館などに分散して所蔵されている。

付録 2-1　営繕局設置ノ要旨

〔全文引用，下線　引用者〕

第一　営繕局設置ノ必要

人文ノ開発国運ノ隆昌ニ伴ヒ建築事業ハ必要已ムヘカラサルモノナリ今ヤ我国諸般ノ制度整頓シ内外ノ交通日ニ頻繁ヲ加フ此時ニ方リ建築事業ノ起ルハ必然ノ勢ニシテ之レカ経営ノ任務ハ決シテ軽視スルコトヲ得ス彼ノ欧米諸国ニ於テハ特ニ相当ノ機関ヲ設ケ常ニ其規画経営ニ任セリ蓋シ<u>建築ハ能ク其国文化ノ度ヲ表彰スルト共ニ又其国ノ財務ニ至大ノ関係ヲ有スルハ言ヲ俟タサル所ナレハナリ</u>

熟々本邦現今諸官衙ノ状態ニ就テ考フルニ近時改築ヲ為シタルモノヲ除キ他ハ殆ント官衙ノ体裁ヲ成サヽルノミナラス其各室ノ配置モ宜シキヲ得スシテ事務取扱上諸般ノ不便ヲ感セリ而シテ中央諸官衙中最モ改築ノ必要ニ迫レルモノハ内務大蔵両省、会計検査院及議院ナリトス抑々<u>建築上注意ヲ要スルモノ二アリ一ハ竣功時期ニシテ一ハ修繕時期ナリトス若シ竣功時期ニ甚シキ制限ヲ置カムカ建築上ノ定則ヲ履ム能ハサルニヨリ能ク堅牢ナルヲ得ス又修繕時期ヲ怠ラムカ堅牢ナル建造物モ小破ヨリ大破ニ及ヒ遂ニハ其用ヲ為サヽルニ至ルヘシ故ニ右等ノ諸官衙及議院ノ如キ今日ニ於テ計画ニ着手セス漸次傾頽スルニ委シ遂ニ修繕ヲ施ス能ハサルニ至リ遽ニ之ヲ造営セムトスルニ於イテハ一時ニ莫大ノ費用ヲ要シ啻ニ財政上其当ヲ得サルノミナラス竣功期限ニ余裕ナキヲ以テ遂ニハ急施工事ヲ行フノ已ムヘカラサルニ至ラン</u>之ヲ以テ今ヨリ順次改築計画ヲ為シ一方ニ於テハ<u>修繕ニ意ヲ注キ徐ニ成功ヲ図ルトキハ一時ニ多額ノ工費ヲ要セサルニヨリ国庫ノ負担モ重カラス</u>不知不識ノ間ニ於テ国力文化ノ発達ニ伴ヒタル堅牢且便利ナル建造物ヲ得ヘシ実ニ今日ノ状態ニ照シ諸官衙改築ノ必要ナルハ衆目ノ視ル所ニシテ之レカ経営ノ任務ニ当ルヘキ<u>営繕局ノ設置ハ極メテ急要ナリトス</u>先年臨時建築局ヲ設置セラレ七百有余万円ノ建築費ヲ継続費トシ序ヲ逐フテ中央諸官衙ノ工事ニ着手セシハ是等ノ必要ヲ認メタルモノナラム然ルニ中途ニシテ之ヲ廃セラレ内務省中ニ臨時建築掛ヲ置キ其既ニ着手セシ部分ノミ継承スルコトトナリ継続費モ二百有余万円ニ減シ僅ニ裁判所及其他二三建造物ノ成功ヲ見ルニ過キサリシハ実ニ惜ムヘキノ至リニシテ今日ニ於テ再ヒ此種ノ設置ヲ必要トスルニ至レリ

夫レ斯ノ如ク中央諸官衙等ノ改築ヲ要スルヨリ営繕局設置ノ急要ヲ見ルノミナラス<u>建築事業ヲ統轄シテ一局トナストキハ現今ノ各省分轄制ニ比シ工事ノ施行及監督等ヲ均一ナラシムルト共ニ全体ノ経費ニ於テ大ニ之ヲ節減スルコトヲ得ヘシ</u>其然ル所以ノモノハ他ナシ大ナル建築ハ小ナル建築ニ比スレハ割合ニ経費ヲ増加セサルト同一ノ理ニシテ各工事場ニ配置スヘキ職員ヲ便宜兼務セシメ又諸材料中鉄材「セメント」ノ如キ多額ノ数量ヲ要スルモノハ之ヲ一括シテ購入スルトキハ割合ニ廉価ナルト木材ノ如キ貯蓄ノ必要アルモノハ時機ヲ見テ予メ是ヲ蒐集シ以テ随時ノ使用ニ供スルト其他一工事場ニ於ケル剰余ノ材料ヲ他工事場ニ転用スル等分轄制ニ比スレハ便益少ナカラサルヲ以テナリ

又営繕事業ヲ統轄シテ一局ヲ置クモノトセハ<u>各省等ノ用度物品ノ購入及保管モ之ヲ附随ノ事務トシ併セテ掌理スルヲ便利ナリトス</u>何ントナレハ各庁ノ従事人員ヲ省キ事務ノ統一ヲ得ルノミナラス拡張所要ノ物品ヲ一括シテ多量ニ購入スルトキハ各庁個々ニ分割シテ少量ノ購入ヲ為スニ比シ割合廉価ナルヲ得ルト各庁所要物品ノ種類及品質ヲ一定シ例之ハ用紙ノ如キ其印刷文字ハ旧来ノ各庁名ヲ廃シ代フルニ政府用紙トシ一ノ官庁ニ於テ剰余アルトキハ他ノ不足セル官庁ニ対シ直チニ之ヲ転用シ又甲庁ニ於ケル不用ノ器具機械ヲ移シテ乙庁ノ需要ニ利用スルカ如キ是レナリ蓋シ建築事業ノ統轄ニ比シ得ル所ノ利益鮮少ナリト雖モ国家経済上亦好個ノ一便法タルコトヲ失ハサルヘシ

今茲ニ営繕局設置ノ為メ年々節減シ得ヘキ金額ノ見込ヲ挙ケムニ陸海軍及特別会計ニ属スル工事ヲ除キ其他ノ普通営繕費及物品費ノ総額ヲ推算スルニ一ヶ年約五百八十万円トス此総額ニ対スル旧来ノ事務費及其他ノ節減額ヲ計算スルトキハ百二十九万四千余円ヲ得（総額ニ対シ二割二分二厘強）之ヨリ新設営

繕局ノ事務費（創設費ハ之ヲ除ク）四十一万七千九百余円ヲ差引クトキハ残額八十七万六千余円ヲ得是レ全ク営繕工事及物品事務総轄制ヲ採ルヨリ生スル利益ニシテ計算上一割五分強ノ純益ナリトス尤右節減額ノ内貯木所ノ利益ハ先以テ中央ニ一ヶ所ヲ置キ在京諸官衙ノ建築ニ応スルモノトシ其所用数量ニ対シ計算シタリト雖モ将来地方須要ノ地ニモ貯木所ヲ配置シ全部ノ工事ニ供給シ得ルニ至ラハ尚ホ二分一厘強ノ純益ヲ見ルヘシ以上計算ノ根拠及理由ハ別紙ニ之ヲ詳述セリ（創設費ハ別紙第二十二号及第二十三号ノ甲、乙、丙、丁調参照）

営繕工事総轄制ヲ採ルトキハ営繕局ハ臨時ニ止ラス須ラク常置スヘキモノナリ蓋シ建造物維持ニ修繕ノ必要ナルハ人体ニ医薬ノ必要アルカ如シ有名ナルヤ大和日光寺等ニ於ケル建造物カ数百年間ノ星霜ヲ経今尚ホ依然トシテ其美ヲ保チ且堅牢ナル所以ノモノハ当初工費ヲ厭ハス且充分ノ歳月ヲ費シ以テ竣功セシメタルニ因ルト雖モ亦能ク其維持ニ意ヲ注キ常ニ小修繕ヲ加ヘ且二十年毎ニ大修繕ヲ施シ来リタルコト予テ大ニ力アルニ依ル故ニ改築ノ功ヲ竣ルト共ニ維持ノ工事ハ数多ノ建造物ナルヲ以テ殆ント間断ナカルヘク殊ニ世運ノ発達ト共ニ建造物ノ増加ハ免ルヘカラサルモノナルニヨリ到底常置ナラサルヘカラス

第二　営繕局ノ職務

一　国庫負担ノ諸官衙ノ新営及修繕但シ陸海軍及特別会計ニ関スル工事其他特種ノ工事ヲ除ク

営繕業務統一ノ趣旨ヲ全フセムニハ国庫負担ノモノハ挙ケテ経営セサルヘカラスト雖陸海軍ハ今尚拡張ノ時期ニ属シ各種ノ工事頗ル混雑ヲ極メ未タ一定ノ経営ヲ以テ律スヘカラサルト又新設営繕局モ創始ノ事業ニ属シ当初ヨリ其規模ヲ過大ナラシムルハ却テ得策ニアラサルニ依リ追テ陸海軍工事ノ常態ニ復シ営繕事業モ亦整頓ニ至ルヲ俟チ其軍備上特種ノ工事ニ属スルモノヲ除キ其他ハ併セテ之ヲ経営スルモノトシ今暫ラク之レカ全部ヲ除外セリ（陸海軍本省ノ如キ中央庁舎ノ類ハ当初ヨリ営繕局経営ノ範囲ニ在リ）

特別会計ニ属スル工事ハ経費ノ整頓ヲ異ニシ特種ノ目的ヲ有スル工事例ヘハ灯台ノ如キ電信電話架設ノ如キハ各特種ノ技術ヲ要スルヲ以テ之ヲ除外スルヲ至当トス又小破修繕ハ平常断ヘス発生スルモノニシテ之ニ要スル経費モ随テ少額ナリ然ルニ総テ之ヲ一局ニ収拾シ各庁ヲシテ随時活動ノ余地ヲ与ヘサルトキハ却テ実際上支吾ヲ招クノ虞アリ故ニ小破修繕ノ如キハ各庁ニ委任シテ処理セシムルヲ便宜ナリトス

二　営繕用材料ノ購入貯蔵

材料中最モ貯蔵ノ必要ナルハ木材ナリ何トナレハ使用木材ニシテ乾燥セサルトキハ竣功後幾許モナク腐朽ニ属シ又ハ伸縮及湾曲ヲ生シテ建造物全体ニ影響ヲ及ホスコト大ナレハナリ又近時ニ於ケル市場ノ景況ヲ見ルニ維新前ト異ナリテ多数ノ良材ノ貯蔵ニ乏シク為ニ稍〻大ナル建築ヲ為サムトスレハ新ニ伐木セサルヲ得ス斯ノ如クナルヲ以テ乾燥ノ木材ヲ蒐集スルハ頗ル難事ニ属シ殊ニ大建築用建具及造作等ニ供スル木材ヲ得ルニ一層困難ナルハ常ニ経験スル所ナリ且又必要ニ迫リ多クノ木材ヲ一時ニ購入セントスレハ忽チ市場ニ大ナル影響ヲ及ホシ従テ其価格ヲ騰貴セシムルハ必然ノ勢ナリ故ニ財政ノ許ス限リハ先以テ徐〻其大建築用建具及造作材料等ノ貯蔵ヲ為シ必要ニ応シ機械ノ作用ヲ以テ乾燥セシムルノ方法ヲ取ラハ工事ニ充用スヘキ適当ノ材料ヲ得ルニ余リアリ徳川幕府時代ニ於ケル営繕ノ方法ハ竣功ト同時ニ将来ノ工事ニ充用スヘキ材料ノ貯蔵ヲ為スコトニ勉メタリキ此方法タル今日ニ於テモ大ニ参考スヘキモノナラム

然リ而シテ其貯蔵木材ノ蒐集方法ハ

（一）　時期ヲ計リテ広ク入札又ハ随意契約ニヨリ購入スルコト

（二）　官林ヨリ伐採シタルモノヲ譲受クルコト試ニ此第二ノ譲受ニ関スル手続ヲ挙クレハ左ノ如シ

　甲、森林主管庁ハ毎年編製セル森林施業案ニ基キ毎翌年度ニ於テ収穫スヘキ木材ノ産地、種類及分量ノ予定額ヲ営繕局ニ報告ス

　乙、営繕局ハ前項ノ予定額ニ基キ翌年度ニ於テ収用スヘキ木材ノ産地、種類及分量ヲ定メ之ヲ森林主管庁ニ報告ス

　丙、森林主管庁ハ営繕局ノ需要通知書ニ基キ其大林区署長ヲシテ所要木材ノ伐採ヲ処理セシム

　丁、大林区署長ニ於テ営繕局所要ノ樹木ヲ伐採シ該署ノ貯蔵所ヘ運搬シタルトキハ之ヲ営繕局ヘ引渡

スヘシ営繕局ハ地方便宜ノ位置ニ木材保管所ヲ設ケ且東京ニ中央貯蔵所ヲ置キ以テ木材ノ保管ヲ為ス

　戊、営繕局ハ木材購入ニ相当ノ資金ヲ置キ森林主管庁ヨリ送付スル所ノ木材ヲ買受ケ其代金ヲ森林主管庁へ仕払フコト但シ金庫へ代金納付方ハ森林主管庁ヨリ発スル納入告知書ニ対シ仕払命令書ヲ添へ其指定金庫へ送付シ金庫ハ之レカ振替整理ヲ為スヲ以テ現金ヲ用フルヲ要セス

三　諸官衙物品ノ購入及保管但シ軍備品其他特種ノ目的ヲ有スル物品ヲ除ク

物品ノ購入ニ関シテハ一般ノ購買方法ニ依ルコト言ヲ俟タスト雖モ囚徒製作品ヲ収用スル如キ亦一方法ナリトス

第三　営繕局ノ地位

営繕局ハ何レノ官庁ニ所属セシムヘキカ維新以後営繕事務所管庁ノ沿革ヲ案スルニ明治元年二月会計事務局ヲ置キ管掌セシメタルニ創始シ二年七月大蔵省ニ属セシメ同年八月民部省ニ転シ三年七月再ヒ大蔵省ニ属セリ七年一月内務省ニ転シ其月更ニ工部省ニ属シ十八年十二月工部省廃セラル、ルニ及ヒ再ヒ内務省ニ転セリ而シテ十九年二月臨時建築局ヲ設ケ内閣ニ隷シ二十三年四月廃セラレ三タヒ内務省ニ属シ現時ハ僅ニ臨時建築掛ノ官制ヲ存スルノミナリ

若シ営繕局ヲ以テ独立官庁トシ各庁ハ営繕局ニ向ツテ営繕ノ要求ヲ為シ営繕局ハ其総要求ヲ纏メテ更ニ之レカ経費ヲ国庫ニ要求スルトキハ啻ニ手続ノ繁雑ナルノミナラス局長ノ勢力強大ニシテ少クトモ各省大臣ト相拮抗スルニ足ラサレハ局長ハ一方ニ於テ其不要ト認ムル各省ノ要求ヲ抑制シ一方ニ於テ其必要ト認ムル額ヲ国庫ニ要求スルニ於テ中間ニ立チ進退維谷ノ境遇ニ陥ルヘシ

若シ此煩ヲ避ケム為メ営繕局ヲシテ全然予算ノ計画ニ与ラシメスシテ国庫ト各庁トノ直接関係トシ予算確定ノ後之ヲ営繕局ニ引渡スモノトセムカ営繕局ハ事業計画ノ決定ニ関シ其権能ナキニ拘ハラス之レカ執行ニ付テハ責務ヲ負ハサルヲ得スシテ其非理焉ヨリ甚シキハナク斯ノ如クナレハ到底工事ノ完全ヲ期スルコトヲ得サルヘシ

一般財政経画上殊ニ財源ノ関係上総テ歳出予算ノ認容及編製権ハ須ラク之ヲ一官庁ニ総括スヘクシテ決シテ分ツヘカラスト云フ点ヨリ見ルモ又既定予算ノ執行ヲ監督スルノ便宜上ヨリ見ルモ営繕局ハ之ヲ大蔵省ノ所属トスルヲ至当トスヘキ乎然ルトキハ工事費物品費ニ関シテハ各庁ハ各省側ノ大蔵大臣ノ管轄（即チ営繕局ノ管轄）ノ下ニ在リ其総予算ハ営繕局之ヲ纏メテ国庫側ノ大蔵大臣ニ要求スヘシ即チ各庁カ要求セル工事費物品費カ実際必要ニシテ且適当ナルヤ否ヤハ営繕局モ亦之ヲ査定スルノ権ヲ有スヘシ

各庁カ営繕ノ要求ヲ為スニ当リ各室配置等大体ノ略図ハ自ラ之ヲ調製セサルヘカラス又小破修繕ニ関スル事務ノ如キハ便宜上之ヲ委任スルノ場合アルヲ以テ各省ハ仍ホ一二ノ工事技術雇員ヲ置クノ必要アルヘシ

附記

本書ニ用度物品トアルハ予算科目中左ノ経費ニ属スルモノヲ云フ

一　庁費中

　備品費

　　但シ左ノ種類ノモノヲ除ク

　　一　軍備品

　　一　逓信事業ニ属スル物品

　　一　学術技芸ニ関スル物品

　図書及印刷費

　筆紙墨文具

　消耗品

一　雑給及雑費中

　被服費

付録 2-2　営繕局官制

〔全文引用，下線　引用者〕

第一条　営繕局ハ大蔵大臣ノ管理ニ属シ左ノ業務ヲ掌ル

　一　国庫負担ニ属スル建設物ノ新営、修繕及附属土工ニ関スル工務但シ左ノ工事ヲ除ク

　　　一　陸海軍ノ設備ニ関スル工事

　　　二　鉄道ニ関スル工事

　　　三　電信、電話架設ノ工事

　　　四　灯台ノ工事

　　　五　地方官庁ノ小破修繕工事

　　　六　各省所属特別地方機関ニ属スル各庁ノ小破修繕工事

　　　七　在外各庁ノ工事

　　　八　大蔵省所管以外ノ特別会計ニ属スル各庁ノ工事

　二　営繕用材料ノ購入貯蔵及其保管ニ関スル事項

　三　各省及大蔵省所管経費ニ属スル各庁（特別地方機関ニ属スル官庁ヲ除ク）ノ物品ニ関スル事項

第二条　営繕局ニ左ノ職員ヲ置ク

　　　長官　　　　　　一人　　　勅任

　　　事務官　専任　二人　　　奏任

　　　技師　　専任　十八人　　奏任内三人以内ヲ勅任トス

　　　技手　　専任　百五十人　判任

　　　書記　　専任　三十八人　判任

第三条　長官ハ大蔵大臣ノ指揮監督ヲ承ケ局中一切ノ事務ヲ掌理ス

第四条　長官ハ技術官ヲシテ之ヲ兼ネシムルコトヲ得

第五条　営繕局ニ技術長ヲ置キ勅任技師ヲ以テ之ニ充ツ

　　　技術長ハ長官ノ命ヲ承ケ技術官ヲ指揮監督シ技術ニ関スル事務ヲ掌理ス

第六条　事務官ハ長官ノ命ヲ承ケ事務ヲ掌ル

第七条　技師ハ上官ノ命ヲ承ケ工務ヲ掌ル

第八条　技手ハ上官ノ指揮ヲ承ケ工務ニ従事ス

第九条　書記ハ上官ノ指揮ヲ承ケ庶務ニ従事ス

第十条　営繕局ニ左ノ五部ヲ置ク

　　　　工務部　建設部　検査部　倉庫部　庶務部

　　　各部事務ノ分掌ハ大蔵大臣之ヲ定ム

第十一条　各部ニ部長ヲ置キ工務部建設部検査部倉庫部ニ在テハ技師、庶務部ニ在テハ事務官ヲ以テ之ニ充ツ

　　　部長ハ上官ノ命ヲ承ケ部務ヲ掌ル

第十二条　大蔵大臣ハ局中ニ課ヲ置キ又必要ニ応シ地方ニ営繕業務取扱所ヲ置キ各部ノ事務ヲ分掌セシムルコトヲ得

　　　課ニ課長、所ニ所長ヲ置キ高等官又ハ判任官ヲ以テ之ニ充ツ

　　　附則

本令ハ明治　年　月　日ヨリ施行ス

付録 2-3　工部省官制案

〔全文引用，下線　引用者〕

第一条　工部大臣ハ土木、鉄道、林野、建築及地理ニ関スル事務ヲ管理ス

第二条　工部省専任書記官ハ六人ヲ以テ定員トス

第三条　工部省ニ左ノ四局ヲ置ク

　　　土木局

　　　鉄道局

　　　山林局

　　　建築局

第四条　土木局ニ於テハ左ノ事務ヲ掌ル

　一　本省直轄ノ土木工事ニ関スル事項

　二　公共ノ土木工事ノ監督ニ関スル事項

　三　直轄工費及府県工費補助ノ調査ニ関スル事項

　四　本省所管ノ官有土地及水面ニ関スル事項

　五　土地収用ニ関スル事項

第五条　鉄道局ニ於テハ左ノ事務ヲ掌ル

　一　鉄道ノ監督ニ関スル事項

　二　私設鉄道ノ免許ニ関スル事項

　三　公共ノ土木工事ノ監督ニ関スル事項

第六条　山林局ニ於テハ左ノ事務ヲ掌ル

　一　国有森林原野ニ関スル事項

　二　公有又ハ私有森林原野ノ監督及保護奨励ニ関スル事項

第七条　建築局ニ於テハ左ノ事務ヲ掌ル

　一　本省所管ニ属スル建築及修繕工事ニ関スル事項

　二　公私ノ建築工事ノ監督ニ関スル事項

第八条　工部省ニ専任技師二十人専任技手三十五人ヲ置キ技術ニ関スル事務ニ従事セシム

　　技師ノ内三人ハ之ヲ勅任トナスコトヲ得

第九条　工部省属ハ七十四人ヲ以テ定員トス

　　　　備考　第四条第四項ニ本省所管ノ官有土地トアルハ官有地取扱規則ヲ改正シテ工部大臣ノ所管ト

　　　　　　　ナス予定ナリ

付録 2-4　工部省建築局の管掌範囲その他

〔全文引用〕

工部省建築局ノ所管ニ属セシメサル見込ノ建築工事

一、　経営営繕費ニ属スル工事

二、　臨時営繕費中新営又ハ大修繕ニ非サル工事

三、　陸海軍臨時軍事拡張費ニ属スル工事（呉造兵廠拡張費ヲ包含ス）

四、　鉄道ニ関スル工事

五、　電信電話架設ノ工事

六、　灯台ノ工事

七、　在外各庁ノ工事

八、　特別会計ニ属スル各庁ノ工事

工部省ノ所管ニ属セシムヘキ官衙及職員

一、　土木監督署

二、　東京市区改正委員会

三、　河川道路港湾調査職員（明治二十七年勅令第八十四号）

四、　臨時土木工事職員（明治二十七年勅令第八十五号）

五、　式年造営工事ニ要スル職員（造神宮使庁ノ廃止ニ伴ヒ随時相当ノ技術員ヲ増加スヘキ分）

六、　臨時税関工事ニ要スル職員（臨時税関工事部ノ廃止ニ伴ヒ随時相当ノ技術員ヲ増加スヘキ分）

七、　臨時林野下戻処分調査職員

八、　臨時国有林野特別経営職員

九、　鉄道作業局

第3章

葉煙草専売所の施設計画
―「専売建築」の嚆矢と標準化の詳細 ―

　日清戦争後の増税策の一環として導入された明治31（1898）年1月の葉煙草専売法施行により，耕作者は収穫した葉煙草全量を乾燥調理の後に管轄の専売所へ納付することを義務付けられ，鑑定と秤量を経て買取相当額の賠償金を交付されることとなった。それに先立ち，29（1896）年3月の同法公布を受けて10月に取扱所建築部が設置され，施設計画が開始された。

　なお，「葉煙草専売所」を「葉煙草取扱所」とする表記もあり，各史資料中においても混在が見られる。本書では，引用箇所以外では原則として前者の表記に統一する。

第1節 施設計画の概要

1 計画の基本方針

薬煙草専売所は本所と支所に大別される。その中でさらに、本所は一等と二等に、支所は有倉庫支所と無倉庫支所に細分化される。無倉庫支所は出張所とも称された。

それら薬煙草専売所は薬煙草産地の交通の要衝に置かれ、その総数は建坪6万3千坪余、倉庫・事務所・収授所から成る本所が全国[1]に61か所(内訳：一等32か所、二等29か所)、独立した事務所を置かない支所24か所・出張所100か所に上った[表3-1、図3-1、図3-2]。

その地理的な分布が広範に及んだことやや専売法施行が1年少々と限られたこと、加えて工費抑制の必要もあり、大半の施設は「堅牢実用」[2]を旨に同一に策定され、作成図面を印刷配布し施設整備が行われたことがわかる(p.104)[下線 引用者]。

仕様及図面

建築工事ハ一仕様図面ニ依ラサルハナシ仕様図面ニシテ久ク処ラシカ到底完全ナル成功ヲ期スルコト能ハス故ニ当初之カ設計ニ際シ最モ注意ヲ加ヘク義ノ如キ成ルヘク簡明ヲ主トシ通俗ノ呼称ヲ用ヒタリ而シテ建物ノ種類若クハ大小ノ異ナルニ付随シテ各取扱所ニ於テ経営スヘキ倉庫、事務所、収授所、門番所、物置、柵等ノ如キ総テ一定ヲ図リテ悉クヲ印刷ニ附シタルニ法ニテ施行セリ其他増築及附属工事其性質及構造ヲ異ニスルモノナルニ因リ其都度仕様ヲ調製セリ絵図面ノ如キモ亦各工事ノ種類ニ従テ均シク異ヘリ而モ其調製ハ概ネ配置図、建図、横断図、平面、斜図、緊要部、現寸図等ニ区別シ仕様ト両々相待テヲ錯誤ナカラシコトヲ期セリ

表 3-1　薬煙草専売所の建設数量

	局所等級	数量	局所名
本所	一等	32	東京、岩井、水戸、太田、茂木、太田原、須賀川、三春、大迫、小出雲、松本、横浜、秦野、名古屋、鶴来、大阪、神戸、久世、高梁、府中、米子、貞光、池田、志波、長崎、熊本、臼杵、竹田、国分、出水、鹿児島、指宿
	二等	29	吉井、大宮、烏山、馬頭、若松、千厩、増田、東根、米沢、関原、飯野、富士、見付、岐阜、山田、和歌山、高田、八日市、勝山、岡山、三原、広島、琴平、三島、松山、後免、高森、高千穂、垂水
支所	有倉庫	24	野田、大宮、石塚、長倉、小野新町、三戸、鶴岡、新潟、新宮、小泉、亀岡、飯塚、八鹿、中福田、井原、三刀屋、大洲、大洞、宮崎、川西、那覇
	無倉庫	100	北条、秋元、一宮、小鹿野、沼田、助川、矢島、赤塚、十日町、安塚、小布施、生坂、坂下、狼川原、人首、蔵錦、岩村、御嵩、阿下喜、高須、上野、八知、妙寺、松原、松山、大淀、西津、山中、松田、和知、大久保、上市、愛本、福田、周山、世木、上和知、曽我井、三日月、太田、郡家、江尾、加茂、城端、弓削、津山、草間、布賀、地頭、油木、福永、稲草、竹原、吉田、新立、安原、来見、広田、豆田、御厨、一字、木屋平、三野、東祖谷山、西宇、山城谷、大津、人吉、南小国、三重、四日市、岬、今市、大口、五拾町、南有山、烏間、南鹿島、大浦、種子島、大島、宮古、志布志、小根占、都ノ城、水俣、湊町、加世田、大隅、

「各薬煙草取扱所本支所一覧表」(建築第一班) pp. 21-31) より作成。

　ごく一部，諸外国への輸出入の窓口となる横浜・神戸・長崎の専売所のみが耐火性能と外観意匠を重視して煉瓦造での建設とされた[3]［図 3-3，図 3-4］。その中でもとくに，横浜の専売所では倉庫に限らず事務所も煉瓦造 2 階建てとされ，建築様式は「独逸ノ『レネーサンス』式」と定められた［図 3-5，図 3-6，図 3-7，図 3-8，図 3-9，図 3-10］。煉瓦造での倉庫建設については，「各葉煙草取扱所本支所受負工事一覧表」（pp. 156–157 間に掲載）および「各葉煙草専売所倉庫一覧表」（pp. 157–162）に記録される。これによって，煉瓦造工事でも寸法設定は尺貫法に基づくことと，梁間は 5.5 間で共通することがわかる。実施工数としては横浜で桁行 20 間の 1 棟，神戸［図 3-11］で桁行 10 間の 1 棟，長崎［図 3-12］で桁行 15.5 間の 1 棟，計 3 棟に留まる。

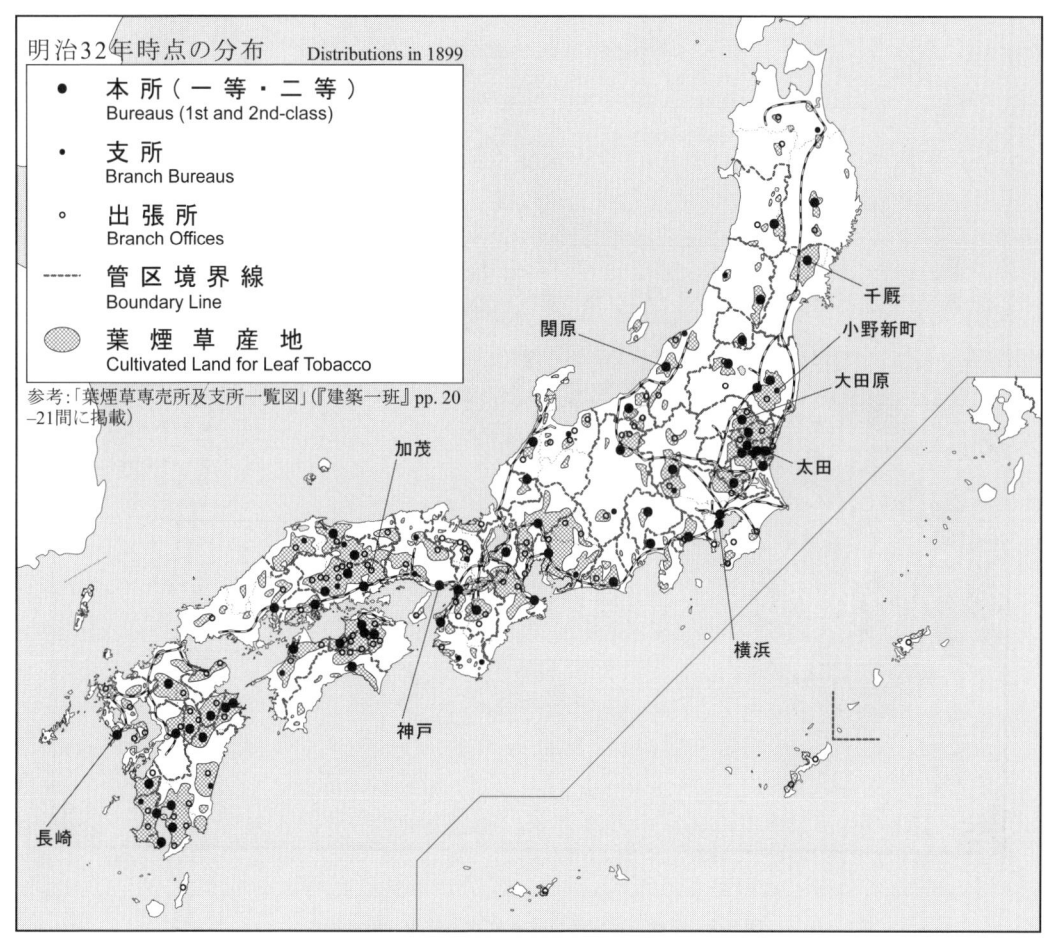

図 3-1　葉煙草専売所の分布と管区
樋口紗矢氏作成協力。

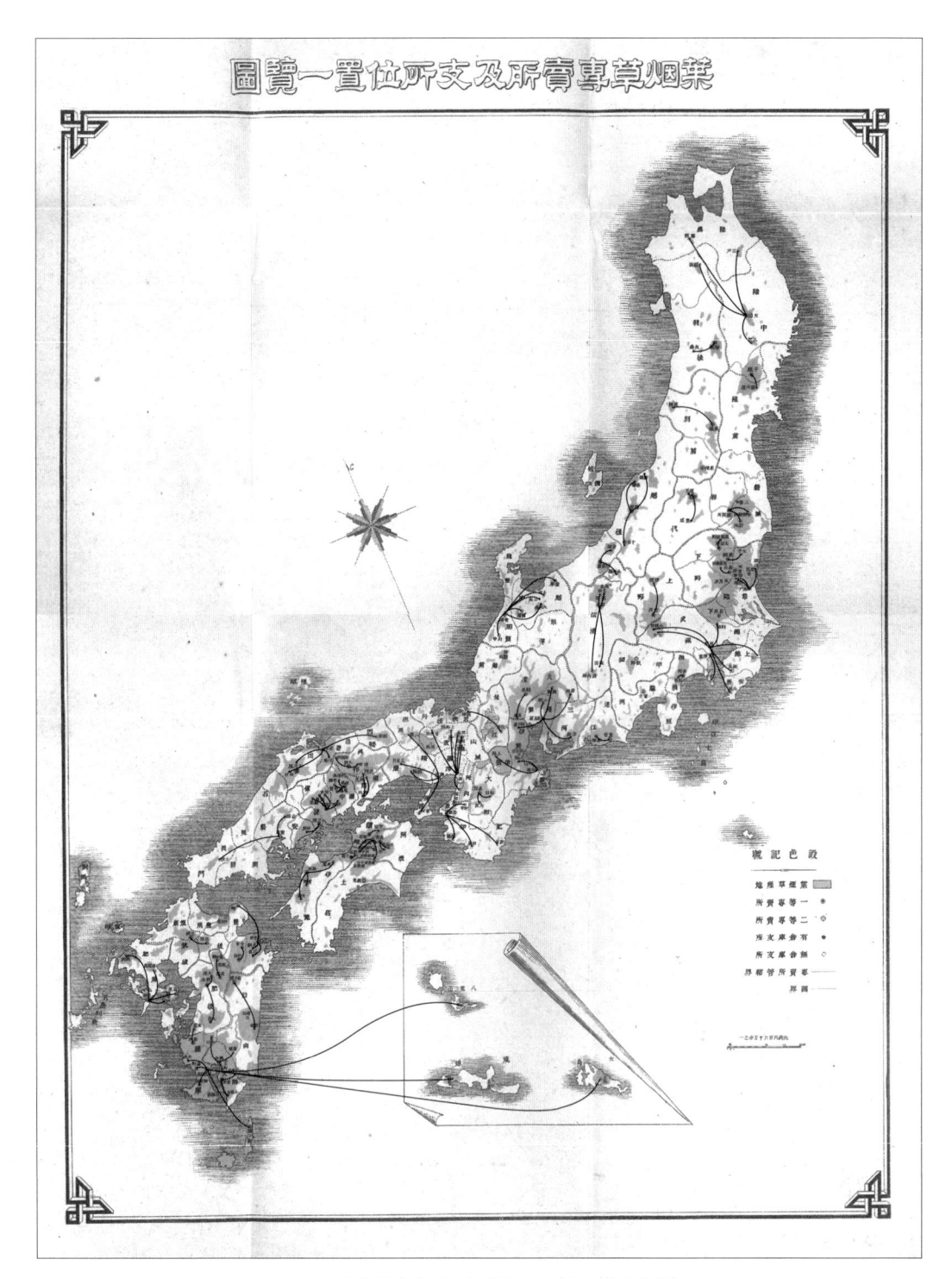

図 3-2　葉煙草専売所及支所位置一覧図（筆者加筆）

『建築一班』（日本建築学会図書館デジタルアーカイブス，登録番号 J7010261）pp. 20–21 間の所載図を引用。pp. 21–30 の「各葉煙草取扱所本支所一覧表」を参照して，一等・二等専売所と各管轄下の有倉庫・無倉庫支所を線で結んだ。結ばれていない支所は，同表には記載がないもの。

所　賣　専　草　煙　葉　濱　横

図 3-3　横浜葉煙草専売所事務所全景

『建築一班』（日本建築学会図書館デジタルアーカイブス，登録番号 J7010261）巻末所収図を引用（図 3-21 まで，図 3-23 および図 3-24 も共通）。

所　務　事　所　賣　専　草　煙　葉　濱　横

図 3-4　横浜葉煙草専売所事務所

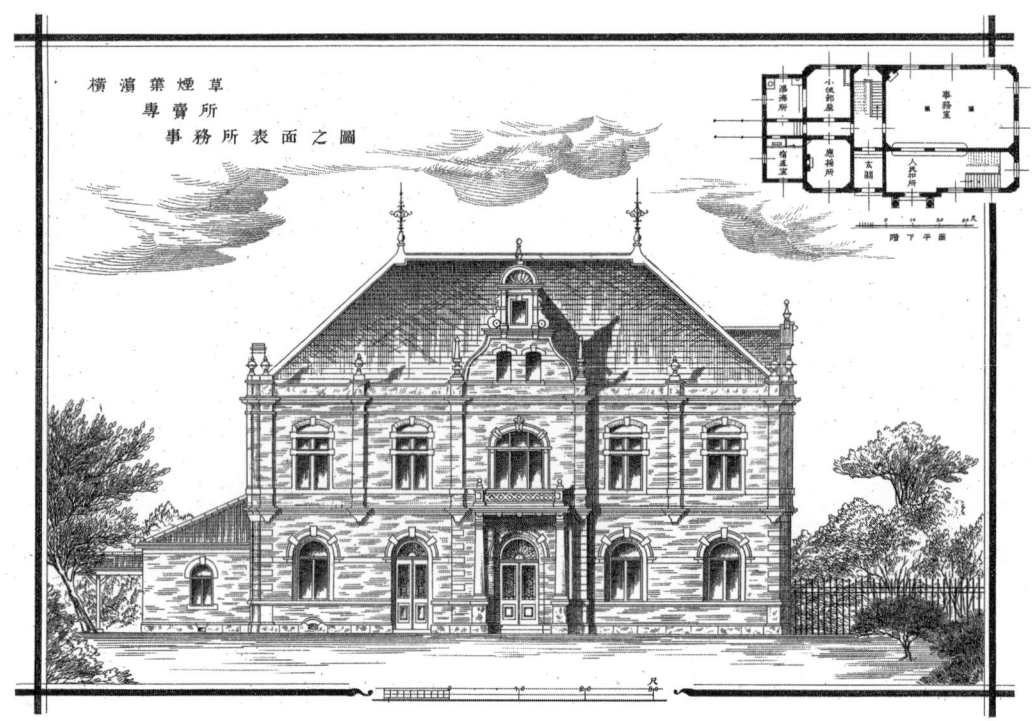

図 3-5　横浜葉煙草専売所事務所表面之図

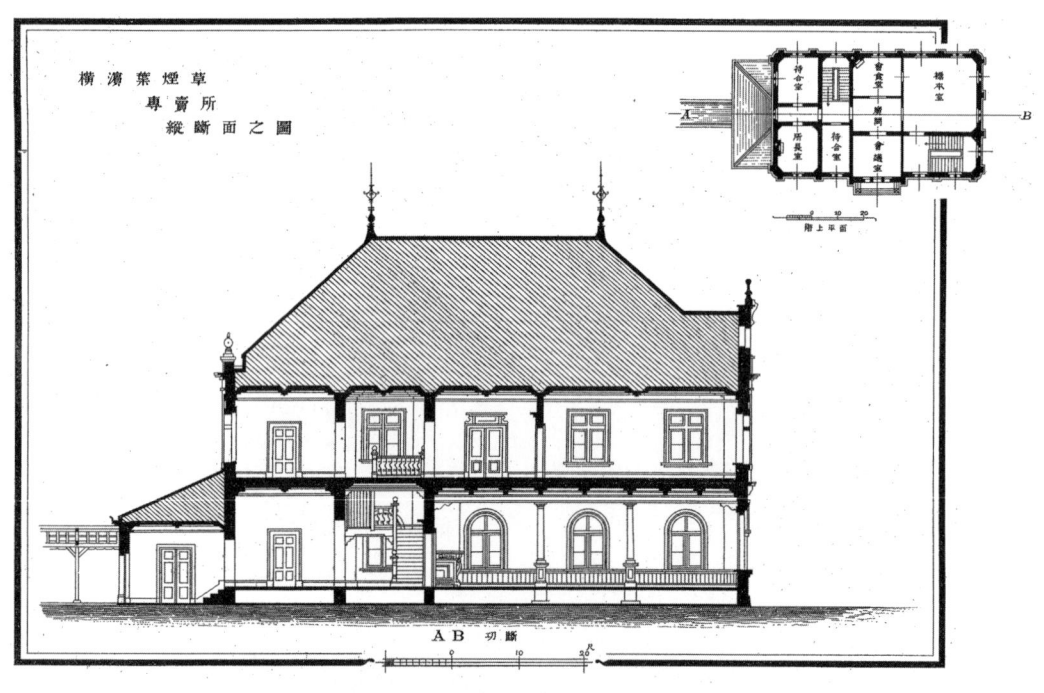

図 3-6　横浜葉煙草専売所縦断面之図

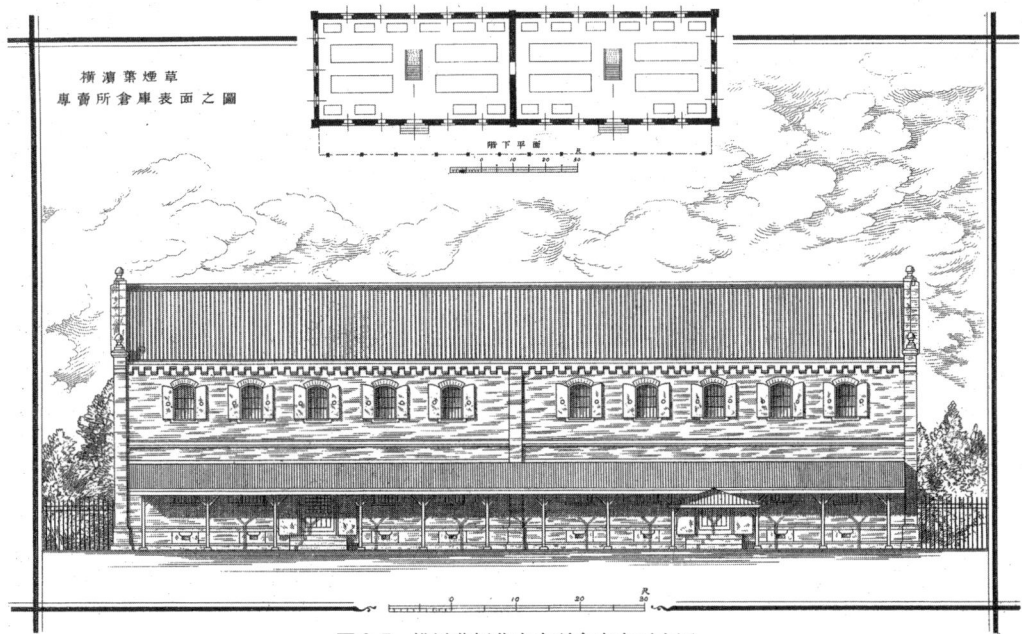

図 3-7 横浜葉煙草専売所倉庫表面之図

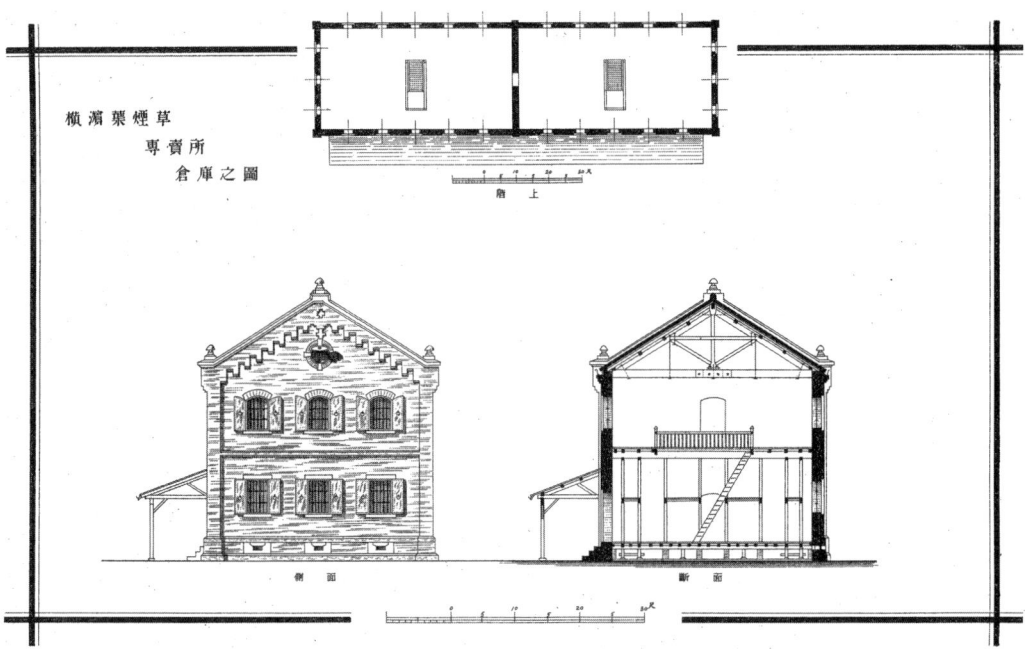

図 3-8 横浜葉煙草専売所倉庫之図

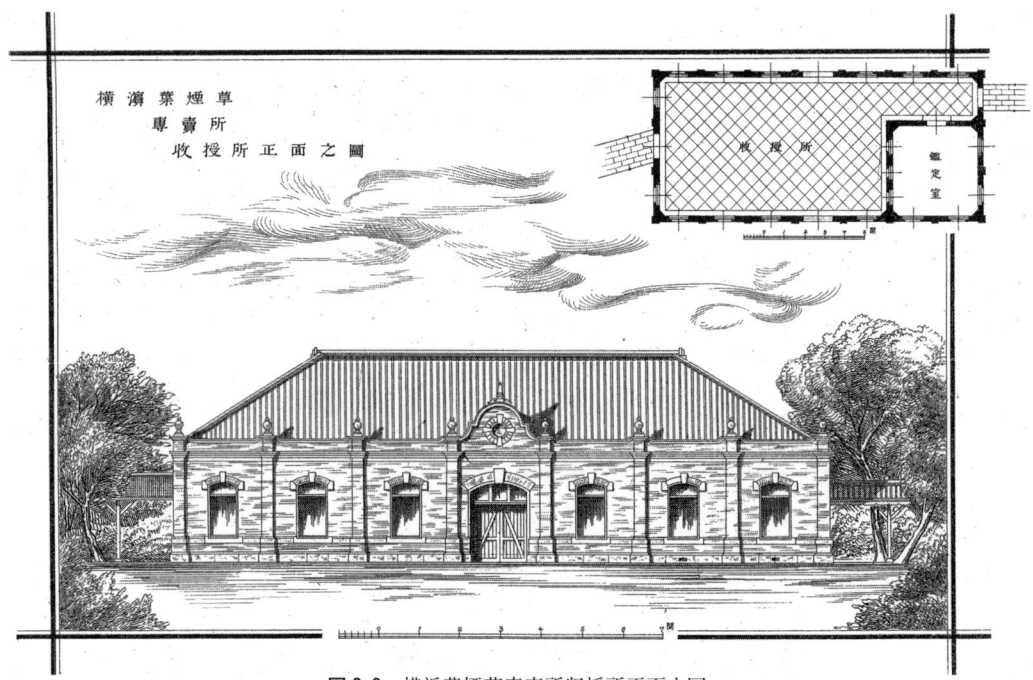

図 3-9 横浜葉煙草専売所収授所正面之図

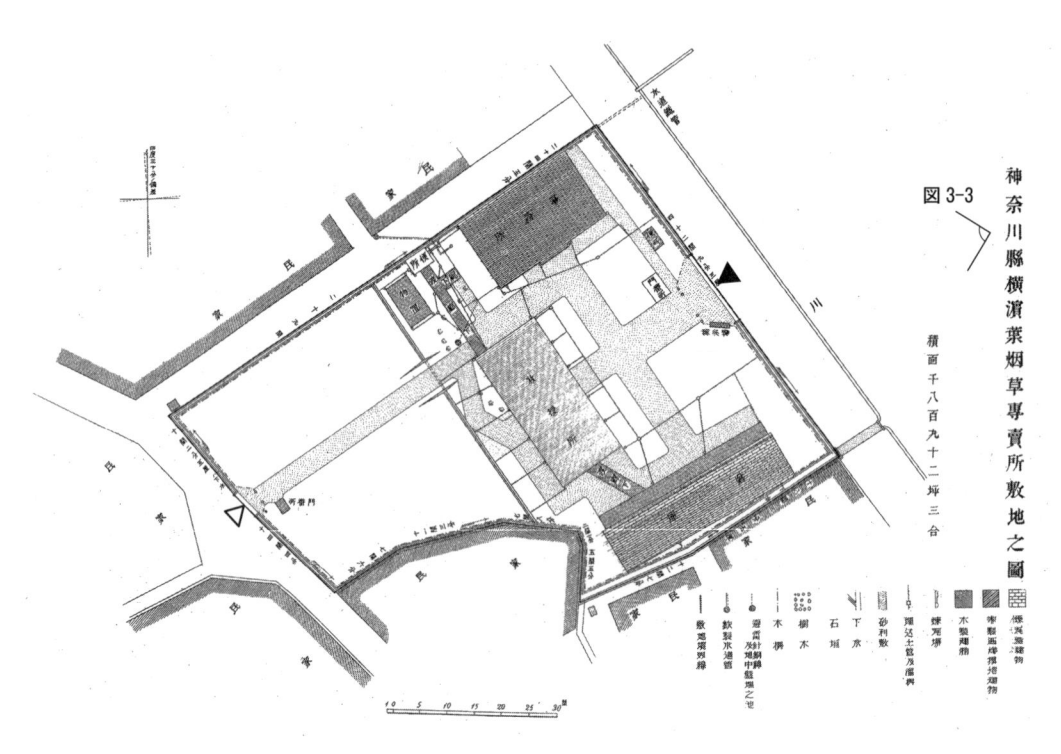

図 3-10 神奈川県横浜葉煙草専売所敷地之図

敷地出入口の三角記号（▲正門・△裏門）は筆者の加筆。以下，図 3-24 までの配置図に共通だが，掲載向きは本書の紙面に合わせて適宜回転させた。

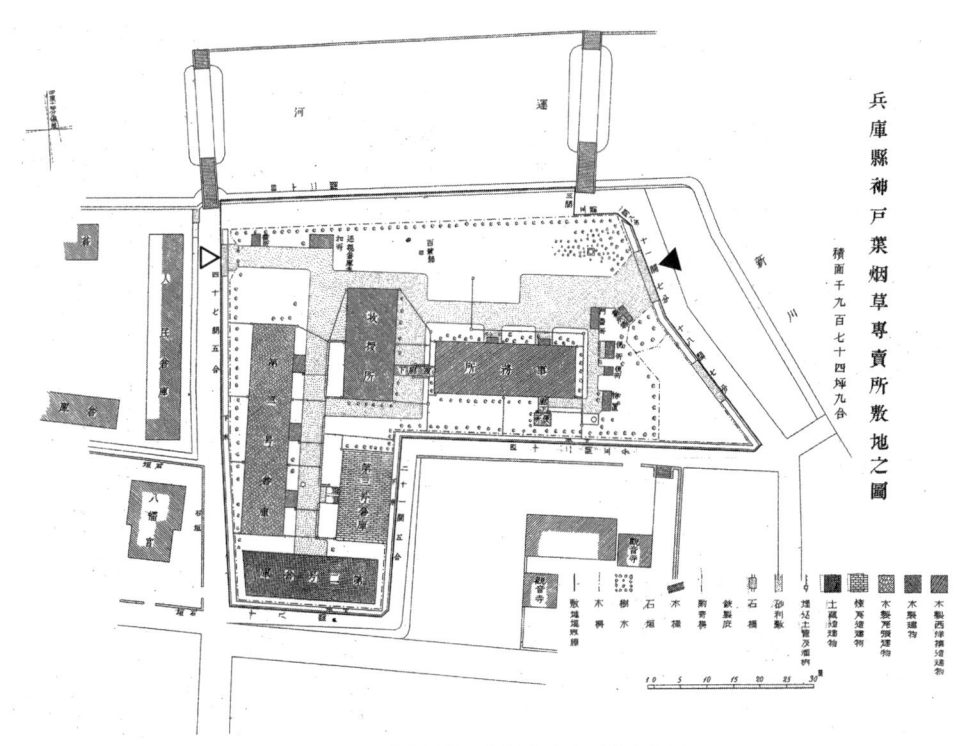

図 3-11　兵庫県神戸葉煙草専売所敷地之図

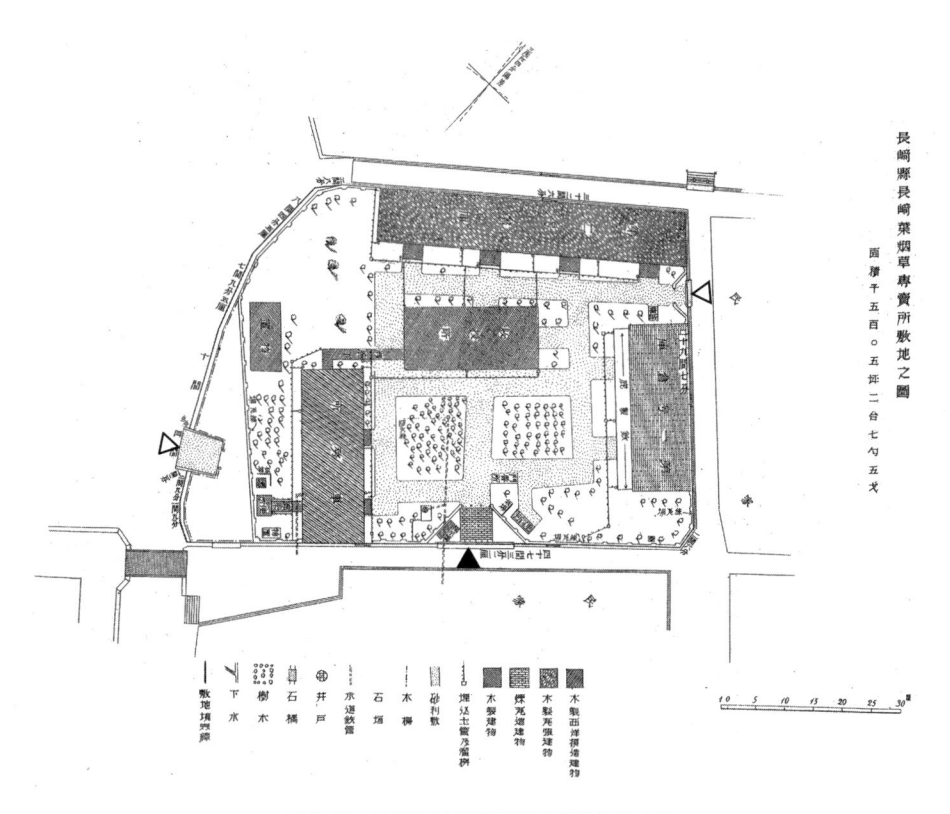

図 3-12　長崎県長崎葉煙草専売所敷地之図

2　専売所の構成

　本所・支所（有倉庫）・出張所（無倉庫支所）の構成と各建物の仕様概要を整理する。ここでは，前掲の煉瓦造の施設は除外し，供給数の大多数を占めた木造施設について言及したい。

⑴　本所の構成と建物の仕様

・構成と配置

　本所が一等・二等専売所に区分されたことは先述の通りだが，その違いは管轄地域の葉煙草の収穫高によって敷地の広狭と倉庫の棟数が異なる程度で，基本的な構成はすべてに共通している［図 3-13，図 3-14，図 3-15，図 3-16，図 3-17］。

　構内にはまず，正門と正対して葉煙草の等級鑑定と秤量を行う収授所が置かれた。収授所前に設けられた広場は，葉煙草を持ち込んで来る耕作者の馬の繋止や積み下ろし作業のための場所である。事務所は収授所に対して直角に角度を振って配置され，雨天時の往来のために渡り廊下で連結されている。倉庫は，収授所と事務所の背後に通路を挟んで並び置かれた。耕作者が立ち入りするのは，原則的には収授所と事務所内の「人民扣所」までと想定されている。構内の通路はすべて砂利敷きで整備された。

・事務所

　葉煙草専売所内の各建物の様式については，唯一事務所のみが「西洋摸造」あるいは「西洋造」と表記される。下見板張りの外壁面に施されたペンキ塗りと縦長形状の開口部に嵌められた上げ下げ窓，玄関庇の装飾により外観上の洋風が表現されている。屋根は収授所と各種倉庫共通で桟瓦葺きのため，「西洋摸造」の様式概念を構成する要素としては扱われていないことが窺い知れる［図 3-18］。

　現存例としては，千厩（岩手県）のものがある。その詳細は本章第 3 節で詳述する。

・倉庫

　横浜・神戸・長崎にのみ建築された煉瓦造の他には，木造の瓦張りと板張りの 2 種類の倉庫がある。貯蔵される葉煙草は火災に弱いため，防火の意図もあり木骨に外壁瓦張りの仕様が採用されたが，経費の問題から結局は全体の供給数の 3 分の 1 程度に留まり，大多数は板張りとなった。同時に葉煙草の品質保持のために通風を確保する必要もあり，内部には簀子張り 3 段構造の棚が造作された。

　床面積は桁行方向の伸長で調整され，梁間は瓦張り・板張りともに 5 間で固定された［図 3-19，図 3-20］。

・収授所

　収授所は操業上の利便のため梁間を無柱とするよう配慮され，そのため洋小屋組とされた。その他の建物は和小屋組を挟み方杖や火打などで補強した構造とされており，この点で大きく異なる。

図 3-13　茨城県太田葉煙草専売所の全景（筆者加筆）

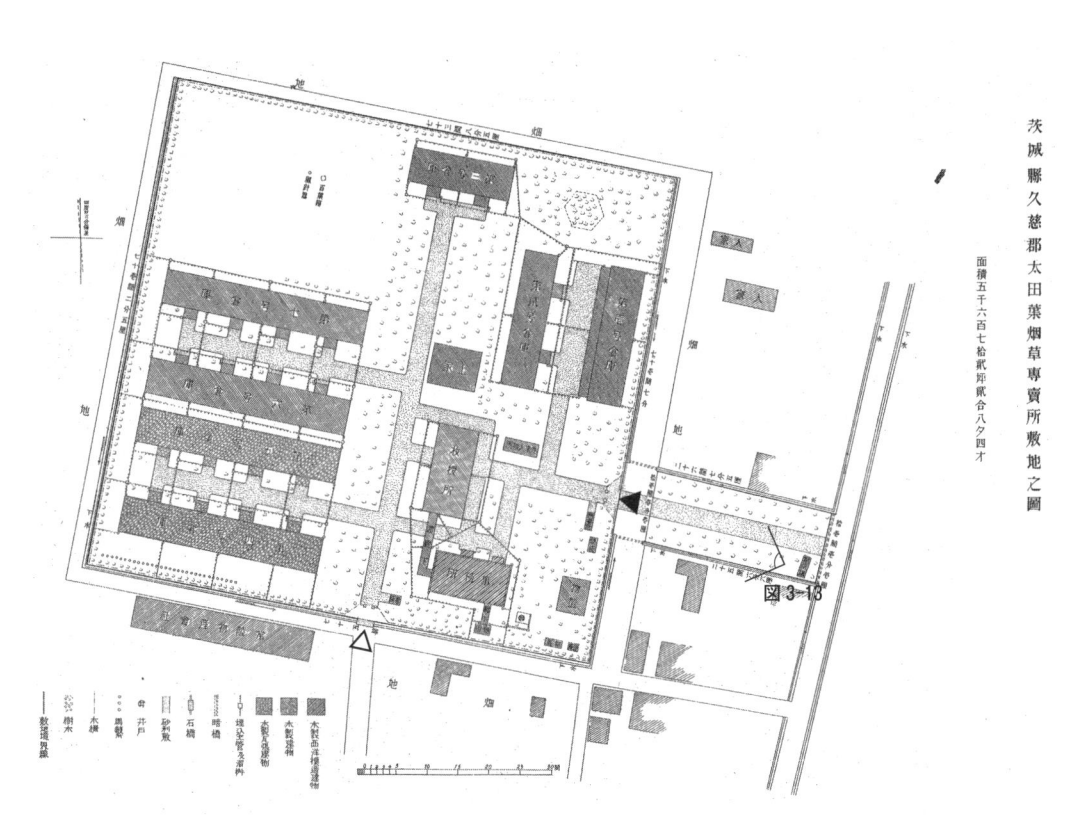

図 3-14　茨城県久慈郡太田葉煙草専売所敷地之図（筆者加筆）

82

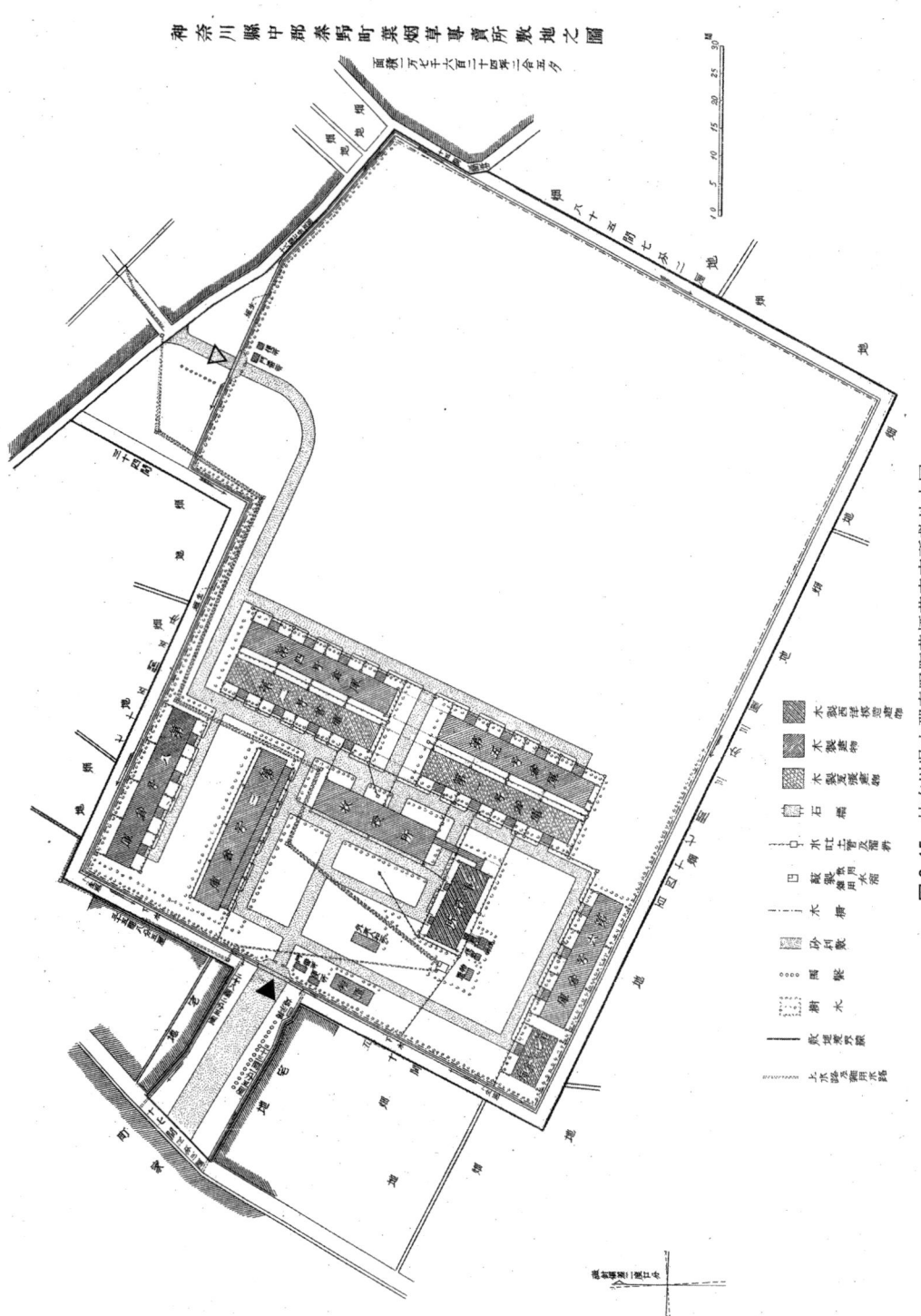

図3-15　神奈川県中郡秦野町葉煙草専売所敷地之図

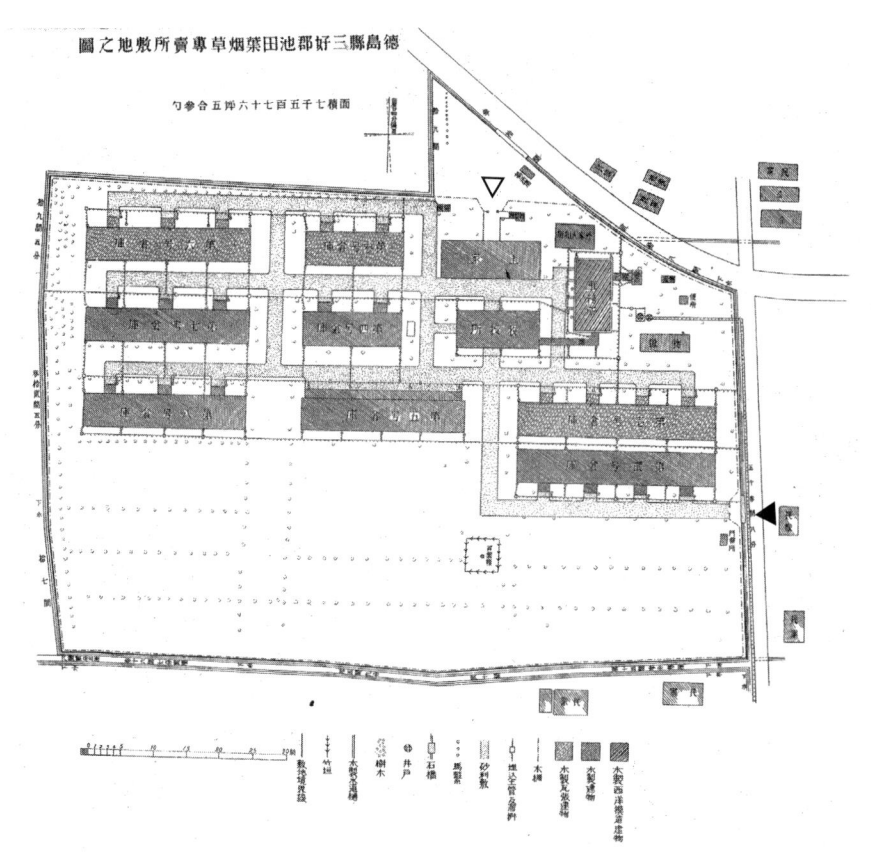

図 3-16　徳島県三好郡池田葉煙草専売所敷地之図

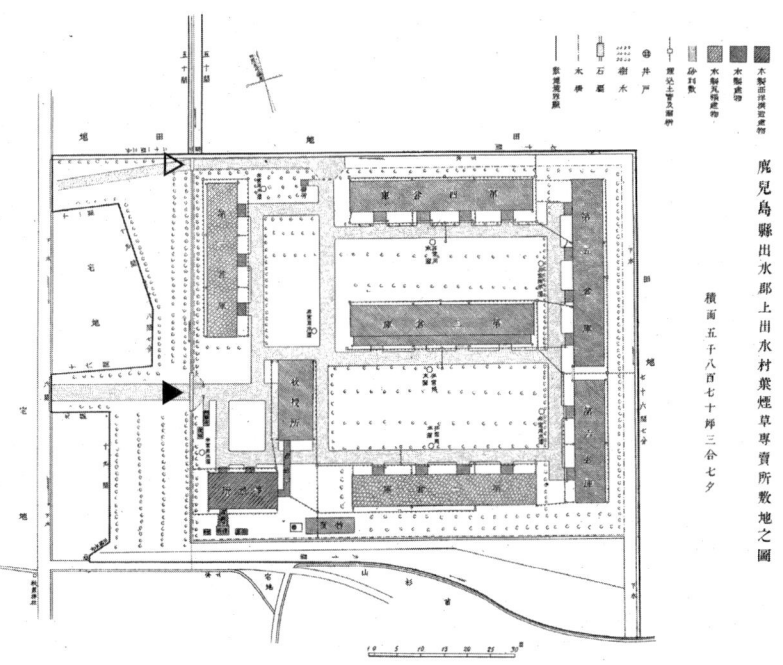

図 3-17　鹿児島県出水郡上出水村葉煙草専売所敷地之図

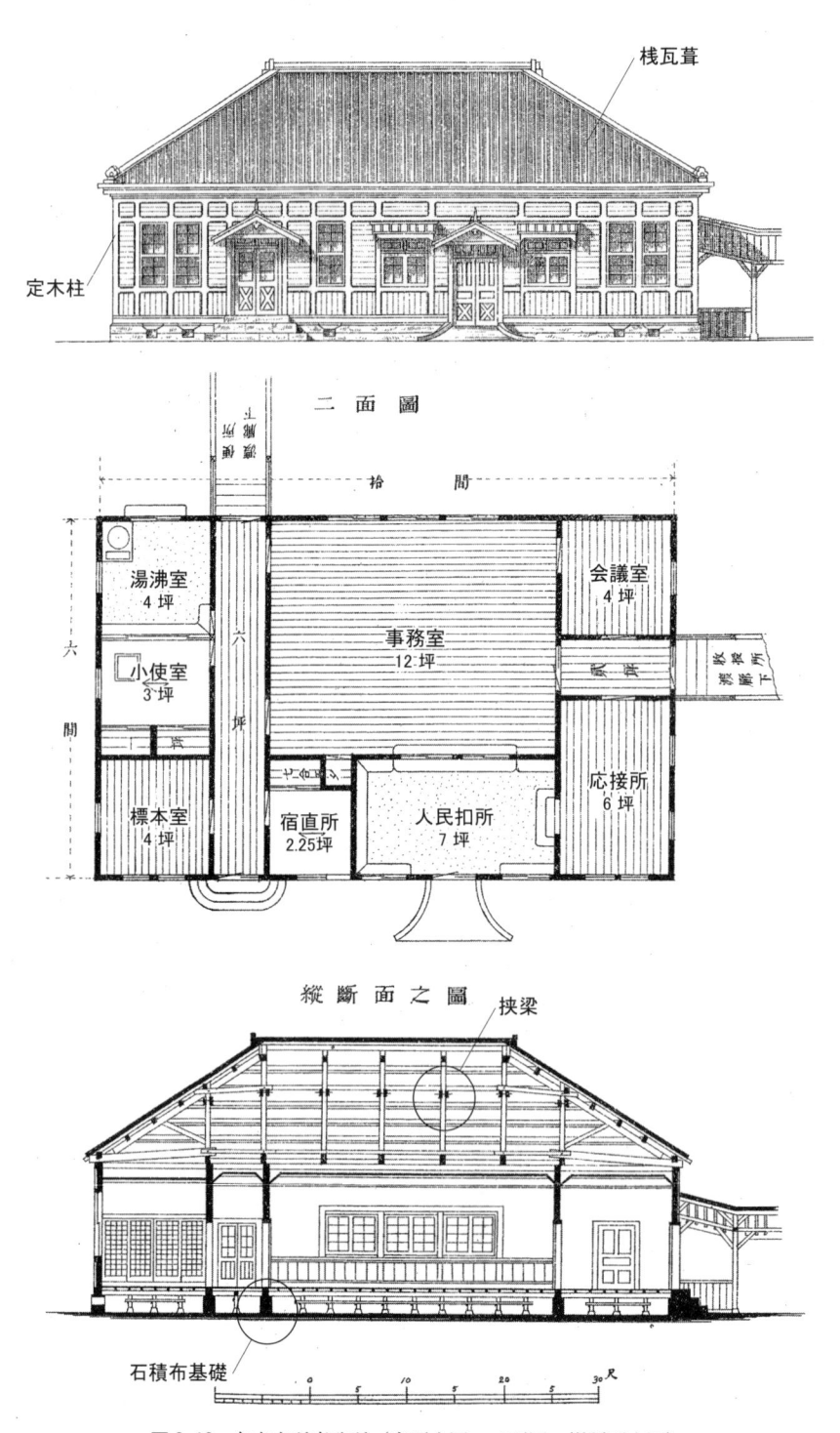

各專賣所事務所
表面之圖

桟瓦葺

定木柱

二　面　圖

湯沸室
4坪

小使室
3坪

標本室
4坪

事務室
12坪

会議室
4坪

応接所
6坪

人民扣所
7坪

宿直所
2.25坪

縦　斷　面　之　圖

挟梁

石積布基礎

図 3-18　各専売所事務所（表面之図・二面図・縦断面之図）

「二面図」は「平面図」の誤植と考えられる。各室名および部材名称は『建築一班』巻末
の「葉煙草取扱所新築仕様書」中の記載に従い筆者が加筆した。図 3-21 まで共通。

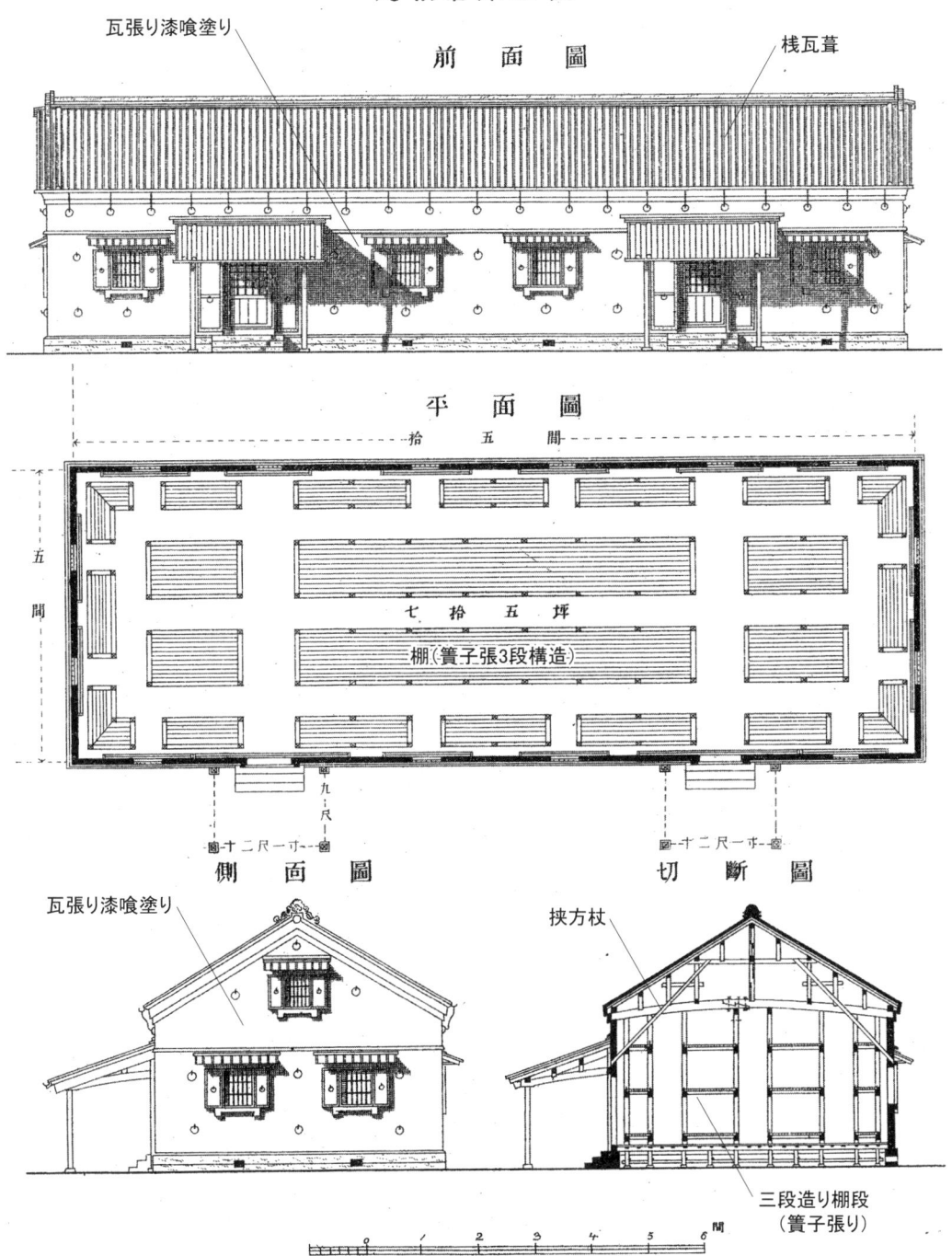

図 3-19　各葉煙草専売所瓦張倉庫之図（前面図・平面図・側面図・切断図）

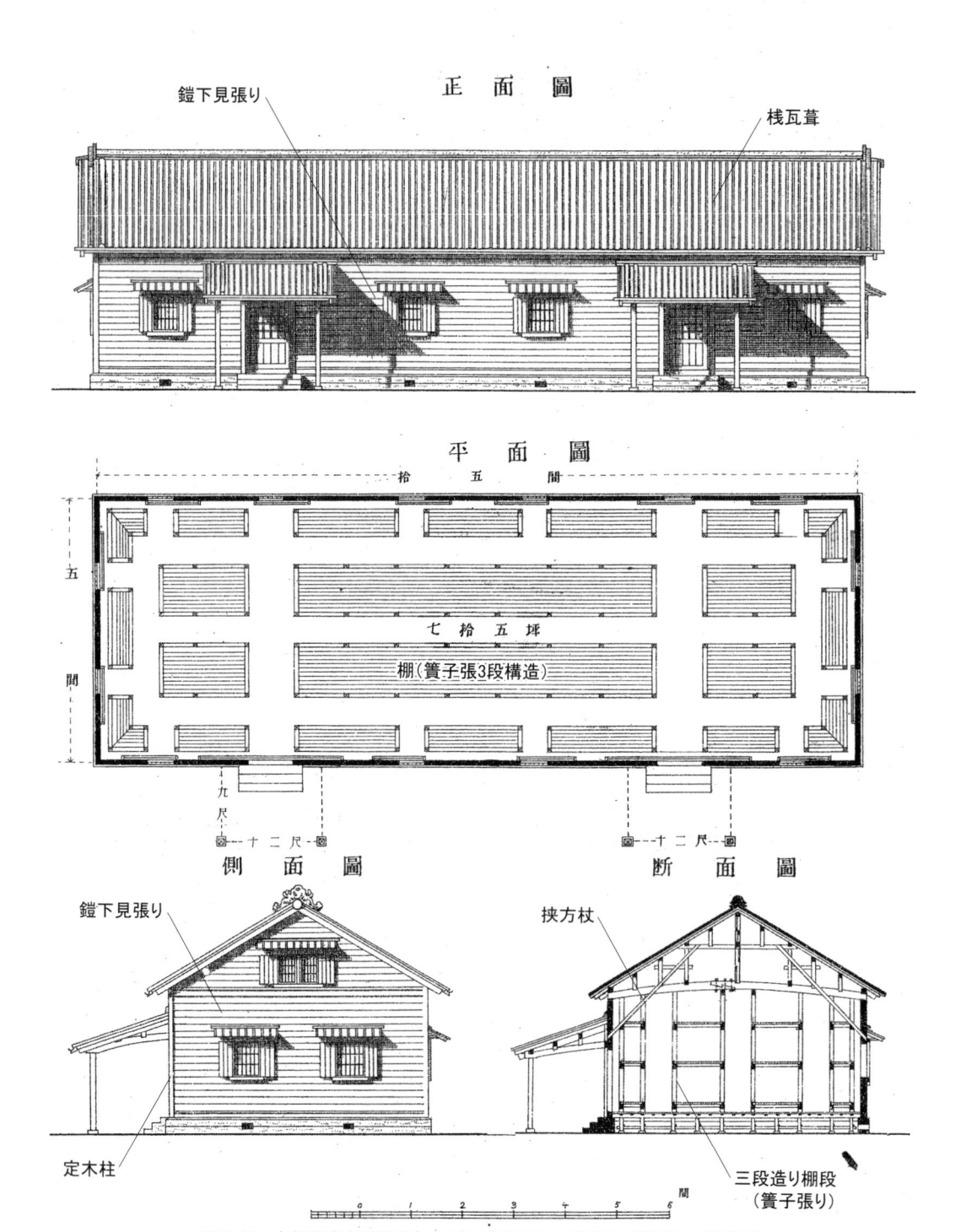

図3-20　各煙草専売所板張倉庫之図（正面図・平面図・側面図・断面図）
図面標題の「葉」の文字は抜けと思われる。

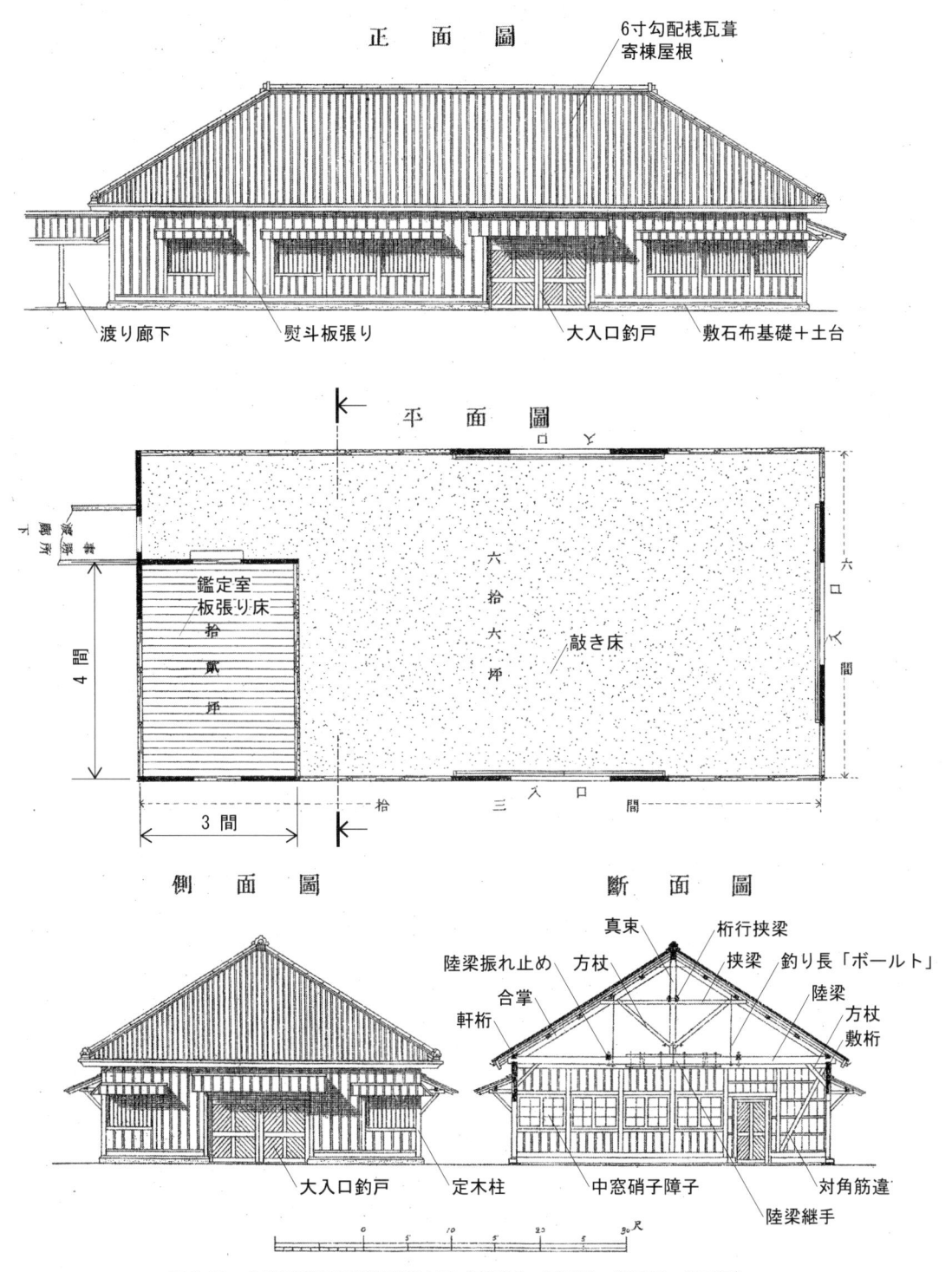

図 3-21 各葉煙草専売所収授所之図（正面図・平面図・側面図・断面図）

　床面積は桁行方向の伸張によって調整され，138・112・78・60・52・48・47・40・32・28・24 坪の計 11 種類が用意された。梁間は 6 間または 4 間 [4] の固定のため，いずれの倍数でもない 47 坪の構成が不詳だが，上から 48 坪までは梁間 6 間，40 坪以下は 4 間であることがわかる。『建築一班』所収の「収授所之図」は，これらのうち 78 坪（梁間 6 間×桁行 13 間）のものである［図 3-21］。

(2) 支所の構成建物と配置

　支所は本所から事務所を取り除いた構成で，主要建物は収授所と倉庫である。ただ，吏員の執務空間は不要とされた一方で来所者の待合室は必要だったようで，本所では事務所内の一角に設けられた「人民扣所」が「外来人扣所」として個別に建てられたことが配置図からわかる［図 3-22，図 3-23］。

(3) 出張所の構成建物と配置

　無倉庫の支所である出張所の主要建物は収授所のみである［図 3-24］。これは葉煙草の産額により甲（102 坪）・乙（66 坪）・丙（48 坪）の 3 段階の建坪に区分された [5] が，その規定については『建築一班』にとくに記述は見られない。そのため仕様や平面構成については，これまでは本所・有倉庫支所のものと同様であるとして一括で論じられてきた。現存建築物としては，加茂（岡山県）の事例がある。本章第 4 節にて，新たに発見した図面史料とともに紹介し比較分析する。

図 3-22 小野新町専売支所（福島県）

絵葉書「小野新町専売支局 BRANCH OFFICE OF MONOPOLY BUREAU, ONO-SHINMACHI.」（新陽堂，1907–1917 の発行），筆者蔵。写真右手は瓦張倉庫，奥に板張倉庫が見える。中央やや左寄り寄棟の建物は門番所。その左奥が外来人扣所。各建物名称は筆者の加筆。

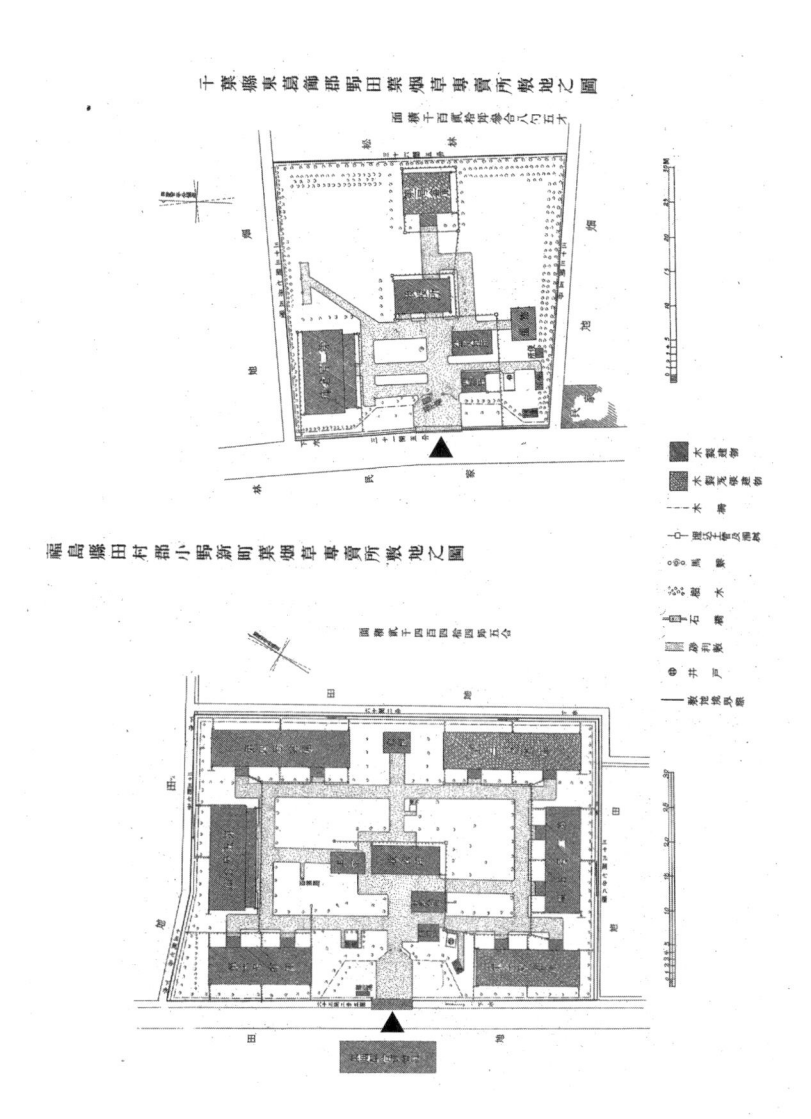

図 3-23　左：福島県田村郡小野新町葉煙草専売所敷地之図
右：千葉県東葛飾郡野田葉煙草専売所敷地之図

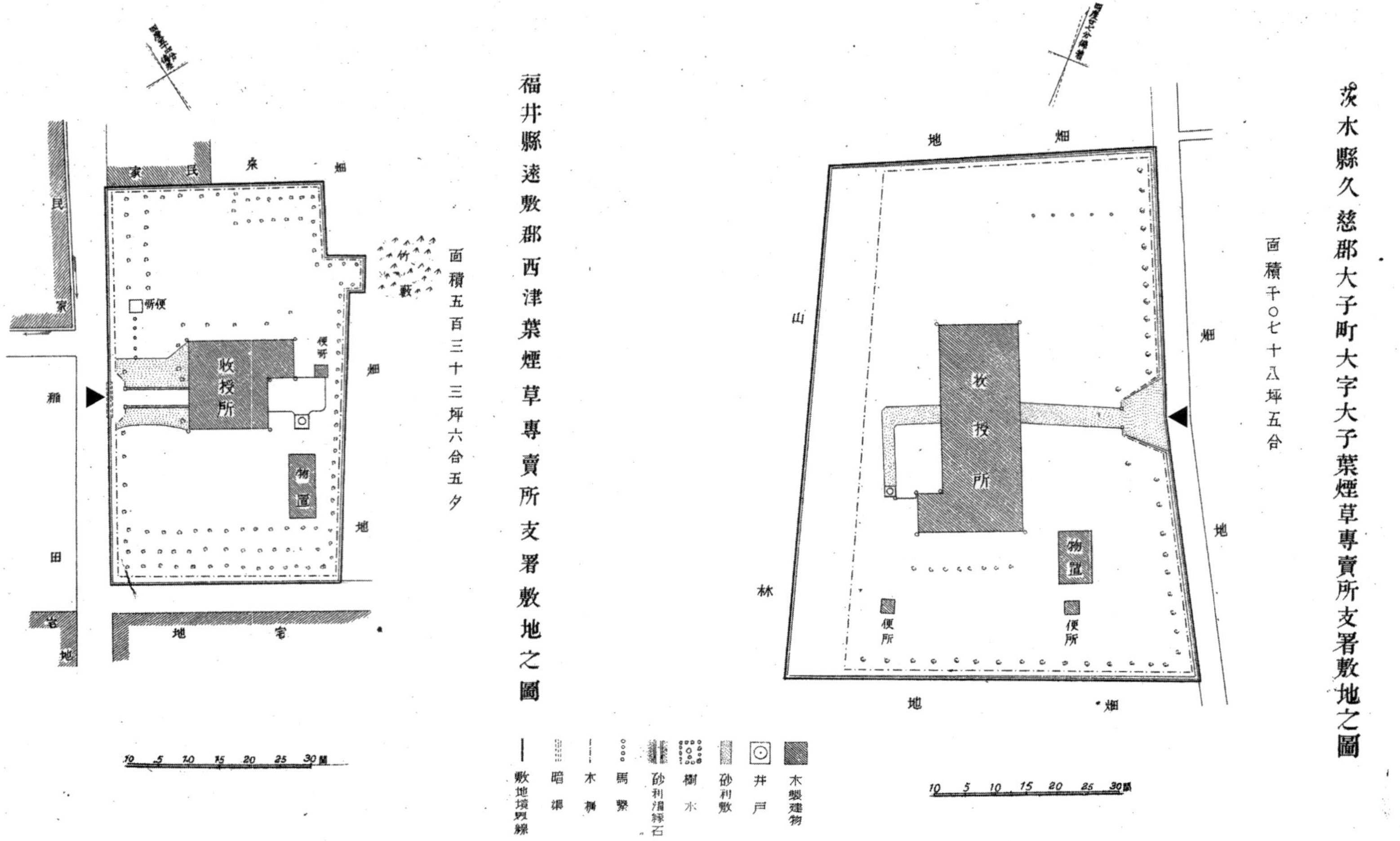

茨木縣久慈郡大子町大字大子葉煙草專賣所支署敷地之圖

面積千〇七十八坪五合

福井縣遠敷郡西津葉煙草專賣所支署敷地之圖

面積五百三十三坪六合五夕

図3-24　左：福井県遠敷郡西津葉煙草専売所支署敷地之図
右：茨木県久慈郡大子町大字大子葉煙草専売所支署敷地之図

であろうが、原表記ママとした。掲載向きは本書の紙面に合わせて回転させた。

「茨木県」は「茨城県」の誤記であろうが、原表記ママとした。

3　専売所稼働後の評価

　専売事業を統括する立場にあった大蔵省主税局長の阪谷芳郎は，葉煙草専売所の稼働後に東海・関西から中国地方にかけての幾つかの現場を視察し，その所見を部内演説で披瀝している。その記録は，第 1 章でも言及した国立公文書館所蔵の「松尾家文書」中の簿冊「財政　専売（葉煙草専売（外国法規、意見其他、法規、葉煙草取扱及取扱所））」（請求番号：平２３財務 00986100）に所収されている〔図 3-25，図 3-26〕。施設計画に関する言及箇所を以下に引用する〔下線・ルビ・傍点　引用者〕。

　　　　　　阪谷主税局長演説要領　　（32 年 5 月 4 日梶島属筆記）
　　　　　　　葉煙草専売所
　私ノ視察シタル専売所ハ岡山、広島、大阪、兵庫、四日市、名古屋ノ六ヶ所ナリ又京都ニ於テハ村井兄弟商会ノ煙草製造所ヲ視察セリ私ノ注意シタル点ハ専売所ノ構造事務ノ取扱方所長以下吏員ノ心得方其他大阪、兵庫、四日市ニ於テハ旧倉庫ノ現状ナリ
　専売所ノ構造ハ建築上ノ技術ニ就テハ別ニ言フヘキ点ナキモ執務ノ便宜ヨリ論スルトキハ宜シキニ適シタルモノト云フヲ得就中事務所ハ往来ニ面シテ建築スヘキモノナルニ故ラニ奥マリテ作リタルカ如キ如何ニモ役所風ニシテ業務ノ実際ニ適シタルモノニアラス為ニ門番ヲ置クノ必要アリ又事務所ノ間取不便ニシテ現ニ改造シ若クハ改造セントシツ、アルモノ多シ又事務所ト倉庫トノ距離ハ其適度ト認ムルヨリモ遠サカリ居ルハ無用ノ手数ヲ要スヘク又煙草ノ納人及買受人控所ノ設ケモナク又納人買受人ノ弁当ニ湯水ヲ供スルノ設ナキモノモ多シ是等ハ事務ノ性質トシテ役所風ニ過キルト云フヘキカ又専売所ノ敷地狭隘ニシテ車馬輻湊ノトキ差支アルト云フコトヲ聞キタルニモ拘ラス私ノ見タル専売所ハ受渡場事務及倉庫ノ前ニハ広キ庭ヲ設ケ故ラニ袖垣ヲ造リ樹木ヲ植付クルヲ見タリ是等ノ場所ハ何故ニ車馬ノ置場ニ供セサルニヤ解シ難シ又倉庫ニ土蔵（引用者注：瓦張倉庫を指すと思われる）ト板倉トアリ其目的ヲ問フニ物品収容上ノ区別アルニアラス単ニ経費ノ都合ト言ヘリ然ルニ板倉ニシテ人家ニ接近シテ建築シ火防ノヨキ土蔵ニシテ人家ニ遠サカリタルモノアリ此ノ如キハ何故ニ注意ヲ加ヘサルカ訝シキコトナリ又倉庫内ノ仕切ハ呉服屋ノ棚ノ如ク三段ニ仕切リ煙草ノ収容ニ不便ナルニ付之ヲ二段ニ改築スルヲ要スルトハ到ル処ニ聞ケリ大阪ノ倉庫ノ一ハ汽車停車場ニ接近セルヲ以テ煤煙侵入ノ虞アリテ窓ヲ常ニ閉シ置クノ必要アリトノコトナリ此ノ如キコトハ建築ノトキニ十分注意スヘキコトナリシト思ハル
　大阪ノ倉庫ハ旧倉庫二十五戸前ヽ取毀チ更ニ新倉庫ヲ建築シタルモノヽ由然ルニ煙草ノ貯蔵ニハ旧倉庫ニテ毫モ差支ナシトノコトナルニ何故ニ取毀チタルニヤ注意スヘキコトナリト思考ス
　大阪ノ旧倉庫並四日市ノ倉庫ハ孰レモ修繕ヲ加フルノ必要アリ現ニ其内幾部分ハ已ニ修繕ヲ了シ又修繕ニ掛レリ四日市ノ倉庫ニハ人家ニ接近ノモノアリ火防上注意ヲ要スルニ拘ラス此分ハ修繕未タ行届キ居ラス
　四日市ノ倉庫ノ一部分ハ三重紡績会社ノ煤煙来侵ノ虞アルヤニ認メタリ是亦注意ヲ要ス
　大阪倉庫ト四日市倉庫トハ嘗テ通信省トノ交渉モアリ一層注意ヲ加ヘテ視察シタリ
　現在ノ所ニテハ到底葉煙草ノ収容ノミニテハ容積多キニ過クルヤニ認メタル故ニ其必要ナキニ倉庫ヲアケ置クモ直ニ無益ノコトニシテ他日議論ノ種タルヲ以テ専売所ニ必要ナキ場合ニハ之ヲ他ニ利用スルノ方法ヲ講セサルヘカラス是独政府ノ損益ノミナラス一般経済上ノ便利ナリ
　四日市ノ倉庫ハ三重紡績会社ニテ借用セル由ナルヲ以テ該紡績会社ノ工場ヲモ視察シタリ倉庫ト工場トハ密接セルヲ以テ其利用ヲ許スハ双方ノ便利ナラン尤葉煙草貯蔵用ノ倉庫ナルヲ以テ煙草ニ害アル物品又鉄類等ノ如キ倉庫ヲ損スル貯蔵物品ハ之ヲ禁ス可キナリ兵庫ノ旧倉庫ハ非常ニ破損セルヲ以テ

之ヲ取毀ツノ外ナカラン現在ノ儘ニテ放任スルハ体裁上甚見苦シ其敷地ハ他日使用ノ必要モアルヘキ
ヲ以テ姑ク離權セス便宜ノ方法ニテ貸付スルモ可ナラン同所敷地ノ内幾部分ハ運河取広ケノ為メ運河
会社ヨリ所望ノ由実地ヲ見分スルニ運河取広ケハ人民便利ノ為メ必要ナルヲ以テ許可スルノ外ナカル
ヘシ之カ為メ専売所ニ多少ノ不便アルモ又已ムヲ得サルナリ

　阪谷は建築の専門家ではないが，その指摘は敷地構内の建物配置から事務所の平面計画に至る
まで仔細かつ多岐にわたる。とくに，事務所が敷地の奥まった位置に「役所風」に置かれたため
に別途門番を置く必要があること，事務所と倉庫との距離が離れすぎたが故の業務上の不便が挙
げられている。倉庫については，瓦張りと板張りの2種類の仕様の使い分けが，配置と火防の点
で整合を欠くことが問題視された。これについては，仕様の区別の「目的ヲ問フニ」とある通り，
施設計画に関わった人間が傍らに同行していたことが示唆される。加えて，倉庫内の3段の棚が
葉煙草の収容に不適であることも現場での見聞として言及されている。全体に，役所然とした計
画が，納人や買受人など多くの民間人が出入りする専売所の機能とそぐわないとの見解が示され
ており，棚を2段に改修するなど是正の必要性が認識されていたことがわかる。『建築一班』の
発行時には認識されていなかった施設計画の課題点が，施設の実運用を経て洗い出されたかたち
となった。ただし，事務所や倉庫前の空地を庭として樹木を植えている点については，阪谷が設
計趣旨を理解していなかったようである。これらは，葉煙草の保存上の有害要因である日光を遮
蔽する為に計画されたもので，風致上の配慮も意図されていた。そのため，計画敷地の既存樹木
も可能な限り存置することが基本的な方針であった。

　これらの指摘を逆に見ると，主税局は敷地決定後の施設計画には殆ど関与していないことが明
らかである。本所・支所・出張所の区分や各建物の用途設定など基本的な方針に関する事項には
専売制の実運用を管掌する立場から主税局の助言や要求があった可能性はあるが，実際の個々の
計画は関知しておらず，竣工後に初めて目の当たりにしたことが窺われる。

　阪谷は，この5年後に煙草製造準備局の局長として煙草製造と塩の専売制実施準備にあたるこ
とになる。上述の指摘点がそれらの施設計画時にどのように反映され修正されたのか，第5章で
詳しく検討する。

　この他に竣工後の報告としては，技手・沼尻政太朗（准員）の名義で建築学会誌『建築雑誌』
第148号の「論説及報告」欄に「葉煙草専賣所建築工事」の投稿記事（pp. 100–101, 1899. 4）が
見られる。記載内容は，工事の経緯や設計概要について『建築一班』からの要点抜粋に留まって
おり，実運用上の見地からの言及は見られない。また，稿末には「編輯員曰く専売所写真および
図面等は追て後号に登載するとあるへし」とあるが，紙幅のためか実際に掲載された様子はない。
技師の妻木や矢橋の名前は稿中には登場するものの，発表者として名を連ねていない点について
も不明である。工事の規模・内容的に彼らの名前で報告するには及ばないと判断されたものか，
あるいは沼尻が主任を務めた調査科の業務の一環として原稿を作成した可能性も考えられる。

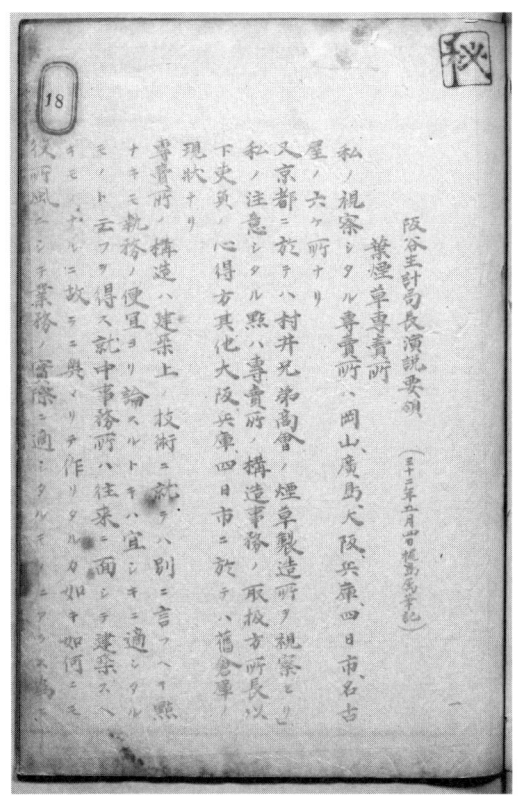

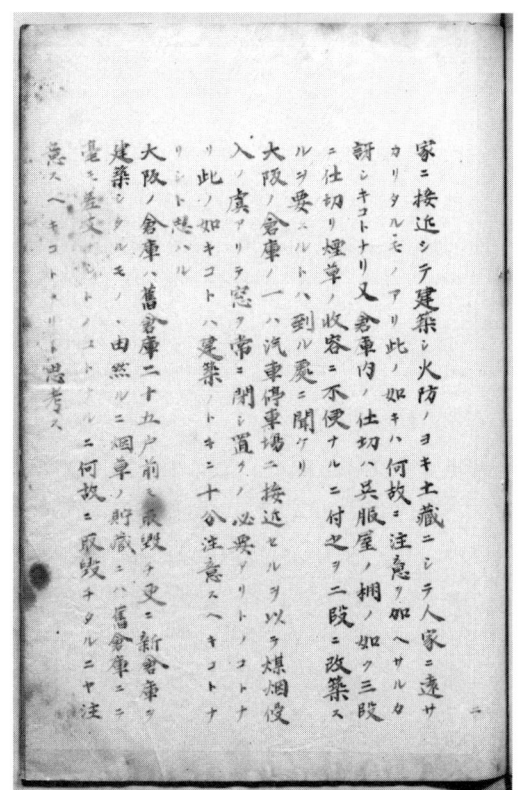

図 3-25　阪谷主計局長演説要領　冒頭　　　　　**図 3-26**　阪谷主計局長演説要領　中盤

原本は B5 判の和綴本で，大蔵省用箋と無地の用紙が混在する。演説要領は無地紙に蒟蒻版印刷されており，経年変化により部分的に著しく退色が進んでいる。掲載の写真は，デジタル補正により高コントラスト化し薄くなった文字情報を読み取れるように筆者が加工したもの。

第2節　工事運営管理の手法

1　現場監理の人員配置

　各地の工事は敷地選定 [6] やその買上契約の都合により多少の前後はあるが，概ね同時に進行した。『建築一班』中の「各葉煙草取扱所建築本工事請負一覧表」(pp. 149–155) によると，最も早い広島が明治29年11月に工事契約締結（落札）となっている。その他の多くは同年度末から翌30年度前半に工事契約をして約1週間後に起工，半年後に竣工を迎える流れであった。

⑴　分業体制の設定

　現場監理の枠組みとしては，設計意図を施工者に適切に伝達し指示するため，工事入札に際しての説明員の派遣に加えて工期中現場に常駐する督役員が設置された。さらに本州・四国・九州を7つの工区に分け，督役員に本部の指揮命令を伝達する監督員を巡回させる二重の監理体制が敷かれた［表3-2, 図3-27］。この監督区域の設定は府県を構成単位としたものであり，葉煙草耕作地の分布域にしたがって，ときに県境を跨いで線引きされた葉煙草専売所の運用管区［図3-1］と相関したものではない。

　督役員は技手もしくは雇が担ったのに対して，監督員は命令系統上督役員の上位に位置付けられ，技手および技師が務めるよう規定された［表3-3, 図3-28］。

⑵　地方技術者への嘱託

　全国各地で同時施工される施設群の工期遵守と品質管理のため，本支所工事は原則として「本部直轄」での監理 [7] とされた。しかし第1章で既述の通り専任技手の不足が著しかったため，例外的措置として地方在勤の大蔵省官吏に現場督役が命じられた例があった。『建築一班』には「工事進捗上便宜ノ為本省官吏ニシテ地方ニ在勤セルモノニ一工場限リ特ニ督役ヲ命セラレタルモノ七名アリ」として以下の技術者が列挙されている。括弧内は所属および官名を示す (pp. 355–356)。

　楢原信次郎（長崎税関技手）　　岡本福孝（造幣局技手）　　中村喜兵衛（造幣局工長）　　大澤長次郎（神戸税関技手）　　小川吉之介（葉煙草専売所技手）　　村田爲三（長崎税関技手）　　長妻新太郎（葉煙草専売所技手）

　このうち，長妻は後の準備局建築部に雇として在籍することになる人物である。さらに，出張所の工事は本部で処理する余力がなく，所在府県に勤務する建築技術者に監理の大部分が委嘱 [8] された。それら出張員や嘱託員のための「臨時葉煙草取扱所建築部出張員心得」，監理報告用の「葉煙草取扱所新築工事工程報告書」等の多数の書式が作成配布され，本部と現場との文書のやり取りによる監理体制の構築により，各地の工事の出来形管理が図られたことが窺われる。そのために督役員が作成する工程報告書は，15日毎の提出とされた。これとは別に，工事費支払いの際

表 3-2　監督区域の設定

監督区域	府　　　県	本	支	出
第 1 区	東京・神奈川・千葉・茨城・栃木	11	3	8
第 2 区	埼玉・新潟・群馬・長野・山梨	5	4	10
第 3 区	福島・山形・岩手・秋田・青森	8	3	8
第 4 区	三重・愛知・静岡・岐阜・京都・滋賀・福井・石川・富山	8	3	18
第 5 区	大阪・奈良・和歌山・徳島・香川・愛媛・高知	7	3	18
第 6 区	福岡・長崎・大分・宮崎・熊本・鹿児島	12	2	23
第 7 区	兵庫・岡山・鳥取・島根・広島	8	5	18

各区域に所在の本所及び支所，出張所の建設数量は筆者の計上による。各区域の本所と支所は計 10 か所前後になるよう割り振られたことが見て取れる。出張所工事の監理は原則として所在各府県への委嘱だが，「重要ノ個所或ハ委嘱ニ応セサル地方ハ悉皆本部ニ於テ之カ工事ヲ直轄」とされた。ただし，沖縄県（鹿児島県大島郡含む）は上記の区域設定に含められていない。

那覇出張所の工事には，島田剛太郎（庶務掛長）と大久保慶二郎の 2 名が一度だけ臨場した記録が残る。

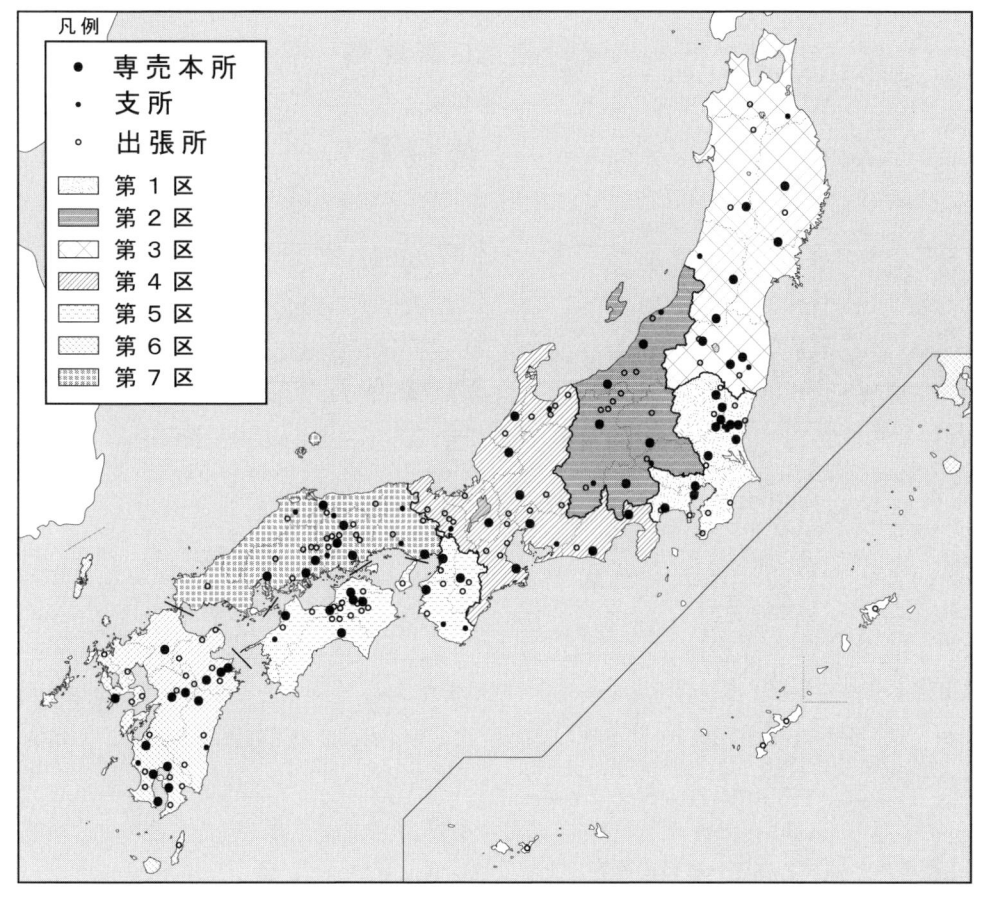

図 3-27　監督区域の区分設定
樋口紗矢氏作成協力。

表 3-3 監理の要員と役割

職 名	主 な 業 務	図中要旨
説 明 員	工事請負望人ニハ請負人心得絵図面仕様書及契約書案ヲ示シ尚ホ開札前部員ヲ派出シ各種施工ノ要点ヲ詳細ニ説明セシメ以テ他日ノ誤解ナカランコトヲ期シタリ 『建築一班』「第四編　工事請負入札及契約」p. 133「工事説明」より	I
督 役 員	日々仕様図面ヲ帯携シテ早出晩退其工場全体ノ取締ニ注意スルハ勿論諸般材料蒐集…常ニ此等大体ノ整理ニ着目注意ヲ加エ又材料ノ如キハ使用前其品質ノ良否ヲ調査シテ仕様ニ合格セサルモノアルトキハ適当ノ良材ト引換ユルヲ待チテ之ヲ場外ニ排斥シ各仕口ニ於テモ須要ナル部分ニ対シテハ予メ検査ノ上苟モ粗材濫造ノ虞ナカランコトヲ予期セリ 『建築一班』「第五編　工事」p. 307「督役」より	II
監 督 員	各工場ヲ巡回セシメ厳正ニ諸般ノ事項ヲ監督シ本部ノ指揮命令等ヲモ各督役員及請負人等ニ伝フルノ機関タラシメタリ…一区域ヲ一監督員ニ一任セシメス交互転換シテ之ヲ差遣セシメタリ又監督ノ統一ヲ期センカ為メニ時ニ技師ヲ派遣シ… 『建築一班』「第五編　工事」p. 313「監督」より	III

下線は引用者による。

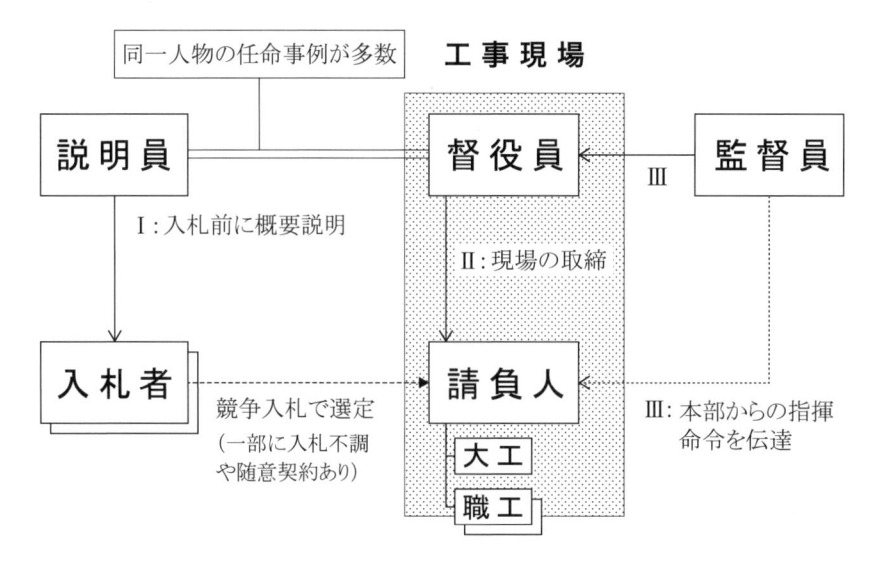

図 3-28 葉煙草専売所の監理図式

には既済部分検査や竣工検査の所見を検査官（技手または雇）が記入した工程調書が作成された。したがって，工程報告は支払いとは連動しておらず，単に本部での進捗管理を目的としたものと考えられる。

2　工程管理と様式・構法・材料の選定

　契約書中には，1日の遅延につき請負金の100分の2という高率の過怠金支払いが科され[9]ており，請負者にとっては工期遵守の重圧となったことが推測される。ただし，あくまでも専売法施行に間に合う範囲内ではあるが，実際には大多数の工事で台風や雪害などを理由として1か月内外の延期許可が下りている。過怠金徴収の記録は『建築一班』には記載がなく，運用実態は不

明である。

　個々の建築物の外観様式に着目すると，先述の通り「西洋形」の事務所とそれ以外とに大別される。この「西洋形」なる様式概念については後述する。事務所以外の施設群に採用された洋風・洋式の要素としては，収援所の小屋組が真束組であることや布基礎，筋違など構法上のものが散見されるのみで，装飾として特筆されるものはない。個々の外観については，数の上では洋風でないものが支配的だが，殊更に日本的な表現が強調されたものではない。これは在来の手法の手堅さと経済性に対する信頼によるものと考えられ，工事運営管理の円滑化を優先した仕様策定が窺われる。寸法体系は様式および構法にかかわらず，すべて尺貫法となっている。

第3節　「西洋形」の意味と実際

　計61か所の本所に建設された「西洋形」の事務所のうち，全国に唯一現存する千厩葉煙草専売所（現・岩手県一関市千厩町）の現存建築物（以下，千厩事務所）の現地踏査および仕様書や「西洋形」と称する類例との比較を交え，各部の特徴を整理する。

1　千厩事務所の来歴

　千厩葉煙草専売所（二等。以下，千厩専売所と略）が置かれた岩手県南部の東磐井地域は，藩政期以来良質な葉煙草を産する土地として知られる。岩手県下にはもう1か所，大迫にも専売所（一等）が設置されている。

　千厩専売所は設置当初，倉庫（3棟，瓦張り50坪・板張り125坪）・事務所60坪（6間×10間）・収援所24坪で構成された。事務所は昭和初期に建て替えられたが，その際に地元の東山煙草耕作組合連合会に払い下げられ，前面道路を挟んだ対向地へと移築された。この移築に関する確かな記録はないが，せんまや街角資料館の展示パネルには「…昭和九年、現在地に疋屋で移築されました」とある。残りの建物や新事務所は既にすべて取り壊されており，結果として，移築された旧事務所のみが現存することとなった。これは，全国61か所に建築された葉煙草専売所の事務所のうち，唯一の現存例である。千厩事務所は組合事務所として長く使われた後，平成17（2005）年から郷土資料を展示する「せんまや街角資料館」として公開されている［表3-4，図3-29，図3-30，図3-31，図3-32］。

　工事は仙台市の寺木定芳[10]が落札し，中田・菊地両名の指揮監督で明治30（1897）年12月8日に竣工した。その経過は地元紙『岩手日報』の「東山通信」欄や『仙台新聞』の「東磐井郡通信」欄で報じられた。一例として，『仙台新聞』の記事（1897.12.25）を引用紹介する[11]〔下線引用者〕。

　　千厩葉煙草専売所新築落成　岩手県東磐井郡千厩町に建設中なる大蔵省直轄葉煙草専売所は本年四月起工此の程愈々落成せるに付工事請負師寺木定芳氏より大蔵省出張官吏に引き渡せり<u>該建築設計は総</u>

表 3-4　千厩事務所の来歴

年	月	千厩葉煙草専売所の沿革
明治 30（1897）	4	千厩葉煙草専売所 設置
明治 32（1899）	4	千厩専売支局と改称
明治 33（1900）	1	大迫専売支局千厩出張所と改称
明治 35（1902）	10	三春専売支局千厩出張所と改称
明治 37（1904）	7	千厩葉煙草取扱所と改称
明治 39（1906）	11	千厩煙草取扱所と改称
明治 40（1907）	10	専売局仙台収納所の管轄下に移管
明治 43（1910）	4	仙台専売支局は三春支局に吸収合併
大正 2（1913）	4	仙台専売支局再設置
大正 10（1921）	7	仙台地方専売局千厩出張所と改称
昭和 9（1934）	5	仙台地方専売局千厩出張所新庁舎落成
		旧事務所を払い下げ対向地に移築
		東山煙草耕作組合連合会事務所に転用
		戦後，東磐井郡農業保険組合事務所等の各種団体の事務所として利用
平成 16（2004）	-	岩手県たばこ耕作組合千厩地方支部事務所より千厩町（現・一関市）へ建物寄贈
平成 17（2005）	3	せんまや街角資料館として開館
	11	国登録有形文化財に登録（登録番号：03-0058）

せんまや街角資料館展示パネルを参考に筆者作成。

図 3-29　千厩事務所の外観（現・せんまや街角資料館）
筆者撮影（2020. 2）。

図 3-30　三春専売支局千厩出張所

せんまや街角資料館所蔵。事務所外壁は下見板張り部分と枠部分とで塗り分けられている。正門柱には「三春専売支局千厩出張所」とあることから，明治 35（1902）年 10 月から 37（1904）年 7 月までの撮影とわかる。

図 3-31　新旧事務所（昭和 15 年）

せんまや街角資料館所蔵。道路を挟んで向かって右手が新事務所，左手が旧事務所。中央の「奉祝紀元二千六百年 仙台地方専売局千厩出張所」の横断幕から，昭和 15（1940）年の撮影とわかる。旧事務所は単色に塗装し直されている。

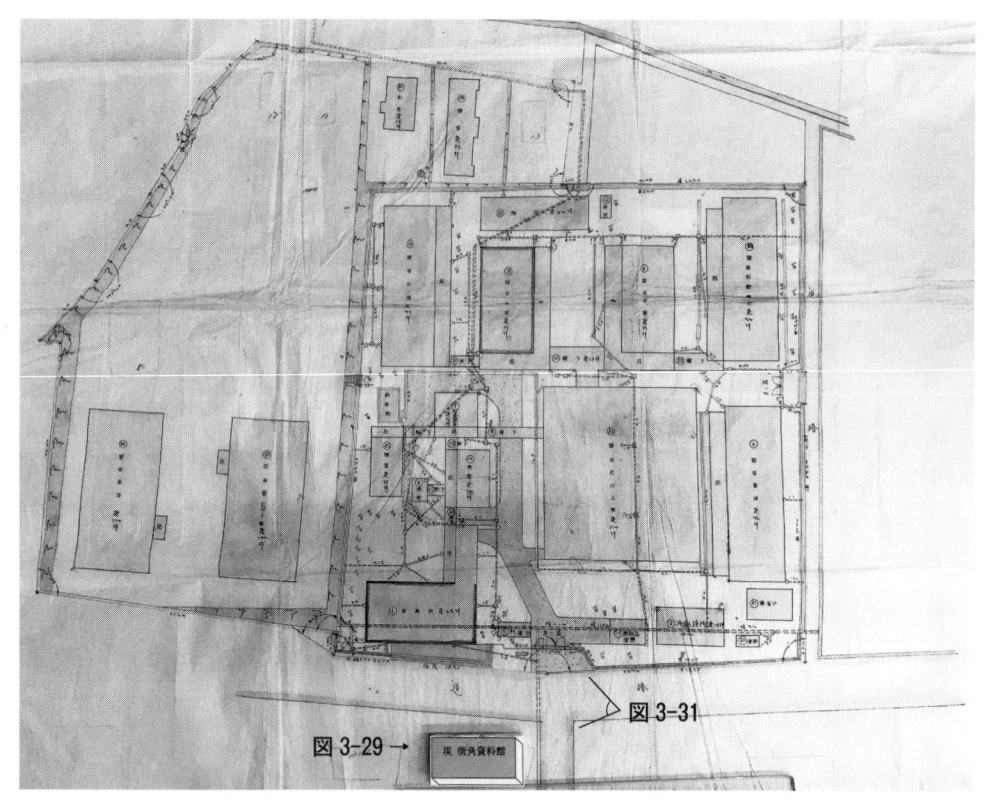

図 3-32　千厩出張所配置図（旧事務所移築後）

せんまや街角資料館所蔵の「地図第（八）號」（元縮尺 1/100）。トレーシングペーパーに彩色。既に事務所は改築された後。図中最大の建物は「㉑煙草収授上家建 210 坪」とあり，これも開設当初のものから建て替えられている。

<u>て東京に於ける建築法に寄れる事とて山間の僻地たる同地にては又土地の状況より諸材料の変更を要する場合にもわざわざ本省へ照会するより意外の日子を費す事とて厳重なる期限をもって契約せる工事としては随分困難なる事情の存するあり且つ人夫は田舎漢なれば規律正しく仕事に従事せること</u>なきより工事の進行上にも尠からざる渋滞をきたす等種々なる障害のあるにも関らず寺木氏の代理たる中田英太郎氏はさすが工事上多年の経験ある事とて工みに事務を処理し人夫を督励せるより期間内に滞りなく竣功の上引渡しを了せるなりと同地の通信に見ゆ

　山間部であるが故の指定材料調達の困難や仕様変更の際の本省への照会，竣工期限の遵守など標準設計方式の工事への不慣れと戸惑いが如実に見て取れる。

2　「西洋形」についての従来理解

　「西洋形」は，明治期の木造建築物の様式概念を表す語で，「西洋風」を意味するとされる。後掲する既往研究では，他に「西洋模（摸）造」や「西洋造り」の他，「西洋風家作」や「ハウス」，「西洋舘（館）」なども類義語とされている。「擬洋風」が後の観察者による命名呼称[12]であるのに対して，同時代史料に用いられている「西洋形」は，当時の様式意識や価値観を直裁に反映した語として理解できよう。従来は，それらに通底する「模倣」の意識への評価から，その定義や

表 3-5　菅原（1991）による三重県内での「西洋形」の用例比較

建築年	建築名称	構造	外壁	軒	開口部	大屋根	玄関庇	廊下	細部意匠	技術者	仕様
明治12	県庁舎	木造2階	大, 塗	蛇	上下	寄	入	ベ	ア, 円, 隅	清水	「西洋形木製二階建」, 束立和小屋, 明治20増築部：洋小屋, 各室：板張
明治19	県立第一中学校	木造1階	大, 塗, 下	蛇	上下	寄	唐	片, 中	兎, 虹, 組, 蛇, ア	清水, 信太	教室：「西洋模造」廊下：「西洋模造片軒日本造り」
明治24	津・万町派出所	木造1階	大, 塗	蛇, 持	上下			－			「西洋模造」, 見張所：板張
明治33	県立第四中学校	木造1階	大, 下	蛇, 持	上下, 引違	入	入	片	ア, 持, 魚, 円, 板	清水, 浅生, 宮崎	「西洋模造」, 洋小屋
凡例	外壁 - 大：大壁, 塗：漆喰塗, 下：下見板張 ／ 軒 - 蛇：軒蛇腹, 持：軒持送り ／ 屋根 - 寄：寄棟, 入：入母屋, 唐：唐破風 ／ 廊下 - ベ：ベランダ, 片：片廊下, 中：中廊下 ／ 細部意匠 - ア：アーチ, 円：タスカン式円柱, 隅：隅石, 板：破風板飾り, 兎：兎毛通, 組：組物, 虹：虹梁, 魚：懸魚 ／ 技術者 - 清水：清水義八, 信太：信太悦蔵, 浅生：浅生久次郎, 宮崎：宮崎官蔵										
備考	県立第二・第三・第四中学校は清水義八による同年の建設で同一の意匠だとされるが, 『縣有財産取調表』では第二・第三中学校に「西洋模造」の記載は見られない。県庁舎は明治村に移築されており現存する。県立第三中学校は三重県立上野高等学校「明治校舎」として現存する。										

表現技法について所謂「擬洋風建築」との関わりの範疇での議論に終始してきた。

「西洋形」を整理したものとしてはまず, 明治初期の三井組関係の営繕に見られる「西洋造り」の語に着目し, 民間における西洋建築導入の特性を考察した初田亨の論考[13]が挙げられる。初田（1978）は, 「西洋造り」が形態・様式の模倣であり, 構造は模倣の対象外であったことを実証的に示すとともに, 「西洋形」などの類語も同様の意味であると結論付けている。

また, 明治期の三重県の建築施設の構成を整理した菅原洋一は, 明治10年代以降に県内各地に木造で建設された県庁舎や警察派出所, 学校校舎の工事における「西洋形」および「西洋模造」の使用例を報告している[14]。菅原（1990, 1991）は初田（1978）の見解を基礎に, 「西洋形」とは建物の外観についての様式を指すものであるとし, さらにその構成要素として軒蛇腹や上げ下げ窓などの細部意匠にも着目している。事例検討の結果, 個々の洋風装飾の集積により, 時として唐破風などの和風意匠も混淆しながら総体としては「西洋形」が成立するとの解釈を提示している［表3-5］。さらに, それらの実例が必ずしも洋式小屋組を採用していないことを論拠にして, 架構との関係性については初田と同じく否定的な見解を示している。ただし, 様式を洋風に区分されている三重県内の事例のうち, 「西洋形」や「西洋模造」と称されるものはごく一部に止まるが, その峻別の根拠については特に言及はなく, その点で曖昧さが残る。

他方で清水重敦（2003）は, 「模造」とは本来は煉瓦造や石造など組積造とするべきところを木造で代用した「構造上の模造」であって, 「様式上の模造」ではないとの立場を採る[15]。何を「模造」したのかという対象物の設定に関して初田と菅原, そして清水の両論は対照的ではあるが, いずれも「擬洋風」として一括りにされがちな開化期の洋風建築の多様な技術的側面に焦点を当

てる際のキーワードとして、「西洋形」やその類語に着目したものと言える。さらに、こうした「模造」的な様式概念は、明治中期以降の学士建築家の台頭や洋式建築技術の普及に伴って次第に姿を消したものとの大枠の理解は各者とも一致している。

3　外観意匠

　外観偏重の「西洋形」において、初田（1978）や菅原（1990, 1991）によってとくに重要な構成要素と指摘される玄関周りの細部意匠と外壁面の仕上げについて、千厩事務所を中心に据えて実情を検討する。

(1)　軒板飾り

　まずは、軒板飾り（バージボード、Bargeboard）を扱う。バージボードとは、連続した歯飾りや房飾りが施された軒板を指す。

　葉煙草専売所の事務所の左右の玄関庇にはそれぞれ軒板飾りが付され、敷地内の他の建物とは一線を画す。外壁のペンキ塗りとあわせて、洋風の外観を司る要素としての扱いが窺れる。その詳細図は現存しないが仕様書では「鼻隠シ小節削リ立厚一寸図ノ如ク絵様繰致シ」[16] とされており、実物もその通り半円形の基本形状の反復により構成される。「表面之図」では判別不能だが、61か所建設された事務所の一つである関原専売所（新潟県）［図3-33］と大田原専売所（栃木県）［図3-34］、八日市専売所（滋賀県）［図3-35］にも同型のものが見られるため、各所共通の

図 3-33　関原専売所玄関前「越後関原村外四ヶ村葉煙草試作奨励会　（其ノ一）」（筆者加筆）
左上のスタンプには「髙崎専売支局関原出張所内ニ於テ　記念　3.10.31」とある。この「専売支局」の名称と絵葉書裏面の紙面構成から、数字は大正3（1914）年10月31日を意味すると推測できる。写真中央上には軒板飾りの破風尻が鮮明に写っている。筆者蔵。

図 3-34　大田原専売所前での職員写真（大正末期）

青柳栄 編『写真集明治大正昭和 大田原（ふるさとの想い出 89）』（国書刊行会，1979. 10）より「9 大正末期の大田原専売局」（p. 8）。写真の傷みは激しいが，軒板飾りの形状は判別できる。

図 3-35　八日市専売所前での職員写真（時期不明）

軒板飾りの形状や外壁面の 2 種類の板張りの違い，柱と板張り面の塗り分けが見て取れる。筆者蔵。

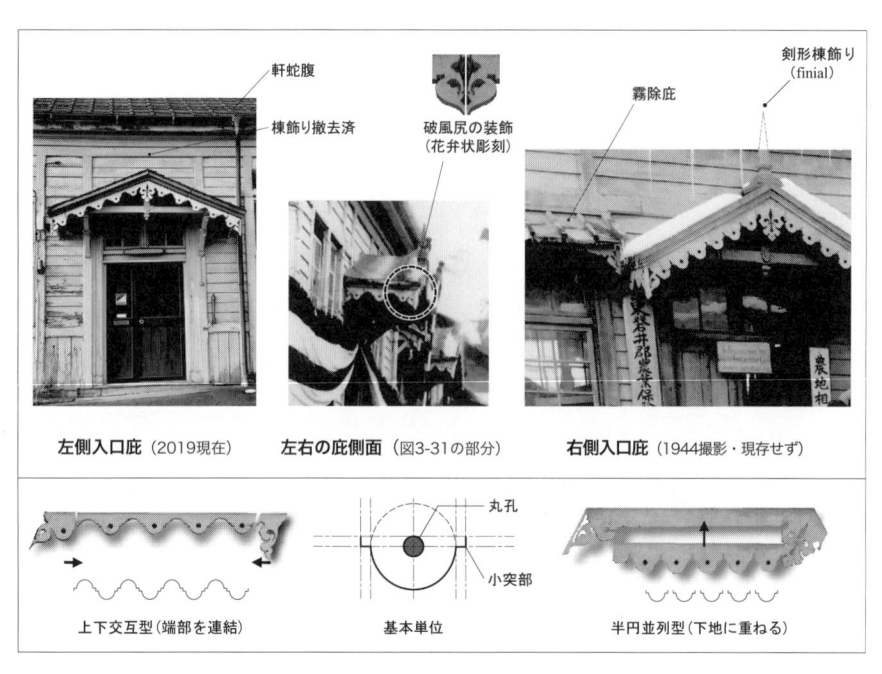

図 3-36 千厩事務所の軒板飾りの左右比較
斎藤広通氏作成協力。

図 3-37 内部木製建具（筆者加筆）　　　　**図 3-38** 内部窓枠と腰板張り（筆者加筆）

筆者撮影（2020. 2）。内部建具や窓枠の明るい緑がかった白色の塗装が旧態を留めたものか判別はできないが，少なくとも外装よりは傷みも少なく再塗装の頻度も少ないと思われる。内壁は本来は漆喰塗りだが，クロス貼りに改修されている箇所もある。ドア把手は白い半球状の陶製。

横濱正金銀行假建築工事

建築位置　横濱市南仲通五丁目八十一番地

建坪　三百五十六坪八合　平家建本館及附屬家
内　三百二十六坪八合　同　假金庫庫
　　十五坪　　　　　　同　假倉庫

建築外費　外附屬工事　鐵柵表裏門及煉瓦塀十七間
金參萬八百八拾六圓八拾八錢
金九百九圓五拾四錢五厘　附屬工事
金八拾六圓五拾六錢六厘餘

下坪直段　金八拾六圓五拾六錢六厘餘

壹坪均

起工　明治三十年九月十八日

落成　明治三十一年七月十五日

工事日數　三百二日

設計技師　R.Arch

地形（地上）　本館甚木禎貴君　根伐丁堀割栗石地形根石房州尺三石三段積　金庫倉庫右ノ外コンクリート打

構造　本館及金庫二十尺八寸　附屬家十三尺　本館梁間金庫腰廻黒煉瓦及白丁場石賣外側英喰塗但附屬家本館同斷吉利下見板張ペンキ塗倉庫煉瓦造外部白漆

軒高　本館及倉庫十八尺　附屬家及倉庫杉板割拭板張金庫販石製但別請負三層ス

末　本館杉附屬家白漆喰塗倉庫羽目板張金庫鐵

壁井　本館杉附屬家天井廻緣（繰形付）竿緣天井板玄關唐戸取引臺棚廻手摺ハワニシ塗惣枠杉

天井　共杉材使用ス　屋根運テ尾州瓦葺、但廊下屋根厚硝子板張建具大佳等色ペンキ塗勘定臺槻材其他ハ檜

摘要　杉材ヲ使用ス　附屬工事煉瓦塀二枚積高サ十四尺九寸都テ白漆喰塗屋根目板瓦葺

図 3-39　横浜正金銀行仮建築工事

『清水方建築家屋撮影』より引用。全 7 篇発行されたうち，明治 28（1895）年 2 月から 31（1898）年 10 月までの作品を収録した第 7 篇（1900. 12）に含まれている。画像は清水建設株式会社提供。ただし，記載の建築概要中には「西洋形」の文言は見えない。工事の所要日数は 300 日以上で，速成の葉煙草専売所の施設計画とは異なる。

仕様と考えられる。千厩事務所では右側庇は除却済み（時期不明）だが，往時の写真を見ると左
のバージボードとは基本単位の反復のさせ方が異なる。この違いが建設当初からのものか定かで
ないが，昭和 15（1940）年時点では既に細部の形状に差異が認められる［図 3-31］。対向地への
移築転用（1934）やその前後の修理の際に生じたものか，左右玄関の用途の違い（左：吏員用／右：
来客用）によるものか詳細は不明である［図 3-36］。

(2) 外壁仕上げ

外壁は下見板張りだが，柱が化粧現わしとされており大壁とはなっていない [17]。現在は白一
色でペンキ塗りが施されている［図 3-29］。竣工当初は柱および楣，窓台から成る枠組みとその
内側の下見板は別の色で明瞭に塗り分けられ，真壁状の壁面構成が強調されていたことがわかる
［図 3-30］。現在のような白色に塗装された時期や経緯は不明だが，塗り替えの際のコスト低減な
ど単純な理由も想定される。せんまや街角資料館の展示資料（絵葉書「（千厩名書）仙台地方専
売局千厩出張所」の拡大写真パネル）を参照すると，大正中期の払い下げ・移築前の時点で既に
単色塗装とされている。

『建築一班』巻末「葉烟草取扱所新築仕様書」には「塗色ハ係官ノ指図ニ従ヒ良質ノ塗料ヲ用
ヒ塗上グベキ事」とあるのみで，塗装色の具体的な指定は見られない（p. 41）。したがって，元々
の塗装色について精確なところは不明である。ただ，外装に比して旧状を留めていると推定され
る内部建具枠や腰板がやや緑色がかった色調であることから，外装も同系色で纏められていたの
ではないかと思われる［図 3-37，図 3-38］。

竣工当初と同様の外壁面の構成および真壁状の塗り分けは，同じく妻木の設計作である横浜正
金銀行仮本店（1898）にも見られる。これは，施工を請負った清水店（現・清水建設株式会社）の
記録では，「外側英吉利下見板張ペンキ塗」と表記される。この仮本店は平屋建てながら本館と
附属屋の合計建坪が 326.8 坪と巨大であり，建物規模は葉煙草専売所の事務所とは大きな隔たり
がある。しかし，瓦葺きの寄棟屋根や上げ下げ窓など外観を構成する他の各部も共通するため，
外観写真の上では両者は酷似している。暗色のため判別が難しいが，玄関庇には軒板飾りが施さ
れているように見える［図 3-39］。

4 小屋組架構

(1) 架構の実際と表記

小屋組の架構形式は一本ものの陸梁の上に左右一対の束を置く対束小屋組（クイーンポスト・
トラス）を基本に，二重梁で真束を前後から挟みボルト通しで固定している。その他の部材接合
もボルト金物による［図 3-40］。ボルトは頭部形状が四角形と六角形のものが併用され，一般構
面では四角ボルトが，寄棟隅部では六角のものが用いられる。また，小屋裏は隠蔽されるため，
材表面は木挽仕上げの粗いままとされている。そのため，現在でも鋸目の痕が視認できる［図
3-41，図 3-42］。対束は仕様書中では「鳥居楣（筆者注：束の意）」と表記され，挟梁と合わせた門
型の主構造体に方杖や合掌といった斜材を付加した構成と説明 [18] されている。これを旧来の大

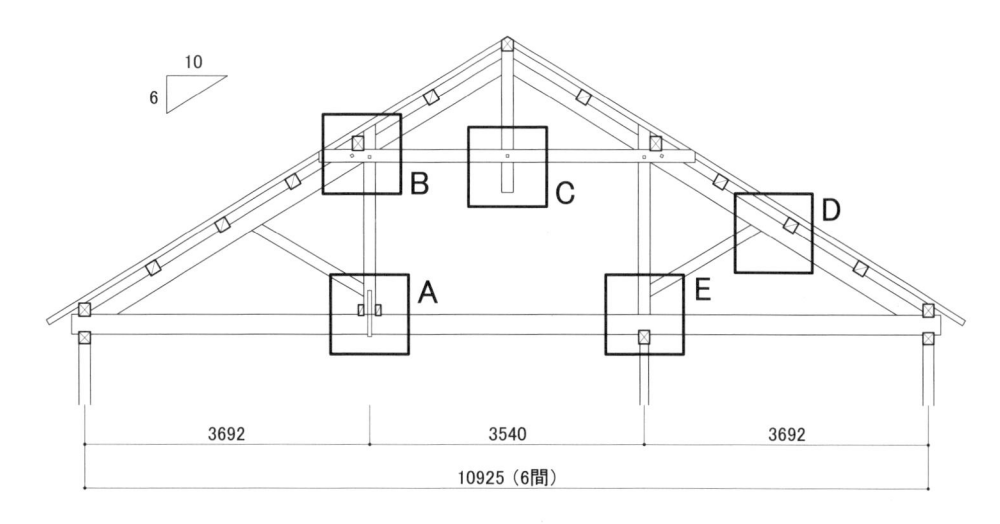

全 体 架 構

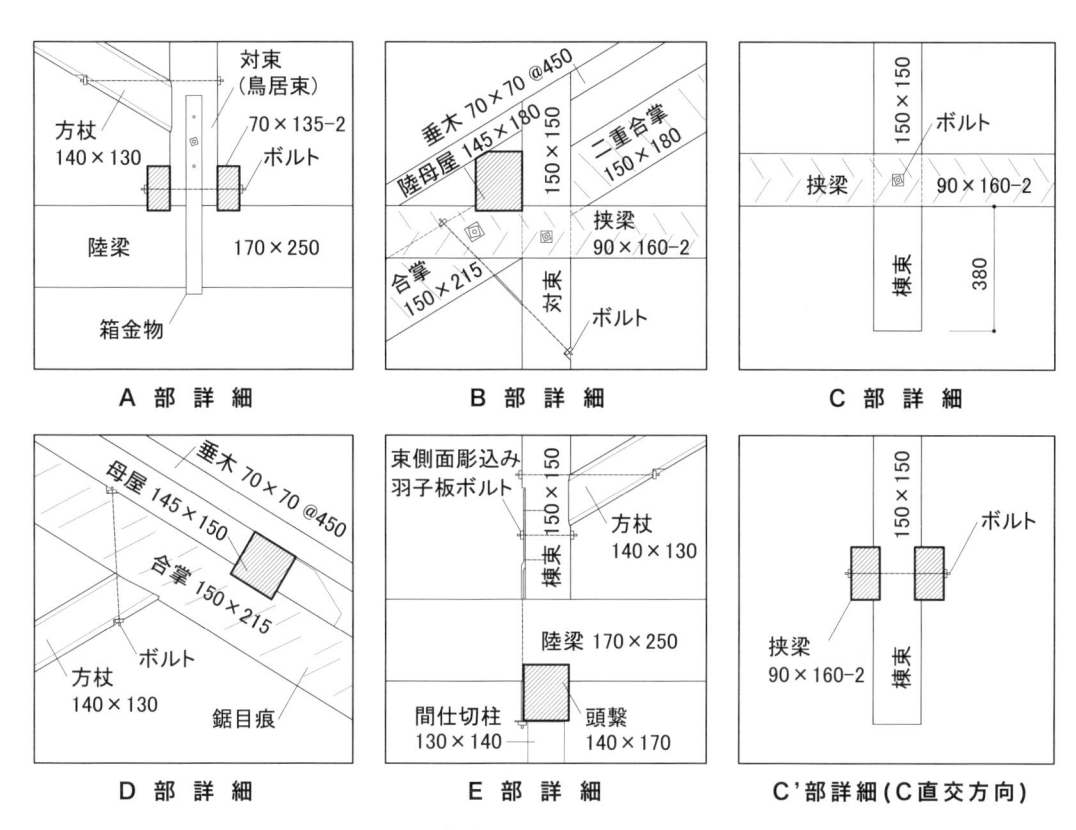

図 3-40　千厩事務所の小屋組図（縮尺 1/100）

図 3-41　千厩事務所の小屋裏（一般部）　　　　　　　図 3-42　千厩事務所の小屋裏墨書

筆者撮影（2020. 2）。小屋裏の各部には，部材名称やその取り付け位置を示す番付の墨書が視認できる。事務所の移築が曳家によるものとの伝承が真であれば，この墨書は新築時のものである可能性が高い。

工用語と判じてよいかどうかは不明だが，架構形状や部材の取り合いを施工者が理解しやすいよう工夫された一例と思われる。

(2)　ドイツ小屋との比較

　堀内正昭（2001）は，母屋を束もしくは斜柱で受け帯梁や控梁，合掌などの部材と組み合わせボルト固定した架構を「ドイツ小屋」と定義し，本邦における事例として旧青木周蔵那須別邸（1888）・法務省本館（1895）・日本酸素記念館（1911）を列挙している[19]。図 3-40 に示した事務所の小屋組と，堀内が同時代の技術資料として紹介する瀧大吉（1862–1902）による解説図［図3-43，図 3-44，図 3-45］とを見比べると，「鳥居樌」に対して付けられるべき控梁がないことや母屋との取り合い部分で合掌材が継がれていることなど，細かな点で「ドイツ小屋」とは異なっている［図 3-40 中の B 部詳細］。その一方で，基本的な部材構成は確かに類似しているため，図3-40 の小屋組は「ドイツ小屋」を和小屋的に簡明化した架構と見ることもできる。

(3)　施設計画の中での位置付け

　梁間を無柱とする本所の収授所が真束組の化粧小屋裏現わしであるのに対し，事務所には陸梁を中途で受ける間仕切壁が存在するという平面計画上の相違がある。さらに事務所内の諸室には天井が張られる仕様であることからも，側柱から陸梁を支持する方杖を設けない架構形式が選択されたものと考えられる。「西洋形」は構造とは無関係とされるが，本事例では隠蔽される内部架構にも洋式の技術を導入するための施工者への配慮と監理を円滑に進めるための工夫が看取で

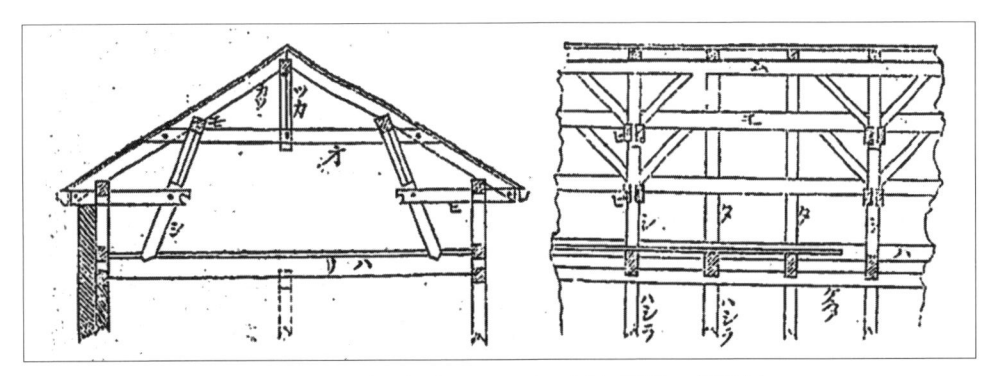

図 3-43　瀧大吉の解説によるドイツ小屋（梁間 30 尺以内）

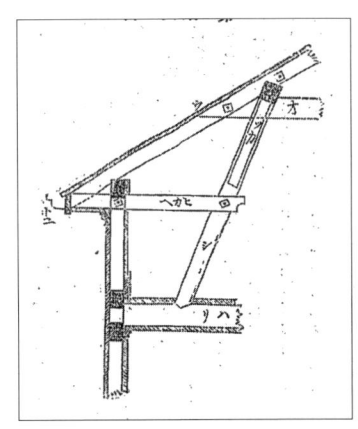

図 3-44　同・架構端部　　　　　　**図 3-45**　同・ドイツ小屋（梁間 30 尺以上）

瀧大吉 講述『建築学講義　巻之二』（建築書院，合本発行 1909. 3），pp. 214–217 より。図 3-43 から図 3-45 は共通で国立国会図書館デジタルコレクションより引用（書誌 ID：000000561437）。葉煙草専売所の事務所は梁間 6 間（すなわち 36 尺）なので，瀧の解説に従えば，無柱ではなく中央に柱を入れる図 3-45 のような方式ということになる。

きる。その他，小屋組以外での洋式構法の導入箇所としては，壁体への筋違の取り付けと石積による布基礎の敷設がある。筆者による調査では目視確認はできていないが，仕様書および断面図を参照する限り，間仕切壁の下にも側廻り同様の布基礎が通されているものと考えられる。

第 4 節　図面史料からみる出張所工事

　ここでは，出張所内に設置された収授所のうち全国に唯一現存する，加茂出張所（岡山県）の現地踏査および日本建築学会図書館に所蔵される妻木文庫の中から見出した図面史料「葉煙草取扱所出張處（筆者注：処）図面」（以下，「出張處図面」と略）との比較により，各部の特徴を整理する。

1　加茂出張所の来歴

　岡山葉煙草専売所管内の津高郡賀茂村（現・加賀郡吉備中央町）に置かれた加茂出張所の工事は，

後藤卯之吉（津高郡上建部村）によって明治30（1897）年9月5日に落札され7日に起工した。同年12月5日には期日通り竣工し，翌年1月15日に引き渡しとごく順調に進捗している。総計98か所を数えた出張所の中心に位置する収授所は，各管轄地域に見込まれる葉煙草産額により甲（102坪）・乙（66坪）・丙（48坪）・丁（38坪）の4段階の建坪に区分された。加茂出張所の収授所（以下，加茂収授所と略）は，それらのうち最大規模の甲種のものである。

　加茂収授所は，専売局と日本専売公社を経て煙草事業を継承した日本たばこ産業株式会社から，昭和62（1987）年5月に旧加茂川町へと払い下げられた。その際に曳家により十数メートル先の現在地に移され，町立歴史民俗資料館として保存活用され今日に至る。門扉をはじめ附属物はすべて失われているが，葉煙草専売所出張所の建物・遺構としては現存唯一のものである。葉煙草産地の往時の景観を偲ばせる近代化遺産として，平成18（2006）年には国登録有形文化財に登録された［図3-46，図3-47，図3-48，図3-49，表3-6］。

図3-46　加茂収授所の外観正面
筆者撮影（2019. 5）。

図3-47　加茂収授所の裏手採光窓
乳白色の磨りガラスが使用されている。切妻形の屋根は平面形状とは整合しておらず，採光の最大化のために改修されたものと察せられる。

図3-48　加茂収授所の小屋組（一般部）
筆者撮影（2019. 10）。

図3-49　加茂収授所の小屋組（寄棟隅部）
筆者撮影（2019. 10）。

表 3-6　加茂出張所の来歴

年	月	法　制　・　出　来　事
明治 29（1896）	3	葉煙草専売法　　　　　　　　　　公布
	5	葉煙草取扱所敷地取得契約　　　　開始　（大蔵省主税局）
	10	臨時葉煙草取扱所建築部　　　　　設置　（部長・目賀田種太郎）
	11	葉煙草取扱所本支所本工事　　　　開始　（工事契約開始，以降順次起工）
明治 30（1897）	2	葉煙草取扱所出張所建築工事　　　開始
	4	葉煙草専売所官制　　　　　　　　制定
	8	葉煙草取扱所本支所第一増設工事　開始
	9	＊加茂出張所　工事契約・起工
	12	＊同　　　　　竣工
明治 31（1898）	1	＊同　　　　　引き渡し
		葉煙草専売法　施行　・　葉煙草取扱所　開庁
		葉煙草取扱所本支所第二増設工事　　　開始
	8	葉煙草取扱所本支所第三増設工事　　　開始
	10	葉煙草取扱所本支所第四増設工事　　　開始
明治 32（1899）	3	『臨時葉煙草取扱所建築部建築一班』　発行
		臨時葉煙草取扱所建築部　　　　　　　廃止
大正　5（1916）	10	妻木頼黄　逝去（後，遺言により旧蔵書・図面類寄贈）
昭和 58（1983）	11	辰野文庫・妻木文庫　新建築会館記念図書室に開設
昭和 62（1987）	5	＊加茂川町（現・吉備中央町）に払い下げ　（現敷地に曳家移築の上，武道場として使用）
平成　6（1994）		＊加茂川町民俗資料館として保存活用
平成 18（2006）	3	＊国登録有形文化財に登録（登録番号：33-0113）

凡例　　＊は加茂出張所に直接関係する出来事。

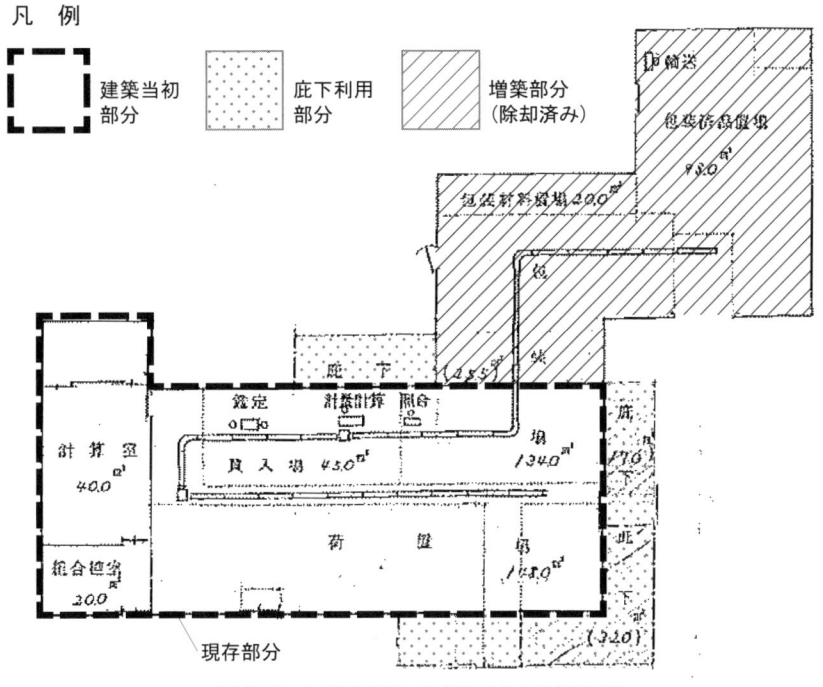

図 3-50　加茂収授所 平面図（専売公社時代）

岡山県教育庁文化財課 編『岡山県の近代化遺産―岡山県近代化遺産総合調査報告書―』（岡山県教育委員会，2005. 3）の「葉たばこ収納所平面図」（p. 95）に筆者加筆。

　木造で手を入れやすいこともあってか，竣工以来増築と改修を重ねていたことは旧専売公社岡山支社の記録からも看取できる。増築部分は先述の移築の際にすべて除却されており，外観形状は概ね建築当初に近いかたちに復原されている［図 3-50］。

2　「葉煙草取扱所出張處図面」の史料紹介

⑴　史料の来歴と構成

　妻木文庫には，日清戦争中の妻木の広島出張に関する書類が多数含まれる。その一つである臨時帝国議院建築事務所 編『廣島假議院建築書類　廣島出張日誌・他』（1894，登録番号：J7037822）の大半は内務省用箋に記載されているが，「出張處図面」はそれら未製本の紙束を包む 460 mm × 605 mm の図引和紙にペン描きされた史料である。用紙の規格としては 469 mm × 636 mm の菊半裁が最も近いが，長辺方向に一寸ほど短い。

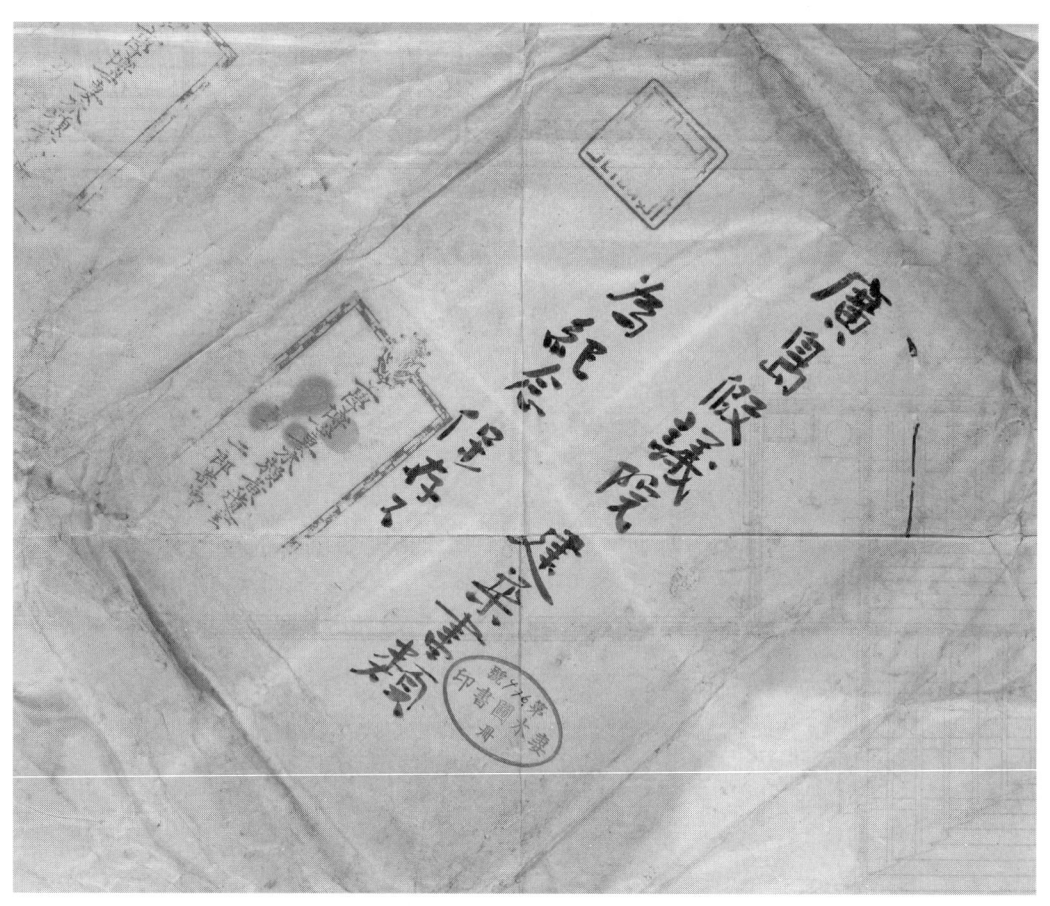

図 3-51　「出張處図面」の裏面

日本建築学会図書館デジタルアーカイブス（https://www.aij.or.jp/da1/）より引用（図 3-52 および図 3-53 も共通）。中央下部の楕円形の印には「第 476 号　妻木図書印　冊」（号数のみペン書き）とあり，妻木の蔵書印とわかる。左下は「工学博士妻木頼黄遺書　男　二郎寄贈」，左上には「妻木文庫」の角印が横向きに押されている。第 2 章に列挙した妻木直筆書類の筆跡と比べると，図 3-51 は明らかに筆遣いが稚拙である。他人の目に触れることを意識していないものだとしても，別人によるものと見る方が自然に思われる。

　図面裏面には，妻木の蔵書印の他に「廣島假議院 建築書類　為紀念 保存ス」と墨書がある［図3-51］。やや稚拙な筆致から妻木の自書とは考え難いが，旧字体や異体字を含む表記は最近のものとは思われず，また「為紀念」と記した文面からも妻木に近い人物の筆であることが窺い知れる。「出張處図面」に包まれていた前出の『廣島出張日誌・他』には，記録者として「小使　加川亀吉郎」[20]の署名が見えるが，これと同筆かどうかは不分明である［図3-52］。いずれにせよ，長年こちらが表側として保管されたために図面自体の存在は知られておらず，これまでに紹介された形跡も見られない。

　図面は縦向き用紙に正面図および平面図が上下に配され，縦書きで「葉煙草取扱所出張處　五拾分ノ一　六拾六坪」と標題が付されている［図3-53］。紙面構成は，『建築一班』に所収される「収授所之図」（図3-21として前掲）の上部と同一である。したがって，「出張處図面」は本来は「収授所之図」と全く同様の構成であり，側面図と断面図が描かれた別紙とあわせて一揃いであった可能性が考えられる。

(2)　正面図

　「正面」の図面名称の他に文字や寸法の記載はない。全体像としては押縁下見板張りの外壁面に瓦葺の寄棟屋根が描かれ，開口部にはそれぞれに霧除庇が設置される。とくに入口の釣戸については，矢羽状の板目や框に施される両端を残した「切付面取（り）」[21]（その形態から同義語と推定される「止面」を図3-54として後掲）まで詳細に描写されている。足元付近では，布敷石と土台，水切が描き分けられる。軒先の雨樋と竪樋を繋ぐ鮟鱇，さらに樋受石へと至る雨水排水の経路も

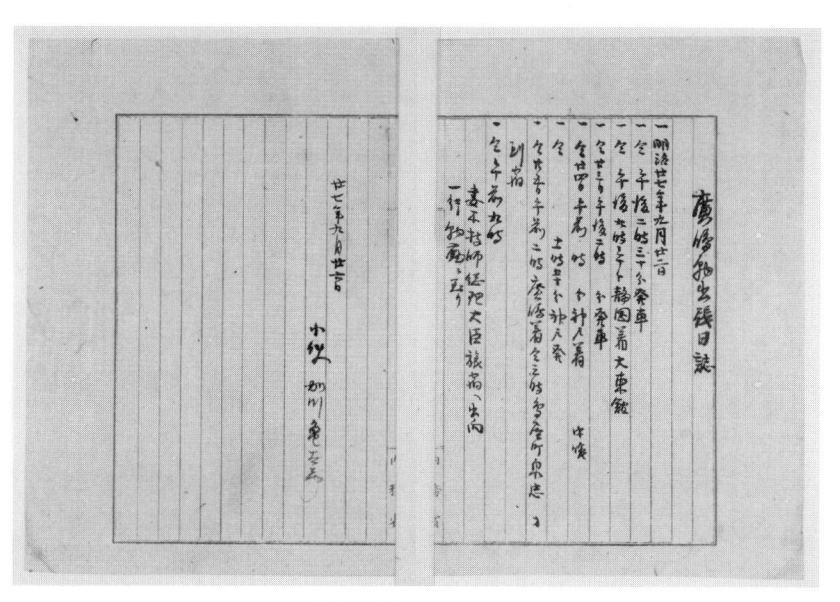

図 3-52　広島県出張日誌（小使　加川亀吉郎）

梱包されていた書類の中で記載者の表記があるのは「加川」（別箇所では，「香川」との表記もあり）のみである。速記のためか筆致の乱れがあるが，「廣」の字の筆運びはとくに特徴的で，同じ異体字ながら図3-51とは異なるように見受けられる。いずれにしても，「出張處図面」のみが妻木の手元に保管されていた経緯は不明である。

114

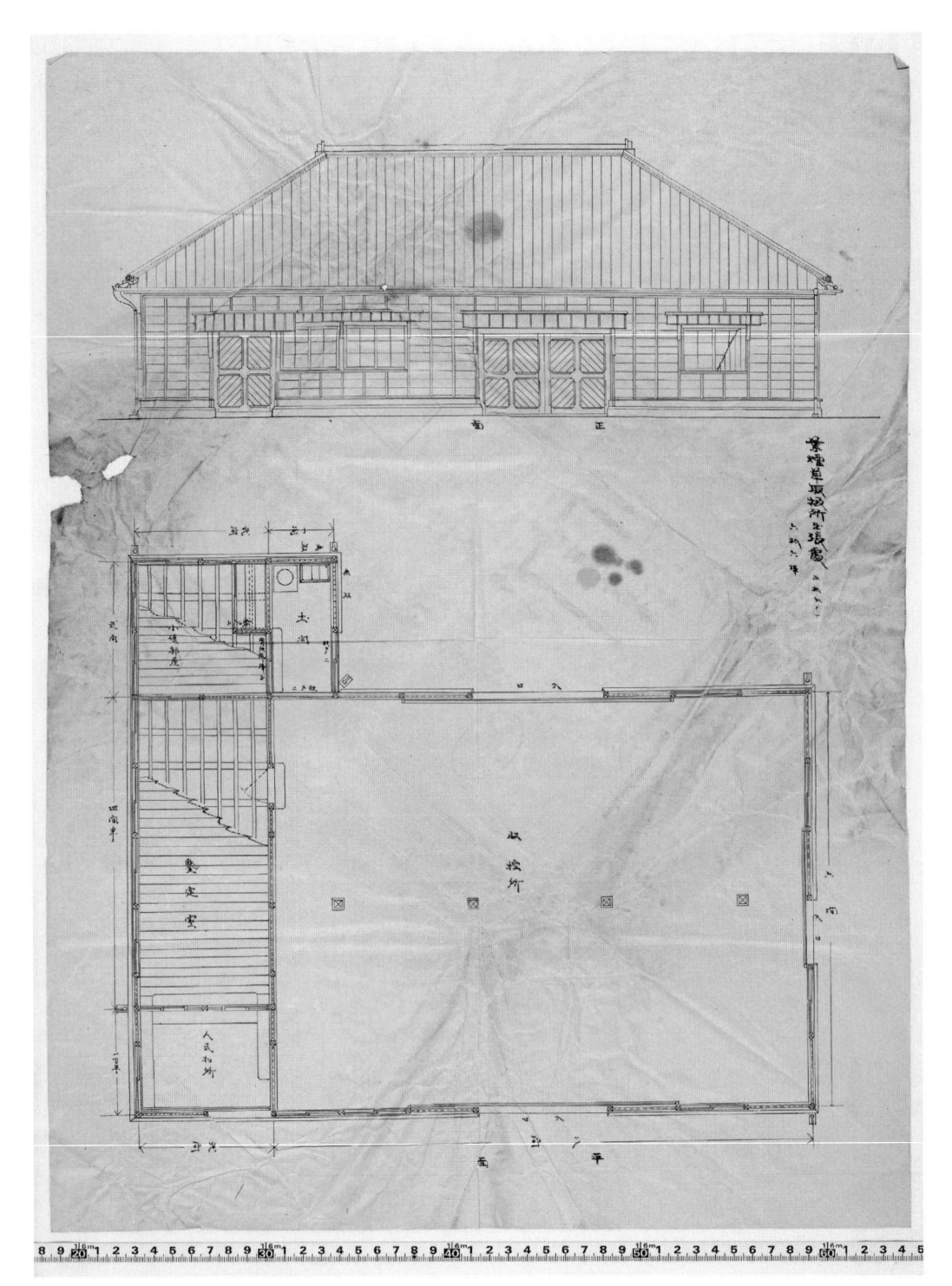

図 3-53 葉煙草取扱所出張處 六十六坪（正面・平面，元縮尺 1/50）

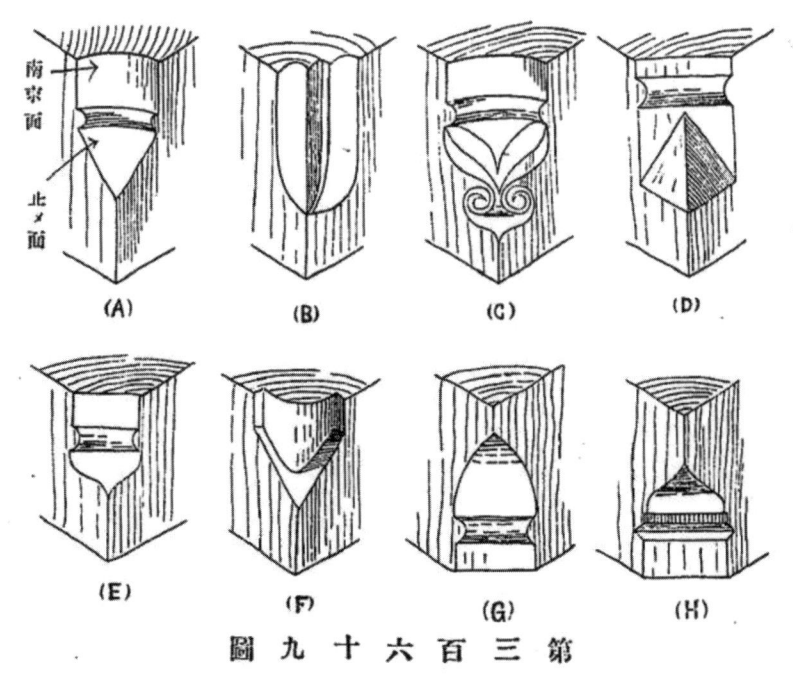

図 3-54　三橋四郎による各種の「止面」（Stop Chamfer）の紹介

三橋四郎『和洋改良大建築学　中巻』（大倉書店，1904. 12），p. 396（国立国会図書館デジタルコレクション，書誌 ID：000000484252）より。

明示されており，実用的で堅実な構成がわかる。

(3)　平面図

　「平面」と図面名称が付される他，室名および尺貫表記の寸法が漢数字で，いずれも縦書きで記入されている。壁内部に隠蔽される柱や数種類の建具（釣戸・障子戸・板戸・片開き戸・無双窓），土間に据えられた什器や竪樋まで描き込まれており，描写密度の高さが目を引く。建具が嵌まる箇所以外の柱間に描かれた点線の意味は定かでないが，胴縁か筋違の取り付けを指示したものではないかと推定される。その他，鑑定室と小使部屋の板張り床部分は下地材の配置を示す伏図まで描かれており，図解のような精密な図面表現が特徴的である。

3　相互参照による史料分析

(1)　平面の比較

　加茂収授所の平面は収授用の土間部分（収授土間）と板張り床部分に大別される。人民扣所や鑑定室の横幅は 3 間あり，「収授所之図」の板張り床の鑑定室の横幅と同一寸法である。対して「出張處図面」では 2 間に設定されており，これは甲種（108 坪）の加茂出張所と乙種（66 坪）の「出張處図面」という，建坪の違いによる間取りの相違と思われる。つまり，収授業務上必須の敲き床部分を最大限広く確保するために，小型の収授所では板張り床範囲が最小限に抑えられたのであろう［図 3-55］。

116

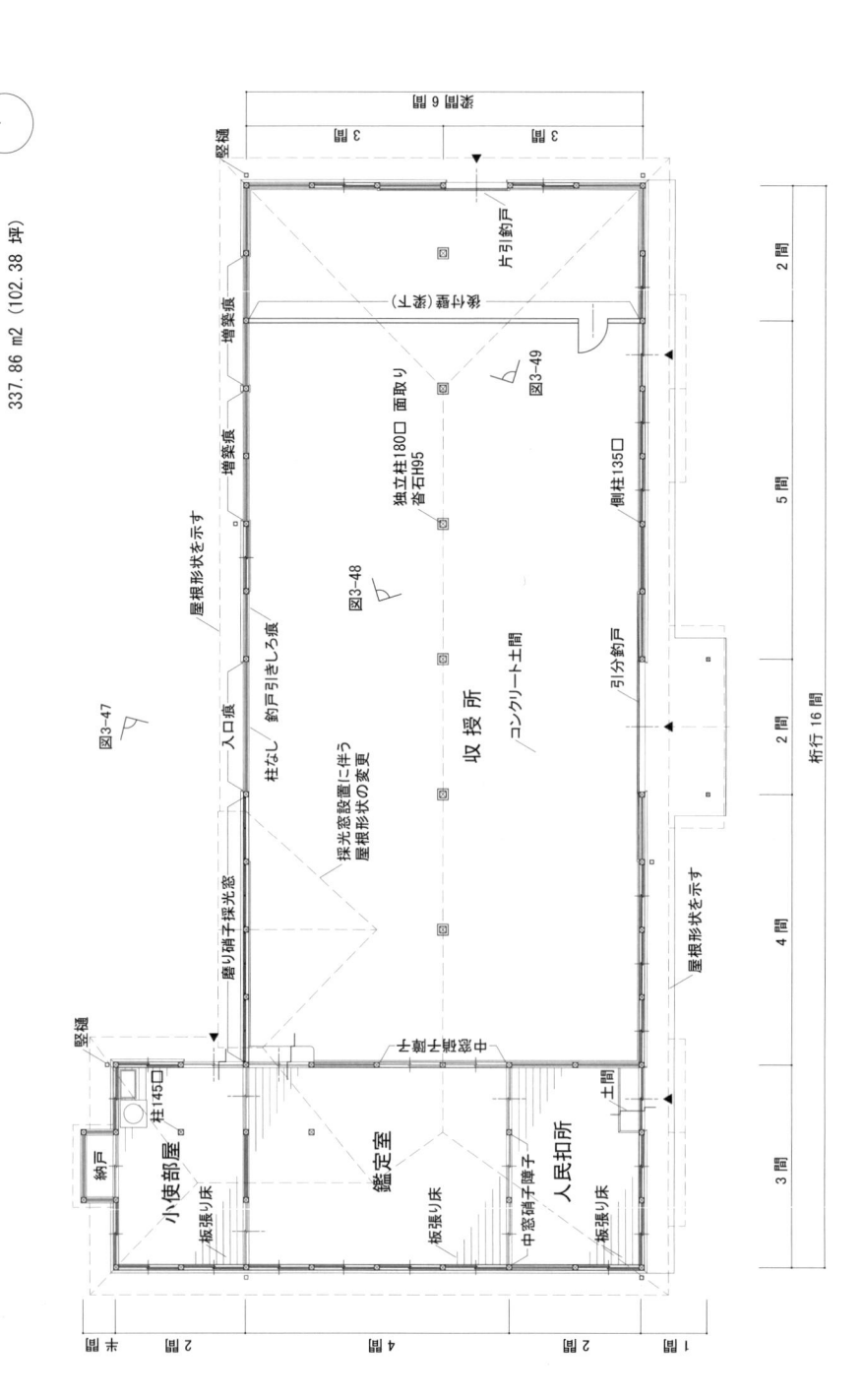

床 面 積
337.86 m2 (102.38 坪)

図 3-55 加茂収授所の平面図（縮尺 1/200）
各室名は図 3-53 を元に当てはめた。その他は現況。

表 3-7　収授所の仕様比較

			「収授所之図」・仕様書	「出張處図面」	加茂出張所現況
架構	構造・規模		木製平屋建西洋小屋方形造 建坪 78 坪：梁間 6 間・桁行 13 間	木造平屋建て 支所乙種（建坪 66 坪）：梁間 6 間・桁行 10 間	木造平屋建て 支所甲種（建坪 102 坪）：梁間 6 間・桁行 16 間
	平面	敲き床	収授所（66 坪）	収授所（48 坪）・人民扣所（3 坪）	収授所（78 坪）
		板張床	鑑定室（12 坪）	鑑定室（9 坪）・小使部屋（4 坪 + 土間 2 坪）	人民扣所（板張 6 坪）・鑑定室（12 坪）・小使部屋（6 坪・土間なし）
	小屋組		真束洋小屋組（吊束はボルト径 7 分）・化粧小屋裏陸梁台持ち継ぎ + 上下堅木添板ボルト締め	断面図なし 梁間中央に柱	和小屋組・化粧小屋裏・鎹や貫による補強 梁間中央に柱
	基礎		布敷石 + 土台 5.4 寸角（下端コールタール塗り）	布敷石 + 土台	花崗岩布敷石 W230mm × H250mm + 土台（板張り床部分は通気口有）
	主要部材	柱材	隅柱 6 寸角・側柱 4.5 寸角	独立柱 + 沓石・側柱（寸法記載なし）	独立柱 180mm 角 + 花崗岩沓石・側柱 135mm 角
		小屋材	敷桁 5 寸角・軒桁 5.5 寸角・隅垂木 3.5 寸角	-	敷梁 H240mm 程度・小屋梁 H180mm 程度・敷桁 H150mm 程度
		斜材	火打梁成 7 寸・方杖成 5 寸・筋違側柱 2 枚割り	-	方杖 120mm 角・小屋筋違 120mm 角 2 枚割・桁行筋違 120mm 角 2 枚割り
仕上	屋根		寄棟・6 寸勾配桟瓦葺	寄棟・桟瓦葺（勾配記載なし）	寄棟（北側採光窓設置のため一部改修）・桟瓦葺
	外壁		熨斗板張り・隅部定木柱・外部木部は生渋 2 扁塗り	押縁下見板張り・隅部定木柱	ささら子下見板張り（一部ペンキ塗）・隅部定木柱
			大入口釣戸・中窓硝子障子	入口釣戸（妻側のみ片引）・中窓硝子障子	入口釣戸（妻側のみ片引）・中窓硝子障子 + 鉄格子・北面採光窓（改修）
	内壁		竪羽目板張り	-	コンクリート土間部分：真壁竪羽目板張り・楣上漆喰塗り
			対角筋違現わし	-	板張り床部分：真壁漆喰塗り + 腰板竪羽目張り

　また「出張處図面」によると，人民扣所は下足のまま利用できる腰掛けを備えた待合室のような使われ方を想定して設計されたようだが，対して加茂収授所の同室の土間部分は沓脱ぎ程度のごく小範囲に留まる。竣工後に利用実態と合致しなくなり板張り床に改められたものとも推測されるが，改修であったとしても既に相当の年数を経ており，外見上は判別が難しい。

　ただ内装については，当初より明らかな板張り床の居室として設えらえた鑑定室および小使部屋の内壁が真壁漆喰塗りであるのに対して，人民扣所では収授土間と同様の竪羽目板張りの腰壁があり，両者の仕上げには区別が見られる。この仕様の差異について，構造や外装など他の項目とも合わせて整理したのが表 3-7 である。

⑵　正面および断面の比較

　桁行 16 間の加茂収授所は正面中央の大入口の他に左右にも入口を備え，正対すると外観はほぼ対称形に見える。梁間 13 間の「収授所之図」と 10 間の「出張處図面」のそれぞれの正面図に

118

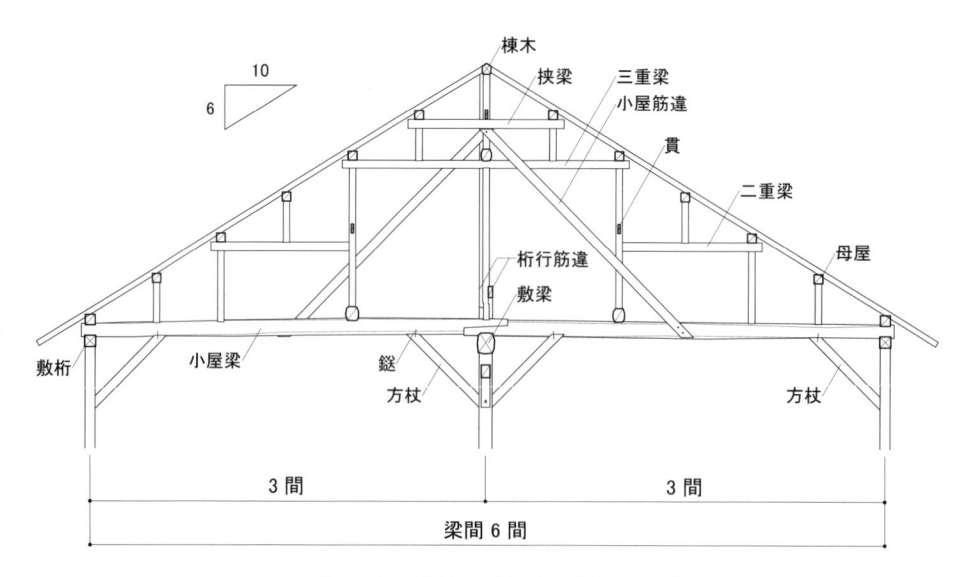

図 3-56 加茂収授所の小屋組図 (縮尺 1/100)

は向かって右手の入口は設けられていないが，桁行の伸張によって建坪を拡張した末に利便性に配慮して予備的に設けられたものと推測される。また表 3-7 中で示した通り，外壁板張りの仕様は本支所用と出張所用で使い分けが見られるが，その点を除けば，出張所の小使部屋の張り出しが正面からは視界に入らないこともあり，正面の全体構成は三者ともに酷似している。

　断面構成に目を向けると，和小屋を筋違や方杖などの斜材で補強して梁間・桁行の両方向ともに堅固に一体化された架構になっており，洋小屋組に金物を多用した「収授所之図」との最大の相違点と言える［図 3-56］。小径の二次部材については後年の付け足しや交換である可能性も否定できないが，梁材や桁材などの大径材表面には手斧や大鋸によるものと推定される加工痕が見られ，地方山間部に機械製材が普及する以前のものであることが窺える。明確な記録は残されていないが，曳家移築の際，主架構に手は加えられていないようである [22]。ボルトの使用は目視可能な範囲では確認できず，仕口部には鉄釘や鎹が用いられている［図 3-48, 図 3-49］。

　北側にあたる建物裏面には，葉煙草の鑑定用とされる特徴的な採光窓が設けられており，それが屋根形状の一部変更も伴う大掛かりな改修によるものであることから，従来は「収授所之図」との他の不整合箇所もそれと同様の改修によるものと混同されてきた。「出張處図面」では断面の架構形式を確認できないため単純な比較は不可能だが，梁間中央の独立柱の存在は図面と現況の相互によく符合している。無論，平面図中の梁間の中間柱の存在が直ちに和小屋を意味するとは言えない [23] が，洋小屋からわざわざ和小屋に架け直す必然性に乏しいことからも，架構の遺存状態はこれまで考えられていたよりも原状に近いと見なしてよいだろう。

4　史料評価

　「出張處図面」に側面図と断面図を含む続きが存在した可能性については既に言及した通りだが，加茂出張所遺構の和小屋組が原状を留めたものだとすると，その断面図は和小屋形式で描か

れたものということを意味する。ただしその場合，収授所内には柱や間仕切壁の設置を避けるとの『建築一班』で示された既述の方針は出張所工事には適用されなかったことになる。出張所の収授所に和小屋組が採用された要因としては，地方大工の洋式建築技術の習熟度への不安や一部の材料調達の困難，工期の短さ，工事監理を各府県の吏員に委嘱せざるを得なかったことなど複合的に考えられる。

　「出張處図面」が『建築一班』に収録されなかった理由については推論の域を出ないものの，こうした構法上の相違を解説するには紙幅が十分でなかったことが一因として考えられる。

　以上，本節では妻木文庫の資料群に埋没していた「出張處図面」を紹介し，以下 4 つの点を指摘した。
　①「出張處図面」の紙面構成は「収授所之図」の前半部と共通する。後者の体裁を鑑みると，元々は側面図および和小屋組の断面図が描かれた別紙と一揃いであった可能性もある。
　②図面描写は「収授所之図」と比較しても緻密で，各部の仕様の違いを図中各部の表記から読み取れる。平面図の壁は黒塗りされておらず，下地材まで丁寧に描き込まれている。
　③図面の記載内容と加茂出張所の遺構平面および正面の構成とは，概ね符合する。断面は比較不能だが，平面上の柱配置とは整合している。
　④図面と遺構現況の相違点もあるが，後の改修によることが明らかな箇所を除外すると，建坪の違いによる平面計画上の調整が主たる要因として推定される。

　「出張處図面」の記載内容は，公式記録である『建築一班』所収の「収授所之図」や仕様書とは，建物外形や室構成，中間柱の有無など多くの点で異なる。加えて，他の史料を梱包する薄葉紙として扱われていた保管経緯，図枠や製図者名・押印・日付の記載が一切ないこと等からも，その史料評価に際しては設計途中段階での下書きや描き損ないである可能性を考慮する必要がある。本書では，「収授所之図」の書式と共通することや図面描写の精密さ，現存建築物の各部との符合状況から見て総合的に，「出張處図面」が図面史料として信頼に足るものであることを示した。取扱所建築部による図面原本としては管見の限り現存唯一であり，当時の施設計画の実相を明らかにする上で貴重な一次史料と言える。

　加茂出張所の遺構については，数次の増改築により原型が判然としなかったことや，かつては全国各地に多数点在した同型の施設群が既にすべて失われていることから，同型同一仕様の施設を同時に造営するための標準設計という，供給側の視点からはこれまで論じられていない。その歴史的な位置付けを探る上でも，「出張處図面」の果たす役割は小さくないだろう。

　最後に付記すると，「出張處図面」中の室名や寸法表記は「収授所之図」の活字体と異なり手書きで記入されているが，裏面の墨書とは筆跡が異なるように見える。この点を手がかりに，本図面の作成経緯や携わった技手や図工などの人員を明らかにできる余地はあるだろう。

小　結

　本章では，一連の「専売建築」の端緒に位置付けられる葉煙草専売所の施設計画の詳細と実施過程を，設計趣旨および仕様書・図面史料・現存建築物・工事記録の検討を通して整理した。葉煙草耕作者からの買い上げ，つまり「収授」業務や耕作許可などを管轄する専売所には，事務所・収授所・倉庫から成る本所と事務所を欠く支所，収授所のみを設ける出張所がある。本所はさらに一等と二等とに細分されるため，計 4 段階の構成である。それら諸施設の造営は「堅牢実用」を旨として，明治 29（1896）年 11 月の葉煙草専売法公布から 31（1898）年 1 月の同法施行までの約 1 年間少々の間に，取扱所建築部の管掌によって行われた。外国との輸出入の窓口となる横浜・神戸・長崎の専売所が煉瓦造とされた他は，工費と工期の観点からすべて木造で建設された。その計画概要は表 3-8 の通りである。

　また，ここでは，供給数の過半を占める木造の施設計画を主として取り上げ，以下の点を明らかにした。

　ⅰ）設計や仕様の策定はすべて在東京の取扱所建築部にて一元的に行われ，設計図書は印刷によって各現場へと配布された。本書では，このことをもって「標準設計」としている。
　ⅱ）収授所と倉庫はそれぞれ梁間を固定し，桁行方向の伸長によって数種類の建坪が用意された。事務所も同様に数種類の建坪が用意されたが，平面構成が前二者に比べると複雑なため，単

表 3-8　葉煙草専売所の施設計画の概要

区分	数　量	基本方針	主要建物	様式・構造		特徴・仕様	
葉煙草専売所新営工事・附属物増設工事（1−4 期）	本所：61 一等：32 二等：29 図 3-13, 図 3-14 支所：24 図 3-22, 図 3-23	＊堅牢実用ヲ主トシ… ＊小屋構造ハ経費ヲ節約センガ為メ和様ニ洋風ヲ調味 ＊総テ一定セル工事ニアリテハ悉ク之ヲ印刷ニ之ニ法リテ施行セリ	事務所 図 3-18	＊西洋形木造平屋建 建坪は 60・69・90 坪の 3 種類		＊外部：化粧板張ペンキ塗 ＊内部：大壁造漆喰塗（宿直所等は真壁）	
			倉　庫	＊煉化造 2 階建 図 3-7，図 3-8		横浜・神戸・長崎のみ 図 3-3，図 3-10，図 3-11，図 3-12	
				＊瓦張造 図 3-19	＊木製平屋建 ＊和小屋挟方杖	総面積の 1/3 ＊外部：瓦張漆喰塗	＊内部：竪羽目板張三段造リ棚段
				＊板張造 図 3-20	＊梁間ハ総テ五間 30 坪から 150 坪の 6 種類	総面積の 2/3 ＊外部：鎧下見張	
			収授所 図 3-21	＊木製平屋建西洋小屋方形造 梁間は 4 間または 6 間の 2 種類		＊外部：熨斗板張 ＊化粧裏	
				建坪は 138・112・78・60・52・48・47・40・32・28・24 坪の 11 種類			
出張所工事 葉煙草専売所	出張所：98 図 3-24	＊産額ノ数量ニ応シ甲乙丙ノ三等ニ区別 （後に丁種を追加し 4 等級に区分）	収授所 図 3-53	和小屋　図 3-56 建坪は 102・66・48・38 坪の 4 種類		人民扣所と小使室を包含	

備考　＊は資料原文ママ。その他は筆者による要約。

純な桁行方向の調整に留まらず，梁間方向も含めて平面計画上の調整が行われたと考えられる。建坪および倉庫の建設棟数は，各専売所が所在する地域の葉煙草の産額に応じて割り振りされた。その算出経緯は不明で，敷地選定を担った主税局が関与した可能性も考えられる。

　iii）外観様式については，事務所のみが「西洋形」や「西洋摸造」と表記されており，それ以外については記載がない。ただし，専売所の中心に配置される収授所はその機能上無柱が好ましいと判断され，梁間4間あるいは6間を飛ばす[24]ために「西洋小屋」が採用された。事務所内の諸室には天井が張られたが，それ以外では小屋組現わしとされており，妻木らが手がけた木造の広島臨時仮議事堂（1894. 10）とも共通する。長谷川堯は『日本の建築［明治大正昭和］ 4議事堂への系譜』（三省堂, 1981. 4）の中で，こうした構造現わしを多用する妻木の設計姿勢を「ザッハリッヒ（引用者注：即物的の意）」なものとして理解しており，単なる費用節減ではなく一種の空間表現の手法として評価している。

　iv）工事監理は説明員・督役員・監督員の三役による分担で行われたが，説明員と督役員は多くの事例で同一の人物が兼ね，技手もしくは雇が務めた。監督員はそれらを統括する上位の役割とされ，技師が務めた例も見られた。

　v）専任の技手の不足や本部の繁忙により，出張所の工事監理は各府県に所属の建築技術者に委嘱された。監理の要領書や心得など大量の書式が嘱託員や出張員向けに作成配布され，基本的には現場と本部との文書の往復によって工程把握された。工期遵守のために高率の遅延過怠金が設定されてはいたものの，実際の適用状況は不明である。

　vi）供用開始後の専売所を視察した阪谷主計局長により，幾つかの計画上の不備や不合理が指摘された。施設の実運用を経て，技術的な知見が蓄積されていたことを史料により初めて確認できた。

　さらに，千厩二等専売所（岩手県）と加茂出張所（岡山県）の2つの現存事例の実測調査と図面史料との比較検討により，以下の点を明らかにした。

　vii）千厩事務所の小屋組は，従来の調査報告書で言われてきた「キングポスト・トラス」ではなく，対束洋小屋組（クイーンポスト・トラス）である。これは，仕様書では「鳥居楣」と表記される。また，『建築一斑』所収の「正面図」では省略されている軒板飾りの細部を確認できた。この軒板飾りを中心とした玄関庇の装飾と上げ下げ窓，外壁の下見板張りペンキ塗りが「西洋形」を事実上特徴付ける要素であったと推定される。

　viii）『建築一斑』で掲載省略された出張所の図面史料の発見によって，加茂出張所の建設当初の姿を推定復原できた。出張所内の収授所は，本支所のものと外観上は酷似するものの架構形式が大きく異なり，和小屋組で梁間中央には柱が配置されている。これには，地方山間部で施工にあたる請負者の技量への不安に加えて，出張所の工事は「本部直轄」とできなかったことなど，工事運営管理上の諸要因が考えられる。

　幕末開化期・明治期の木造建築の小屋組を調査した村松貞次郎や，筋交や土台も含めた木造軸組構法の近代化過程を整理した源愛日児（2009）によると，葉煙草専売所の施設供給が実施された明治20年代後半から30年代初頭には，既に洋式の木造構法の移入と受容は一段落していたとされる。「三角形不変の理」によるトラス架構の理解や，明治24（1891）年10月の濃尾地震を契機とした軸組接合部への金物使用の推奨などが学校教育だけでなく，書籍刊行物を通して普及していたことが知られている。なかでも，震災予防調査会による提言「木造耐震家屋構造要領」(1894) や伊藤為吉による論考 [25]，後に陸軍技師となる瀧大吉講述の『建築学講義録』（建築書院，1896.4 合本）がその代表例とされている。

　それに対して，葉煙草専売所の施設計画，とりわけ非都市部に設置された出張所の建設においては，短時日での大量の同時工事を運営するため，意図的に旧来の技術・構法が多用されたことはひとつの特徴である。これは，施工を請け負った地方の大工・職人，さらには，監理に動員された地方庁所属の建築技術者の洋式木造技術への理解と普及状況を推し量る上でも重要な指標と言えるだろう。

注釈

1) 北海道と台湾は葉煙草専売所の設置範囲からは除かれた（『建築一班』p. 1）。さらに，「葉煙草専売法ヲ施行セサル地方指定」（1897.5公布，勅令第169号）で北海道・東京府・鹿児島県・沖縄県管下の島嶼が施行範囲外と定められた。

2) 『建築一班』の「建設物種類及構造」(pp. 101–104) は「葉煙草専売所ノ建築工事タル専ラ堅牢実用ヲ主トシタルモノニシテ…」で始まり，その後もしばしば「堅牢」と「実用」の2点が強調される。

3) 『建築一班』には，葉煙草の貯蔵倉庫の仕様選定について以下のように言及がある (p. 101)。
　　煉瓦造ハ耐火ノ点ニ於テ他ノ二者（引用者注：木造板張りおよび瓦張り）ニ優レルモノアリト雖モ経費及時日ノ許サザルアルヲ以テ僅カニ横浜、神戸及長崎ノ如キ人家稠密且ツ海外ニ向ツテ葉煙草ノ輸出入ヲ目的トスル場所ニ限リ之ヲ設置シ其他ノ地方ニ在リテハ倉庫ノ総建坪ニ対スル概ネ三分一ヲ以テ瓦張トナシ余ハ悉ク板張トヲセリ…

4) 『建築一班』には明記されないが，所収の配置図を比較計測すると，本所の収授所は梁間6間，支所（有倉庫）は4間と使い分けられていたことが窺われる。

6) 敷地の選定については，『建築一班』の「第二編　土地 敷地選定及買収」(p. 4) に下記のようにあり，取扱所建築部の管轄事項ではないことがわかる〔下線　引用者〕。
　　敷地ハ<u>主税局ニ於テ全国葉煙草ノ産地ニ就キ産額ノ多寡運搬ノ便否如何等ニ由リ之ヲ選定シ</u>本部ハ買収事務ノミニ付キ（以下略）

7) 『建築一班』の「第一編　建築部創立及沿革」(pp. 1–3) より〔下線　引用者〕。
　　工事ノ速成ヲ要スベキニヨリ<u>本所ハ総テ本部直轄ノ下ニ建設シ支所ノ内那覇及出張所ノ大部分ハ地方庁ニ嘱托シ府県吏員監督ノ下ニ竣功ヲ図リタリ</u>而シテ<u>全国ノ工場ハ之ヲ七区ニ分チ毎ニ監督員ヲ巡回セシメ</u>更ニ之レカ統一ヲ計ルノ必要アリ（以下略）

8) 『建築一班』の「出張所建設」(p. 163) より〔下線　引用者〕。
　　<u>出張所工事ノ為メ一々督役員ヲ派遣シ事務ヲ処理スルノ余力ナキヲ以テ已ムヲ得ス右出張所ノ建築事業ハ其要点ヲ本部ニ於イテ処理シ工事ノ監督及現場ノ督役等ハ左ノ取扱手続ニ依リ府県知事ニ委嘱</u>（以下略）

9) 『建築一班』の「(第三号) 契約書」の第三条 (p. 115) より。

10) 同じく仙台出身でかつ同姓同名の歯科医（1883–1972）が作家・泉鏡花の弟子として知られるが，これとは別人物。本書で扱う寺木は早川組で鉄道敷設工事に従事した後，明治26（1893）年の会社分割に伴い寺木組を起こした。東根葉煙草専売所（山形県）や仙台電話交換局をはじめ，弘前衛戍監獄・山形歩兵第32連隊兵営など陸軍関係の工事を多く手掛け，工期遵守に定評があったとされる。明治33（1900）年，52歳で病没。

11) 菅原良太氏（一関市在住）による調査成果の一部。千厩町教育委員会（現・一関市教育委員会）による登録有形文化財の申請にあたって，当時の担当・畠山篤雄氏がこれらを取りまとめて使用した。

12) 清水（2003）によると，堀越三郎が「日本の建築家が外国建築家の為す所を真似た」ものを指して用いたのが「擬洋風建築」の嚆矢とされる (pp. 20–24)。

13) 初田亨「明治初期の本船町魚納屋と「西洋造り」について」（『日本建築学会論文報告集』第269号，pp.

165–174，1978. 7）。

14）以下の 2 編がある。

　菅原洋一「明治期の三重県関係建築施設における洋風意匠について―三重県第二・三・四中学校の建築を中心として―」（『日本建築学会計画系論文集』第 408 号，pp. 165–177，1990. 2）；菅原洋一「明治期の三重県関係建築施設の構成と類型」（『日本建築学会計画系論文集』第 422 号，pp. 144–155，1991. 4）。

15）清水重敦 編著『日本の美術　第 446 号　擬洋風建築』（至文堂，2003. 7）に「「擬洋風」ということば」という一節があり，語義の解釈が示されている（pp. 20–24）。

16）『建築一班』巻末「葉烟草取扱所新築仕様書」（p. 23）より。ただし部材名称は「鼻隠シ」とされる。

17）上記仕様書の一部である「事務所新築仕様書」中の「木組之部」にて，以下のように規定がある。

　　　一、外部隅々定木柱　柱六寸角ヲ用ヒ四方削リ立上柄付石口角柄付長押尾入雨押及下見板共小穴彫ヲ為シ土台鼻蟻落シニ為シ建込ベキ事

18）『建築一班』巻末「葉烟草取扱所新築仕様書」の「一　小屋鳥居楣」（p. 17）より。この「鳥居束」については，中村達太郎『日本建築辞彙』（丸善，1906. 6）で「小屋組ニ於テ左右ニ相対シテアル垂直ノ束」との説明がなされている（p. 47）。

19）堀内正昭「ドイツの母屋組屋根から見たわが国のドイツ小屋に関する研究」（『日本建築学会計画系論文集』第 542 号，pp. 221–227，2001. 4）では，「ドイツ小屋」との文献上の表記は見られないことを断った上で，ドイツ下見やドイツ積みの用例に倣って「独逸小屋」「独逸式小屋組」「独逸式小屋」などを「ドイツ小屋」と呼称している。

20）妻木文庫中の他史料である臨時帝国議院建築事務所 編『廣島假議院建築書類　日誌』（1894. 9，登録番号：J7012166）には「香川」と表記されているが，同一人物と思われる。後半 2 字の「吉郎」は判読困難のため筆者の推定。なお，香川ら小使が広島での現地雇用なのか妻木に随伴して東京から出張したものかは不明である。後者であれば，その後も妻木に仕えていた可能性がある。

21）『建築一班』巻末附録の仕様書には「切付面取」の記載が随所に見られる。実際に，加茂収授所や千厩事務所では柱や建具の桟・框などの部材角に面を途中で止め，両端を残す舟形の面取り加工を確認できる。このような細工は，三橋四郎の『和洋改良大建築学　中巻』（大倉書店，1904. 12）では，「面ヲ通シテ施サズ中途ニテ止ムルコトアリ之レヲ止面（Stop Chamfer）ト称シゴシック式ノ特有」（p. 397）〔傍点・下線原文ママ〕と紹介されている。

22）施設管理者である吉備中央町教育委員会事務局生涯学習班へのヒアリングによる。

23）梁間中央に柱を配置する洋小屋形式の実例としては，富岡製糸場の東・西繭置所（いずれも 1872 年竣工。木骨煉瓦造 2 階建て，梁間 12.3 m）が挙げられるが，この場合は貯繭用の 2 階床を支持するためのものと推測される。平屋建ての出張所用の収授所で同様の構法が採られたとは考えにくい。

24）「飛ばす」とは，柱と柱の間隔を通常よりも離して配置すること。構造力学的な工夫や配慮が必要になるため，設計意図や施工者の技術的な水準を読み解く鍵となる。

25）伊藤為吉『日本建築構造改良法　再版』（共益商社書店，1892）などに，発明家的な多くの提案が見られる。

補論　葉煙草専売所の施設運用指示

　本章第1節の3で紹介した「松尾家文書」の中の別簿冊「財政　専売（専売所長会、同議題其他関係書類）　第54号」（請求番号：平23財務00987100）には，葉煙草専売所の現場運用に関する資料が含まれる。一つが下に引用する「建築技手又ハ雇勤務区域表」（件名番号：017）である。原資料は図3-25，図3-26と同じく蒟蒻版印刷である。第十三区以降の数字は，その上から筆書きで修正されている〔取り消し線原文ママ〕[図 補3-1]。

建築技手又ハ雇勤務区域表
第一区　　東京専売所　　　吉井、岩井　兼務
第二区　　水戸専売所　　　大宮、太田　兼務
第三区　　大田原専売所　　茂木、烏山、馬頭　兼務
第四区　　須賀川専売所　　三春、若松　兼務
第五区　　大迫専売所　　　千厩　兼務
第六区　　東根専売所　　　増田、米沢　兼務
第七区　　小出雲専売所　　関原、松本　兼務
第八区　　横浜専売所　　　税関技手ヲ以テ之ニ充ツ
第九区　　秦野専売所
第十区　　冨士専売所　　　飯野、見付　兼務
第十一区　名古屋専売所　　岐阜、山田、八日市、高田　兼務
第十二区　鶴来専売所　　　勝山　兼務
~~第十三区　和歌山専売所~~
第十三区　大阪専売所　　　神戸、高田、和歌山　兼務
第十四区　高梁専売所　　　岡山、久世、府中、三原、広島兼務
第十五区　米子専売所
第十六区　池田専売所　　　貞光、三島、琴平、後免
第十七区　長崎専売所　　　税関技手ヲ以テ之ニ充ツ
第十八区　熊本専売所　　　志波、高森　兼務
第十九区　臼杵専売所　　　高千穂、竹田、松山　兼務
第二十区　鹿児島専売所　　国分、出水、垂水、指宿　兼務

図 補3-1　「建築技手又ハ雇勤務区域表」の修正痕

　これは，全国を20区に分割して技術者の配置を検討したものである。当初は計21区想定されていたものが，和歌山専売所を大阪の管轄下に組み込むことで20区に減少したことが見て取れる。本章の図3-27で示した工事監督区域の区分が府県単位に7つに纏めたものであったのとは全く異なり，担当区域が県境を越えて細かく設定されている

点が特徴となっている。

　紙面には，いつの時点の何を目的とした建築技術者の配置か明示はない。また，この案の通りに実施されたかどうかも定かではない。『建築一班』には，この割り付けに直接対応した記述が見当たらないことから，葉煙草専売所の建築工事終了後の技術者配置を示したものであろう。取扱所建築部の縮小あるいは廃止後は，それぞれの葉煙草専売局に所属する建築技術者が施設の修繕や維持管理を担ったと考えられる。わざわざ「建築技手」と書かれている点についても，多分野の技術者が在籍したであろう専売局内部での区別のためと考えれば，決して不自然ではない。

　いま一つは，「葉煙草配置順序」（件名番号：032）である。6つの項目から成るが，その1つ目および2つ目には以下のようにあり，葉煙草専売所の内の倉庫あるいは内部の棚の整理への留意を示している。

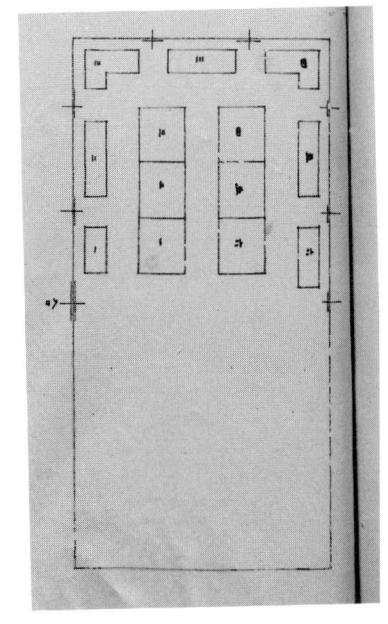

図 補 3-2　倉庫内の棚の略図

　一　倉庫ニ番号ヲ付シ一倉庫ヲ以テ一区域トシ第一倉庫第二倉庫ト称ス但倉庫棟数ノ少ナキ処ハ入口ヲ以テ一区域ヲ定メ別ニ符号ヲ定ム
　二　各倉庫ノ棚ニ符号ヲ付シ一区域通シ番ヲ用ヒ第何倉庫何号ト称ス

　図 補 3-2 は，2つ目の項目が言及する倉庫内の棚の通し番号の付け方を例示したものである。図 3-19 や図 3-20 に描写された倉庫を単線で記した略図となっている。阪谷に「呉服屋」のようであるとして批判された3段の棚が実際に2段に改修されたかどうかは，ここからは読み取れない。

第4章

煙草製造所の施設計画
— 日露戦時下の制度施行とその後の段階的な施設整備 —

　煙草製造専売制とは，従来の葉煙草専売制では民業に委ねられていた煙草の製造と流通がすべて国の管理下に置かれることを意味する。つまり，葉煙草を農家から買い上げた後の製造工程を担う施設の整備が必要とされた。本章で取り上げるのが，それら諸施設の計画と実施の過程である。

　煙草製造所の施設整備のための準備期間は，明治37（1904）年4月の臨時煙草製造準備局設置から7月の煙草専売法施行までの約3か月間と極端に短いものとなった。さらに，日露戦争下であったこともあり，従前の葉煙草専売所とは異なる段階的な施設整備が図られた。すなわち，第1段階として民間工場および製造設備の徴収，次いで木造による仮工場の造営が行われた。最終の第3段階にあたる，主要建物を煉瓦造で造営する工事は戦争終結後に着手された。その分布は図4-1の通りである。

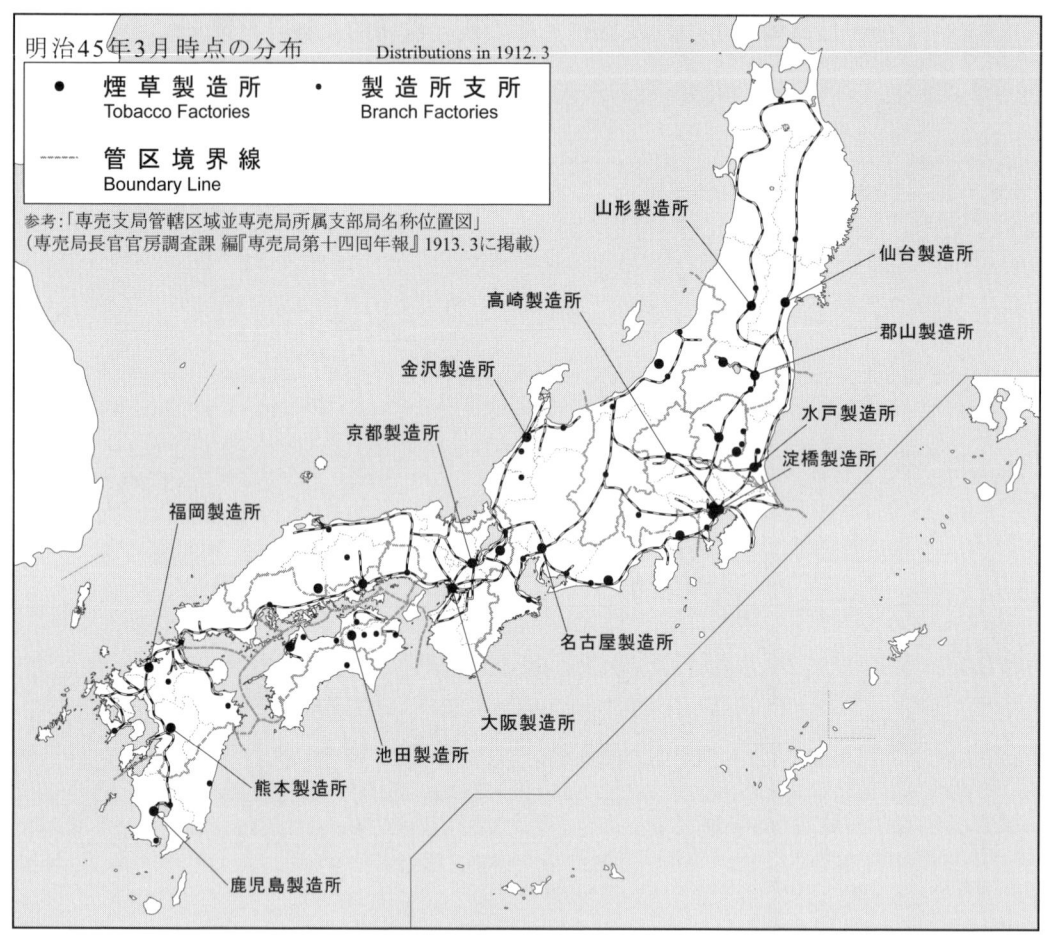

明治45年3月時点の分布　　Distributions in 1912. 3

● 　煙 草 製 造 所　　● 　製 造 所 支 局
　　Tobacco Factories　　　　Branch Factories

— 　管 区 境 界 線
　　Boundary Line

参考:「専売支局管轄区域並専売局所属支部局名称位置図」
（専売局長官官房調査課 編『専売局第十四回年報』1913. 3に掲載）

山形製造所
仙台製造所
郡山製造所
高崎製造所
水戸製造所
金沢製造所
淀橋製造所
京都製造所
名古屋製造所
福岡製造所
大阪製造所
池田製造所
熊本製造所
鹿児島製造所

図 4-1　煙草製造所の分布と管区

第 1 節　民間工場の徴収

1　部員の統制

　煙草専売法施行のため，まずは村井兄弟商会をはじめとした既存民間資本の土地施設および機械設備や器具，巻紙などの原材料の強権的な徴収が実施された。それら徴収物件の買い上げ価格算定のための調査を準備局建築部が担った。徴収事務の基本的な指針については，建築部長・妻木自らが部員に訓示した言葉が残されている（pp. 7-9）〔下線　引用者〕。

　建築部長演達

　政府ハ時局ニ鑑ミ財政ノ経営上煙草製造専売法ヲ設クルノ必要ヲ認メラレ煙草専売法ヲ制定セラレタリ（中略）予ハ乏ヲ建築部長ニ享ケ此ノ徴収買収及建築ノ事務ニ当ルコトトナレルヲ以テ微力ナル躬ニハ甚タ困難ナリ然レトモ<u>外国ト交戦ノ今日吾国民タルモノノ家ヲ捨テ身ヲ忘レテ奉公ノ誠ヲ表スヘキ秋ナルヲ以テ謹テ命ヲ奉セリ諸君ニ於テモ偏ニ国家ノ為メ充分ノ尽力アラムコトヲ希望ス</u>

　先ツ建築部一般ニ通シテ注意ヲ要スル事項ヲ述ヘム

　　<u>事務ヲ執ルニ当リ協同一致スヘキコト</u>　協同一致ノ必要ナルコトハ云フヲ俟タス彼ノ荒布石ト称スル巨石カ交通機関ノ備ハラサル三百年以前ニ於テ建築ノ荘厳ヲ以テ名アル日光廟所ニ据付ラレシハ運搬上協同一致ノ然ラシムル所ニアラスヤ（以下略）

　　<u>秘密ヲ保ツヘキコト</u>　…当部ノ如キ直接ニ営業者ニ利害ノ関係アル事務ヲ執ル所ニ於テハ一層注意ヲ為ササルヘカラス（以下略）

　　<u>清廉ナルヘキコト</u>　…要スルニ各自ニ於テ他ヨリ何等疑惑ヲ受クルカ如キ余地ヲ存セサラムコトヲ努ムヘシ

　次ニ徴収事務ニ付テ述ヘム

　…其ノ調査ニシテ了ラハ更ニ他ノ組カ代リテ調査シ即チ<u>循環シテ一ヶ所ヲ三組ニ於テ各々調査シ周到且公平ナラムコトヲ期スヘシ</u>（以下略）

　以下徴収ニ関シ注意事項ヲ述ヘム

　…些末ナル事柄ナルモ昼弁当ハ各自必ス持参スヘシ営業場ニ於テ弁当ヲ取寄セ又ハ近傍飲食店ニテ食事ヲ為スカ如キコトアルヘカラス此事タル至テ<u>小ナルカ如シト雖モ紀律ニ関係アルカ故ニ特ニ注意ス</u>（以下略）

　予ハ切ニ望ム諸君カ以上所述ノ注意事項ヲ諒シ尚ホ時局ノ今日ニ鑑ミ<u>戦地ニ臨マレタル考ヲ以テ奮励職務ニ従事セラレンコトヲ</u>

　妻木は準備局建築部長として，戦時下での業務に就くにあたっての心構えを部員各自の愛国心に訴えるかたちで強く説いている。ただ，演達の冒頭と締めに見られるやや感情的で悲壮さを帯びた言葉に対して，個々の言及内容は清廉潔白と公平さを重んじた至極真当なものである。協同一致の例え話として言及された「荒布石」という巨石[1]に関する故事は，自らの出自を意識しての徳川幕府に絡めた発言とも受け取れる。

　この演達とあわせて下達された「出張員心得」および「出張員心得雑則」には，「品行方正」たることなど服務時の注意事項が列挙され，出張員は厳正に統制された（pp. 6-7）〔下線　引用者〕。

　　出張員心得
出張員ハ常ニ左ノ事項ニ注意スヘシ
一　品行方正ニシテ秘密ヲ厳守スヘキコト
一　言語動作ニ注意シ粗暴ニ渉リ若ハ高慢ニ流レ妄ニ反抗ヲ受ケサル様注意スヘキコト
一　土地建物及器具機械ノ調査ハ各自分担ヲ定メ迅速機敏ニ処理シ常ニ上席者ノ指揮ヲ受ケ重複ニ渉ル等無用ノ手数ヲ為ササル様注意スヘキコト
一　調査ヲ為シタル要点ハ毎日必ス帰部ノ上口頭ニテ復命シ一箇所ノ調査ヲ了ヘタルトキハ其ノ目録書ヲ差出スヘキコト但シ遠隔ノ地ニ出張シタル場合ニ於テハ一箇所ノ調査ヲ了ヘタル毎ニ書面ヲ以テ其ノ目録書ト共ニ迅速ニ報告スヘキコト

　　出張員心得雑則
一　出張ハ午前七時半迄ニ当該工場ニテ落会ヒ二人以上出場ノ後即時調査ニ着手スルコト但シ調査各係主事ハ必ス同時刻前ニ臨場スルコトヲ要ス
一　出張員ハ一切弁当ヲ持参スルコト
一　毎夕ノ食事ハ一同本部ニ於テスルコト

　雑則では，業務とは一見無関係に見える，食事や弁当への言及が繰り返されている。これは，出張員が徴収工場の関係者や入札参加者と飲食の場に居合わせることを防ぐための規定と読み取れる。飲食店での同席が汚職の発端となることや，その疑いをかけられることがないようにとの配慮から，予防的に設定されたものだろう。

2　調査班の派遣

　東京・大阪・京都など計17, 8か所の徴収物件の調査のために3組の調査班が編成され，その巡回により公平かつ慎重な調査が期された。物件調査は建物係（3人以上）・機械係（製造機械係1人以上，原動力機械係1人以上）・器具係（2人以上）の分担のため，建築分野以外に機械工学分野を専門とする部外の技師も含まれた（p. 8）〔下線　引用者〕。

最モ公平ヲ得ムカ為メ特ニ技師ノ嘱托ヲ為スコトトナレリ即チ東京帝国大学、高等工業学校ノ教授、警視庁技師及民間ノ技師ニ嘱托シ周密ノ調査ヲ遂ケント欲ス

　この嘱託技師は『成蹟一斑』の職員抄録では「建築事務嘱托」として扱われ，以下10名が列記されている（p. 442）〔括弧内は原所属および官名・学位。記載のない者は官職なし〕。

中村達太郎　（東京帝国大学教授　工学博士）　　阪田貞一　　（東京高等工業学校教授　工学博士）
福岡常治郎　（警視庁技師）　　　　　　　　　　芳賀惣治郎　（警視庁技師）
近藤　茂　　（逓信技師）　　　　　　　　　　　進　經太　　（工学博士）

森　明善　　　　　　　　　　　　鎗田作造

小谷清吉　　　　　　　　　　　　田中庄造

　これらのうち中村と福岡，鎗田は建築分野に属す人物だが，阪田・近藤・進らは機械工学や電気工学の専門家である。鎗田はこの後の臨時建築部において技師に昇任していることから，嘱託としての勤務が学位のない者を技師に昇任させる前の試用期間としての意味合いを持っていたことが窺われる。それら出張員に向けて，先述の建築部長・妻木からの訓示とともに「物件徴収目録調成規定」および「徴収目録調成ニ関スル出張員調査順序」等が下達され，具体的な調査項目や作業手順が示された。

　土地および建物の被徴収者と各補償金額は「煙草専売法第七十三条ニ依ル徴収物件一覧表」（pp. 13–15）によると，株式会社村井兄弟商会（1,604,457.990 円）・岩谷松平（253,448.000 円）・千葉松兵衛（108,939.200 円）・東洋印刷株式会社（447,654.347 円）である。このうち，東洋印刷の工場は煙草の包装材料を印刷製造するためのもので，後の専売局伏見分工場として知られる。煙草の製造工場としては，分工場を含めて大きく区分すると，村井の東京［図 4-2］・京都の 2 工場，岩谷の東京・大阪の 2 工場，千葉の 5 か所が数えられる。

　それら個々の物件の補償金額は，徴収物件の調査や被徴収者との協議を経て，建築部長の妻木が自ら裁定したことが記録されている（pp. 12–13）〔下線　引用者〕。

補償金額ノ調査ハ徴収物件ノ調査ニ伴ヒ調査シタルモノニシテ建築部長自ラ各出張員ヨリ提出セル調査書ヲ仔細ニ点検シ彼是斟酌裁定ノ上長官ノ決裁ヲ経確定セルモノナリ
　抑ゝ補償金額ノ調査タル利害ノ関係甚タ大ナルモノナルカ故ニ最モ鄭重ノ調査ヲ為シ殊ニ公平周密ヲ

図 4-2　専売局東京第二製造所（旧・村井兄弟商会芝区三田工場）

絵葉書「専売局東京第二製造所（全景）」，筆者蔵。明治 40（1907）年から大正 6（1917）年の発行。中央正面には専売局の看板が掲げられているのが見える。同工場は昭和 14（1939）年に火災で焼亡し，廃止された。

期スル為メ嘱詫専門技術員ノ調査ヲモ経タリ今其ノ調査方針ノ概要ヲ挙クレハ左ノ如シ

　　一　土地ニ付テハ其ノ近傍地ニ於ケル売買時価ヲ標準トシ位置形状交通ノ便否等ノ事情ヲ参酌シ一坪当ヲ根拠トシテ算出ス

　　二　建物ニ付テハ工場トシテノ時価ヲ標準トセルハ勿論其ノ構造ノ材料其ノ他建築ノ年所ニ鑑ミ尚ホ破損アルモノハ其ノ破損ノ程度ニモ留意シ特ニ左ノ事項ヲ参酌シ一坪当ヲ根拠トシテ算出ス（以下略）

第2節　木造仮工場の新営工事

1　工事の概要

⑴　工事の準備

　民間工場の徴収に続いて，木造平屋建ての煙草製造仮工場の新営工事が全国約 70 か所で進められた。時間的制約のために，計画敷地の測量の大半は実測ではなく，官有財産整理図面に基づいて机上で行われた。『成蹟一斑』の「第二章　建築」「第一欵　煙草製造仮工場ノ新営、模様替、修繕及補足工事」「第一項　敷地測量」には，本部員の測量によるものとして高崎・宇都宮・三戸の 3 か所が，葉煙草収納所員の測量によるものとして豊橋・勝山・井川・福岡の 4 か所が挙げられている（pp. 83-84）。続いて記される計 59 か所 [2) は，官有財産整理図面に基づく計画であり，新規に測量されたものではない。また，工費予定価格設定のための建築材料および労力の時価調査は，建設地近辺の専売支局や税務署など既設の大蔵省関係機関の協力によって遂行された。

⑵　仮工場の構成

　仮工場を構成する機能は，原料および製品の両工場・荷造解包場・荷置場・貯蔵所・物置所・事務所・湯沸所で，これらが中庭を取り巻くかたちで一棟の建築物として計画された［図 4-3，図 4-4，図 4-5］。『成蹟一斑』中では，この建物をとくに「本家」と称している。この他に，門衛所や井戸，便所などが本家とは棟を分けて建設された。『成蹟一斑』には第 3 章で紹介したような配置図の掲載がないため，具体的にどの仮工場が該当するのか定かではないが，葉煙草専売所の敷地構内に工場が設置された例もあったことが窺われる（p. 98）〔下線　引用者〕。

　既設葉煙草収納所内ニ建設ノモノハ其ノ敷地図面ニ対照シテ在来ノ倉庫、収授所其ノ他ノ建設物ニ接近シタル所ヲ撰定シ又全部新設ニ係ルモノ即チ高崎外五ヶ所ニ於ケルモノハ敷地ノ形状ニ従ヒ宜シキヲ得タルヲ期セリ

　敷地測量の記述で羅列された仮工場の設置地名を概観すると，北は関原・小出雲・太田原から西の久世・高梁・池田（徳島県）など葉煙草専売所の設置地名と多くが重なる。「全部新設」のため葉煙草専売所の既設建物を配置計画の与条件として考慮する必要のなかった高崎など 5 か所以外の大多数の仮工場は，専売所内の空地かあるいは隣接の敷地に建てられたものと推察される。

図 4-3　池田煙草製造所井川分工場全景

『成蹟一斑』（国立公文書館所蔵，請求番号：ヨ３４８－００２０Ａ）pp. 185–187 間に掲載の図を引用。
図 4-5 まで共通。なお，この他に「東京葉煙草収納所事務所」と題された写真も掲載されている。

図 4-4　鹿児島煙草製造仮工場

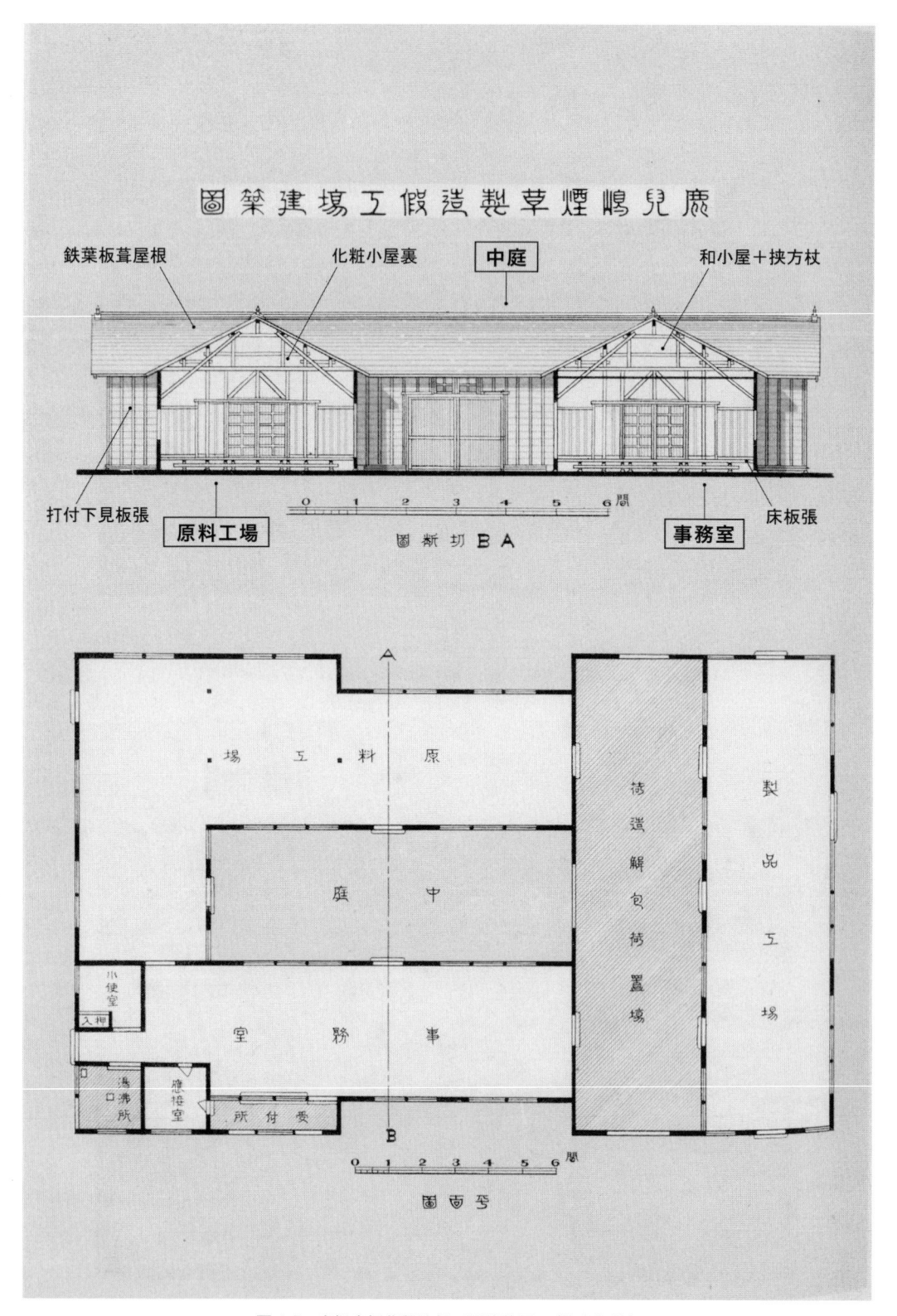

図4-5 鹿児島煙草製造仮工場建築図 （筆者加筆）

2　日露戦時下の工事運営

　前章の葉煙草専売所の現場監理では，本部からの人員派出を原則として，それが難しい場合の措置として地方の建築技術者が任用された。仮工場の現場監理においても，工事説明員・督役員・監督員の三者による同様の体制が採られている。しかし内実としては，本部人員の不足や出張経費の節減のため，各府県や既設の大蔵省管轄下の機関に所属する現地の技術者が嘱託として大規模に動員され，本部からの派出は一部に留められた［図 4-6］。『成蹟一斑』には，個々の技術者の元の所属先・官名と委嘱期間が下記のように記載されている（pp. 443–444）〔在籍期間は，原文では「自 37 年 6 月至同年 10 月」との表記〕。

府県、税関、税務監督局、煙草専売局ノ勤務吏員等ニシテ工事ノ説明及現場督役ヲ嘱托セシ者三十六名アリ左ノ如シ

37 年 6 月 – 同年 10 月　　岡山県技手　江川三郎八 [3]
37 年 7 月 – 同年 10 月　　熊本県吏員　松本禹象
37 年 7 月 – 同年 10 月　　長野県吏員　三枝傳左衛門
37 年 7 月 – 同年 10 月　　新潟県属　長谷川藤吉
37 年 7 月 – 同年 10 月　　宮崎県属　小畑金次郎
37 年 7 月 – 同年 10 月　　宮崎県技手　西山半助
37 年 8 月 – 同年 10 月　　茨城県工事監督員　萩田好太郎
37 年 8 月 – 同年 10 月　　三重県技手　渡邊梅治
37 年 8 月 – 同年 10 月　　香川県技手　石原錠太郎
37 年 8 月 – 同年 10 月　　岡山県工手　立松義和
37 年 8 月 – 同年 11 月　　税務監督局技手　谷村虎之助
37 年 8 月 – 同年 12 月　　青森県技手　村上藤助
37 年 8 月 – 同年 11 月　　兵庫県吏員　田上三太郎

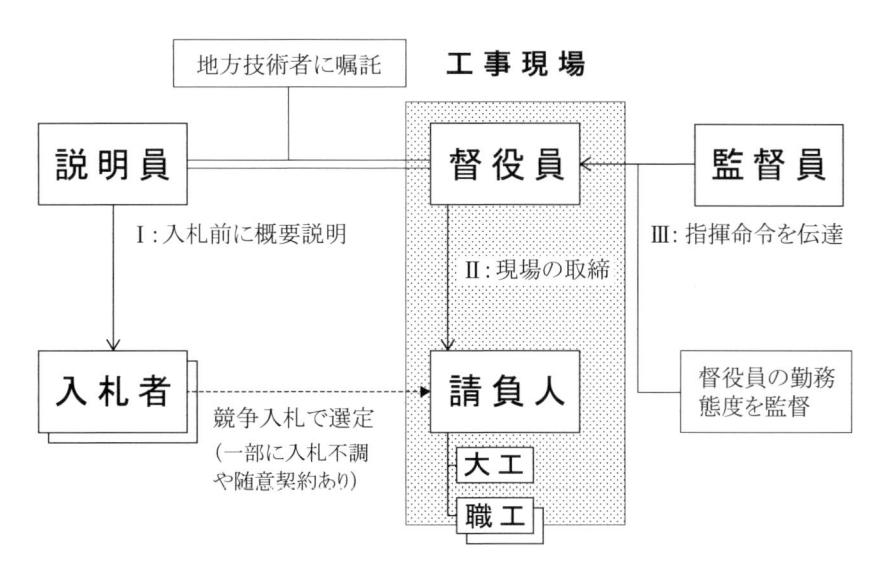

図 4-6　「煙草製造仮工場新営工事」の監理図式

37 年 8 月 – 同年 11 月　三重県技手　矢代貞助

37 年 8 月 – 同年 11 月　静岡県工手　北村信精

37 年 8 月 – 同年 12 月　岡山県技手　中根矗

37 年 9 月 – 同年 11 月　税務監督局税務属　塚本政之助

37 年 9 月 – 同年 11 月　38 年 3 月 – 同年 6 月　税関技手　青木爲三

37 年 9 月 – 同年 12 月　栃木県属　川合岩次郎

37 年 9 月 – 同年 11 月　和歌山県技手　安井貞吉

37 年 9 月 – 同年 12 月　税関技手　瀧澤與四郎

37 年 9 月 – 同年 12 月　煙草専売局属　都室敏夫

37 年 9 月 – 同年 11 月　税関技手　山田茂

37 年 8 月 – 同年 11 月　岐阜県属　吉本信次

37 年 8 月 – 同年 11 月　愛媛県工手　小倉重衛

37 年 7 月 – 同年 9 月　岩手県技手　田中庄造

38 年 2 月 – 同年 6 月　税関技手　藤城誠治

38 年 3 月 – 同年 6 月　徳島県属　村上長三郎

38 年 3 月 – 同年 6 月　三重県技手　木村喜代太郎

38 年 3 月 – 同年 6 月　三重県工手　古河善次

38 年 3 月 – 同年 6 月　税務署税務属　上甲忠市

38 年 3 月 – 同年 6 月　税務署税務属　阿部久太郎

38 年 3 月 – 同年 6 月　税務署税務属　三瀬道美

38 年 2 月 – 同年 5 月　名古屋税務監督局雇　内田赫一郎

38 年 3 月 – 同年 6 月　名古屋税務監督局雇　八尾德太郎

38 年 3 月 – 同年 6 月　土屋惠吉

　彼ら地方在勤の建築技術者の任用期間は，大きく以下の 2 期に分けられる。

前期：明治 37（1904）年の初夏から秋にかけての 3 か月前後。
後期：翌 38（1905）年 2 月または 3 月からの 3 か月前後。

　全体工期の序中盤にあたる前者の期間に対して，後者の期間中には明らかに建築技術者ではない「税務局税務属」や「名古屋税務監督局雇」の任用が見られる。つまり，工期最終盤の竣工検査や引き渡し手続きに関しては，非技術者までもが動員されたことになる。前章の葉煙草専売所の建設ではあくまでも人手不足を補うことを第一義とした例外的な措置と位置付けられていた部外への監理業務の委嘱が，戦時下の省力化の手段として拡大運用されたことが窺われる。敷地測量の省略や非技術者の任用はその最たる例と言えよう。

3　様式・構法・材料の選定
　仮工場の様式や構法，材料については，『成蹟一斑』の「第二章　建築」第一欵の「第三項 建築計画ノ要旨及其ノ建設物ノ種類構造」（pp. 96–98）に詳細な記述がある〔下線・ルビ　引用者〕。

本建築ハ煙草製造実施期ノ眼前ニ迫レルヲ以テ極メテ短日月ノ間ニ竣功ヲ要スルト一時的仮建築ナルヲ以テ努メテ工費ノ経済的ナルコトヲ要スルヲ以テ其ノ計画ハ主トシテ此ノ二要素ノ下ニ行ハレタリ

一　建築様式　建物ノ排列、部室ノ配置及外観ノ容姿等ハ和式ニ依ラス主トシテ洋式ヲ採レリ是レ其ノ操業上ニ敏活ヲ与ヘ建物ノ整調ヲ示シ此ノ種ノ建物トシテ最モ適当ナルノミナラス将来文化ノ発達スルニ従ヒ地方僻陬ノ地ト雖モ漸次従来ノ様式ヲ改良スヘキハ自然ノ趨勢ナルヲ以テ今此ノ機会ヲ利用シ聊カ其ノ先駆ヲ為スノ意ニ出タリ

一　構造　構造ハ建築様式ニ反シ洋式ヲ採ラス其ノ非常ニ軟弱ナリト認ムル部分ノ外ハ総テ和式ニ依レリ是レ其ノ地方ノ請負人大工及職工ノ多クハ洋式構造ニ慣レサルヲ以テ一ニハ工事ノ完全ヲ期シ難キト一ニハ是レカ為メニ請負金ヲ増加スルノ恐レアルト尚ホ一ニハ若シ洋式ヲ採ランニハ適当ノ現場監督員ヲ比較的多数ニ派遣シ工事ノ督役ヲ周密ナラシムルノ必要アルヲ以テ徒ニ経費ヲ増大ナラシムルノ不利益アルトニ由レリ

一　材料　本工事ハ一時的設備ニシテ耐久ヲ目的トスルモノニアラサルヲ以テ其ノ材料ハ構造ニ適当ナラムヨリモ寧ロ各建築地ニ於テ容易ニ而カモ多量ニ供給シ得ヘキ材種ヲ定メ尚ホ進ンテハ数種類ノ中ニ就キ請負人ヲシテ適宜選択取捨スルノ余地ヲ与ヘタリ是レ其ノ工事ノ速成ト工費ノ節約ヲ期スル上ニ於テ最モ必要ノ方法ナリト認メタルニ由レリ

一　屋根材料　屋根材料ハ之ヲ防火防寒ノ点ヨリスレハ瓦、石盤等ヲ以テスルニ過クルモノナシト雖モ是等ノ材料ハ多額ノ工費ヲ要スルノミナラス地方僻陬（ヘキスウ）ノ地ニ於イテ一時ニ多量ノ供給ヲ求ムルコト至難ニシテ本工事施行ノ目的ニ副フ能ハス依テ専ラ鋦力板（ブリキ）ヲ使用シ尚ホ戦時ノ際往々之レカ輸入ヲ杜絶セラレ若ハ一時価格ノ暴騰ヲ呈セムトスル傾向アル場合ニ於テハ特ニ針丹（引用者注：亜鉛の別称）鍍鉄板ノ使用ヲ許容スルコトトセリ是レ其ノ防寒避熱ノ点ニ於テハ固ヨリ遺憾ナシトセサルモ一時的建築ナルニ顧ミ之ヲ犠牲ニスルモ実際ニ於テ支障ナキヲ認メタルニ由レリ

　このように，急施工と経済性優先の仮設建築ながらも機能性には十分な配慮がなされている一方で，将来的な発展性を考慮に入れて，地域の「先駆」となるよう洋式の計画が取り入れられた。「洋式」を謳った外観の容姿については，葉煙草専売所の事務所のように外壁のペンキ塗装や玄関庇の軒板飾りが施されたわけではなく，装飾的な要素は殆ど見られない。屋根頂部に取り付けられた尖塔状の木製飾りが唯一のものである。その仕様は，上掲に続く「第四項　仕様及図面」に所収される「煙草製造用仮建物本家新築仕様書」中の「木組ノ部」に「棟化粧束」として記述がある（p. 118）〔下線・ルビ　引用者〕。

一　棟化粧束　杉又ハ栂材大サ格好図面ニ倣ヒ木造リ下部ハ棟木ニ柄差シ鰭台（ヒレ）及両鰭共杉厚一寸板ヲ以テ仕拵ヘ雨締リ能ク釘打取付

　文中の「図面」が掲載省略されているため詳細は明らかではないが，束本体と「鰭」形の板材から成ることがわかる。屋内部材と同じく杉材の使用が想定されているが「雨締リ」への言及があることから屋外部材であることが推察される。部材名称こそ異なるが，「鰭」形の指定など類

似のものは「煙草製造用仮工場附属職工控所新築工事仕様書」中の「木工事」の部（p. 141）において，略図［図4-7］とともに以下の通り規定が見られる〔下線　引用者〕。

　　一　甲板上飾　檜仕上四寸角ニテ繰形決リ恰好凡ソ欄外図（引用者注：図4-7）ノ如クニ仕拵ラヘ上棟木ヘ腰掛落シ蟻ニ仕合セ大釘ニテ堅固ニ垂直能取付<u>左右鰭形</u>及台木共同木ニテ大サ吊リ合能キ形チニ造リ丈夫ニ釘打取付

　材の指定樹種が，杉に比して耐腐朽性に優れる檜材とされている点は異なるが，工場の外観写真［図4-4］や断面図［図4-5］には，この「甲板上飾」の略図と同様のものが確認できる。よって，形態としては同一のものであるが，最優先に進められた本家工事に後発した職工控所の工事において，仕様と呼称が改められたという点が指摘できる。

　しかし，この尖塔飾りの存在のみで直ちに「洋式」と称されたとは考えにくい。採光と通風のための中庭を工場と事務室で囲む平面計画を含めた総体的な建物形状のことを指しているものと捉えるべきだろう。『成蹟一斑』所収図面の中でも「池田煙草製造所井川分工場全景」［図4-3］は鳥瞰図であり，『建築一斑』所収の葉煙草専売所の図面類には見られなかった類の表現である。そこでは個々の繊細な装飾よりも工場の全容の描写が主題とされており，部分の集積により様式を形成する「西洋形」に対して，工場という一つの機構（システム）の設計に重きが置かれたことが窺われる。したがって，装飾要素やある特定の仕上げの選定によって洋風や洋式が表象されているのではなく，合理的な機構のあり方を直接に形態にすることをもって「洋式」と称したのではないか，との理解が成り立つ。第3章の小結でも触れたように，長谷川堯（1981）は，妻木がしばしば用いた小屋組現わしといった「構造的な形態を，一種の空間表現の要素とする」手法を「ザッハリッヒ」と形容している（p. 155，傍点原文ママ）。仮工場の施設計画では，構造だけでなく工場の操業機構自体を建築の構成要素の一つとして捉え空間表現としたものと考えれば，長谷川が指摘する「ザッハリッヒ」さとして首肯できる。

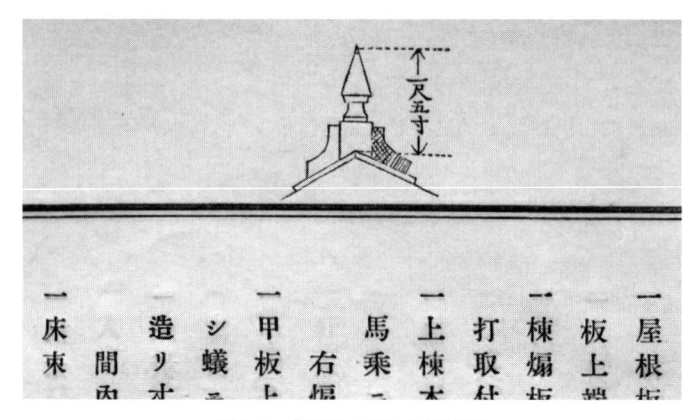

図4-7　「甲板上飾」の欄外図

『成蹟一斑』（国立国会図書館デジタルコレクション，書誌ID：000000450051）p. 141 より。

　また，構造を洋式としなかった理由の一つには現場督役員派遣の経費が挙げられており，工事運営管理上の懸念が設計内容にも影響を与えたことが見て取れる。使用する材料についても，仕様書では例えば木材は数種類の樹種を提示し，請負人がその中から適当なものを選定する方式[4]が採られた。これによって，各建設地で廉価にかつ短納期で入手可能な材料を使用することが可能になり，材料入手の遅れが工費の増大や工期遅延を招く恐れが排除された。屋根材料のブリキ板が亜鉛鍍金鋼板よりも上位に位置付けられた理由は解せないが，露国艦隊による海上交通遮断や正貨である金の流出抑止のための輸入中断をも想定して代替材料が指定されており，戦時下のあらゆる事態に備えた入念な計画の一端が垣間見える。さらに，屋根の金属板葺は洋風の外観に直接寄与する要素としては考えられておらず，むしろ瓦葺の妥協策として設定されたことがわかる。

第 3 節　煉瓦造製造所の新営工事

1　工事の概要と設計趣旨

⑴　長期的な施設計画

　仮工場竣工後に準備局建築部は廃止され，臨時建築部によって明治 38 年度から本計画が開始された。その概要を『年報　第一』の「第一章　専売局煙草製造所新営工事」から以下に引く（pp. 2–3）〔下線　引用者〕。

第一節　沿革
明治三十七年三月煙草専売法公布セラレ煙草製造事業ノ政府ニ専属スルヤ之レカ質（引用者注：原文ママ，実の誤植か）施準備トシテ翌月臨時煙草製造準備局設置セラレ其一部タル建築部ハ葉煙草以外ノ徴収買収ニ関スル重要ノ事ヲ掌ルノ外建築ニ関スル一切ノ事項ヲ管掌セリ而シテ其建築事務タル煙草製造仮工場ノ建築及徴収家屋ノ修繕模様替等ナルモ元是レ<u>煙草製造ノ急施ニ応スル為メノ一時的仮設備ナルヲ以テ之レカ竣成ヲ告クルニ従ヒ漸次其設備ヲ完全ニスル為続テ本工事ヲ起スノ必要アリ</u>是ニ於テカ本部ハ明治三十八年十月臨時煙草製造準備局ノ廃局ニ次テ興リ爾来本建築ノ施工ヲ管掌セリ

第二節　工事計画
煙草製造所本建築計画ノ大要ハ全国ヲ通シ刻煙草製造原料ノ数量年額千八十万貫及ヒ口付紙巻煙草製造原料年額百二十万貫ヲ標準トシテ民業時代ノ製造方法ニ基キ之レニ多少ノ斟酌ヲ加ヘ其坪数ヲ算出シ而シテ主要ナル都会ニ於テ供給シ得ル職工ノ員数ニ顧ミ<u>全国ニ亘リ二十四ヶ所ノ製造所ヲ設置スル</u>モノトス
建物ノ配置及様式ハ敷地ノ形状及製造数量ノ多少ニ由ルモノナルヲ以テ予メ一定スルコトヲ得サルモ大体原料及製品ノ荷役便否ヲ主眼トシテ各建物ヲ配列シ又作業室ノ<u>採光ト耐震的構造トヲ旨トシ全国ノ製造所ヲシテ同一ノ型体ヲ保タシムルコトヲ図リ其主要建物タル工場及動力室等ハ煉瓦造又ハ石造</u>トシ其他ハ経費節約上木造トシ各製造所ノ完成期ヲ明治四十七年度末トセリ製造所諸機械運転ノ動力ハ水力電気供給者ヨリ電力ノ供給ヲ受クル（以下略）

主要建物を組積造として，淀橋煙草製造所（1910.3 竣工）［図 4-8，図 4-9，図 4-10，図 4-11］を皮切りに約 10 年間で全国 24 か所の新営を予定した長期的な計画であり，短期間の全国同時工事となった従前の葉煙草専売所や煙草製造仮工場の木造での施設計画とは性格が異なる。工事は資金の問題もあり同時着工とはされず，淀橋に次いで，大阪（難波）・東京（浅草）などが追従するかたちで順次着工された。

ここで，具体的な設計趣旨を「第三節　建設物ノ種類構造」の「第一款　淀橋煙草製造所」より引く（pp. 6-7）〔下線　引用者〕。

　　様式及構造　煉瓦造ノ洋式ニシテ三層、二層及平家建ノ三種トナス大別シテ本館、第一倉庫、第二倉庫トス建物ノ排列、部室ノ配置ハ操業上ノ便否ト経費ノ如何トヲ顧ミ構造ハ堅牢ヲ旨トシ永久的且ツ防火設備ヲ施スモノトス而シテ工場ノ設計ハ最近欧米各国ニ建設セラレタル諸工場ノ長短ヲ取捨参酌セリ（中略）本工事ノ実施ハ本部直轄トシ各建物ノ内本館、第一及第二倉庫ノ三種ヲ最先ニ施工スヘキ順序ヲ以テ着手セリ（以下略）

木造の仮製造所とは異なり，煉瓦造とすることで耐久性や防火性を付与すべく考えられていたことが読み取れる。また，具体的な参照事例は不明であるものの，欧米諸国の複数事例を分析した上で長所を取り入れようとしていた点も，前章までに扱った「専売建築」の計画には見られない点である。

(2)　構法上の特徴

設計趣旨で謳われた「構造ハ堅牢ヲ旨トシ永久的且ツ防火設備ヲ施ス」の具体策として，煉瓦造であることの他には碇聯鉄と防火床の採用が構法上の特徴に挙げられる。それらの仕様については『年報　第一』の「東京淀橋煙草製造所新営工事設計説明書」（pp. 12-14）に規定が見える〔下線・ルビ　引用者〕。

煉瓦積工事ノ部
　一　三階建物側廻リ及通シ間仕切共壁厚ハ「コンクリート」面ニ於ケル最下部ニ於テ煉瓦長手六枚半トシテ漸次四分ノ一ヲ減シ（中略）各階共主要部ニ碇聯鉄ヲ積込ミ各床鉄梁当リ毎ニ控柱ヲ積出スモノトス

防火床工事ノ部
　一　三階建物二階及三階床並ニ平家建物ノ一部修繕工場ノ鋼鉄床梁ヲ支持スヘキ鉄柱ハ一呎ノ重量三十六対度ヲ有スル十吋「チャンネル」形二個ヲ一吋厚ノ鋼鈑ニ依テ組合セ基礎上ニ約十三呎五吋内外ニ建設スルモノトス
　一　同上大梁ハ一呎ノ重量六十五対度ヲ有スル十五吋工形鋼鉄梁ヲ前記鉄柱上ニ架ケ渡スモノトス
　一　同上小梁ハ梁間ノ広狭ニヨリ一呎ノ重量六十五対度ヲ有スル十吋乃至十二吋ノ工形鋼鉄梁ヲ一米突内外ノ間隔ニ大梁間ニ架ケ渡スモノトス
　一　同上小梁間ハ一平方呎ニ付キ約二対度八三ノ重量ヲ有スル弧状波形鋼鉄ヲ以テ迫持天井張リトナシ該上部ニハ石炭殻「コンクリート」ヲ填充シ床板受根太ハ檜又槲材ヲ使用シ該「コンクリート」内

図 4-8　淀橋煙草製造所建築設計図（外観透視図）

『年報　第一』（北海道大学大学院工学研究科・工学部図書室所蔵，資料番号：0010541030）pp. 20–21 間に掲載の図を引用。以下，図 4-11 まで共通。

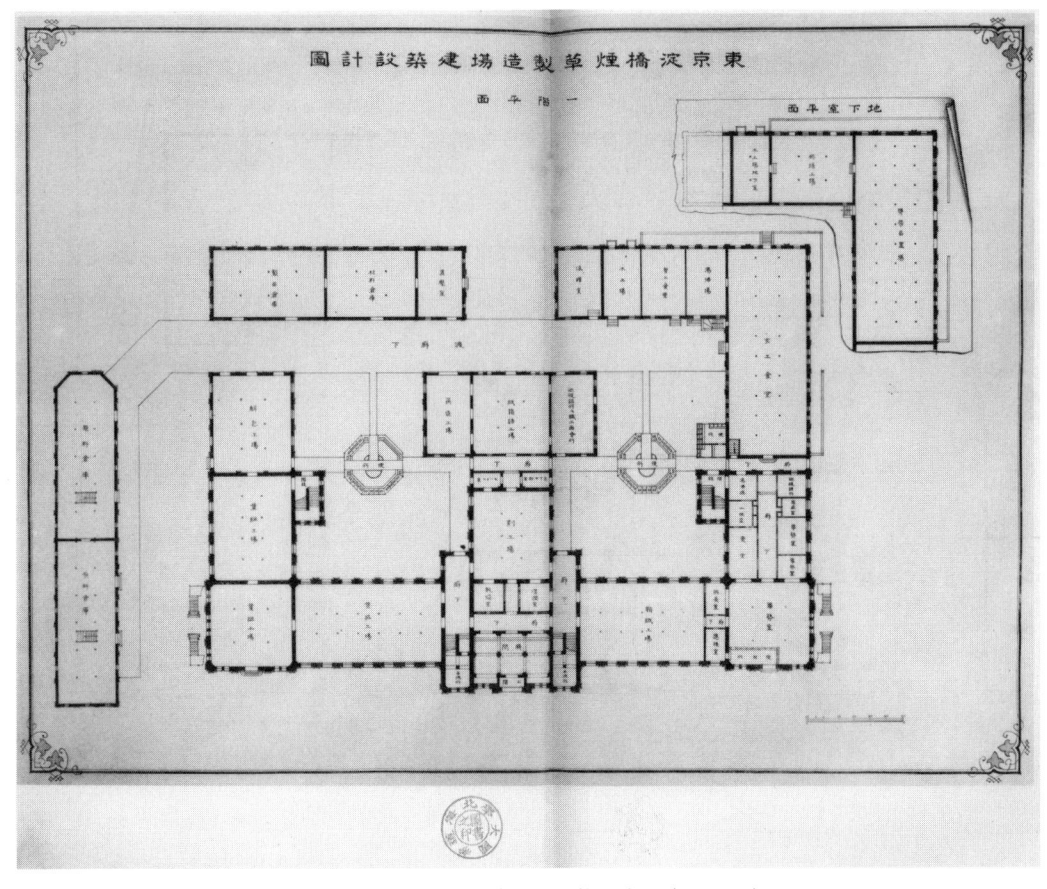

図 4-9　東京淀橋煙草製造場建築設計図（1 階平面）

右下の縮尺表記は判読が難しいが，『年報　第一』の本文と照合すると尺貫法であることが読み取れる。

142

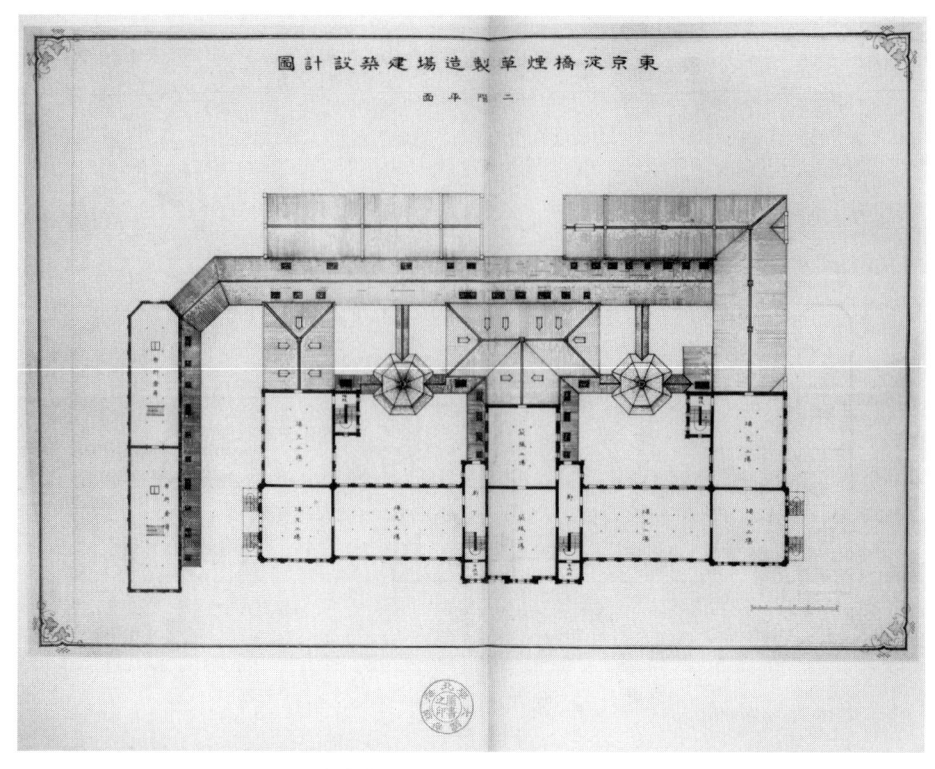

図 4-10 東京淀橋煙草製造場建築設計図（2 階平面）

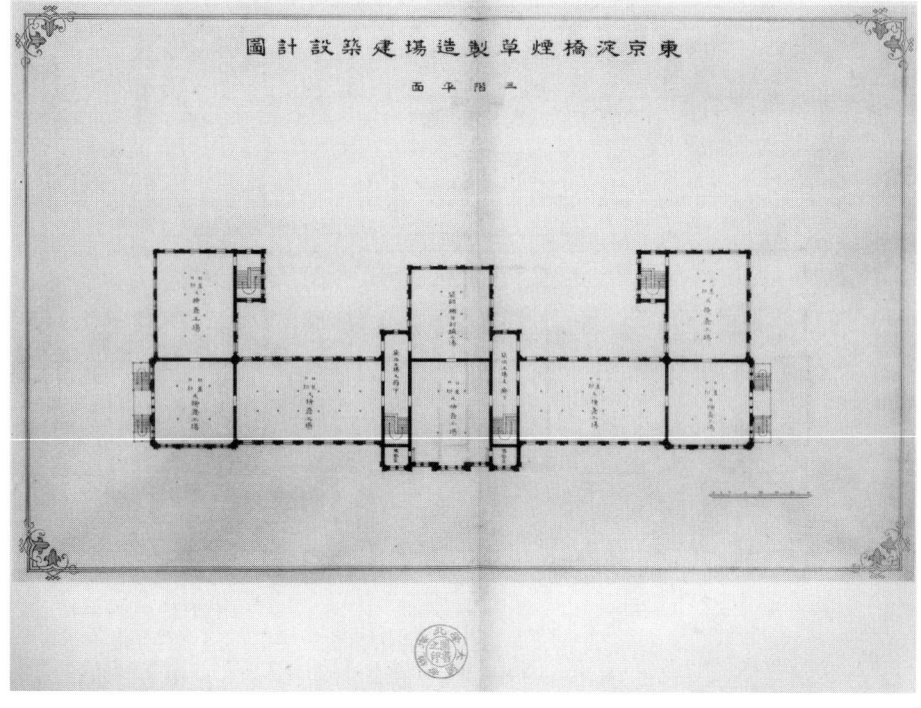

図 4-11 東京淀橋煙草製造場建築設計図（3 階平面）

ヘ埋込ミ床板ハ米国産松ヲ実矧ニ張リ合スモノトス

・碇聯鉄構法

　「碇聯鉄」の記述は 2 階建てだけでなく平屋建ての部分に関する仕様規定にも見られることか
ら，建物の階数によらずすべての煉瓦造に標準仕様として取り入れられたことがわかる。碇聯鉄
については，エンデ＆ベックマン建築事務所での経験を持つ妻木が設計関与した煉瓦造の建築物
に広く取り入れられたことが指摘[5]されている。本工事も，そうした一連の技術的系譜の延長
上に位置付けられたものと見ることができよう。

・防火床構法

　「防火床」とは，鉄柱に支持された I 型鋼の梁の間に「弧状波形鋼鉄」を架け渡し，その上に
シンダーコンクリートを打設する構法である。同時代の建築技術解説書の一つである三橋四郎
『和洋改良大建築学　中』（大倉書店，1904. 12）には，同様のものが「耐火床」として図解付きで
以下のように紹介されている（pp. 717–718）〔下線原文ママ〕。

　（a）煉瓦迫持ヲ架セシ床ハ古キ方法ニシテ第六百二十図（A）ノ如ク工鉄を真々五呎間ニ置キ半板積
　　ノ煉瓦迫持ヲ架シ（耐火煉瓦ヲ用フレバ完全ナリ）其上ニコンクリートヲ打チ化粧床板ヲ釘打ニスル
　　為メ所々ニ受木ヲ埋込ムモノトス
　（b）海鼠鉄板ヲ架セシ床ハ第六百二十図（B）ノ如ク工鉄ヨリ工鉄ヘ海鼠鉄板ヲ架渡シコンクリート
　　ヲ充タスノ方法ニシテ仕上方ハ（a）ト同ジ
　（c）床用鉄ニテ組ミシ床ハ（中略）第六百二十一図ノ如クコンクリートヲ充タシ化粧床板ヲ張リタル
　　モノナリ

　三橋（1904）が掲げた上の 3 つのうち，煙草製造所で採用されたのは（b）に近い［図 4-12，図
4-14］。用語の細かな違いは散見されるが，「海鼠鉄板」を「弧状波形鋼鉄」と読み替えれば構成
は同じである。（c）は，現在のデッキスラブ工法と基本的には同様の構成と言える［図 4-13］。

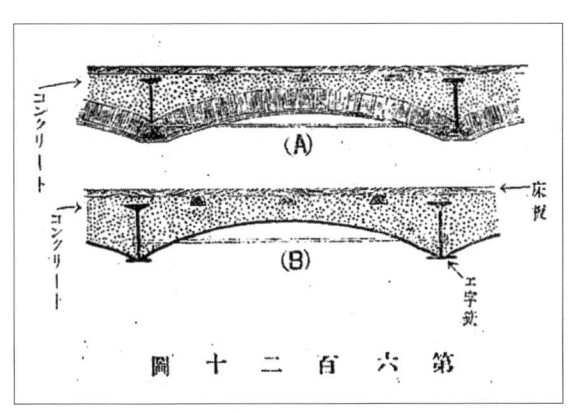

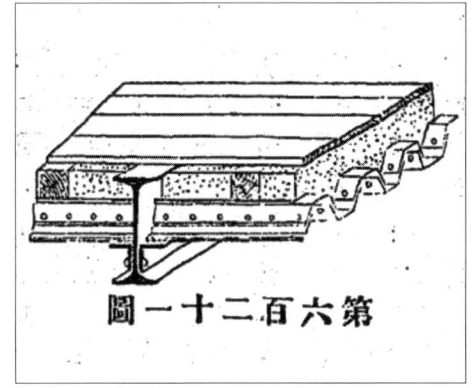

図 4-12　「耐火床」の解説図①　　　　　　　　　　　図 4-13　「耐火床」の解説図②

第 620 図中の（A）が（a）煉瓦迫持ヲ架セシ床，（B）が（b）海鼠鉄板ヲ架セシ床の図。第 621 図が（c）床用鉄ニテ組ミシ床。
（A）の構法の現存例としては，法務省旧本館（赤れんが棟）が挙げられる。

図 4-14 山形製造所の「防火床」の見上げ（筆者加筆）

絵葉書「（山形専売支局）捺印、包囊貼工場　□作業順ノ七□」（山形市吉野屋絵葉書店製，大正初期），筆者蔵。画像左上に見える連続ヴォールト状の天井は，図 4-12 中の（B）の防火床を下から見上げたものと思われる。

本工事では，「木組工事ノ部」に「一　本館防火床及敷キ床ヲ除ク外ハ都テ木造床トナシ（以下略)」とあるように，すべての床が防火床とされたわけではないことと，煉瓦造の外壁の内側は少なからず木組が使用された構成になっている。また，建物本体は尺貫法で設計されたのに対して，鋼材の寸法規格はヤード・ポンド法での表記とされている。

(3)　各地の製造所の仕様比較

　続いて，『年報　第二』から大阪（難波）［図 4-15］・東京（浅草）・熊本の各製造所についての記載を紹介する。なお，同書には郡山の記載もあるが，木造庁舎［図 4-16, 図 4-17］についての言及が若干見られるのみである（第一編 pp. 6-7，第二編 pp. 473-474)〔下線　引用者〕。

　　第三款　大阪（難波）煙草製造所
　　様式及構造　煉瓦造ノ洋式ニシテ二階建トス大別シテ本館及倉庫トス（倉庫ハ前年度ニ於イテ実施済）建物ノ排列、部室ノ配置等ハ淀橋煙草製造所ト異ナルナク只部室ニ広狭ノ差アルノミ（中略）本工事ノ実施ハ主トシテ請負ニ付シ施工スト雖モ材料中石材ノ大部分、鉄梁、鉄柱及防火床用虹形鉄板ノ全部「モルタル」用砂一分並ニ敷地々平均シ土砂等ヲ官給セリ（以下略）

　　第四款　東京（浅草）煙草製造所
　　様式及構造　煉瓦造ノ洋式ニシテ大別シテ本館（二層）倉庫（三層）附属家（平家建）トス建物ノ排列作業室ノ配置等ハ他煙草製造所ト毫モ異ル所ナシ

　　第五款　熊本煙草製造所
　　様式及構造　煉瓦造及木造ノ洋式ニシテ二層及平家建ノ二種トス大別シテ本館（煉瓦造二層）倉庫（木造）附属家（平家建）トス建物ノ排列、部室ノ配置等ハ本節第四款（引用者注：上述の浅草製造所を

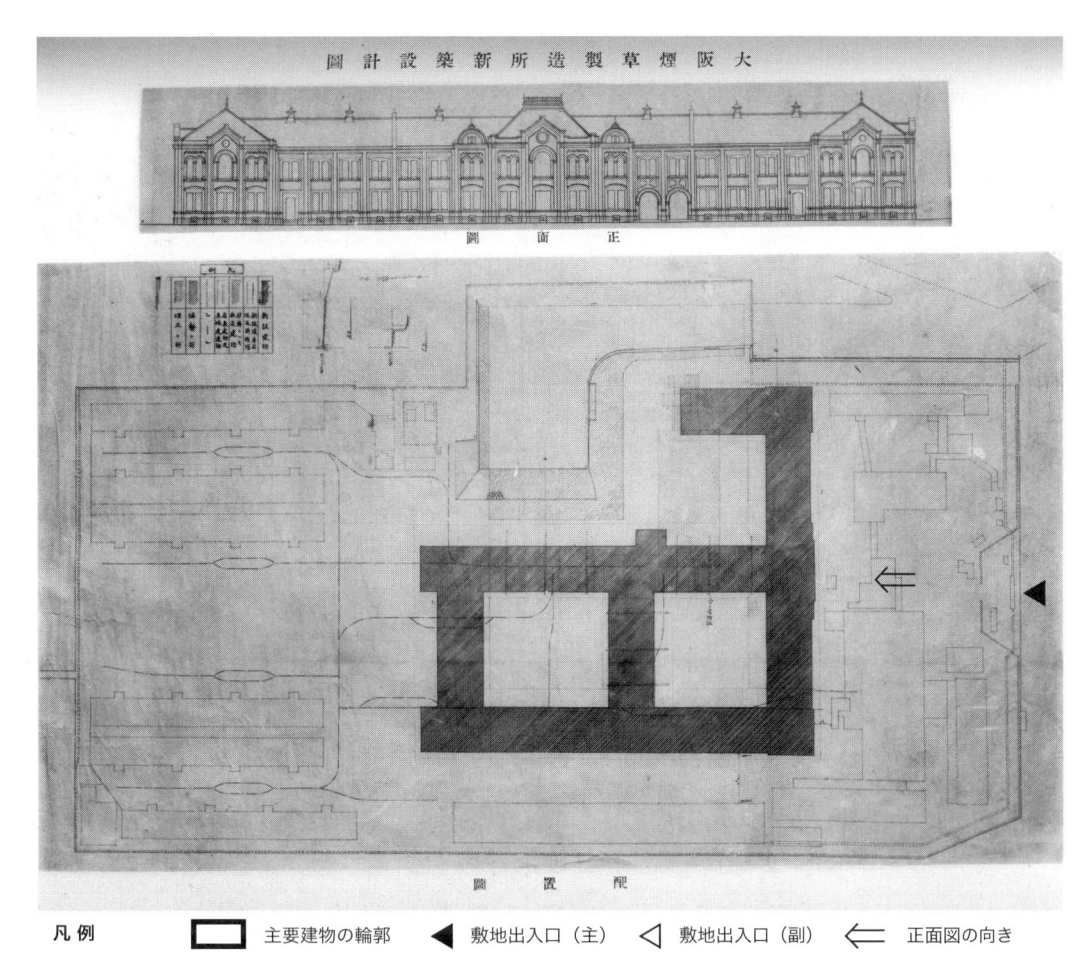

凡 例　　　▮▮▮ 主要建物の輪郭　　◀ 敷地出入口（主）　　◁ 敷地出入口（副）　　⇐ 正面図の向き

図 4-15　大阪煙草製造所新築設計図（正面図・配置図）

『年報　第五』（北海道大学附属図書館所蔵，資料番号：0010279486）pp. 105–107 間の掲載図面に筆者加筆（凡例は図 4-18，
図 4-19，図 4-20 にも共通）。

指す）二述ヘタルト異ナルナシ

　『年報　第三』では，本体工事に着手済みの製造所がないために上記のような記載は見られない。
『年報　第四』に鹿児島（p. 3），『年報　第五』に金沢［図 4-18］・山形［図 4-19］・水戸［図 4-20］
についての記載がある（pp. 7–10）〔下線　引用者〕。

第六款　鹿児島煙草製造所
様式及構造　石造及木造ノ洋式ニシテ二層及平家ノ二種トス大別シテ本館（石造二層）庁舎（木造平家）
倉庫及工場（木造二層）附属家（木造平家建）トス建物ノ排列作業室ノ配置等ハ他煙草製造所新築ト
異ル所ナシ

第七款　金沢煙草製造所
本製造所ノ建築ハ煉瓦造及木造ノ洋式ニシテ建物ハ之ヲ大別シテ工場、倉庫、事務所、作事場其他附

146

図 4-16　郡山煙草製造所庁舎

『年報　第一』（北海道大学大学院工学研究科・工学部図書室所蔵，資料番号：0010541030）pp. 20–21 間に掲載の図を引用。図 4-17 も共通。

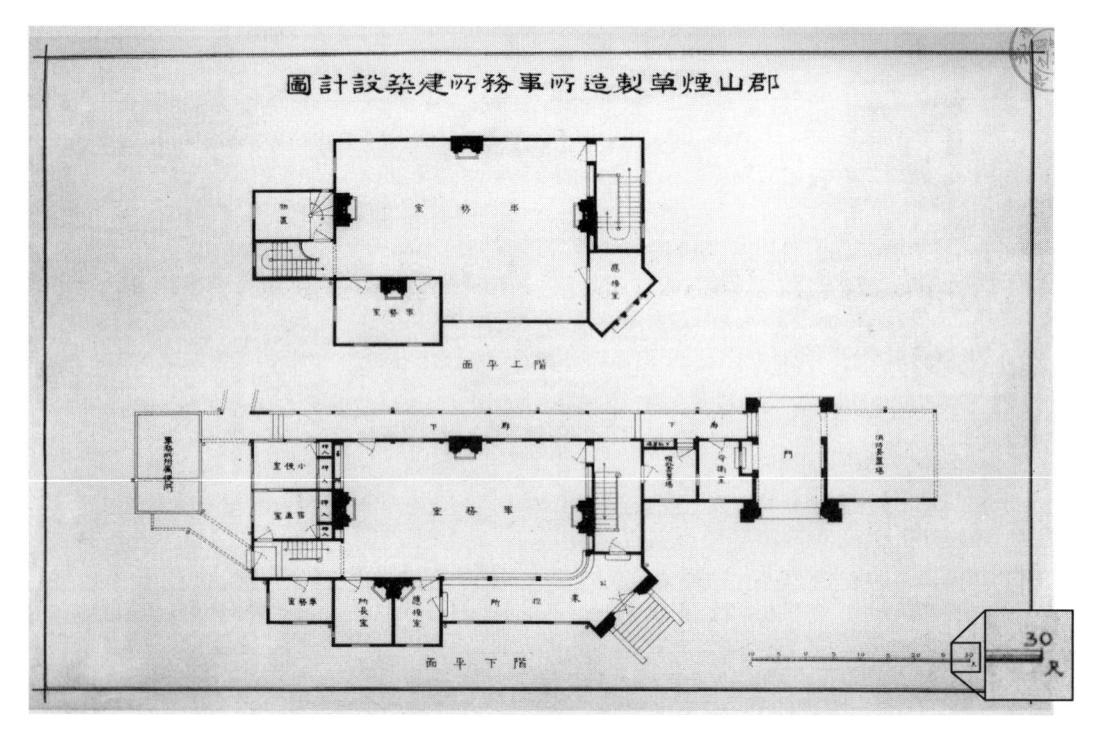

図 4-17　郡山煙草製造所事務所建築設計図（階下平面・階上平面）
右下に小さく「尺」とあり，寸法表記は尺貫法であることが読み取れる。

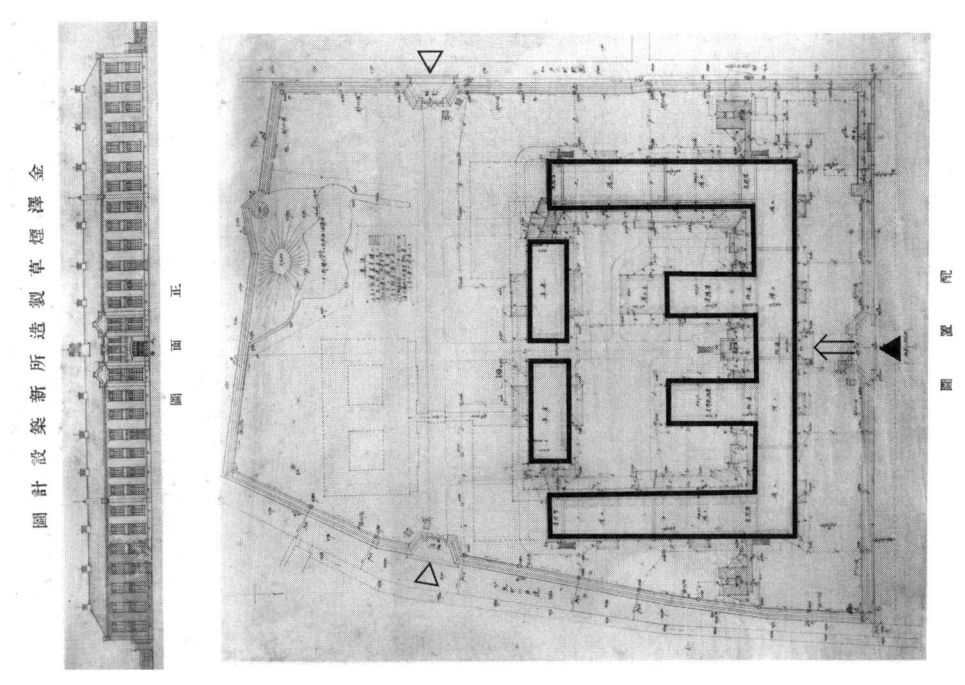

図 4-18　金沢煙草製造所新築設計図（正面図・配置図）

『年報　第五』（北海道大学附属図書館所蔵，資料番号：0010279486）pp. 105–107 間の掲載図面に筆者加筆。掲載向きは本書の紙面に合わせて回転させた。

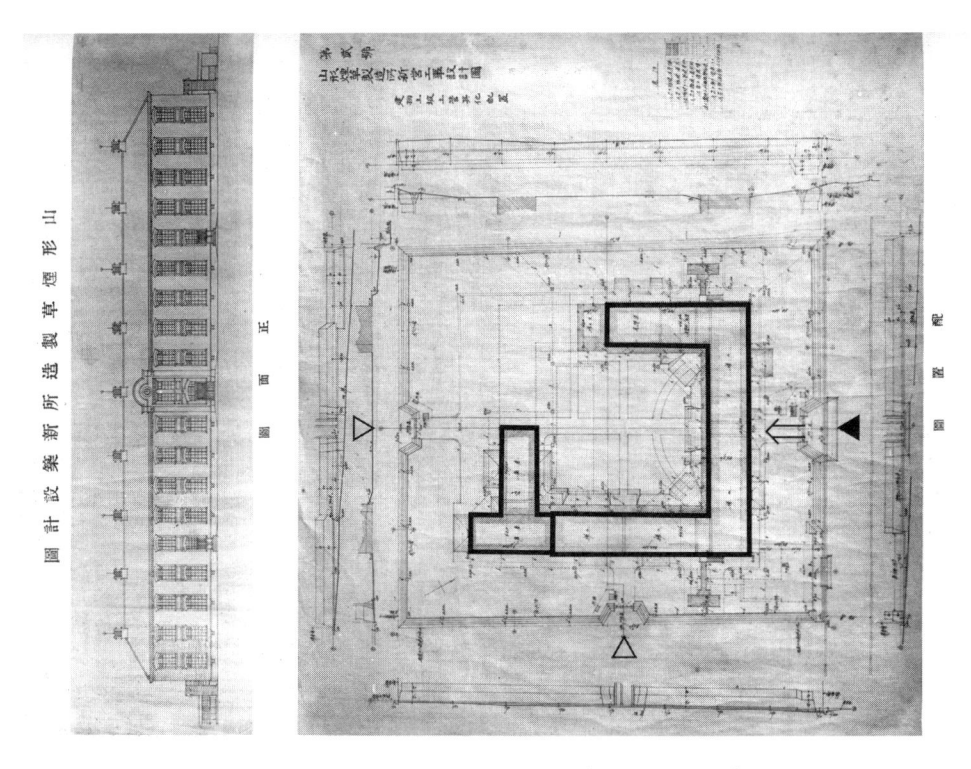

図 4-19　山形煙草製造所新築設計図（正面図・配置図）

『年報　第五』（北海道大学附属図書館所蔵，資料番号：0010279486）pp. 105–107 間の掲載図面に筆者加筆。掲載向きは本書の紙面に合わせて回転させた。

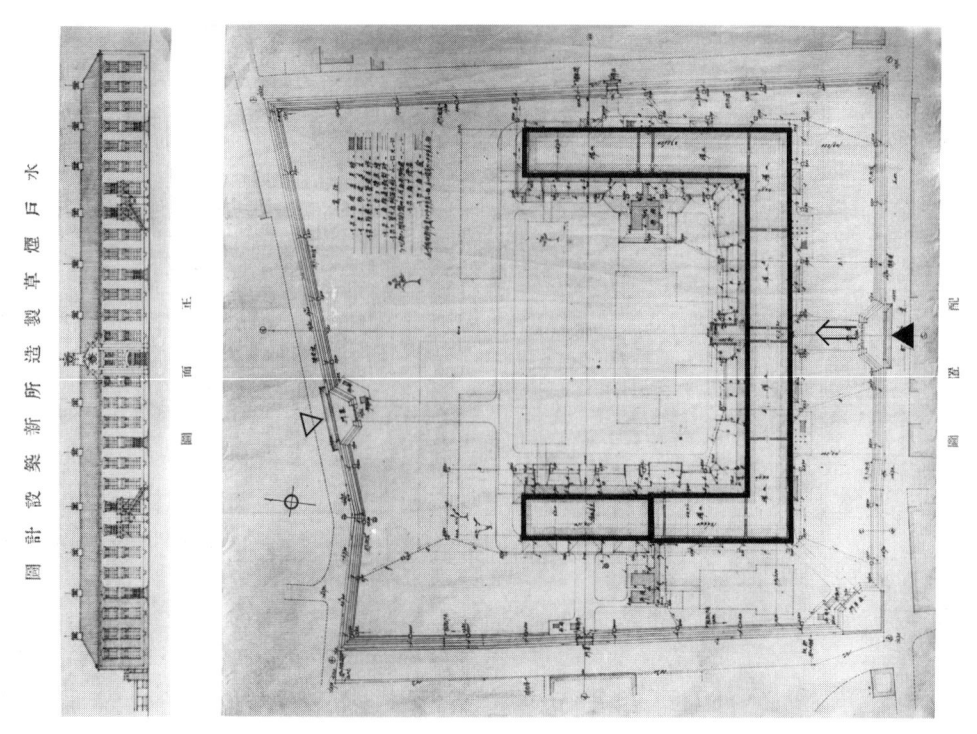

図 4-20 水戸煙草製造所新築設計図（正面図・配置図）

『年報　第五』（北海道大学附属図書館所蔵, 資料番号：0010279486）pp. 105-107 間の掲載図面に筆者加筆。掲載向きは本書の紙面に合わせて回転させた。

属建物ノ四種トシ各種建物ノ構造及坪数等概要次ノ如ク画定シ別項工事執行一覧表所掲ノ如ク本四十四年度ニ於テ之カ工事ニ着手シタリ

　　工場　　　　　煉瓦造瓦葺二階建　　　　一棟　　　一、三八〇. 五〇坪

（以下略）

第八款　山形煙草製造所
本製造所ノ建築ハ煉瓦造及木造ノ洋式ニシテ建物ハ之ヲ大別シテ工場、倉庫、事務所、作事場其他附属建物ノ四種トシ各種建物ノ構造及坪数等概要次ノ如ク画定シ別項工事執行一覧表所掲ノ如ク本四十四年度ニ於テ之カ工事ニ着手シタリ

　　工場　　　　　煉瓦造瓦葺二階建　　　　一棟　　　　七四〇. 四一坪

（以下略）

第九款　水戸煙草製造所
本製造所ノ建築ハ煉瓦造及木造ノ洋式ニシテ建物ハ之ヲ大別シテ工場、倉庫、事務所、作事場其他附属建物ノ四種トシ各種建物ノ構造及坪数等概要次ノ如ク画定シ別項工事執行一覧表所掲ノ如ク本四十四年度ニ於テ之カ工事ニ着手シタリ

　　工場　　　　　煉瓦造瓦葺二階建　　　　一棟　　　一、〇〇一. 九六坪

（以下略）

　これらを通覧すると，3 階建ての淀橋製造所を基準に設定した上で，それを 2 階建てへと低層化し，かつ各室の面積を縮小して大阪（難波）以下の製造所本館が計画されたことがわかる。「同一ノ型体」とある通り，正面図は共通した規範によって構成されていることが見て取れる。

　ただし，中央塔屋部の周辺を見比べてみると，細部の意匠はそれぞれの製造所ごとに異なっており，完全な複製というわけではない。さらに配置図を比較すると，正面から見えない敷地奥行方向については，各敷地の形状や本館の面積規模の広狭によって実は平面形状そのものが大きく異なっている。原型とされた淀橋製造所は外観だけでなく平面の構成もほぼ左右対称であったが，地方の製造所の計画ではその部分への拘泥は放棄されたことが読み取れる。そういった差異を随所に含みながらも，正門の中心軸と建物正面の中心の一致によって，全体としては左右対称の統一感ある立面構成を印象付けることに成功している。

　鹿児島製造所のみ，本館が「石造」とされており，他とは仕様が大きく異なる。『鹿児島工場のあゆみ』（日本専売公社鹿児島工場，1981. 3）には，その建築概要や建設経緯について，「市民期待の栄町工場の建設」（pp. 38-41）と題して一節を割き，数葉の写真［図 4-21，図 4-22］を紹介している。さらに，『鹿児島県史（第 5 巻）』からの引用として，「本県では全域がほとんど火山灰土壌におおわれレンガ製造に必要な良質の粘土に乏しいため建築用の強度あるレンガ製造は望めなかった。反面、石材が県下いたるところに産出し、石工技術も相当に進歩していたので石造建築が多く建設された」「…鹿児島市栄町にあった鹿児島地方専売局（現専売公社）のたばこ製造工場は、明治 40 ～ 42 年、石造二階建、瓦葺延坪 2185,522 坪で石造建築としては全国的にまれにみる大建築ではないかと思われる（中略）また明治 42 年旧専売局のたばこ工場の柱や梁を鉄骨構造とした」との記述が見える（p. 39）。同一の頁に，「建物　二階建石造工場　一棟建坪 1092 坪」とあることから，工場の建坪自体は先述の金沢や水戸などの製造所と同規模とわかる。「ルネッサンス風」との記述も散見されるが，これが設計者の言によるものかどうかを判別する材料はない。

　西南雄藩の一つである鹿児島では慶応元（1865）年には煉瓦の製造が始められたとされている[6]が，その品質面への不安や蓄積された石工技術への信頼に基づき，他とは異なる変則的な仕様に

図 4-21　鹿児島製造所（正面）
「工場正面玄関」（『鹿児島工場のあゆみ』p. 40）を引用。

図 4-22　鹿児島製造所（部分）
「工場の一部（石造ルネッサンス風の建物）」（『鹿児島工場のあゆみ』p. 40）を引用。

決定されたことが窺われる。在来技術の活用という意味では，仮工場の計画における和小屋組の採用とも通じるものがある。

2 大正期以降の展開

(1) 煉瓦造工事の継続と転換

『年報』全5巻の収録対象期間が明治45年度末までのため，それ以降の製造所工事の記述はないが，専売局 編『専売二十五年誌』（1922. 11）の「第一 煙草」では工場整備の全容について以下のように紹介がある（pp. 13–16）〔下線・傍点 引用者〕。

> 工場
> 創業当初ニ於ケル工場ハ両切紙巻煙草工場トシテ東京、京都ニ製造所分工場各二箇所ヲ口付紙巻煙草工場トシテ東京、京都、大阪、鹿児島ニ五製造所二十一分工場ヲ葉巻煙草工場トシテ東京附近ニ一箇所ヲ刻煙草工場ハ全国ヲ通シ三十二製造所五十六分工場ヲ設置シタリ。（中略）工場ノ建築ハ工費二千万円ヲ投シ製造開始以来二十箇所ヲ竣功シ現ニ工事中ニ属スルモノ四箇所アリ是等ノ新営工場ノ<u>多クハ煉瓦若ハ鉄筋混灰土建ニシテ作業上ノ利便ヲ主トシ照明、通風、俳塵、温度ノ調和、災害ノ防止其ノ他衛生上遺憾ナキヲ期セルモノナレバ敢テ輪奐ノ美ヲ誇ルニ足ラスト雖工場トシテ従来ニ比シ面目ヲ一新スルニ至レリ。</u>

この文中にある鉄筋コンクリート造の独立した工場建屋への言及は『年報』中の記載には見られないことから，中途での計画変更があったことが窺い知れる。『年報 第一』から『年報 第五』が収録する大正元（1912）年度分までに記載があるのは，淀橋・郡山・大阪（難波）・熊本・浅草・仙台・鹿児島・彦根・福岡・広島・金沢・山形・水戸の計13か所である。これらの内で煉瓦造もしくは石造での着工が記録されるのは，淀橋・大阪［図 4-23］・熊本［図 4-24］・浅草・鹿児島・金沢［図 4-25］・山形［図 4-26］・水戸［図 4-27］の8か所である。さらに，『年報』収録外の高崎［図 4-28］と仙台［図 4-29, 図 4-30］，名古屋［図 4-31a, 図 4-31b, 図 4-32］，京都［図 4-33a, 図 4-33b］は意匠上の違いはあるものの同じく煉瓦造であることが写真資料からわかる。したがって，鉄筋コ

図 4-23 大阪製造所の外観

川端直正 編『浪速区史』（浪速区創設三十周年記念事業委員会, 1957. 2）より p. 15「専売局大阪煙草製造所（大正9年）」。

図 4-24 熊本製造所の外観

『年報 第五』（北海道大学附属図書館所蔵，資料番号：0010279486）pp. 456–457 間に掲載の「熊本煙草製造所配景」。

図 4-25　金沢製造所の外観

絵葉書「(金沢名勝) 設備宏大なる金沢専売局 VIEW OF THE KANAZAWA MONOPOLY BUREAU, KANAZAWA.」(MADE IN WAKAYAMA), 筆者蔵。大正 7 (1918) 年から昭和 7 (1932) 年の発行。

図 4-26　山形製造所の外観

絵葉書 (山形市吉野屋絵葉書店製)。筆者蔵。右上の「たばこせんばい」は差出人による書き込みか。通信面には大正 2 (1913) 年 11 月 3 日の消印が残る。

図 4-27　水戸製造所の外観

絵葉書「水戸専売支局 第九回職工奨励会記念 (其一)」, 筆者蔵。明治 40 (1907) 年から大正 6 (1917) 年の発行。製造所の左手前にある庁舎は製造所より後の建設のため『年報』には記載がない。外観意匠は製造所とは異なるが, 煉瓦造であることは共通する。

図 4-28　高崎製造所の外観

絵葉書「高崎地方専売局工場全景」, 筆者蔵。昭和 8 (1933) 年から 19 (1944) 年の発行。植栽や鉄骨階段が写り込んでいることから, 中庭側と推定される。2 階窓部に二筋の白い帯が走る意匠は, 従前の煉瓦造製造所の外観とは異なる。

図 4-29　仙台製造所の外観

図 4-30　仙台製造所の内観 (筆者加筆)

大正 6 (1917) 年 5 月発行の新築落成披露会記念の写真帖より一部を抜粋。筆者蔵。奥付には「撮影所：小川寫眞所 (仙台市東二番丁), 印刷所：小川製版所 (仙台市大町五丁目)」とのみあり, 関係者頒布用の非売品と思われる。工場の外観はそれ以前のものとは意匠が異なり, 図 4-28 の高崎製造所と同様である。他方, 内観写真には木製と推定される柱や方杖が写り込んでいることから, 構造的には大きな変更はなく, 外壁煉瓦造に対して内部架構は木軸主体のままであることが窺われる。

図4-31b　名古屋製造所（部分拡大）

手前に庁舎，左奥に工場が見える。いずれも図4-29の仙台製造所と類似の外観であることが見て取れる。

図4-31a　名古屋製造所

絵葉書「名古屋専売支局」（発行者不明），筆者蔵。「大正六年元旦」の書面から，大正5（1916）年内には竣工していたことが窺い知れる。右下には「1917」とあり，賀状としての使用を想定して作成され関係者に配布されたものと考えられる。

図4-32　名古屋製造所 庁舎

絵葉書「名古屋専売支局」（浪越寫眞製版所発行），筆者蔵。庁舎の近景。玄関周りの意匠や外壁面の白帯が鮮明に見える。

図4-33a　京都製造所の全景

絵葉書「大阪地方専売局京都工場」（発行者不明），筆者蔵。左奥の煉瓦造3階建ては，伊藤重剛（2014）によると大正9（1920）年の竣工とされる。

図4-33b　京都製造所落成記念

絵葉書「落成紀念 大正十一年五月」（発行者不明），筆者蔵。紙面構成から推して，左のものと一揃いと思われる。3階建ての建物のみ先行して完成しており，手前の平屋建ての工場群の竣工をもって全体の落成とした可能性もあるが詳細は不明。

ンクリート造の導入はこれ以後ということになる。

　煉瓦造の工事に局所的に鉄筋コンクリート技術を取り入れた事例としては，山形製造所が挙げられる。『年報　第五』に掲載される「煉瓦造工場新築仕様書」中の 2 階床に関して，「『コンクリート』打防火構造（局部鉄筋『コンクリート』構造）」との記述が見える（p. 36）。

　第四款　東京（浅草）煙草製造所
　本所ノ様式及構造等ハ前巻ニ掲ケタルモノヽ内左右中庭階段室陸屋根亜鉛鍍鉄板葺ヲ<u>欧州ニ於ケル最近ノ陸屋根構造「アスファルト」葺ニ変更実施セリ</u>

　また，この他に欧州の最新事例に倣っての計画変更としては，『年報　第4』に記される浅草製造所がある（p. 3）。先に紹介した「最近欧米各国ニ建設セラレタル諸工場ノ長短ヲ取捨参酌セリ」との記述とも符合する。妻木と小林金平は，葉煙草専売所の施設計画が完了した後の明治 34（1901）年 4 月に，それぞれ「専売制度将来ノ計画上欧米ニ於ケル煙草製造場ノ建築并内部ノ装置等ヲ視察調査」[7] と「煙草専売ニ関スル諸営造物実地調査ノ為」[8] に米仏独墺 4 か国への派遣を命じられている。こうした海外事情の調査と施設計画への反映が，それ以後も継続して実施されていたことを窺わせる事例と言えるだろう。いずれにせよ，速成を最優先するがために途中段階での計画や仕様の見直しがあり得なかった，木造中心の従前の「専売建築」との計画方針の違いを示す一例と言える。

⑵　関東大震災との関連

　後発工事となった福岡[9] と広島の製造所については，営繕管財局発行の『事業年報　第二輯』（1936. 12）において，関東大震災後の復旧事業の一つに挙げられている（pp. 330–368）〔下線　引用者〕。

　第十二節　専売局所属工場其ノ他復旧
　　一　事業ノ内容及経費
　本節ハ震災復旧予算ニ属スル左ノ専売局所属ノ工事並ニ敷地買収ノ概要ヲ記述セリ
一、　専売局秦野試験場庁舎其ノ他新営
二、　東京地方専売局第一工場工場其ノ他新営
三、　東京地方専売局第二工場敷地買収其ノ他
四、　東京地方専売局淀橋工場復旧
五、　東京地方専売局横浜出張所庁舎其ノ他新営
六、　仙台地方専売局盛岡出張所工場其ノ他新営
七、　<u>広島地方専売局工場其ノ他新営</u>
八、　<u>福岡地方専売局工場其ノ他新営</u>
　右ノ内仙台地方専売局盛岡出張所工場ハ専売局ニ於テ東京地方専売局赤羽分工場ガ都市計画ノ関係上早晩他ニ移転ノ必要アルヲ以テ此ノ機会ニ於テ盛岡市ヨリ寄附願出ニ係ル土地ニ移転復旧ノコトニ決定ヲ見タルト又<u>広島及福岡地方専売局工場ハ震災後両切煙草需要増加ノ関係上是等ハ孰レモ震災復旧予算ヲ以テ新営スルコトト為シタリ</u>（以下略）

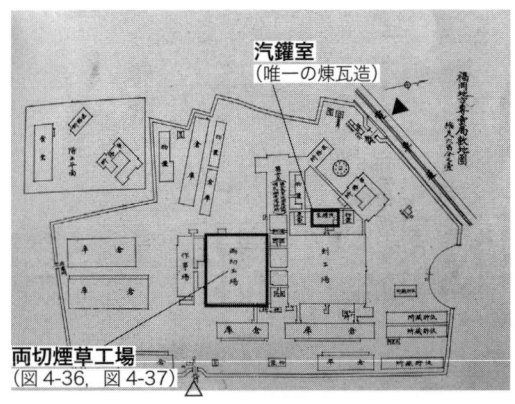

図 4-34 福岡地方専売局敷地図（筆者加筆）

図 4-35 福岡地方専売局全景

図 4-36 福岡地方専売局両切煙草工場（外観）

図 4-37 福岡地方専売局両切煙草工場（内観）

図 4-34 から図 4-37 は，すべて藤澤寫眞館『福岡専売支局要覧』（発行年不詳）より抜粋。

　ただし，震災復旧予算からの支出の根拠は，震災後の両切煙草の需要増加と説明されている。従前は刻み煙草や口付煙草を主流とした消費嗜好の変化に対して，震災復旧を名目にして工場設備の刷新を図ったことが考えられる。

　福岡地方専売局［図 4-34］の構内の主要建物は，煉瓦造の汽罐室を除きすべて鉄筋コンクリート造である。工場内外観の写真［図 4-35, 図 4-36, 図 4-37］からは，採光用に陸屋根に天窓を配し，作業性に配慮した明るい内部空間が計画されたことが見て取れる。本章でここまでに示した各地の煙草製造所は妻木在任中の計画かあるいはそれを継承したものであったが，それらとは一線を画した建物形状をしている。妻木の退任（およびその後の死去）と関東大震災という大正期の 2 つの大きな出来事によって，専売制度の創成期を支えた「専売建築」が終焉を迎えたことが示唆されている。

3　工事の発注方式と監理体制

　煙草製造所の工事発注の方式は「直営」と「請負」に二分される。その区分については，『年報　第一』の p. 21「第五節　工事ノ施行」に記述が見られる〔下線　引用者〕。

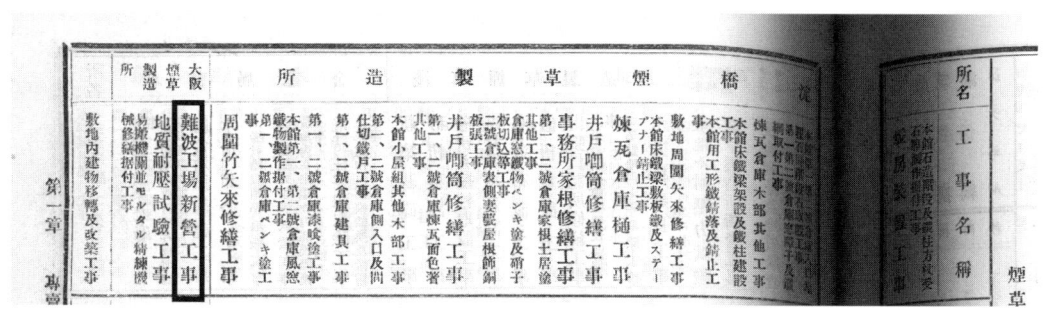

図 4-38　煙草製造所工事執行一覧表（四十一年度）（「工事名称」欄のみを抜粋，筆者加筆）

『年報　第二』（北海道大学大学院工学研究科・工学部図書室所蔵，資料番号：0010541030）pp. 484-485 より。淀橋煙草製造所では工事発注が細分化されているのに対し，大阪煙草製造所では枠線で囲んだように「難波工場新営工事」と一括される。

　　煙草ニ関スル工事中<u>直営ヲ以テ施行シタルハ淀橋煙草製造所ノミニシテ他ハ請負ニ付シ</u>之ヲ施行シタリ

　『年報　第一』の刊行時点という但し書きはつくものの，先行した東京淀橋製造所の工事に限り「直営」で行われ，大阪以降の地方での後発工事については「請負」で行われたことが読み取れる。さらに，「請負」の場合の施工者は，会計法規に則って競争入札と随意契約のいずれかで決められた旨が同頁に記されている。

　「直営」と「請負」の発注方式の違いは，それぞれの「工事請負一覧表」や「工事執行一覧表」に記載される発注工事の契約形態にも現れている。例えば，前者では「本館床鉄梁架置及鉄柱建設工事」や「暖房装置工事」，「本館小屋組其他木部工事」など契約単位が細分化され，それぞれを別の請負者が担ったのに対して，後者では「難波工場新営工事」のように一括した発注となっている［図 4-38］。

　淀橋製造所の工事で初めて取り入れられた 1 週 1 回の監督員の臨場は，直営工事として各工種毎に分離発注した結果，高頻度の現場監理が必要になったためと考えられる。仮工場の建築の際に出張旅費の節約が殊更に企図されたことと技手の人員不足を考え合わせれば，大阪（難波）や熊本以降の地方での請負工事においても同じ臨場頻度が維持されたとは考えにくい。

　淀橋と同様に東京府下の浅草製造所や後述する専売局庁舎についても工事は分離発注されており，これも「直営」と見なしてよいだろう。監理人員の派出費用がかからない場所での工事は，直営方式で高頻度の現場監理を行う方が費用対効果に優れると判断されたことが窺われる。

4　専売局庁舎の工事

　専売局庁舎［図 4-39］の新営工事は，製造所と同じ「専売局煙草製造所其他新営工事」の章中の一項目として『年報　第二』以降に記載が見える。その計画概要については『年報　第二』の第二編の記述が最も詳しく，以下のように記されている（p. 472）〔下線　引用者〕。

　第三款　専売局庁舎新営工事
　様式及構造　<u>煉瓦造ノ「レネーサンス」式</u>（引用者注：「ルネサンス」を指す）<u>ニシテ三層</u>、二層及平

図 4-39 専売局庁舎配景

『年報　第五』（北海道大学附属図書館所蔵，資料番号：0010279486）pp. 456–457 間に掲載の同一標題の写真を引用。

"New Building for Monopoly Bureau." Tokio.
Designed and Executed by Bureau of Construction,
Finance Department.

舍　廳　局　賣　專

大蔵省臨時建築部設計

図 4-40　"New Building for Monopoly Bureau." Tokio. 専売局庁舎

『建築雑誌』第 268 号巻末附図。上掲の竣工写真と同一の視点・画角で描かれており，角地に面した敷地の特性が外観上の特徴として強く意識されたことを窺わせる。事実，平面（図 4-41）・立面ともに左右非対称の構成となっており，煙草製造所の計画との差異を示している。
透視図の内容とは直接に関係はないが，図の上側の注記は，「大蔵省臨時建築部」の英訳名が "Bureau of Construction, Finance Department" とされていたことを示している。

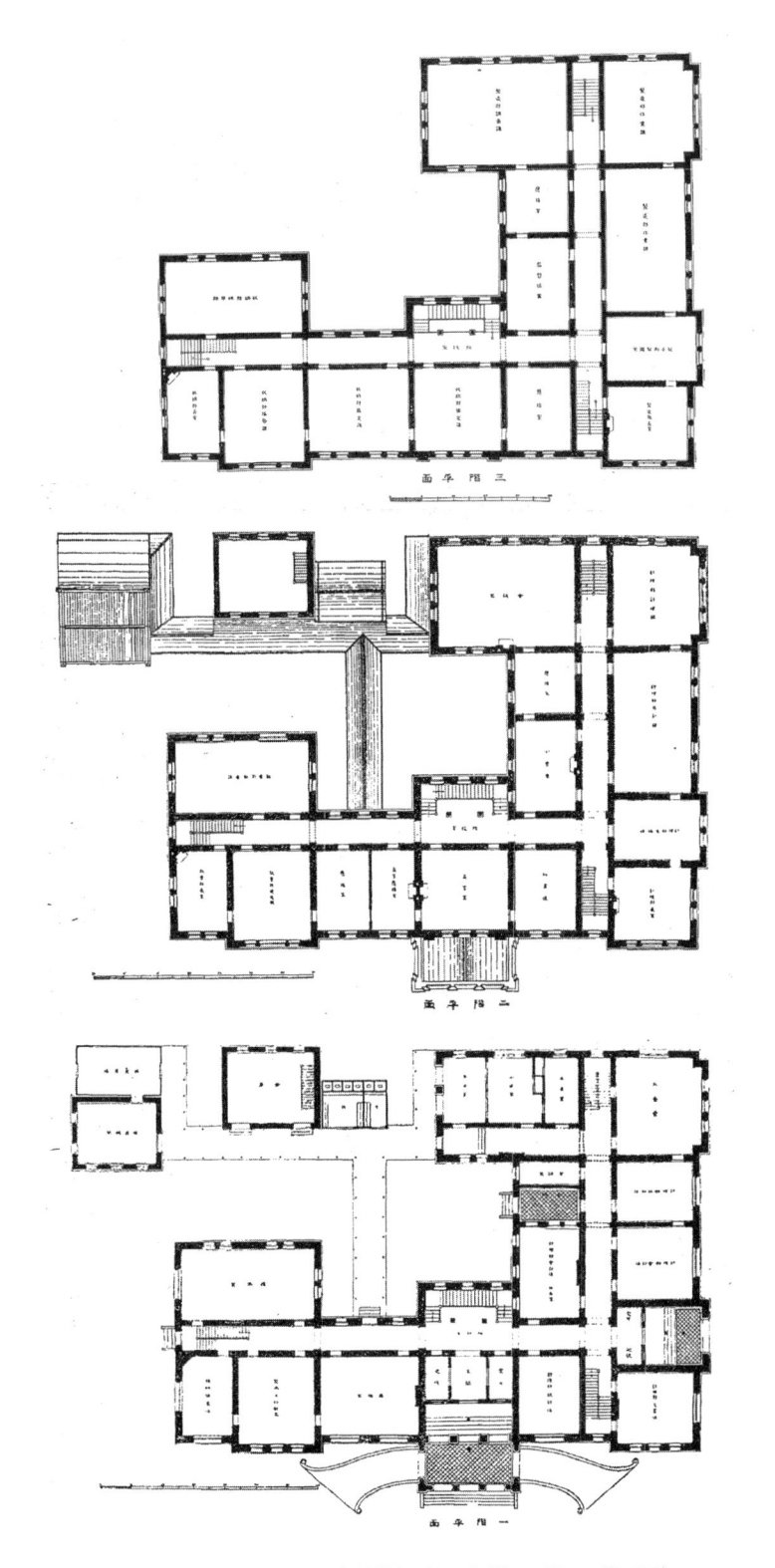

図 4-41　専売局庁舎新築設計図（1 階・2 階・3 階平面）

『建築雑誌』第 268 号巻末附図。複数頁にまたがって掲載されていたものを，筆者が階順に配列し直した。

158

家建ノ三種ヨリ成ル大別シテ本館（三層）倉庫（二層）及暖房機関室（平家建）ノ三種トス

建物ノ排列ハ建設地丁型道路ノ東南ニ面スル一隅ニ位置スルヲ以テ南面ヲ庁舎ノ正面トシ東面ヲ通用口トセリ構造ハ堅牢ニシテ実用的ナルヲ主トシ工費ノ許ス範囲内ニ於テ奢侈ニ渉ラサル程度迄装飾ヲ施セリ

部室ノ配置ハ執務上ノ便否ニ鑑ミ一階ハ経理部室外二十一室二階ハ長官室外十五室三階ハ製造部及収納部室ニ区画セリ此建地坪煉瓦真々三百七十五坪一合余外ニ車寄十三坪三合余トス本工事ハ前年度ニ継続シテ準備工事ヲ施行完了シ次テ本庁舎ノ基礎工事及地中煉瓦積工事ヲ実施セリ

意匠様式や装飾に関しては，製造所の工事概要には見られない「『レネーサンス』式」や「工費ノ許ス範囲内ニ於テ（中略）装飾ヲ施セリ」との記述から，専売局の本拠地として堂々たるものにしたいとの意向が窺われる。「レネーサンス」すなわちルネサンスとの記述を裏付けるかのように，窓開口の上部アーチの要石が強調された立面構成となっていることが，『建築雑誌』第268号（1909.4）に工事概要とともに掲載された図面［図4-40，図4-41］から読み取れる（p. 178および巻末附図）。これは，前掲の煙草製造所の立面にはない要素であるため，「レネーサンス」たる要件として扱われたものと思われる。一方でこの庁舎は，一般にルネサンス様式の特徴と捉えられている左右対称性（シンメトリー）[10]については満たしていない。第3章の「西洋形」と同じく，建築様式を指す語が本来の語義から外れるかたちで用いられた事例と言えよう。

前掲の『建築雑誌』の記事「専賣局廳舎新築工事」では，明治41（1908）年9月の着工から約半年が経過した時点で地中煉瓦積み工事を完了したことが報告されている（p. 178）。その文面には「側通り壁の全周には上中下段の三層にボールト及平鉄を以て構成したる締聯鉄（引用者注：原表記ママ）を挿入し（以下略）」「床は湯沸室及小使室の上部等火気の危険ある箇所には防火床を設け（以下略）」とあり，構法的には煙草製造所と同様に碇聯鉄や防火床が採用されていることも読み取れる。

この本庁舎の建設に先駆けて，専売制度の実際の運用に不可欠な葉煙草専売所や煙草製造所といった，組織機構の中では中下層に位置する施設計画が優先されたことは，それ自体が「専売建築」の一つの特徴と言っていいだろう。

小　結

本章では，葉煙草専売制から拡大移行された煙草製造専売制実施のための施設計画を取り上げた。煙草製造所の整備は，日露戦時下の明治37（1904）年4月の煙草専売法公布から同年7月の施行のため，まずは村井兄弟商会など民間事業者の設備を徴収するところから始まった。次いで木造の仮工場建設，煉瓦造の製造所へと展開された。その各段階の施設計画の概要を改めて整理すると表4-1のようになる。

さらに，段階的な施設計画の実施過程について，以下の点を明らかにした。

表 4-1　煙草製造所の施設計画の概要

区　分	数　　量	基 本 方 針	主要建物	様 式・構 造	特 徴・仕 様	
民間煙草工場徴収・模様替工事	村井兄弟商会：6 図 4-2 東洋印刷：1 岩谷松平：11 千葉松兵衛：7	＊秘密ヲ保ツヘキコト ＊清廉ナルヘキコト ＊公平且公正	土　地 建　物 器　具 機　械	＊既成構造中脆弱ノ部分ハ之ヲ取換若ハ添木ヲ為シ以テ堅牢ヲ計リ又耐震的構造ノ趣旨ヲ以テ各所ニ筋違若ハ狭方杖ヲ施セリ	－	
煙草製造仮工場 新営工事	70 か所 図 4-3， 図 4-4， 図 4-5	＊極メテ短日月ノ間ニ竣功ヲ要スルト一時的仮建築ナルヲ以テ努メテ工費ノ経済的ナルコトヲ要スル	工　場 事務所 貯蔵所	＊木造平屋建 ＊小屋構造ハ和洋両風ヲ折衷 ＊耐震的構造	配置・外観は洋式 ＊外部：打付下見張 ＊屋根：鉄葉板葺	＊屋根裏板張 ＊野小屋木舞打
煙草製造所 新営工事	24 か所 図 4-8 ～図 4-11， 図 4-15， 図 4-18 ～図 4-20	＊構造ハ堅牢ヲ旨トシ永久的且ツ防火設備ヲ施ス ＊最近欧米各国ニ建セラレタル諸工場ノ長短ヲ取捨参酌	工　場 事務所 倉　庫	＊煉瓦造（及木造）ノ洋式 2 階建て（淀橋は 3 階建て，鹿児島は石造） 木造／煉瓦造 木造／煉瓦造	＊防火床 ＊碇聯鉄構法	
専売局庁舎 新営工事	1 か所 （東京大手町）	会計検査院官舎を移転の上で新営工事を準備	庁　舎 図 4-39	＊「レネーサンス」式 ＊煉瓦造三階建	＊防火床 ＊碇聯鉄構法	

備考　＊は資料原文ママ。その他は筆者による要約。

　ⅰ）民間工場と製造設備の徴収・買い上げのために調査班が準備局建築部から派遣され，補償金額の査定は建築部長の妻木自らが行った。徴収家屋には耐震補強が施され，模様替えをした上で火災保険への加入手続きがとられた。煙草専売法公布から施行までの僅かな期間でまずはこの作業が優先され，戦時下における円滑な煙草製造専売制度の導入を下支えした。

　ⅱ）木造の仮工場では，配置・平面・外観において「洋式」の採用が強調されている。参考とした外国事例の存在などは明記されていないが，採光と通風のための中庭を確保するなど操業上の利便性を追求した室配置を指して「洋式」と表記したものと考えられる。ただし外観については，装飾的な要素は棟頂部の木製尖塔飾りのみで外壁にはペンキ塗りも施されてはいないため，表層的な意匠性についての言及ではないことが窺われる。工場施設に求められる製造工程を合理的に整理した形態そのものを洋式と称したのではないかと推察される。

　ⅲ）架構形式としては和小屋に火打や挟梁で補強を施した程度で，これは地方での急施工を前提として工期と工費を勘案した工事運営管理上の配慮として選択された。

　ⅳ）仮工場の工事監理には大蔵省地方機関所属の建築技術者が動員され，本部からは監督員が派出されるだけに留まった。これは本部の人員不足という本来的な要因に加え，出張経費の節減と本部の省力化という二次的な目的が加わったことによる。

　ⅴ）煉瓦造の製造所は「同一ノ形態」と称されてはいるものの，正面の構成が意匠的に共通の

規範に則っている程度で平面形状は個々に異なる。これは床面積および敷地形状の違いによるものであることが配置図の比較によって窺い知れる。碇聯鉄構法と防火床構法はすべての煉瓦造工事で等しく適用されており，妻木の代表作として知られる横浜正金銀行本店本館など他の煉瓦造工事との共通項が見られる。

　vi）煙草製造所は，関東大震災の発災前の時点で既に部分的ではあるが，鉄筋コンクリート造の導入と置き換えが始まっていた。震災前に敷地整備されながらも着工に至っていなかった福岡と広島の工場は，震災復旧予算により構内主要建物の大半が鉄筋コンクリート造で建設された。同予算支出の根拠とされたのは震災後の両切煙草の需要急増で，震災による建物被害やその対策についての言及は見られない。

　vii）東京の淀橋・浅草製造所と専売局庁舎のみが直営工事とされ，その他の地方での製造所新営工事はすべて請負式で発注された。直営工事ではより高頻度の監理臨場が行われたことから，出張経費のかからない東京での工事においては，工費節減の効果が大きく見込まれたものと考えられる。

　民間工場設備の徴収・木造の仮工場建設・煉瓦造での製造所建設という3段階に大別される施設計画のうち，妻木が臨時建築部長として直接に指揮を執ったのは，煉瓦造の初期段階までである。したがって，序章にて示した定義に従えば，煙草製造専売制の拡大期における鉄筋コンクリート造への計画転換は，厳密には「専売建築」の範囲外となる。

　また，同じ煉瓦造と言っても，大正2（1913）年頃までに竣工した熊本・水戸・金沢・山形と，それ以降の名古屋・高崎・仙台の製造所は明らかに外観の意匠が異なる。これは，断続的に施設計画の更新が行われていたことの証左である。妻木と小林金平が明治34（1901）年に米独仏濠に派遣された際の具体的な視察先や帰国後の継続調査の実情についてはさらなる調査に委ねる他ないが，上述の意匠変更や鉄筋コンクリート技術の導入も海外の事例に倣った結果である可能性は十分に考えられる。

　やや蛇足的になるが，幕末から明治期を通しての建築の発展を通覧した工学会・啓明会 編『明治工業史　建築篇』(1927) には，本章で取り上げた専売局庁舎（p. 642）・専売局淀橋工場（p. 748）・芝田町の煙草工場（pp. 748-749）の3件が掲載されている（物件名は上掲書中の記載ママ）。「専売建築」の大多数を占める木造建築の存在には全く触れられておらず，それらが当時の建築界の評価軸に乗っていないことを逆説的に示している。

注釈
1)「荒布石」という石の名称は，日光東照宮に関する資料や文献の中には管見の限り登場しない。名称については妻木の誤解や誤記の可能性もあろうが，日光に「阿房丸」をはじめとする巨石や石造品が多く分布することは事実である。
2)「官有財産整理図面ニ基キ計画セシ煙草製造仮工場名」として，以下が列記されている (pp. 84-85)。
　東京　大阪　今宮　横浜　秦野　姫路　長崎　新潟　関原　小出雲　岩井　太田　茂木　烏山馬頭　太田原　高田　四日市　山田　名古屋　富士　飯野　八日市　池田（長野県）　松本　須賀川　若松　大迫　米沢　東根　増田　鶴来　富山　米子　岡山　久世　中津井　高梁　井原広島　府中　三原　和歌山　池田（徳島県）　貞光　琴平　三島　松山　志波　臼杵　竹田　熊本　鹿児島　国分　都城　川内　指宿

3) 江川三郎八 (1860–1939) は福島県会津出身の建築技術者で，福島県を経て岡山県に勤めた。近年，LIXIL ギャラリーでの展覧会「〝江川式〟擬洋風建築―江川三郎八がつくった岡山・福島の風景―」（企画：LIXIL ギャラリー企画委員会，協力：江川三郎八研究会・清水重敦・真庭市・真庭市教育委員会，会期：大阪 2019. 12. 6–2020. 2. 18，東京 2020. 3. 5–5. 23) や同名の書籍（齋藤隆夫・清水重敦・森俊弘，小野吉彦 写真，LIXIL 出版，2019. 12) によって再評価が進んでいる。

4) 一例として，土台や「転シ根太」は材種の候補として杉赤身勝・欅・アスナロ・栗材が提示されている。

5) 堀内正昭「法務省旧本館に用いられた碇聯（ていれん）鉄構法に関する研究」（『日本建築学会計画系論文集』第 499 号，pp. 193–198，1997. 9) では，旧最高裁判所とともに本邦における碇聯鉄構法の使用例の嚆矢である法務省旧本館を取り上げている。同構法がエンデとベックマンによって地震国における耐震構法として明治 20 年代に採用され，彼らの下で製図に従事した河合浩蔵と妻木頼黄によって継承され普及したことを明らかにするとともに，フランス人技術者ジュール・レスカス（1901 没）が提唱した構法との間にも技術的な継承関係があったことを示している。

6) 鹿児島県立埋蔵文化財センターのデジタルコンテンツ「かごしまの考古学」の「第 3 回　奄美大島の赤煉瓦（れんが）」によると，慶応元 (1865) 年に白糖工場の建築部材として奄美大島で赤煉瓦が生産されたのが，鹿児島における赤煉瓦生産の始まりと考えられている。同地での出土品の品質については，焼きの甘さや粘土精錬技術の未熟さが目立つとの指摘がある。しかしながら，関東での赤煉瓦生産は慶応 2 (1866) 年の横須賀製鉄所建設，関西では明治元 (1868) 年の造幣局建設を契機として開始されたことを顧みれば，鹿児島は我が国の中でも早い時期に赤煉瓦生産が開始された地域であることは間違いない（鹿児島県立埋蔵文化センター「奄美大島の赤煉瓦（レンガ）」https://www.jomon-no-mori.jp/第3回%E3%80%80 (2021. 11. 30 閲覧）より）。

7) 国立公文書館所蔵の簿冊「任免裁可書・明治三十四年・任免巻七」（請求番号：任 B 00261100) の中の「大蔵技師妻木頼黄米国及仏独澳諸国へ差遣ノ件」（件名番号：023)。

8) 国立公文書館所蔵の簿冊「公文雑纂・明治三十四年・第十七巻・大蔵省一」（請求番号：纂 00558100) の中の「専売局技手小林金平米国及仏独澳ノ諸国へ派遣ノ件」（件名番号：013)。この時期は準備局建築部の発足前であることから，小林の官名は上記のようになっている。

9) 大正 15 (1926) 年 9 月起工，昭和 2 (1927) 年 12 月竣工。

10) クリスチャン・ノルベルグ＝シュルツ『西洋の建築―空間と意味の歴史』（前川道郎 訳，本の友社，1998. 7) では，ルネサンス建築の特性をフィリッポ・ブルネッレスキ (1377–1446) によるフィレンツェのサン・ロレンツォの古祭具室 (1420–1429) に見出すかたちで説明している。すなわち，「擬人的な古典的部材を意図的に再導入したこと」「もっぱら基本幾何的な諸関係を用いたこと」「空間的有心化を非常に強調したこと」の 3 つである。さらに，イタリアのルネサンスを代表する建築家であるレオン（レオーン）・バッティスタ・アルベルティ (1404–1972) の言葉を引いて「シンメトリーは諸要素を一体化して，『いっそう悪くするためでなければ，なにものも付け加えられたり，とり去られたり，変えられたりされえないであろう』というアルベルティの原理に従うところの自己完結的全体を形づくる」と補足する (p. 115)。

第5章
塩務局の施設計画
— 等級区分の細分化とその展開 —

　塩務局の設置は，煙草製造所にやや遅れながらも同じく日露戦時下に行われたため，仮工事を経た段階的な整備となった。と同時に，その施設計画は葉煙草・煙草製造専売のためのものに比べて，各局所の庁舎に細分化した等級が割り当てられ，それに応じた施設供給が実施された点が大きく異なる。第3章で取り上げた葉煙草専売所の施設計画でも，本所が一等と二等に区分されるなど等級に関する文言が散見される。ただしそれは，専売所そのものに対しての区分設定であって，その中に包括される個々の建築物を等級で区分し管理することは行われていない。本章では，塩務局およびその出張所の庁舎に設定された等級区分と平面計画および外観意匠の相関性を軸に，各等級の建設順序など供給制度へも言及しつつ，仮建物工事から本建築への施設計画の展開過程を整理する。

　まず，施設群の分布状況を図5-1に示す。序章でも述べた通り，出張所の瀬戸内海沿岸への偏在が明らかに見て取れる。

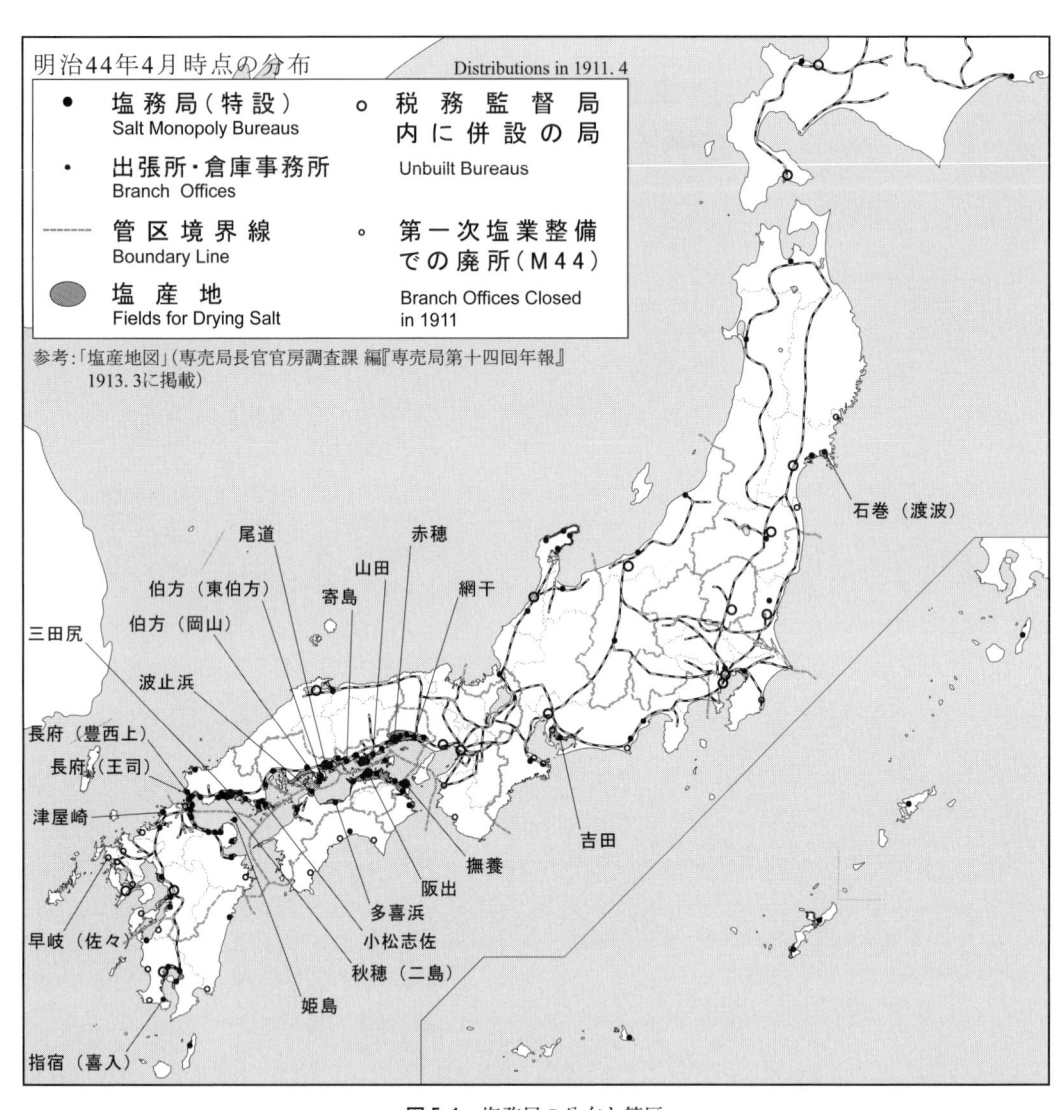

図 5-1 塩務局の分布と管区

第 1 節　塩専売所仮建物の新営工事

1　施設計画の基本方針

⑴　応急工事の仕様

　明治 38（1905）年 1 月の塩専売法公布後，2 月に建築費予算の配賦を受け，6 月の同法施行までの約 4 か月間という極めて短期間での施設整備が求められた。差し当たり各地の民有建物を借り上げて充当されることになったが，その不足分を補うために「塩専売所仮建物ノ新営及補足工事」が起こされた［図 5-2，図 5-3，図 5-4］。大蔵省主税局による敷地選定や借上手続きと並行して，仮庁舎［図 5-5，図 5-6］・仮貯塩庫［図 5-7］・上家・倉庫夫控所などが設計された。その計画概要を『成蹟一斑』より引用する（pp. 325–329）〔下線・ルビ　引用者〕。

第三款　建築計画ノ要旨及其ノ建設物ノ種類構造
明治三十八年七月一日ヨリ施行ニ係ル塩専売法実施ニ対スル応急ノ設備トシテハ差当リ民有建物ヲ借上ケ之ニ充用スルノ方針ヲ取リタリト雖モ尚ホ一時的仮建築物ノ新営ヲ要スルモノ五十六個所此ノ坪数約二万坪ノ多キニ上レリ（中略）其ノ建築地ハ何レモ海辺ニ僻在シ且時局ノ為メ（引用者注：日露戦争下であることを指す）材料労銀ノ暴騰ヲ呈セル等之レカ設計及実施ハ頗ル苦心焦慮ヲ免カルルコト能ハサリキ今其ノ計画ニ特種ノ注意ヲ加ヘタル事項ヲ挙クレハ左ノ如シ
　一　建築敷地ノ選定及借入ノ手続ハ主税局ノ主掌ニ属シタリト雖モ其ノ出張員ノ多クハ本部ヨリ派遣シ敷地ノ選定ト同時ニ之レカ測量ヲ並行シ其ノ報告ノ到達スルヤ昼夜兼行ヲ以テ設計ヲ完了シ直ニ入札執行ノ手続ヲ為シ一日モ早ク起工シ得ルノ順序ヲ取レリ（中略）之ヲ甲乙ニ二分シ其ノ最モ緊要ナル庁舎、上家及倉庫ノ幾部ヲ速成セシメ以テ塩専売法ノ実施ニ支障ナカラムコトヲ期セリ
　一　本工事ハ引続キ起工セラルヘキ本建築ノ竣功ニ至ル迄ノ間ニ要スル一時的仮設備ナルヲ以テ一面成ルヘク其ノ構造ヲ簡易軽便トシ工費ノ節約ヲ必要トスルト共ニ他面ニ於テハ海岸ニ頻繁ナル風害ヲ防ク為メニ其ノ構造ヲ堅牢ナラシムルノ必要アリ（中略）且貯塩ノ保存ニ必要ナル適当ノ斟酌ヲ加ヘカメテ実用経済的ナラムコトヲ期セリ
　一　本工事ノ施行ニ際シテハ時局ノ発展ニ伴ヒ戦地ニ於テ建築材料及諸職工ノ需要ヲ喚起シ為メニ内地ニ於テハ之カ欠乏ヲ告クルト共ニ其ノ価格及労銀ノ暴騰ヲ呈セルヲ以テ工費予算ノ按排ニ頗ル警戒ヲ加ヘ以テ全体ノ施行ニ違算ナカラムコトヲ期セリ
　一　本工事設計ノ要旨ハ略ホ煙草製造所仮建物ニ同シト雖モ其ノ倉庫其ノ他ノ構造上特種ノ施設ヲ加ヘタル要点ヲ挙クレハ凡ソ左ノ如シ
　　一屋根　屋根材料ハ或ルー一ヶ所ノ例外（引用者注：高松を指す）ヲ除キ其ノ他ハ総テ草葺ヲ以テセリ是其ノ工事ノ低廉ナルト建築地方至ル所供給ノ豊富ナルト今一ツニハ<ruby>鋲力板<rt>ブリキ</rt></ruby>ヲ使用セムカ盛夏ノ季節ニ於テ熱度ヲ室内ニ誘導シ為メニ貯塩ノ減量ヲ多大ナラシムルノ恐レアルトニ依レリ唯其ノ欠点トスル所ハ防火ノ効ナキニアリト雖モ本倉庫ニ貯蔵スヘキ食塩ハ不幸失火ノ厄ニ逢フモ寧ロ其ノ品質ヲ良好ナラシムルノ利益ヲ有シ利益ヲ有シ（中略）単ニ此ノ低廉ナル設備ヲ失フノ損害アルニ過キス故ニ建築上幾多ノ利便ニ鑑ミ防火不備ノ一点ハ忍ンテ之ヲ犠牲ニ供スルノ方法ヲ取レリ
　　一風害設備　海辺ニ頻繁ナル風害ヲ防クカ為メニ其ノ構造ヲ掘建トシ且十分ニ必要ナル筋違及方杖ヲ施シ極メテ堅牢ナラシメタリ

図 5-2　三田尻塩務局仮建築之図

『成蹟一斑』（国立公文書館所蔵，請求番号：ヨ３４８－００２０Ａ）pp. 372–373 間に掲載の図を引用。図 5-7 まで共通。

図 5-3　阪出塩務局潟元出張所

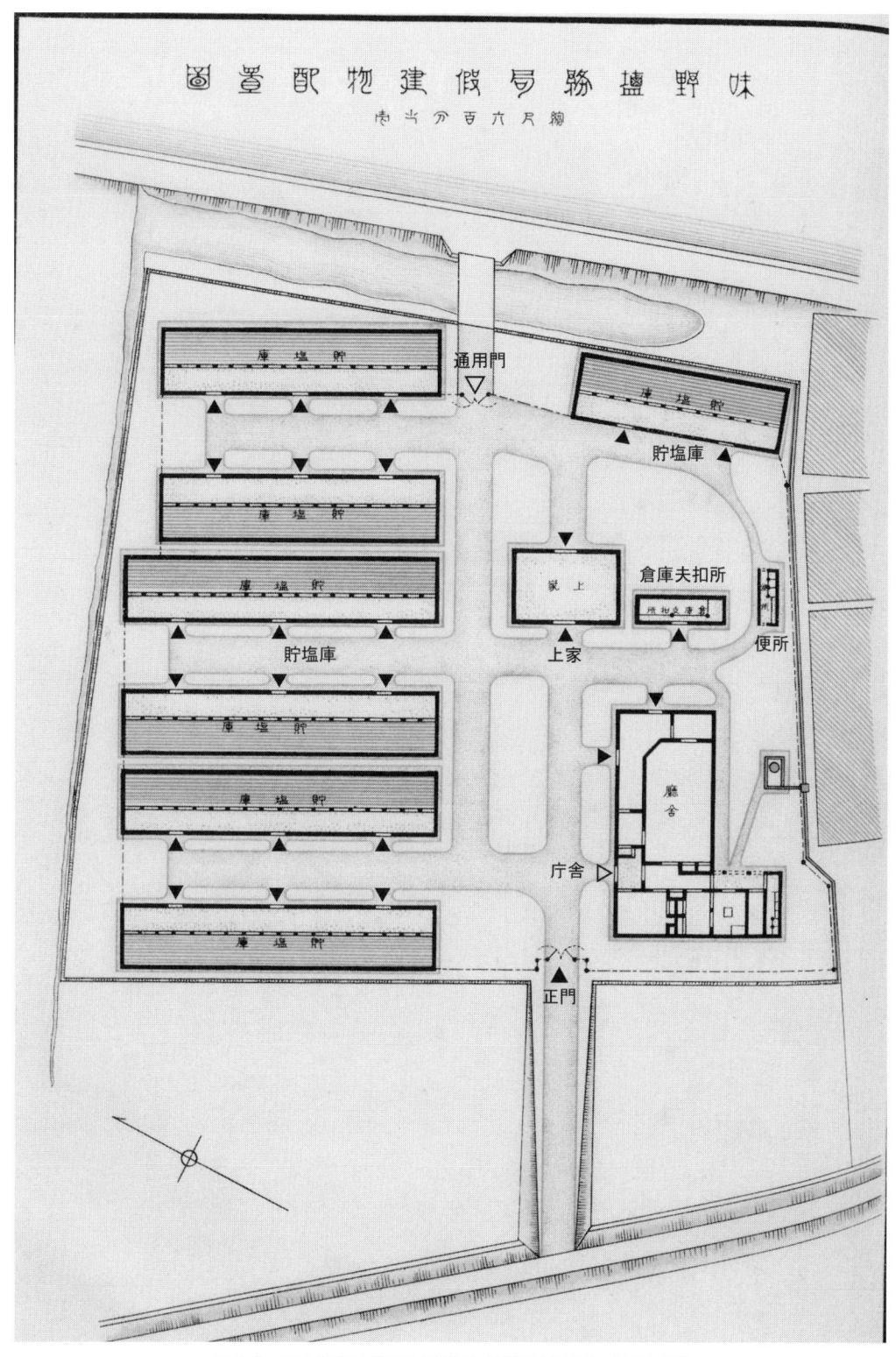

図 5-4　味野塩務局仮建物配置図（元縮尺 1/600，筆者加筆）

▲は敷地および各建物の出入口（主），△は出入口（副）を示す。
図 5-5 ならびに図 5-7 も共通。

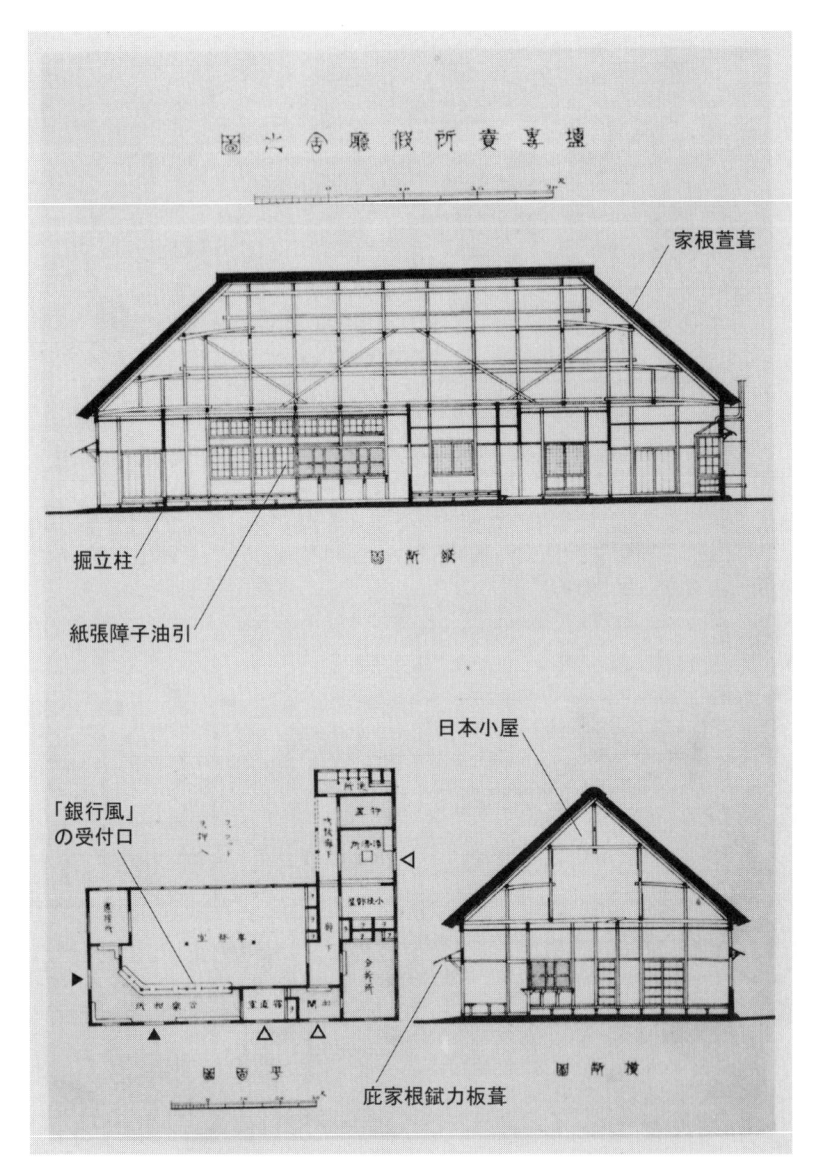

図5-5 塩専売所仮庁舎之図（縦断図・平面図・横断図，筆者加筆）

部材名称や各部の仕様は，『成蹟一斑』中の「第三款」の記述や各仕様書を元にした。
図5-7まで共通。

一倉庫ノ窓　倉庫ノ窓ハ貯塩ノ減量ヲ避クルカ為メ努メテ之ヲ狭小ニシ室内空気ノ流通ヲ妨クル
　　ノ必要アリト雖モ今却テ之ヲ稍々拡大ニセリ是其ノ本建築ニ於テハ別ニ荷造場ヲ設ケス若ハ荷
　　造場トシテ倉庫ニ廊下ヲ付セス是等ノ操業ハ都テ倉庫内ニ於テスルノ方針ヲ取リタルヲ以テ成
　　ルヘク窓ヲ拡大ニシテ光線ノ投射ヲ能クシ以テ其ノ操業ニ便ナラシメタリ
　　又障子ハ総テ紙張トシ油引ト為セリ是本工事ノ場所ハ概ネ僻陬ノ地ニシテ他ノ建築材料ト同シ
　　ク硝子板ノ供給ニ乏シク従テ代価モ不廉ナルヲ以テ其ノ地方ニ普通ナル紙張障子ト為シ而シテ
　　風損ヲ避クルト光線ノ投入ヲ助クルカ為メニ油引ト為セリ（以下略）
一倉庫ノ床　…従来民間ニ於ケル一般貯塩倉ノ設備ニ倣ヒ砂利敷簀子張ノ方法ヲ採レリ唯此ノ設
　　備ハ苦汁ヲ遺棄スルノ欠点アリト雖モ苦汁ヲ採取スルノ利益ハ其ノ設備ノ失費ヲ償フニ足ラサ
　　ルヲ以テ一時的タル本工事ニ於テハ却テ之ヲ不得策ナリトシ簡易ノ設備ニ止メタリ
一倉庫小屋裏物揚棚　倉庫ノ小屋裏ニハ総テ物揚棚ヲ設ケ叺、縄等ノ貯蔵ニ便ナラシムルト共ニ
　　水害ノ場合ニ於ケル避難所ノ用ニ供セリ（以下略）
一事務室　事務室ハ之ヲ囲障外ニ出シテ公衆ノ出入ニ便ニシ従来官庁ノ事務室ヲ深ク構内ノ奥所
　　ニ置キ徒ニ威厳ヲ装フカ如キ陋風ナキヲ旨トシ且其ノ受付口ハ全ク之ヲ銀行風ト為シ書類ノ授
　　受及応接等ノ簡易敏捷ナラムコトヲ期セリ

　　設計要旨は煙草製造所仮建物と概ね同じとの旨言及があるが，風の強い海辺に所在することや，
貯蔵物である塩と煙草との性質の違いから，構法および建築材料ともに特徴的な点がいくつか見
られる。まず，屋根は施工費抑制と屋内への遮熱を理由に鉛力板葺ではなく草葺（「萱葺」表記

図 5-6　塩専売所仮庁舎之図（正面図，筆者加筆）

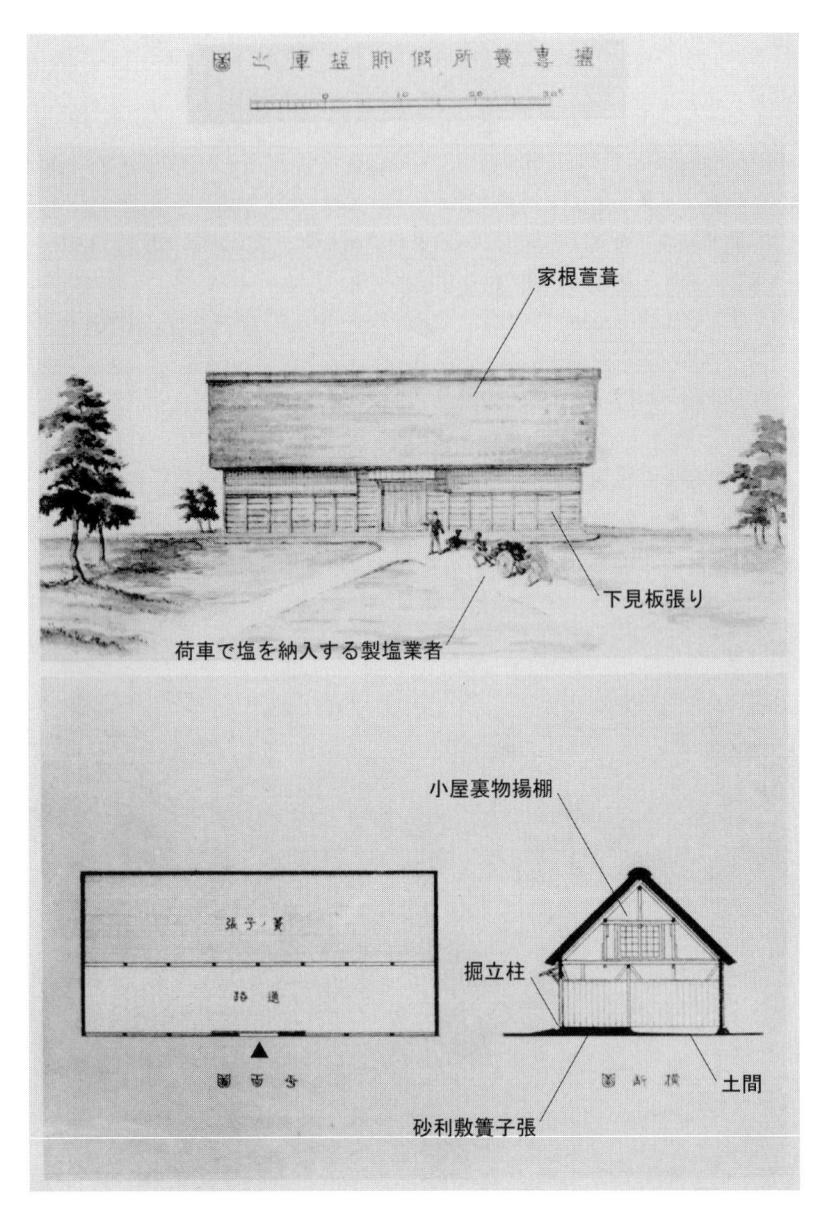

家根萱葺

下見板張り

荷車で塩を納入する製塩業者

小屋裏物揚棚

掘立柱

土間

砂利敷簀子張

図5-7 塩専売所仮貯塩庫之図（正面図・横断図・平面図，筆者加筆）

も混在）とされている。塩専売所の立地が市街地から隔絶した海浜地であり火災時の延焼の危険性が限られる点と，倉庫に貯蔵される塩は焼損の恐れがないことが判断の根拠である。高松については唯一，敷地周囲が人家稠密で前者の条件を満たさないことを理由に，例外的に鈇力板葺が使用されている。窓の板ガラスも，地方における供給状況への不安から紙張障子油引で代替された。事務室の仕様については，その等級設定とあわせて後述する。

⑵　広島臨時仮議事堂との共通項

　基礎を打設せず掘立柱を用いる手法，さらに障子戸を外部建具に使用する手法は，日清戦争中の明治27（1894）年に妻木頼黄らが手がけた広島臨時仮議事堂との共通点として指摘できる。同議事堂は第7回帝国議会の開期中（10. 18–22）のみの使用を想定されたことから工期短縮を最優先して掘立柱の採用に至ったが，堅牢な仕上がりにより明治31（1898）年まで陸軍関連の施設として使用された実績があった［図5-8，図5-9］。妻木は，造家学会での議事堂建設に関する講演とその後の質疑応答[1]で各部の詳細や工事の進め方について一通り紹介している。その一部を以下に引用する〔下線　引用者〕。

　…総て軸部には悉く筋違を用い床下は縦横根堅めを付し建物全体を締束し充分堅牢に致しました積りでございます遡りまして地質及軸部建方の御話しを致します此議院敷地の地質は砂地にして深五六尺の所は極く宜しふ御座りますから各柱当りの所を深三尺宛の壺堀に致しました（中略）便殿及議場の外は日本小屋造りに致し悉く大貫を以て筋違を入れ桁行及梁間の振れを予防致し置きました（中略）故天井を折上げにしたかと云ふと平天井は議場の高さを減じ且足場を建てなければならぬ
　若し足場を建てるとすると下で仕事が出来ませぬ下には床の工事もあり尚ほ敷物も敷かねばならず天井も同時に張らなければなりませぬから天井張は陸梁を足場に使用し上で仕事が出来ると同時に下で種々の仕事の出来る工夫に致しました（以下略）

　論評
　（略）
　問（辰野君）　小屋は削つてありますか、
　答（妻木君）　小屋は削つてありませぬ、

図5-8　広島臨時仮議事堂外観　　　　　　　　　　　**図5-9**　貴族院議場内観

参議院「仮議事堂～現在の議事堂が建てられるまで」https://www.sangiin.go.jp/japanese/70/70-1.html（2020. 10. 1閲覧）より引用。長谷川堯（1981）によると，図5-8中央が妻木頼黄。脚を組んでいる人物を指すと思われる。

　問（辰野君）　ペンキを塗つたと云ふのではありませぬか、

　答（妻木君）　皆白木でございます、それから御話が色々になりましたが<u>前面だけは硝子障子になつて</u><u>居て他は引違の日本障子になつて居ります</u>、<u>外部に接した所は油紙で張つてあります</u>、

　問（河合君）　年限は今からどの位保つ御見込でありますか、

　答（妻木君）　此年限は土地に依りますのでございますが<u>充来掘立造りでありますが地所が砂地であり</u><u>ます故存外に保つだらうと思います</u>、私の見込では三四年は此儘で保つだらうと思います、併ながら大体一週間長くて二週間の積りでありましたから充分な構造のものではありませぬ、

　問（河合君）　一体広島の風はどうでございます、

　答（妻木君）　風は随分吹くということを聞きましたから<u>筋違を充分に入れました</u>、

　上掲のように，仮設建築であること・地方での工事・工期短縮・耐風の必要性という複数の共通する与条件から，広島での施工例を踏襲したことが推定される。ただし，臨時仮議事堂では貴衆両院議場の小屋組は大スパンを無柱とする必要があったこと，さらに天井仕上げ省略による工期短縮のために小屋組現わしとされたこともあり，トラス架構が採用された[2]。これに対して，塩専売所仮建物は建物の用途や規模の違いは当然のこと，すべての建物が地方大工が慣熟する和小屋組とされた点は異なっている。

　供用開始までの期間の短さ故に，塩専売所仮建物の新営工事における構法や材料の選定に関しては，機能性を確保しながらも仮設ならではの思い切った設計判断が随所に見て取れる。一方で，庁舎や貯塩庫の外観の意匠性については，殆ど顧慮された形跡は見られない。

2　監理体制の整備

　監理体制としては，葉煙草専売所の造営時と同様の説明員・督役員に加えて，全国を7区に分割しそれぞれに各1名の常置監督員が置かれた［表5-1］。常置監督員は受け持ちの区域内の各現場を，半月に一度は臨場するペースで巡回した。さらに本部からは，常置監督員の臨場時期の間隙を埋めるようにして臨時監督員が派遣された［図5-10］。ごく一部の例外を除いて基本的には2人1組での派出となっており，常置監督員の受け持ち区域を跨ぐかたちで複数の区域を同一の臨時監督員が巡回した。技手と雇がその多くを占めてはいるが，技師の妻木と矢橋が自ら臨場した事例も見られる。技師の巡回があった区域は第1・3・4・5区で，瀬戸内の塩産地を中心にとくに局所が集中し重要視されたためと推測される。塩専売所の仮建物工事は，竣工期限が差し迫っていたことと建設地が西日本に偏在したことから，より集中的に監理人員が配置されたのであろう。

　また，本部からの出張員には現地処理の円滑化のために事前講習が施されたことが『成蹟一斑』「第二欵　塩専売所仮建物ノ新営及補足工事」の「第六項　工事説明及現場督役」に記されている（pp. 388-389）〔下線　引用者〕。

　塩専売準備ニ関スル仮建物ノ構造ハ普通ノ工事ト稍ミ其ノ趣ヲ異ニシ且最モ急施ヲ要スル工事ナリシ

表 5-1　監督員の配置

監督区域	工場所在地	工事数量	常置監督員	臨時監督員
第 1 区	鹿児島・熊本・福岡・長崎	計 8 か所	技手　岩崎彌太郎	技手　小野寺廣吉　＋　雇　清水郡一郎 技手　沼尻政太朗　＋　雇　稲葉榮之輔 技師　矢橋賢吉　＋　技手　原田悦三
第 2 区	大分・高知・愛媛	計 11 か所	技手　藤井平次郎	嘱託　鑓田作造　＋　技手　田中豊太郎 技手　沼尻政太朗，技手　小野寺廣吉
第 3 区	香川・徳島	計 9 か所	技手　勝又六郎	嘱託　鑓田作造　＋　技手　田中豊太郎 技師　矢橋賢吉　＋　技手　原田悦三 技手　小野寺廣吉，雇　有吉初熊
第 4 区	山口	計 11 か所	技手　桑畑梅太郎	嘱託　鑓田作造　＋　技手　田中豊太郎 技師　矢橋賢吉　＋　技手　原田悦三 技手　沼尻政太朗　＋　雇　稲葉榮之輔
第 5 区	広島・岡山・兵庫	計 10 か所	技手　植田松四郎	技手　沼尻政太朗　＋　雇　稲葉榮之輔 技師　妻木頼黄　＋　属　井上理三郎 技師　矢橋賢吉　＋　技手　原田悦三 技手　原虎之助
第 6 区	三重・愛知・静岡・石川	計 6 か所	常置せず	技師　矢橋賢吉　＋　技手　原田悦三 技手　沼尻政太朗　＋　雇　稲葉榮之輔 技手　大久保忠親
第 7 区	福島	計 1 か所	常置せず	技手　大高精

「塩専売所仮建物新営工事監督一覧表」（『成蹟一斑』pp. 398–403）を元に筆者作成。臨時監督員の人名間の「＋」は，2 名 1 組での巡回臨場を表す。天野（2022b）が指摘した葉煙草専売所の現場監理体制と同様に，技師や経験豊富な技手と経験浅い者を組ませて実地教育的な効果を期待した可能性がある。

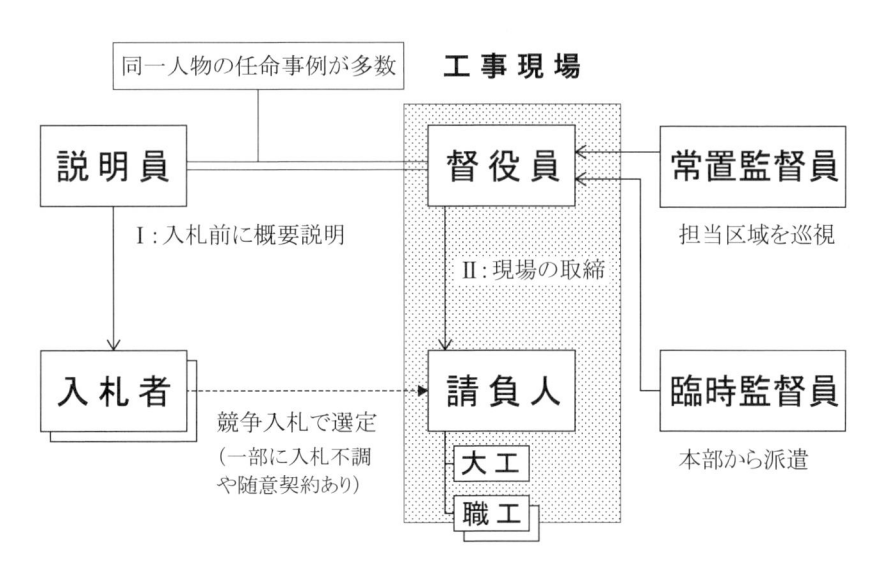

図 5-10　「塩専売所仮建物ノ新営及補足工事」の監理図式

ヲ以テ工務上ニ於ケル<u>処理ノ敏速ヲ期スル為メ</u><u>工事説明現場督役及監督ノ衝ニ当ル本部技術員ヲ集メ</u><u>数日間講話ヲ為セシニ其ノ成果甚タ良好ナルヲ得タリ</u>

　従前は契約に規定がありながらも適用実態が不詳であった工事遅延時の賠償金については，松原（8日間遅延）・高松（20日間）・潟元（7日間）・鳴門（4日間）での実際の徴収が「竣功期限ニ遅延シ賠償金ヲ徴収セシ工事一覧表」（p. 379）に記録されている。竣工の遅れが塩専売法施行の障害に直結する事態を恐れるあまり，従来になく厳格に罰則が適用されたものと思われる。

3　仮庁舎の計画と塩専売所の等級区分

　仮庁舎の平面計画においては，事務室と公衆控所を「銀行風」の受付口で区画し，書類授受や応接を想定した構成とされた。庁舎内のその他に分析室・小使室・湯沸所・物置場が設けられ，さらに一等から三等の庁舎には応接室と宿直室が，塩務局所在地庁舎には局長室が備えられた。

　局所の等級区分は，11等級に等外を加えた計12段階にも及ぶ細かな設定となっている［表5-2］。ただし，庁舎自体のみに限定して見ると，建設実績のない一等・三等・九等・等外を除いて実質的には5段階の構成である。その庁舎に加えて，上家や倉庫夫控所などの付属施設の坪数の組み合わせによって，区分が実現された。施工実績は五等から七等の中位等級にやや集中するものの，上下に満遍なく分布している。等級区分を大まかにして本来必要な規模に比べ余裕を見

表5-2　塩専売所仮建物の等級区分

等級区分	数量	庁舎坪数	庁舎以外の主な施設	局　　所　　名
一　等	0	122 ※	-	-
二　等	4	102.50	倉，上 21.0，控 7.5，便	撫養 **，中関，<u>阪出</u> **，<u>大塩</u> **
三　等	1	-	倉，上 21.0，控 7.5，便	<u>赤穂</u> **
四　等	2	85.75	倉，上 21.0，控 7.5，便	潟元，味野
五　等	10	62.75	倉，上 12.0，控 7.5，便	平生 **，<u>松永</u> **，秋穂（浦），竹原 **，吉田 **，高松 **，<u>山田</u>，西伯方 **，<u>日比</u>，詫間 **
六　等	11		倉，上 12.0，控 4.5/6.0，便	小松志佐 **，下松 **，小波瀬 **，西市來 *，福川 **，牛窓 **，<u>腹赤</u> **，<u>飯田</u> **，徳島 **，<u>波止浜</u> **，多喜浜 **
七　等	8	42.25	倉，上 12.0，控 4.5，便	鏡 **，長府 **，東黒部 **，三里 **，姫島 **，<u>東大分</u> *，津屋崎 **，阿村 **
八　等	4		倉，上 6.0，控 3.0，便	蒲郡 *，喜々津 *，三津浜 *，神社
九　等	1	-	倉，上 12.0，控 4.5，便	<u>新浜</u> **
十　等	5	27.00	倉，上 12.0，控 4.5，便	柳井津 **，鳴門 **，秋穂（青江），<u>西浦</u>，岡山 *
十一等	8		上 12.0/6.0，控 4.5/5.0，便	本渡，中村（福島県）**，見能林 **，松原 *，<u>白浜</u> **，<u>静波</u> *，<u>盛口</u> *，<u>曽根</u> **
等　外	2	-	上 12.0，控 3.0，便	<u>安芸</u>，中村
備　考		倉：仮倉庫，上：上家，控：倉庫夫控所，便：倉庫夫外来人便所，巡：巡視控所（補足工事として，表中 * の局所に 1.0 坪，** に 1.5 坪を設置。町山口は補足工事 1.0 坪のみ記載あり）。下線付きの局所は庁舎なし。		
		※一等庁舎の坪数は『成蹟一斑』に記載がないため，大蔵省主税局 編『塩専売事業年報第一回』（1906. 10）p. 13 を参照した。		

「塩専売所仮建物工事種類及数量一覧表」および「塩専売所仮建物補足工事種類及数量一覧表」（『成蹟一斑』pp. 329–333）より作成。地名・局所名は旧字体を改める他は原表記に従った。例えば「阪出」と「坂出」の混在が見られるが，依拠する各史資料中の表記ママとした。以下，共通とする。

込んだ坪数の施設を割り当てるよりも，細かな区分を設定した方が材料費の上からも無駄なく合理的と判断されたのだろう。供用期間の限られた仮建物であることからも，過剰な設備投資を嫌い，各局所に必要十分な規模の営繕を意図した結果として細かな等級設定に至ったと考えるのが説得的であろう。

4　葉煙草専売所の施設計画との関連

　阪谷主税局長の葉煙草専売所竣工後の現場視察に触れた部内演説は第 3 章で紹介した。そこでは，事務所が奥まっており往来に面さず，倉庫との距離も遠いことが業務上不適当と指弾されたわけである。それに対して，塩専売所の構内配置は操業上の効率に配慮した整然たる合理的な配列が謳われ，庁舎は敷地正面側の立地と改められた（p. 328）〔下線　引用者〕。

　　建物配列ノ方法ハ敷地図面ニ対照シ<u>操業上ノ便利ヲ企図シテ計画</u>シ特ニ倉庫ニ於テハ注意ヲ加ヘ普通門或ハ荷揚場ヨリ通スル<u>構内道路ノ左右ヘ翼状ニ整然配列シタル</u>「バラックシステム」ニシテ各棟其ノ前面出入口ハ相対シテ共通路ヲ挟ミ背面ハ僅ニ六尺ヲ距ルノミニシテ排水溝ヲ設クルニ備ヘタルニ過キス如斯<u>節約ノ配置ヲ以テシタル</u>カ故ニ其ノ敷地ハ全坪数ノ約二倍半ニ過キサルモ優ニ<u>構内ニ必要ナル空地ヲ存スルヲ得タリ</u>

　前後の文脈から，文中の「バラックシステム」は仮設性に力点を置いた記述ではなく，兵舎のように桁行方向に細長い建築物を一定間隔で配列するという配置計画についての言及と理解できる。あたかも，倉庫の配置が非合理的との指摘や倉庫前の中途半端な緑地に対しての指摘を念頭に置いた，改善提案のようである。先述の庁舎受付口を「銀行風」とする表記も，葉煙草専売所の配置と平面計画を「役所風」過ぎると断じた阪谷演説を意識したものに見える。これら両施設計画の実施には 5 年以上の歳月の開きがあるが，阪谷の指摘を受けて逐一修正回答を作成したかのように，内容的には照応したものとなっている。

　塩専売所は葉煙草専売所と同じく，そこで製品を生産する場ではない。あくまでも民間事業者が生産した一次産品を鑑定・秤量買い上げの後に保管するための場という点で，事務所（庁舎）と倉庫を中心とした基本的な施設構成は類似している。そのため，先の阪谷の指摘を反映することが可能であり，同時に必要でもあったと考えられる。

第 2 節　塩務局の新営工事

1　施設計画の基本方針

⑴　局所の構成

・工事の概要

　「一時的仮設備」として急造された塩専売所仮建物の「其設備ヲ完全ニスル為本工事ヲ起スノ必要アリ」[3] として，日露講和後の明治 39（1906）年から臨時建築部によって「塩務局所新営工事」

が着手された。塩専売所仮建物の設置地名と重複するものも多いが，同一敷地内での建て替えで
はなく，業務の中断を避けるために近隣に別敷地を用意して完成次第移転することとされた。全
国の塩産地に局22か所が置かれたが，経費削減のため実際に施設が新築されたのはわずか6か
所に留まる。その他の16か所が，既設の税務監督署内に併設された。各局の傘下にあって塩の
品質鑑定や秤量の窓口として機能する出張所は，塩田の近辺に計108か所が施工された。局も塩
田の集中地域では同様の役割を担うが，それ以外では出張所の統括や流通経路上の拠点という役
割が大きい。16か所もの塩務局が新築を要さなかったのはこのためである。これによって，局
は税務監督署内に併設されたため固有の建物施設を持たないが，その傘下の出張所や倉庫事務所[4]
は新築整備の対象になったという例も存在する。

・構内の建物配置

　局および出張所は　「木造西洋館」の庁舎・塩倉（梁間6間と4間の2種）・上家（甲・乙・丙
の3種）・煉瓦造の文書庫から成る。構成の大枠は仮建物と同様と言えるが，文書庫が書類や帳
簿の保管用に加えられている。保管文書の焼亡を防ぐため唯一煉瓦造とされ，入口や窓には鉄扉
が取り付けられた。『年報』には，六等・七等・八等の各庁舎［図5-11，図5-12］と塩倉［図5-13，
図5-14］，上家［図5-15］の平面図と正面図のみが所収されており，文書庫は図面が現存しない。

　それら個々の建物を局所の敷地内にどのように配列計画したかを示す配置図は『年報』には一
例も収録されていないが，名古屋塩務局吉田出張所（愛知県）［図5-16，図5-17，図5-18］の稼働
後の構内配置図［図5-19］が現存する。これは，愛知県幡豆郡吉良町教育委員会　編『吉良の塩田
—幡豆郡の製塩業に関する調査報告—』（2011.3）にて「巻頭図版3」として紹介される明治44(1911)
年6月22日付の測量図である。同図からは，仮建物よりもさらに庁舎の正面性が意識され直接
前面道路に面して計画されたこと，構内にまで水路が引き込まれ舟から直接の荷揚が想定されて
いたことの2点が確認できる。水路については，各局所の立地や周辺環境によって左右されるた
め容易に一般化はできない。しかしながら，塩務局所が基本的に塩田に近接して設置されたこと
を考えれば，吉田出張所だけに限られた例外的な仕様ではないだろう。

(2)　工事運営管理の手法

・監理人員の配置

　施工局所の数が仮建物工事を倍加し長期化したことによる常駐経費増大の恐れや，塩の産額が
大きい重要地の出張所建設が優先されたために現場が広く分散し，担当区域の線引きが単純には
いかなかったこともあり，常置監督員は置かれていない。短期間の集中工事であった仮建物に対
し，2年以上の期間を設けて順次その置き換えと増設を図る中期的な計画とされたことも，同一
の監理手法が不向きと判断された要因の一つであろう。また，煙草製造仮工場の施設計画が完了
したことによる人員的な余裕もあっただろう。さらに，塩専売制度は既に仮建物で施行済みだっ
たという制度運用上の要因もあってか，煙草製造仮工場の造営時ほどには外部嘱託による現場督
役も多くは見られない。結果的に，監理の体制としては，当初の葉煙草専売所の施設計画時と同

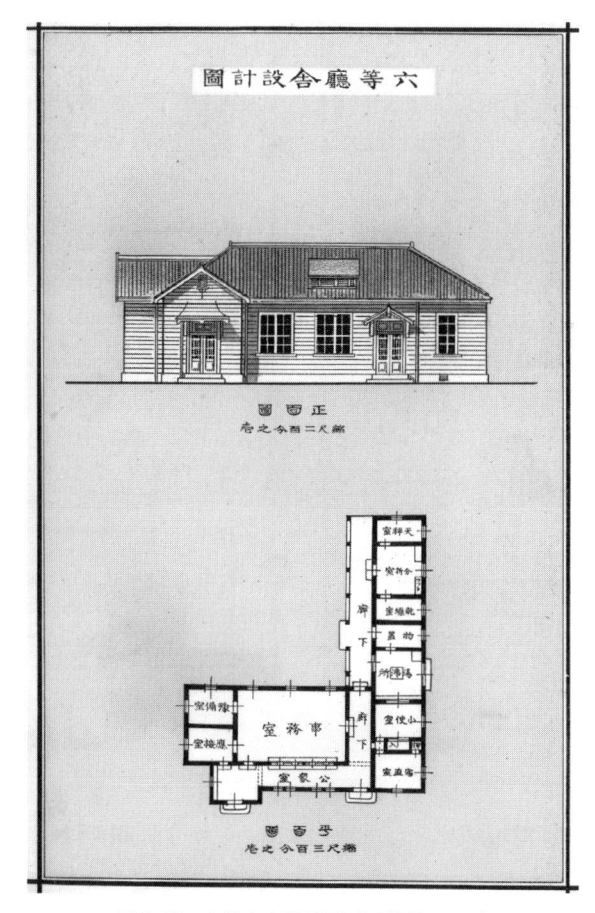

図 5-11　六等庁舎設計図（元縮尺 1/300）

『年報　第一』（北海道大学大学院工学研究科・工学部図書室所蔵，資料
番号：0010541030）pp. 173–175 間に掲載の図を引用。図 5-15 まで共通。

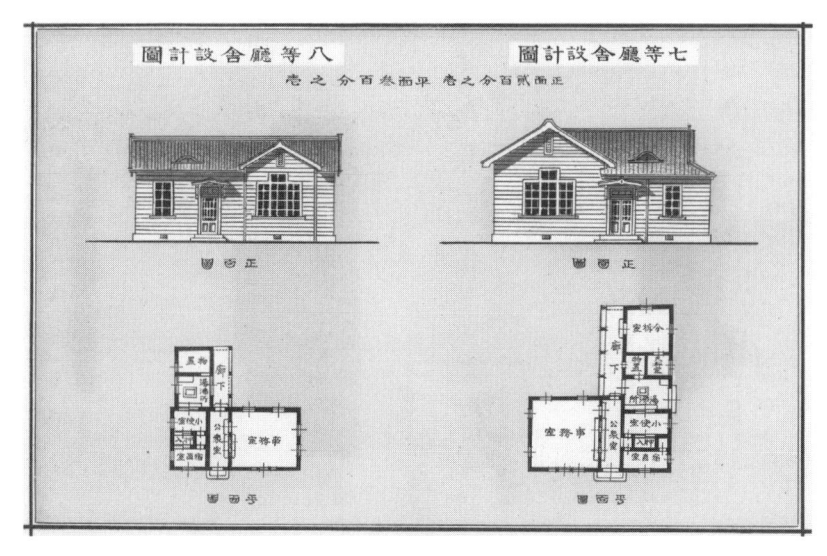

図 5-12　七等庁舎設計図・八等庁舎設計図（元縮尺 正面 1/200・平面 1/300）

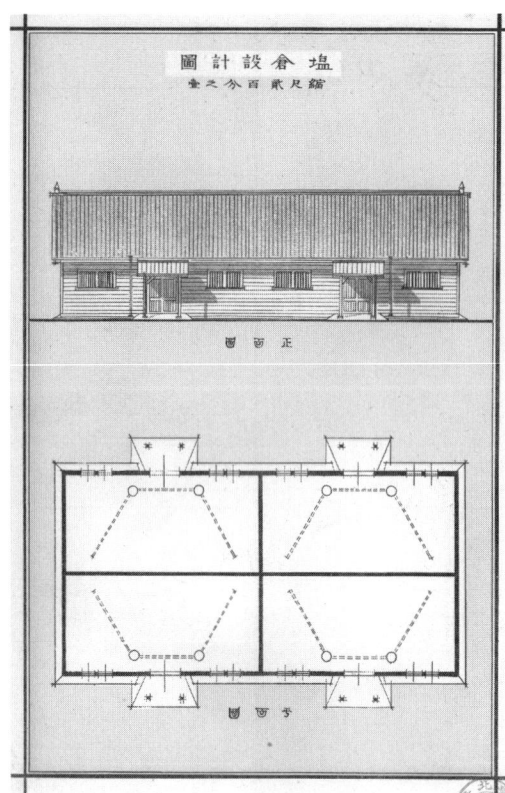

図 5-13 塩倉設計図
（梁間 6 間 正面図・平面図　元縮尺 1/200）

図 5-14 塩倉設計図
（梁間 4 間 正面図・平面図　元縮尺 1/200）

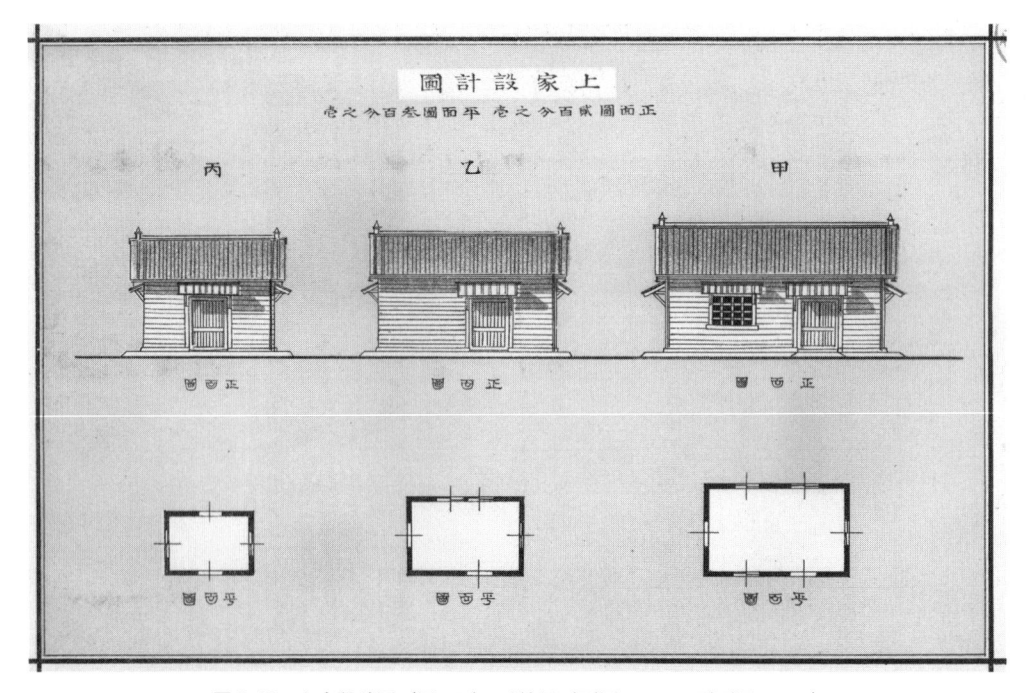

図 5-15 上家設計図（甲乙丙　元縮尺正面図 1/200・平面図 1/300）

図5-16　吉田出張所前の叺配送
（1953）

吉良町教育委員会 編（2011）p. 20 の
「第 19 図」。吉田塩業株式会社の提供
と紹介される。トラック荷台の奥が
庁舎の玄関部分にあたる。

図5-17　文書庫（1970 前後）

図5-18　梁間 6 間の塩倉（1970 前後）

吉良町教育委員会 編（2011）p. 17 の「第 12 図」。昭和 46（1971）年に管内での塩
生産が終了した後は煙草の取扱いを行っていたが，昭和 60（1985）年 9 月末をもっ
て閉鎖された。この他にも梁間 4 間の塩倉と塩鑑定場（図 5-19 中には記載なし）の
写真も掲載されているが，すべて出張所閉鎖後に取り壊されており現存しない。

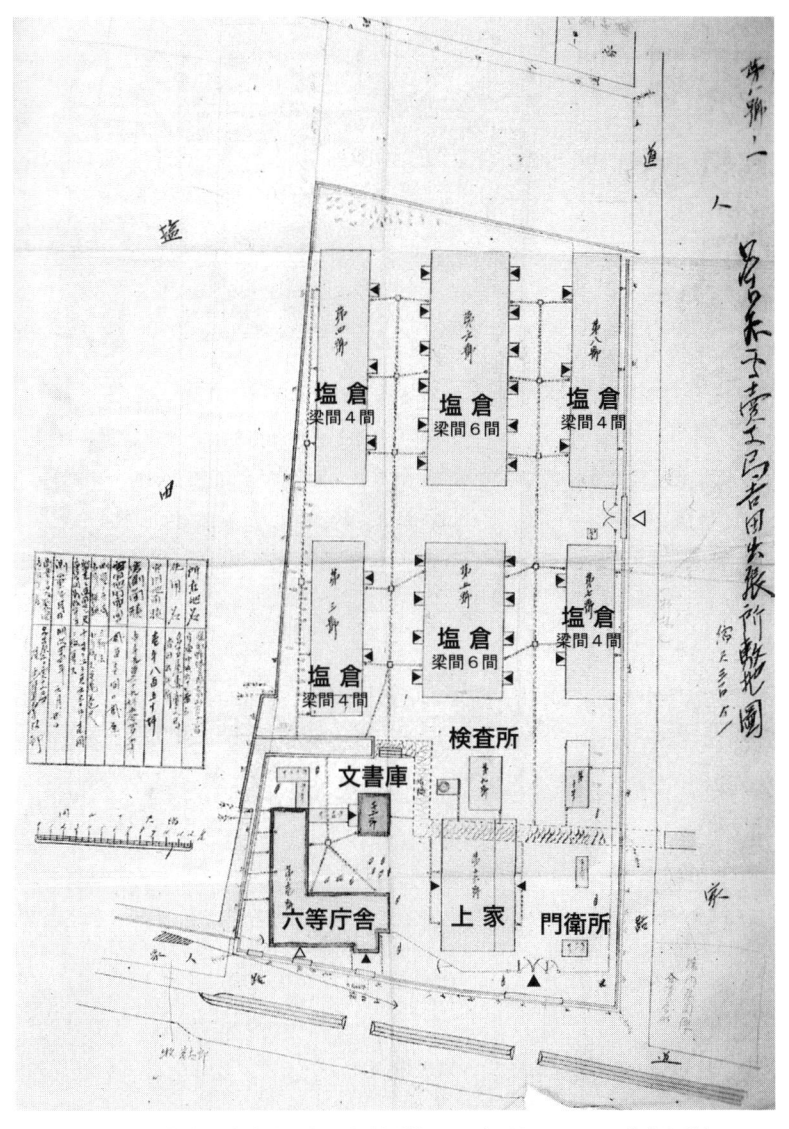

図5-19　名古屋専売支局吉田出張所敷地図（元縮尺 1/300, 筆者加筆）

▲は敷地および各建物の出入口（主），△は出入口（副）を示す。

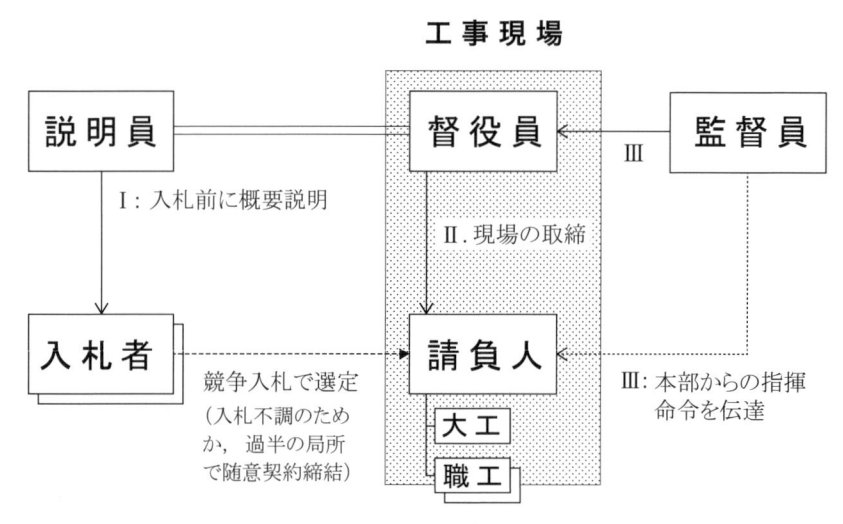

図 5-20 「塩務局所新営工事」の監理図式

様の方式に回帰したかたちと言える［図 5-20］。

・様式と構法の選定

　様式選択については一切言及のなかった仮建物の工事と打って変わり「建物ノ排列部室ノ配置及外観ノ容姿等ハ専ラ洋式ニ拠レリ」[5]とされ，外観だけでなく配置・平面計画まで操業上合理的な洋式の採用が強調されている。しかしその一方では「隠蔽セラルヘキ屋背ノ如キハ和式」[6]ともあり，機能と外観に影響しない部分については，工事運営管理上の要請から引き続き地方大工の慣熟した和式構法が採用された。そのため，天井を張られることで隠蔽部となる庁舎の小屋組は和小屋とされており，「西洋形」の類意語とされる「西洋館」の構成要件に同じく架構が含まれていないことが示唆される。

・建築材料の選定

　材料の選定理由については，『年報　第一』に次のようにあり，木造での建設が，地方における煉瓦の供給に不安があったが故の選択であることがわかる（p. 6）〔下線　引用者〕。

　材料　　本工事ハ耐久ノ目的ナルヲ以テ不燃不朽ノ材料ヲ用キルノ適当ナルハ論ヲ俟タスト雖モ然ルトキハ多大ノ工費ヲ要シ且ツ地方僻陬ノ地ニ於テ之ニ要スル材料ノ供給ヲ仰クニ至難ナルヲ以テ附属文庫ノ外ハ総テ木造トナシ材種ハ止ムヲ得サルモノノ外ハ地方供給力ノ如何ニ鑑ミ一材種ニ限ラス数種類ノ中ニ就キ適宜撰択取捨スルノ余地ヲ与ヘタリ

　木材の材種は上記の通り数種類が提示されている。以下に『年報　第二』所収の「庁舎新築仕様書」の「軸建木組工事ノ部」から数例を引く（pp. 519–522）。

一　土台　杉（又ハ栗、檜、欅）赤身勝二間以上ノ長サノモノヲ用ヒ（以下略）
一　柱　杉（又ハ檜アスナロ）各大サ図面ノ通リ下見板著ハ都テ通リ能ク鉋削リヲ為シ（以下略）
一　筋違ヒ杉（又ハ松檜欅）割レ、折節ナキモノヲ用ヒ巾三寸五分厚一寸以上ノ大サニ矩ノ手能ク両側ヲ削リ（中略）十文字ノ所ハ間柱ヲ挟ミ向前ノ両面ヨリ取付ヘ但大サ相当セル良質背板モノヲ用ヒ又ハ杉、松、檜等ヲ混用スルモ差支ナキ事

　他方で，石材については明確に名称が指定されておらず，その満足すべき性質や美観のみが「石材工事ノ部」にて以下のように指定されている（p. 515）。

一　各根石及踏段石共都テ耐寒質ニシテ反、腐リ、大ボサ目、黒赤筋等無キ良石ヲ用ヒ尚外部、内部共見エ掛リ而ハ悉ク色揃ヒモノヲ撰用スヘシ

　上掲の諸条件に見合ったものを請負者が選定し，督役員に相談の上で本部に決裁を仰いだものと思われる。

2　庁舎の等級区分と平立面の構成
⑴　等級設定と基準平面
・区分と供給
　『年報』記載の計画資料と工事記録を集計すると，庁舎は8等級に特種級（高松のみ）を加えた計9段階に区分されたことが見て取れる［表5-3，表5-4］。仮建物では施工実数が全等級に広く散布したのに対して，本工事では六等および七等に過半の集中が見られる［表5-5］。
　供給面に着目すると，最も建設数の多い六等庁舎を基準として，室の付加削減や広狭によって上下の等級の平面計画が作成された点を指摘できる。六等が基準平面とされた主要因としては，四等から八等の出張所庁舎のちょうど中間に当たる同等級が，上下等級への拡張縮小の基本形として設計上最も合理的で好都合だったことがまずは考えられる。現存する赤穂の三等庁舎を見る限り，局用の上位庁舎も基本的な平面構成を共有するものの，等級毎の供給数がごく限られることから，平面基準を策定する際には顧慮されなかったようである。下位等級の出張所庁舎の平面を拡充させる形で上位の庁舎が整備された点が，戦前期の官庁建築の基本形である「左右対称」の平面および立面という典型的な構成からの逸脱に至った要因と見ることができる。

・平面構成
　その室構成は基本的に仮庁舎のものを継承しており，事務室と公衆室の間を窓口で区画し，全体として「矩折型」の平面形状を成している。さらに，分析室に天秤室と乾燥室が加えられ，半屋外廊下に面して直列に並べられる。ただし，前出の『年報』掲載図［図5-11，図5-12］やそれらを整理した平面構成［図5-21］と現存建築物・遺構の平面構成［図5-22］とを比較すると，間仕切壁の位置などに多少の差異が見られる。とくに網干と長府，小松志佐に共通して，予備室と応接室，分析室と乾燥室とが纏めて一室とされた点が目につく。竣工後の改修による可能性も否定できな

表 5-3　塩務局所庁舎の等級区分

等級区分		数量	局　　所　　名	掲載
局	一　等	1	阪出	Ⅱ-ⅱ
	二　等	2	三田尻，撫養	
	不　明	1	味野(17□.000坪 / 一の位判読不能)	Ⅱ-ⅰ
	三　等	1	**赤穂**	Ⅱ-ⅱ
	-	1	尾道(庁舎面積記載なし)	-
出張所・倉庫事務所	特種級	1	高松[阪]	Ⅱ-ⅱ
	四　等	0	-	-
	五　等	8	詫間[阪]，伯方(東伯方)[阪]	Ⅰ
			日比[味]，松永[尾]，竹原[尾]，宇多津[阪]，牟礼[阪]，林田[阪]	Ⅱ-ⅰ
	六　等	37	静波[横]，喜々津[長]，早岐[長]，半田[名]，吉田[名]，石巻(渡波)[仙]，中村[仙]，飯田[金]，**網干**[赤]，瀬戸田[尾]，**小松志佐**[三]，引田[阪]，徳島[撫]，富岡(見能林)[撫]，撫養(瀬戸)[撫]，三里[撫]，腹赤[熊]，津屋崎[熊]，小波瀬[熊]，高田[熊]，杵築[熊]，和田[熊]	Ⅰ
			新浜[赤]，寄島[味]，**山田**[味]，牛窓[味]，秋穂[三]，**長府(王司)**[三]，平生[三]，潟元[坂]，多喜浜[阪]，三津浜[阪]，鹿児島[鹿]，垂水[鹿]，加治木[鹿]，西市来[鹿]	Ⅱ-ⅰ
			福島[鹿]	Ⅱ-ⅱ
		4	大塩[赤](56,000坪)，福川[三](57,000坪)，高知[撫](60,000坪)，波止浜[阪](52.56坪)	Ⅳ
	七　等	36	紀三井寺[大]，早岐(佐々)[長]，伊万里[長]，蒲郡(塩津)[名]，豊橋(田原)[名]，東黒部[名]，神社[名]，輪島[金]，宇出津[金]，大谷[金]，二十日市[尾]，平生(曽根)[三]，三田尻(西泊)[三]土庄[阪]，土庄(草壁)[阪]，鏡(文政)[熊]，水俣[熊]，阿村(柳浦)[熊]，町山口(本渡)[熊]，前原[熊]，姫島[熊]，東大分[熊]	Ⅰ
			羽咋[金]，玉島[味]，菱海(日置)[三]，**長府(豊西上)**[三]，新港[三]，安芸[撫]，中村[撫]，佐伯[熊]，加治木(東国分)[鹿]，出水(阿久根)[鹿]，指宿(喜入)[鹿]，知覧(東南方)[鹿]	Ⅱ-ⅰ
			福山[味]	Ⅱ-ⅱ
			名古屋[名]	Ⅳ
	八　等	9	石巻(野蒜)[仙]，引田(松原)[阪]，鏡(不知火)[熊]，小波瀬(曽根)[熊]，竹原(大崎)[尾]	Ⅰ
			竹原(早田原)[尾]，伯方(岡山)[阪]，伯方(津倉)[阪]，和田(高家)[熊]	Ⅱ-ⅰ
	庁舎記載なし	4	秋穂(二島)[三]，那覇[鹿]，静岡[横]	Ⅱ-ⅰ
			瀬戸[撫]	Ⅱ-ⅱ
年報非掲載			行徳[東]，白浜[赤]，下松[三]，四浦[三]，小野田[三] ※大蔵省主税局 編『塩専売事業年報第一回』(1906)および『同第二回』(1907)より補足。	-
備考	管轄局名		[東]：東京，[横]：横浜，[大]：大阪，[長]：長崎，[名]：名古屋，[仙]：仙台，[金]：金沢，[赤]：赤穂，[味]：味野，[尾]：尾道，[三]：三田尻，[阪]：阪出，[撫]：撫養，[熊]：熊本，[鹿]：鹿児島	
			局所所在地名の表記は原文に従った。ゴシック体表記の局所は庁舎が現存するもの，下線付きの局所は非現存だが庁舎の写真資料を入手できたもの（高松は推定）。	
			『年報』各巻の「塩務局所新営工事竣工一覧表」より集計。右欄ローマ数字は，庁舎竣工の掲載巻号を示す（ⅰは第一編，ⅱは第二編）。	

表 5-4　『塩専売史』による塩務局所の等級区分

等級区分		数量	局　所　名
局	一 等	0	–
	二 等	4	大塩，中ノ関，阪出，撫養
	三 等	1	赤穂
出張所	四 等	3	味野，宇多津，潟元
	五 等	13	飯田，吉田，山田，日比，松永，尾道，瀬戸田，竹原，平生，秋穂，高松，詫間，西伯方
	六 等	12	行徳，牛窓，寄島，小松志佐，下松，福川，多喜浜，波止浜，徳島，小波瀬，杵築，腹赤
	七 等	15	東黒部，網干，長府，引田，三里，津屋崎，和田，高田，姫島，東大分，鏡，阿村，早岐，加治木，垂水
	八 等	15	気仙沼，宇出津，輪島，羽咋，豊橋，蒲郡，神社，紀三井寺，三津浜，水俣，喜々津，西市来，指宿，鹿児島，福島
倉庫事務所	九 等	1	新浜
	十 等	6	枡井津，西浦，秋穂村内青江，津倉，岡山，鳴門
	十一等	26	中村(福島県)，石巻，野蒜，川崎，半田，福山，早田原，廿日市，新港，豊西上，菱海，松原，草壁，仁尾，盛口，見能林，西角田，佐伯，前原，本渡，伊万里，佐々，阿久根，細田，東南方，広瀬
	等 外	4	土庄，安芸，中村(高知県)，那覇

備考　爾後，蒲原・大谷・白浜・玉島・曽根・秋穂二島・林田・喜久・東南方の 9 か所にも取扱所を分置。

表 5-5　各等級の庁舎の規模と構成

等級区分		庁舎坪数	標準人員	最多人員	最小人員	室　構　成	施工数
局	一 等	200.833	80	96	-	**三等庁舎ノ各室ヲ稍ヤ広大ニシタルノミ**	1
	二 等	172.375	60	61	59		2
	三 等	142.250	40	46	36	**六等庁舎ノ各室ヲ廣大ニシ別ニ人民控所一室銀行員派遣所一室ヲ特設シ且ツ一部ヲ二階建トシ之ヲ会議室階段ノ間及ビ廊下ニ区画セリ**	1
							1
出張所・倉庫事務所	特種級	-	-	-	-	**出張所トシテ整備スベキ各室ニ門衛所，上家ヲ加増シ稍ヤ建坪ヲ広大ニシ，上家ヲ平屋建テ他ヲ木造二階建テ**	1
	四 等	-	30	34	-	-	0
	五 等	78.25	22	21	17	**六等庁舎ニ比スレバ各室ヲ稍広大ニシ人民控所ノ一室ヲ設置シタルノ差アルノミ**	8
	六 等	57.50	13	16	9	事務室，応接室，予備室，公衆室，天秤室，分析室，乾燥室，物置，小使室，湯沸室，宿直室，廊下	40
	七 等	29.00	6	8	2	事務室，公衆室，天秤室，分析室，乾燥室，物置，小使室，湯沸室，宿直室，廊下	36
	八 等	19.375	-	-	-	事務室，公衆室，乾燥室，物置，小使室，湯沸室，宿直室，廊下	9

備考　ゴシック体の箇所は『年報』各巻中の「建築物ノ種類及構造」よりの引用。

施工数は明治 39 年度から 44 年度竣工分の集計。尾道塩務局庁舎は等級不明。秋穂（二島）・那覇・静岡・瀬戸の 4 出張所は庁舎の記載なし。

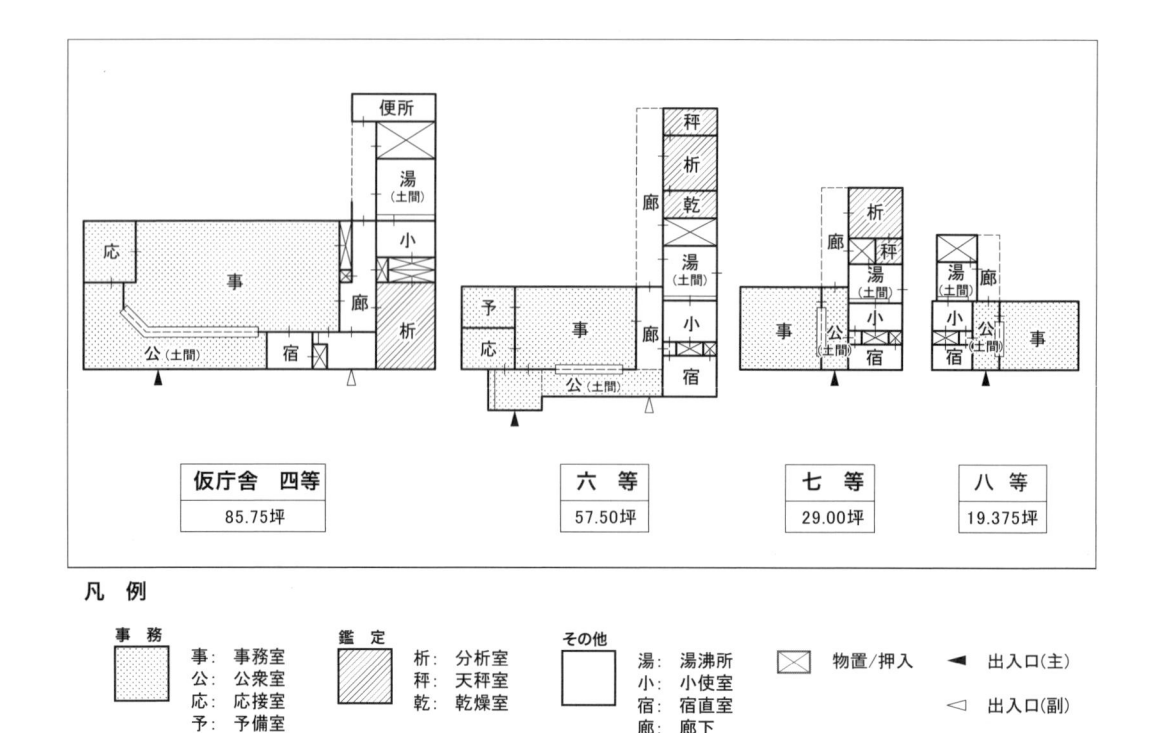

凡 例

事 務		鑑 定		その他			
	事：事務室 公：公衆室 応：応接室 予：予備室		析：分析室 秤：天秤室 乾：乾燥室		湯：湯沸所 小：小使室 宿：宿直室 廊：廊下	⊠ 物置／押入	◀ 出入口(主) ◁ 出入口(副)

図 5-21 庁舎平面標準図の室構成 （縮尺 1/500）

いが，現場の要望を元に標準図を修正し，新築時点で室の過度な分割を取り止めた可能性もあるだろう。

　寸法体系は 910 mm グリッドの尺貫法で，基準形の六等庁舎平面においてとくに明瞭である。諸室の面積や縦横比を微調整する必要があったためか，七等および八等庁舎の平面図では一部に間崩れが見られる。

・変型平面の成立

　また，敷地形状や周辺条件に合わせて，標準図を左右反転したものや半屋外廊下沿いの諸室を手前側に配置したものなど数種の変型平面が施工されたことがわかる。方位を特定できた事例は一部に限られるものの，全体としては分析室を北面配置する傾向が窺われる。断定はできないが，正確な塩質鑑定のために安定した北側採光を図った可能性を指摘できるだろう。この時，庁舎の屋根伏せや立面構成は，平面形の反転に追従する格好で同じく反転させる形状操作によって整合が図られている。

⑵　上下等級への展開

・等級設定の対象と意味

　等級区分の直接の対象はあくまで庁舎に限定されている。この点において，局所自体に等級が

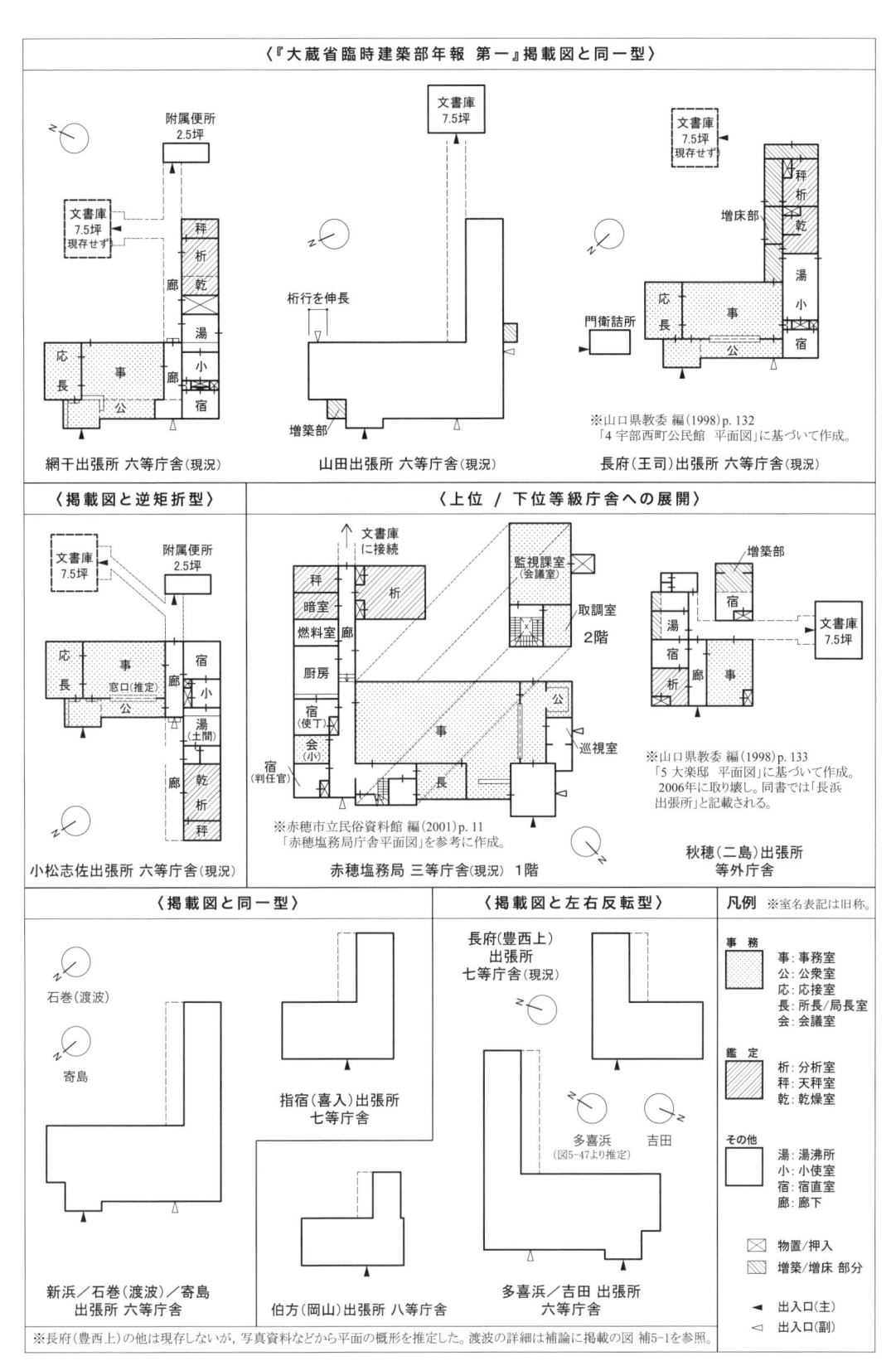

図 5-22　現存庁舎平面の構成と類型（縮尺 1/600）

設定され庁舎の区分はその構成要素に過ぎない扱いであった塩専売所仮建物とは違いがある。局所の施設計画全体に目を向けると，等級区分が設定されたそもそもの目的としては，まずは大蔵省主税局が営繕予算を確保するための概算把握と部内での認識共有が考えられる。それに続くかたちで，各等級の想定規模と配分予算に応じて六等を元に設計調整が進められたのではないかと推察される。表 5-3 と表 5-4 の記載齟齬についても，主税局作成の前者は予算編成用の仮案，後者が実施案と考えれば一応の説明がつく。

・下位庁舎の平面計画

　七等・八等の下位庁舎では各室が縮小される他，応接室が除かれ公衆室が実質的に廊下に類した位置付けとされており，接客空間の省略が顕著である。これよりさらに下級の等外庁舎に関しては，山口県教育委員会 編（1998）中の福田らによる秋穂（二島）の調査記録に拠る他ない。戦後長く民家として使用されていたことから必ずしも原状を留めているとは思えないが，洋風の装飾要素は見られない。平面形状からも，単純に七等・八等庁舎の延長上に計画されたものでないことが窺い知れる。ただし，渡り廊下で接続される文書庫は他等級と同等のものである。

・上位庁舎の平面計画と装飾性

　局用の上位庁舎の平面隅部は 2 階建ての塔屋で，その基部には玄関が設けられたこともあり集中的に装飾が配され，四等以下の出張所庁舎との差異を強調する効果を上げている。上階に置かれた監視課室と取調室の利用実態は不詳だが，出張所には包含されない機能を担ったことは室名称や室内装飾から窺え，名実ともに上位庁舎を特徴付けている。

　赤穂の三等庁舎の意匠を阪出，三田尻の外観写真との比較を交えて論じた川島智生は，外観の意匠性こそがその建物の重要さを推し量る尺度になったと述べた上で，細工の自由度の高さと意匠の濃密さを木造故のものと指摘[7]している。さらに，庁舎の外壁に着目すると，赤穂や尾道では見られない 1，2 階間の胴蛇腹（コーニス）が，より上位の阪出と撫養，三田尻では部分的に視認できる。平面の拡張という機能面だけでなく，装飾の段階的な付加によっても庁舎間の等級差を表現したと考えられる。足立裕司は兵庫県教育委員会事務局文化財室 編『兵庫県の近代化遺産―兵庫県近代化遺産（建造物等）総合調査報告書』（2006. 3）において，網干と赤穂の両庁舎の玄関周りの装飾を比較して，前者は後者を簡素化したものと評している（pp. 64–65）。しかし，平面形の基準が六等であることと建設年の前後から推して考えると，その成立順序は逆である［図 5-23，図 5-24］。

　加えて，赤穂の現存庁舎を対象にした地元の論考では，玄関脇のイオニア風木製円柱や事務室天井のメダイヨンなど様式主義的な細部装飾について，技師・大熊喜邦（1877–1952）の関与を指摘[8]する向きもあるが詳細は不明である。さらなる史資料の探索と慎重な検証が待たれる。

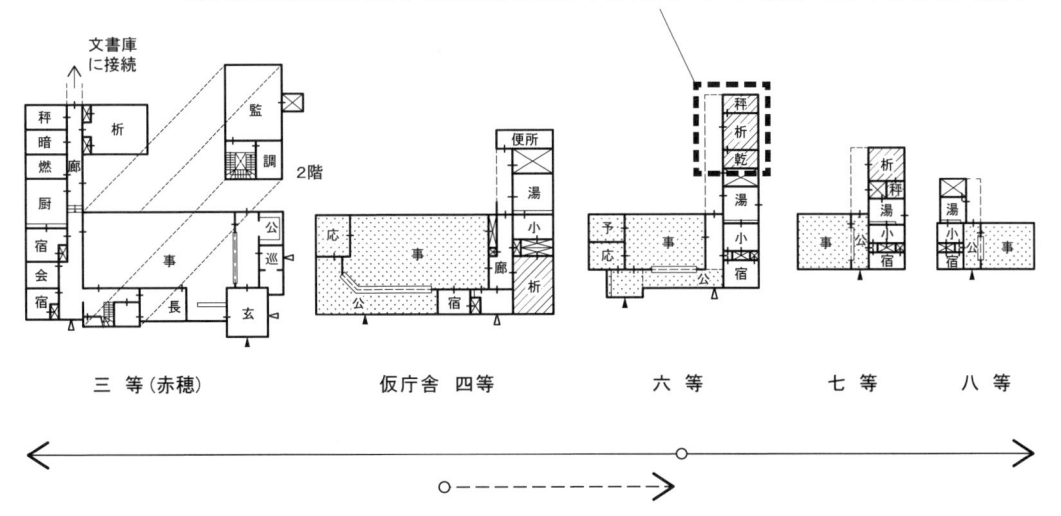

塩の秤量と品質鑑定のための採光条件が配置・平面の変化パターン（反転の向き）に影響した可能性

三 等（赤穂） 仮庁舎 四等 六 等 七 等 八 等

③大型化＆装飾を追加

-各室を拡大
-2階に会議室を設置
-内外装飾の付加

①戦時下の仮設から恒設へ

-分析室・乾燥室・天秤室の拡充
-矩折り型の全体平面と「銀行風」
　の受付口の踏襲
-材料・構法の変更
　（草葺→瓦葺／掘立→敷石基礎）

②全体を小型化

-各室を縮小（収容想定人数の設定）
-乾燥室・天秤室・分析室の縮小・廃止
-予備室・応接室の廃止
-公衆室を廊下と兼用

図 5-23　庁舎平面の展開過程

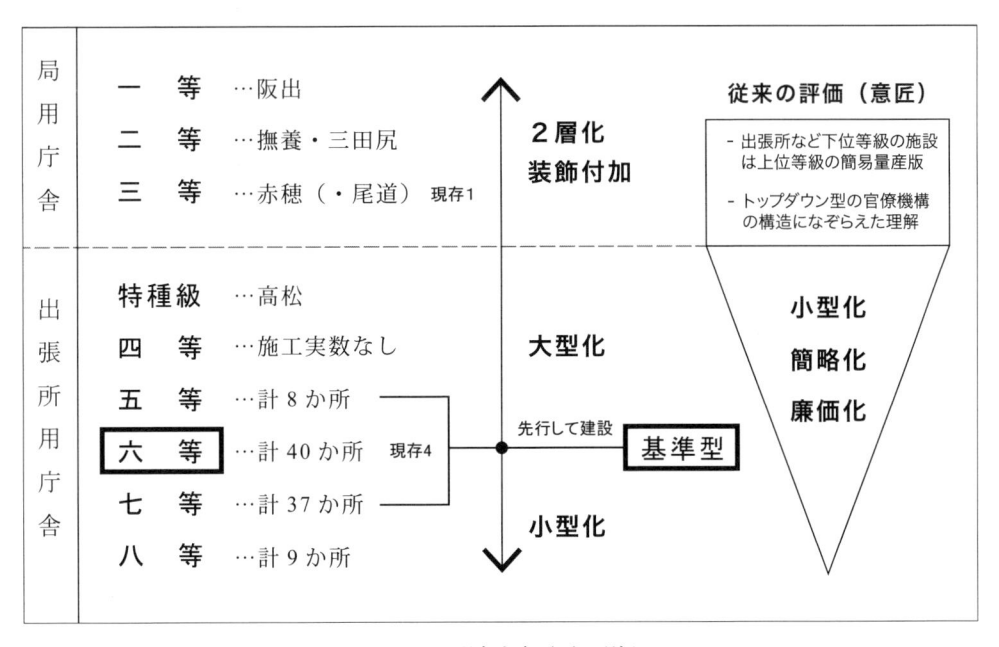

図 5-24　現存庁舎平面の理解

塩務局の庁舎および附属建物の写真資料（等級順）

図 5-25　坂出塩務局一等庁舎（1922 前後）

坂出地方専売局 編『御大禮記念 坂出塩業改善一班 昭和三年十一月』（1930. 3）巻頭の「坂出地方専売局全景」。左手奥には文書庫（煉瓦造 2 階建て）が見える。

図 5-26　三田尻塩務局二等庁舎（1909 前後）

防府市立防府図書館 所蔵『防府郷土写真集　第 4 集』（資料番号：117122887）収録の「44 三田尻塩務局（明治４２年頃）」。写真左手に文書庫（煉瓦造 2 階建て），中央に庁舎（木造 2 階建て），右手に塩倉（木造平屋建て）の妻面が見える。

図 5-27　三田尻塩務局二等庁舎（1957 以降）

日本専売公社防府工場『七十年のあゆみ』（1980. 7）p. 42 より。往時は，「防府研修所」として専売公社の塩技術員の養成と塩業者への技術指導の場に用いられていた。中庭側の連続アーチ状の意匠が特徴的で，これは赤穂の三等庁舎（図 5-29）には見られない。

図 5-28　撫養塩務局二等庁舎（大正初期）

西田素康 編『写真集明治大正昭和　撫養』（国書刊行会，1985. 6）p. 47 の「78 撫養塩務局（撫養専売支局）」。三田尻（図 5-26）と同じ二等庁舎だが，塔屋の意匠が異なっている。

図 5-29　赤穂塩務局三等庁舎

筆者撮影（2019. 7）。現在，赤穂市立民俗資料館として保存公開されている。外壁は淡い緑色に塗装されているが，これが新築当初の色を忠実に復原したものかどうかは不明。

図 5-30　イオニア風柱頭飾（局長用玄関脇）

図 5-31　玄関ホール吹抜け

主玄関上部は吹抜けとなっており，平面計画ではなく，外観構成の必要性から 2 層化されたことが窺える。

190

図 5-32　文書庫（建坪 12 坪）

出張所に設けられた平屋建ての文書庫（2.5 間×3 坪の建坪 7.5 坪）に対して，この文書庫は 2 階建てで，平面も一回り大きいもの（3 間×4 間）となっている。

図 5-33　塩倉三棟

図 5-34　塩倉の破風尻

赤穂市立民俗資料館の隣地に現存しており，赤穂あらなみ塩株式会社の所有。屋根瓦は波形スレートに葺き替えられている。外壁面の白色塗装は専売公社時代もしくは払い下げ以降のものか。破風板の尻部には，共通して曲線状の加工が確認できる。壁面から持ち出した陸梁端部には，蛇腹刻みが施されている。

図 5-35　尾道塩務局等級不明庁舎（1938 前後）

財間八郎・朝井柾善 編『写真集明治大正昭和　尾道』（国書刊行会，1979. 3）p. 72 の「113 尾道の塩専売局」。画像が不鮮明だが，総 2 階の外観，外壁に下見板張りの模様が見えないことや屋根の棟飾りの形状など他とは明らかに異なる。

図 5-36　高松専売局（明治末から大正前半）

絵葉書「（讃岐）高松専売局」（発行者不明），筆者蔵。明治 40（1907）年 4 月から大正 7（1918）年 3 月の発行。発行時期と屋根窓のある立面構成から推して，高松に唯一建設された「特種級」の塩務局庁舎と推定される。

図 5-37　竹原出張所五等庁舎（1927 前後）

太田雅慶 編『写真集明治大正昭和　竹原』（国書刊行会，1985. 5）p. 67 の「131 専売局竹原出張所」。戦後は中国通運株式会社の本社として利用されたが，現存しない。正面側が袴腰（半切妻）屋根とされ，六等以下の庁舎とは異なる外観上の特徴となっている。

図 5-38　吉田出張所六等庁舎（昭和初期）

吉良町教育委員会 編（2011）p. 15 の「第 9 図」。絵葉書からの抜粋のため左上に空白がある。『年報』掲載の「標準図」に対して，左右反転していることがわかる。

図 5-39　石巻（渡波）出張所六等庁舎（大正期か）

絵葉書「渡波塩務局　THE ENMUKYOKU, WATANOHA」（高長書店）。筆者蔵。明治 40（1907）年 4 月から大正 7（1918）年 3 月の発行。植栽が育っていないため，竣工から比較的日が浅い時期の撮影と思われる。

図 5-40　庁舎正面の換気口　　図 5-41　木製の装飾部材

筆者撮影（2020. 2）。渡波の庁舎は，東日本大震災の津波被害とその後の台風の冠水被害により大破し，解体除却された。解体時に畠山篤雄氏（一関市教育委員会）により幾つかの部材が回収され，せんまや街角資料館（第 3 章にて紹介）で保管展示されている。

図 5-43　石材

文書庫と庁舎の部材。石巻で産出する稲井石製か。

図 5-42　屋内木製建具

白色の塗膜が剥がれた下に，青みがかった塗装が見える。ドア把手は陶製。

図 5-44　文書庫の煉瓦

寸法 218 mm × 105 mm × 58 mm で縦横は山陽新形だが，厚みは東京形に近い。「一」の製造刻印が見える。

図 5-45　新浜出張所六等庁舎（竣工当初）

『年報　第一』（北海道大学大学院工学研究科・工学部図書室所蔵，資料番号：0010541030）pp. 173–175 間の「赤穂塩務局新浜出張所」。同書に掲載される，塩務局施設の唯一の竣工写真。吏員たちの身長と比較すると，平屋ながら軒高さのある外観形状がよくわかる。

図 5-46　多喜浜出張所六等庁舎（撮影時期不明）

多喜浜塩田資料館建設委員会（新居浜市多喜浜公民館内）より提供。「小野家所蔵」と記録される。吉田出張所と同じく左右反転した構成となっている。

図 5-47　多喜浜出張所六等庁舎（撮影時期不明）

多喜浜塩田資料館建設委員会（新居浜市多喜浜公民館内）より提供。庁舎の右側には塩倉，中央やや左奥には文書庫の妻面頂部が見える。この敷地は昭和 34（1959）年 10 月に「日東航空新居浜営業所」となっており，建物はそれまでに取り壊されたようである。

図5-48　網干出張所六等庁舎

筆者撮影（2019.7）。現在は東京電機工業株式会社の社屋。敷地形状や周辺状況の影響によるものか，庁舎が前面道路に直接面しておらず，やや奥まった配置となっている。

図5-49　半屋外廊下①

公衆室と半屋外廊下の間は改修により壁で完全に区画されているが，痕跡として垂壁が残る。

図5-50　半屋外廊下②

半屋外廊下の仕上げは，天井は板張り，壁は漆喰塗に腰板張りで屋内に準じた扱いである。

図5-51　網干出張所文書庫の基礎敷石

筆者撮影（2020.9）。文書庫は解体済みだが，基礎の花崗岩敷石が現存する。払い下げ当初は門扉のすぐ内側に門衛所もあったようだが，これも老朽化により撤去済み。渡り廊下に架かる屋根は払い下げ時のまま。

図5-52　網干出張所庁舎の内観

受付口から事務室内部を見る。カウンターは新築時とは位置が変わっている。垂壁は，当初は公衆室と事務所とを区画するものとして設けられた。

図5-53　庁舎内の待合腰掛

旧公衆室の一隅には，来庁者用の腰掛が現存する。床および壁の仕上げは改修による。

図5-54　敷地境界杭

正門の門柱脇には「大蔵省用地」と刻まれた石杭が現存する。

図5-55　網干出張所の塩倉（梁間6間）

左右入口上部の庇は失われているものの，その他は原形に近い。小屋組図は図5-85にて示す。妻面の頂部付近のみ竪板張りとされるのが塩倉の外観上の特徴の一つである。

図 5-56　網干出張所の塩倉（梁間 4 間）

東京電機工業株式会社より提供。梁間6間の塩倉に向かい合って建てられていたが，老朽化のため解体済み。

図 5-57　網干出張所の上家または倉庫夫控所

東京電機工業株式会社より提供。解体済み。コンクリート基礎であることから，開所当初のものではなく，やや後の時期の建築と思われる。破風板尻部の形状は庁舎のものに似る。

図 5-58　寄島出張所六等庁舎と周辺（昭和戦前期）

浅口市立寄島郷土資料館より提供。出張所背後には入浜式塩田が広がる。左手の煙突は昭和 13（1938）年に操業を始めた合同煎熬場。

図 5-59　寄島出張所六等庁舎と周辺（1955–60 頃）

浅口市立寄島郷土資料館より提供。背景の塩田には枝条架が見えることから，寄島塩田が流下式に転換された昭和 31（1956）年から 34（1959）年 11 月の第 3 次塩業整備による廃止までの期間に撮影されたことがわかる。

図5-60 山田出張所六等庁舎

図5-61 山田出張所庁舎の側面

図5-62 同出張所文書庫の妻面

筆者撮影（2019.5）。正面玄関から向かって左側の切妻屋根部分は他の現存庁舎より延長されている。基礎周りおよび外壁面を観察した限りでは増築によるものとは思われず，新築当初からと考えられる。現在は高齢者福祉施設として使用されている。

庁舎のサッシュは交換されているが，その他の部分については比較的よく原状を留めているように見える。外壁は白色に塗装されている。庁舎と文書庫を結ぶ渡り廊下は現存していない。

図5-63 下松出張所六等庁舎（1938前後）

橘正 編『写真集明治大正昭和 下松』（国書刊行会，1985.5）よりp.12「専売局下松出張所Ⅰ」。庁舎を右側面から見たもの。

図5-64 小松志佐出張所六等庁舎

筆者撮影（2020.11）。庁舎の背面には隣接する塩釜神社の敷地が迫っているため，基準形では庁舎背後に伸びる半屋外廊下を手前側に反転させた変則的な平面形状となっている。基礎敷石は高さ28cm程度の花崗岩で，他の庁舎よりも低いため玄関前に踏石がない。

図 5-65　小松志佐出張所の文書庫と庁舎側面

文書庫は，屋根が崩落して入口の鉄扉を歪めたために，内部に入れない。庁舎の奥には附属便所も存在するが，既に殆ど腐朽している。

図 5-66　出張所庁舎の半屋外廊下の装飾

腰板や方杖には，曲線的な意匠と細工が多用される。網干や長府（王司）の方杖が簡素な直線部材であるのに対し，正門から突き当たりの目立つ位置にあるため，意匠的に力点を置いたものと思われる。

図 5-67　長府（王司）出張所六等庁舎

筆者撮影（2019. 8）。現在は宇部西町公民館。外壁面は窯業系サイディングに改修されており，平坦な印象になっている。半屋外廊下には外壁が張られて屋内化するなど，かなり改変されている。

図 5-68　長府（王司）出張所の門衛所と門柱

門衛所の現存例としては唯一のもの。山口県教育委員会 編（1998）の調査時には存在していた文書庫は，既に解体されて露天駐車場になっている。

図 5-69　波止浜出張所六等庁舎（大正初期）

絵葉書「伊予国波止浜塩務局」（発行者・発行時期不明）より部分抜粋。筆者蔵。外壁面にはささら子が見られ，立面構成も他とやや異なる。門柱の標札には「阪出専売支局波止浜出張所」とある。波止浜興産株式会社の本社屋となっていたが，既に解体済み。

図 5-70　指宿（喜入）出張所七等庁舎（昭和初期）

岩崎光 編『写真集明治大正昭和　指宿』（国書刊行会, 1981. 1）p. 66 の「131 専売局喜入煙草収納所」。煙草の専売施設として紹介されているが，外観意匠から元々は塩務局所の七等庁舎として設置されたことがわかる。

図 5-71　長府（豊西上）出張所七等庁舎

越智令而 編『吉見の塩田物語』（吉見地区まちづくり協議会，2016. 12）p. 14 の「塩の事務所跡（永田本町）」。図 5-70 の喜入出張所の庁舎を左右反転した構成になっている。左奥には，煉瓦造の文書庫も見える。

図 5-72　伯方（岡山）出張所八等庁舎

大成経凡『しまなみ海道の近代化遺産—足跡に咲く花を訪ねて—』（創風社出版，2005. 1）p. 29 の「葉タバコを収納した旧専売局浦戸収納所（大三島町）」。当初は塩務局の出張所として設置されたが，塩田廃止後に葉煙草の収授業務のみ継続したもの。

図 5-73　秋穂（二島）出張所等外庁舎

山口県教育委員会 編（1998）p. 133 より。戦後は民家として使用されていたが，既に現存しない。右手に見える文書庫は，他の出張所と同じもの。

図 5-74　津屋崎出張所文書庫　　図 5-75　文書庫内部

筆者撮影（2019. 1）。同出張所には六等庁舎が建設されたが，現存しない。唯一残る文書庫は地元で「塩倉庫」として認知されており，建物用途が誤解されている。屋根，床は既に腐朽して崩落しているが，僅かに洋小屋組や内壁の漆喰塗の痕跡が確認できる。

写真 5-76　早岐（佐々）出張所の文書庫遠景

写真 5-77　早岐（佐々）出張所の文書庫近景（筆者加筆）

写真 5-78　文書庫の真束洋小屋組

写真 5-79　文書庫外壁の換気口蓋石

筆者撮影（2021. 2）。同出張所は，明治末の第 1 次塩業整備により管内の塩田が廃止となったため閉鎖された。地所は民間に払い下げられ，現在は文書庫のみが農業資材倉庫として利用されている。妻面に破風石が見られず，屋根と壁の取り合いが他の事例と異なる。

図 5-80　姫島出張所文書庫

筆者撮影（2022. 7）。地元では防火性への信頼から「ひいらず（火入らず）」と呼ばれていた（姫島村役場へのヒアリングによる）。出張所跡地は現在，北浦公園として整備されている。

図 5-81　姫島出張所六等庁舎（1960 前後）

姫島村教育委員会より提供。庁舎の全体形状は見えないが，正門脇に配置されていることがわかる。門柱は現存する。

3　各部の仕様と小屋組の比較

　庁舎の外観は，ドイツ下見板張りの大壁に明色のペンキ塗り仕上げで桟瓦葺きの屋根を冠する。縦長の開口に嵌る上げ下げ窓やその枠，玄関庇の持送り，その上部の屋根窓や妻面の小屋裏換気口など各細部意匠の組み合わせにより，全体像は瀟洒な洋風に纏められている。対して，庁舎以外の外壁の南京下見板張りにはペンキ塗りは施されておらず，屋根は同じ桟瓦葺ながら外観上明確に差異化が図られたことがわかる。

　現存する六等庁舎の軒高はいずれも4m程度ある。明色塗装の外装とも相まって，塩田の広がる海浜地においては平屋建ての出張所でも十分に目立つ存在であったろう。塩務局は単なる塩の買い上げ窓口ではなく，内地の塩業全般に係る強力な権限を有する監督機関でもあったため，国家の統制が全国の塩田に遍く及んだことの視覚的な象徴として，洋風の装いが効果的に機能したと想像できる。

　塩倉の内部には，叺（カマス）［図5-82］に入った塩が積み上げられた。塩分による腐蝕を避けるために叺が接触する内壁部分には鉄釘の使用が避けられ，竪羽目板は竹釘で留められている［図5-83，図5-84］。貯塩のために採用された種々の特殊仕様のうち，最も実用に適った代表的なものとして挙げられよう。

　図5-85中に示すように，網干の現存庁舎は和小屋組に斜材補強を施した架構［図5-86］であり，山口県教育委員会　編（1998）における長府と小松志佐についての福田東亜の報告内容と細部に至るまで一致している。他方，天井を張られない塩倉はトラス架構で，方杖や火打梁に加えて挟梁で束材を前後からボルト締め[9]する堅固な構法が採られた。梁間4間のものは真束洋小屋組で無柱だが，梁間6間のものは中央部の間仕切壁の下地を兼ねて柱がある［図5-85，図5-87］。

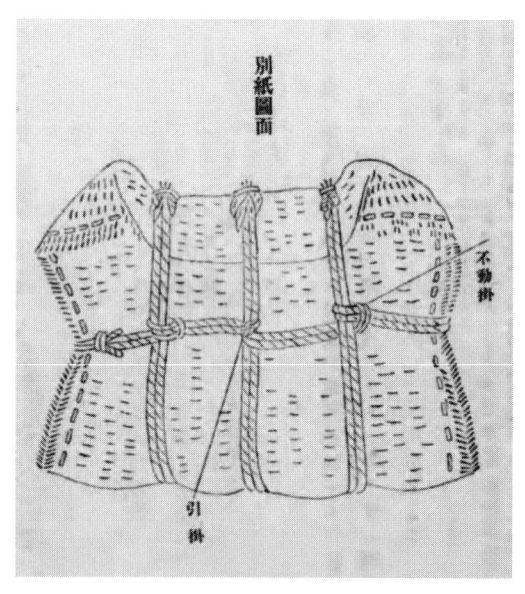

図5-82　塩叺の略図

専売局 編『塩専売史』（1915.3）p. 793 より引用。

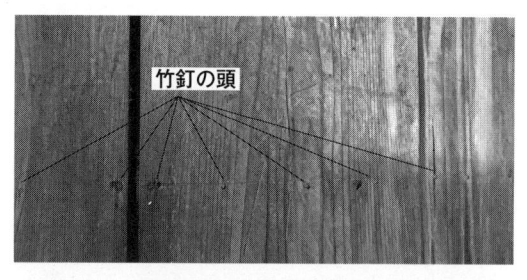

図5-83　網干塩倉の内壁

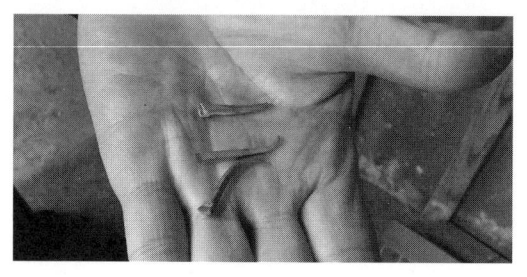

図5-84　竹釘

筆者撮影（2020.10）。

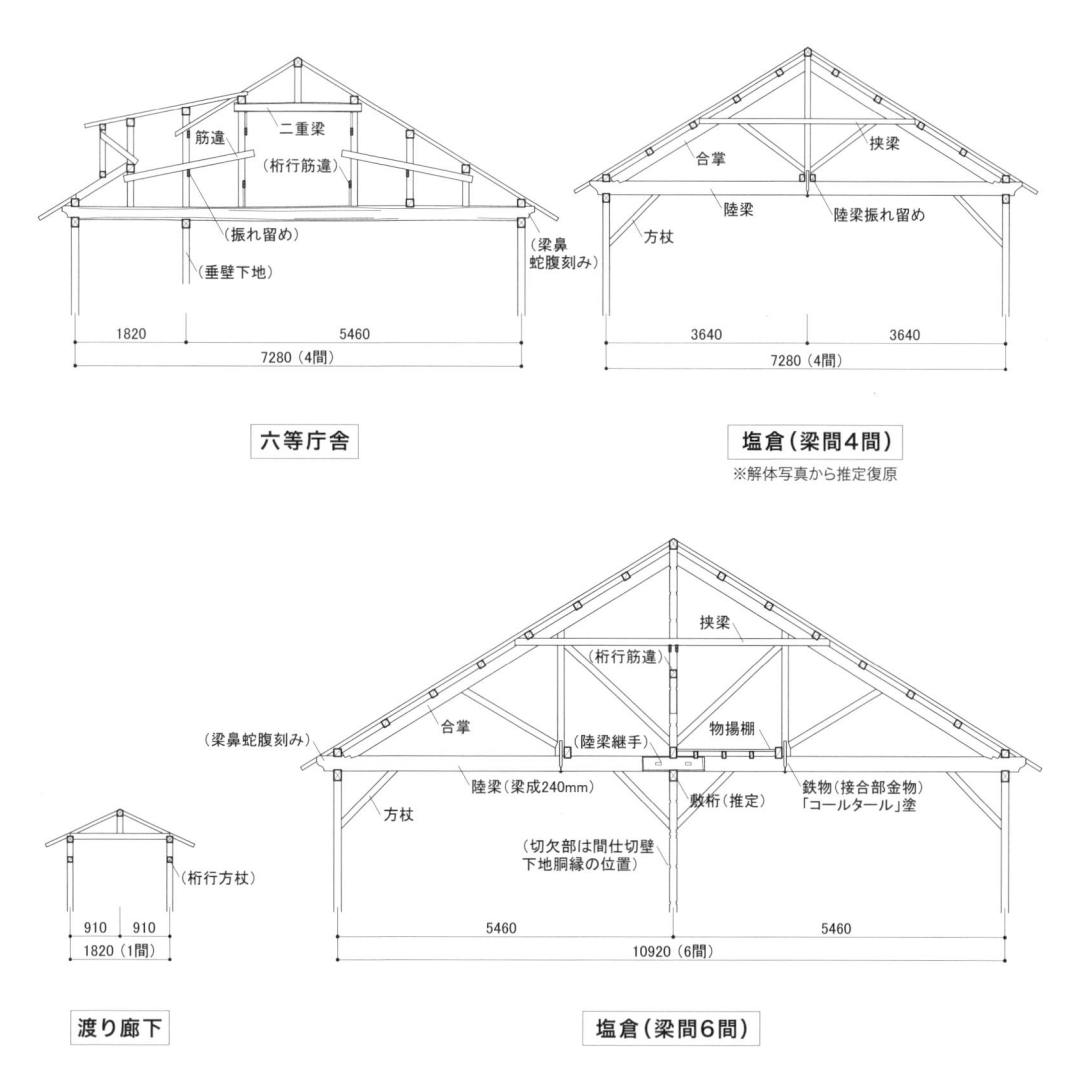

六等庁舎

塩倉（梁間４間）
※解体写真から推定復原

渡り廊下

塩倉（梁間６間）

図 5-85　網干出張所の現存建築物の小屋組図（縮尺 1/120）

部材名称は『年報』各巻中の記載を元に，筆者が同定した。丸括弧内は筆者による補足。

図 5-86　網干庁舎の小屋裏

図 5-87　網干塩倉の小屋組

4　塩専売施設の拡張

⑴　専売支局塩倉新営工事

　各地での塩務局所の新営工事が落着した後，各専売支局の管下に専売支局塩倉が新たに設置された。これは，簡易な出張所のようなもので，庁舎や文書庫などを持たず倉庫や倉庫夫控所，門衛所のみから成る施設である。事実上，無等級庁舎の出張所のさらに下位に位置するものと考えてよいだろう。塩務局の出張所が担った３つの大きな役割，すなわち①塩の買い上げのための品質鑑定と秤量，②塩業者への技術的指導，③塩の流通統制のうち，③のみに的を絞り物流拠点として整備されたものとも言える。『年報　第四』には，その倉庫の構造や仕様について以下のように記載があり，基本的には局や出張所に建てられたものと同一であることがわかる（p. 47）〔傍点　引用者〕。

　第二章　専売支局塩倉其他新営工事
　第一節　沿革
　沿革トシテ何等叙スヘキコトナシ

　第二節　工事計画
　当初ノ計画ヲ襲踏シ別ニ変更ヲ加ヘタル所ナシ

　第三節　建設物ノ種類構造
　本工事ノ様式構造等ハ第二編ニ掲ケタル如ク（引用者注：『年報　第二』第二編に記載の「塩務局所新営工事」を指す）ニシテ何等変更シタル所ナシ

　第四節　仕様及図面
　仕様ハ孰レモ第二編ニ掲ケタルト大同小異ナルヲ以テ掲記セス図面モ亦之レヲ省略ス

　「専売支局塩倉其他新営工事竣功一覧表」（pp. 53-54）には，函館・土崎（三春）［図 5-88］・新潟（小出雲）・直江津（小出雲）・撫養・阪出での倉庫新築が記録されている。

⑵　事務所面積の変則化

　この他に，名古屋専売支局の事務所移築・同局吉田出張所の上家移築・赤穂専売支局大塩出張所の新営・三田尻専売支局副川出張所の新営・撫養専売支局高知出張所の事務所移築・同局波止浜出張所の新営の各工事が「其他」として併記されている。

　『年報』に記載がある分としては，この大塩と福川，波止浜出張所での新営工事が最後のもので，明治 43（1910）年度末までに竣工している。ただし，前述の「竣功一覧表」によるとそれらの建坪は大塩（56,000 坪）・福川（57,000 坪）・高知（60,000 坪）・波止浜（52.56 坪）と，いずれも六等庁舎の 56.50 坪という設定面積から多少の前後がある。図面などの計画資料に欠け現存建築物もないため，どの部分が面積調整の対象とされたのか詳細は不明だが，庁舎の平面形状および塩倉などの面積調整の手法から推量すると，梁間を固定した上で①桁行方向の伸縮，②半屋外廊下

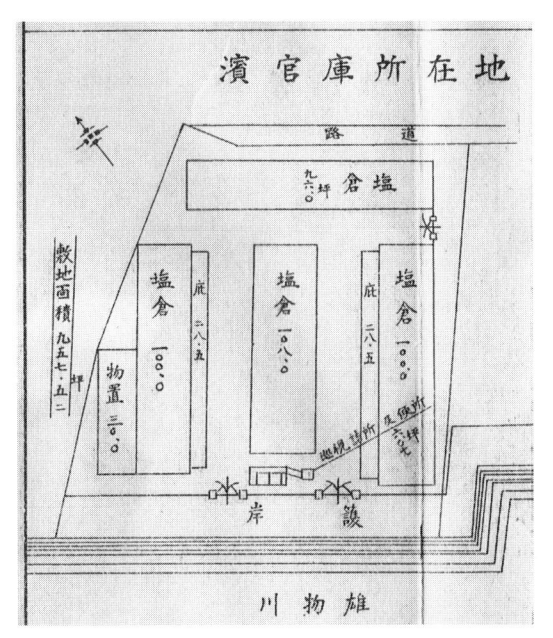

図 5-88　土崎出張所所属官庫の見取図

『山形専売支局土崎出張所要覧』より。筆者蔵。発行年不詳だが,
記載内容から大正 9(1920) 年 4 月以降であることがわかる。「浜
官庫」(秋田県南秋田郡土崎港町) が水路での塩叺の輸送を想定
して雄物川に面して建設されたこと, 主要建物は塩倉のみで,
他には物置と巡視詰所, 便所があるだけの極めて簡素な構成で
あることが見て取れる。

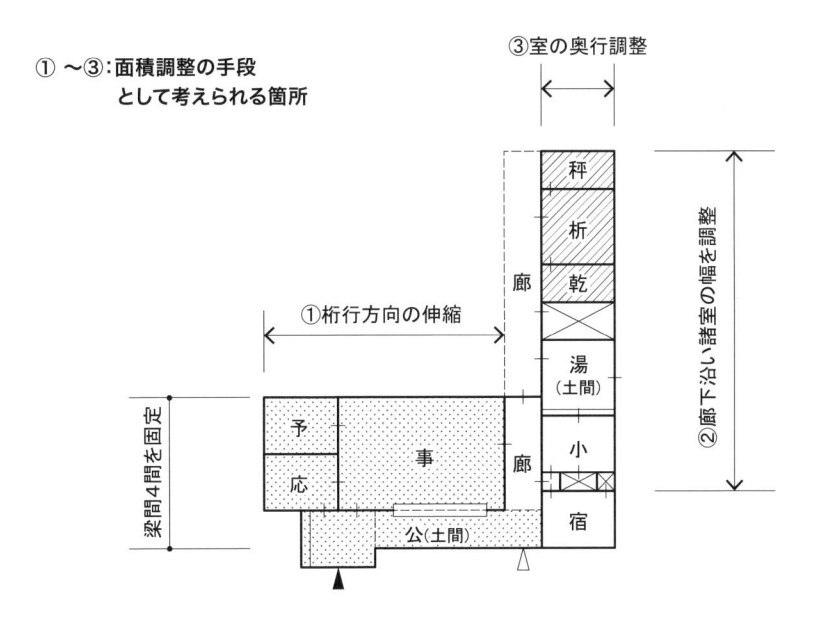

六等庁舎基準平面
57.50坪

図 5-89　六等庁舎の面積調整

沿いに並ぶ検査用の諸室の幅，③奥行の微調整，のいずれかによるものである可能性が高い［図5-89］。こうした調整が行われた理由は定かではないが，画一的な面積設定に対して施設運用の現場から何らかの反応がもたらされたことが推測できる。既に大半の塩務局所の工事は完了していたことから，現場からの要望やそれまでの計画の反省点を丹念に掬い上げて設計に反映させる組織的な余裕が生じていたことが示唆される。

波止浜の外観写真［図5-69］によると，外壁下見板張りにささら子が付けられている点や妻面を左右ほぼ対称に設けた立面構成など従前に建設された六等庁舎とは明らかな違いが見られる。標準設計による画一的な施設整備が，その完成期において変則化しつつあったことが窺われる。

小　結

本章では，塩専売制の窓口機関である塩務局の整備を取り上げた。塩務局の施設計画は煙草製造所と同様に，日露戦時下の明治38（1905）年1月の塩専売法公布から同年6月の施行のため，仮建築を経ての本建築という段階的に執り行われた。その後の塩倉の増設工事も含めると，3つの段階を踏んだ計画と言える。それぞれの概要を再度整理すると，表5-6のようになる。

さらに，その実施過程について以下の点を明らかにした。

表5-6　塩務局の施設計画の概要

<table>
<tr><th>区分</th><th>数　量</th><th>基本方針</th><th>主要建物</th><th colspan="2">様式・構造</th><th colspan="2">特徴・仕様</th></tr>
<tr><td rowspan="3">塩専売所仮建物新営工事</td><td rowspan="3">57か所
建坪：
19,727坪
図5-2,
図5-3,
図5-4</td><td rowspan="3">＊一時的仮設備ナルヲ以テ…其ノ構造ヲ簡易軽便トシ工費ノ節約
＊風害ヲ防ク為メニ其ノ構造ヲ堅牢…</td><td>仮庁舎
図5-5,
図5-6</td><td colspan="2" rowspan="3">＊木造平屋建掘立
（仮貯塩庫と上家は「丸木造リ」）
＊草葺屋根
＊防火不備ノ一点ハ忍ンテ之ヲ犠牲ニ供スル</td><td rowspan="3">＊草葺屋根（人家稠密の高松のみ鉞力板葺）</td><td>＊受付口：銀行風12段階に等級区分</td></tr>
<tr><td>仮貯塩庫
図5-7</td><td>＊外部：下見板張
＊小屋裏物揚棚</td></tr>
<tr><td>上　家</td><td>–</td></tr>
<tr><td rowspan="4">塩務局所新営工事</td><td rowspan="2">局：6</td><td rowspan="4">＊其ノ敷地ノ多クハ海ニ瀕スルヲ以テ或ハ暴風怒濤ノ…防禦上堅牢ナル構造ヲ要スル
＊工費ノ節約及操業上ノ便否等ヲモ顧慮</td><td>庁　舎
図5-11,
図5-12</td><td>＊木造西洋館</td><td rowspan="4">＊多ク洋式小屋
＊天井ヲ以テ蔽ハルルモノ及各便所等ハ総テ和式小屋トシ…筋違挟方杖等ヲ施シテ耐震的構造ヲ加味</td><td colspan="2">庁舎は9段階に等級区分
＊外部：下見板張，ペンキ塗
＊内部：漆喰塗真壁</td></tr>
<tr><td>塩　倉
図5-13,
図5-14</td><td>木造</td><td colspan="2">梁間6間・4間の2種類
＊内部：竪羽目板張，竹釘打</td></tr>
<tr><td rowspan="2">出張所：108
図5-19</td><td>上　家
図5-15</td><td>木造</td><td colspan="2">–</td></tr>
<tr><td>文書庫</td><td>煉瓦造</td><td colspan="2">＊内部：漆喰塗</td></tr>
<tr><td>専売支局塩倉其他新営工事</td><td>『年報　第四』には函館・赤穂（大塩）など14か所が記載</td><td>–</td><td>塩　倉
図5-88</td><td>木造</td><td>＊構造様式ハ第二編ニ掲ケタル如ク何等変更シタル所ナシ</td><td colspan="2">＊仕様ハ孰レモ第二編（引用者注：第二巻）ニ掲ケタルト大同小異ナルヲ以テ掲記セス図面モ亦之レヲ省略ス</td></tr>
</table>

備考　＊は資料原文ママ。その他は筆者による要約。

ⅰ）仮建物は木造掘立柱・草葺屋根・紙張障子油引といった簡易軽便な構法・材料で，架構はすべて和小屋組とされた。これは工費節減のためだけではなく，海浜の強風対策も兼ねた仕様である。草葺屋根が防火上不利であることは認識されていたが，敷地周囲に人家がないことと，塩は煙草と違い焼損の恐れがないことから二の次とされた。

ⅱ）工事監理の体制は従前とは異なり，監督員が常置と臨時の二者に分けられる。常置監督員は全国を 7 つに区分した工区に 1 名ずつ設定され，臨時監督員がその間を巡回した。工期遅延の賠償金は 4 か所で初めて実際に徴収された。

ⅲ）塩専売所仮建物には，建坪の組み合わせによって計 12 段階の等級区分が設定された。施工実績は五等から七等の中位等級にやや集中が見られるものの，等級の上下にかかわらず満遍なく分布している。

ⅳ）塩専売所仮建物の構内配置は庁舎が正門近くに置かれるなど，葉煙草専売所の施設計画が過度に「役所風」で業務上不適当との阪谷芳郎の指摘に対応した内容となっている。無意味に広く用途がないと指摘された構内の空地については，倉庫を整然と配列するなどして合理的が進められ，敷地は比較的小さく纏められている。

ⅴ）塩務局所では庁舎に対して計 9 段階の等級が設定された。出張所用に設定された四等から八等の中央に位置するとともに最も供給数が多い六等庁舎を基準形とし，平面計画を調整することで上下等級が設計された。請負契約の手続きおよび施工についても，六等から八等の庁舎を有する出張所の工事が先行して進められた。トップダウン型の官僚機構では上位の局用の施設整備が重んじられたと考えられがちだが，塩専売制の円滑な実施のために各生産地で現場窓口となる出張所の建設が最優先されたためである。

ⅵ）庁舎の様式は「木造西洋館」と表記される。「西洋館」は「西洋造」などと並んで第 3 章で整理した「西洋形」の類語とされるが，洋風の外観に和式構法の組み合わせはまさにその理解に合致する構成である。明治前中期に集中し，その後の学士建築家の台頭と体系的な洋式技術の普及に伴って減衰したものと考えられていた様式概念だが，地方での材料調達と施工に配慮した上で標準化を進める現実的な手段とされ，数度の改組を経ながらも大蔵省営繕組織内で定型化した過程が窺われる。

塩務局の施設計画の大枠の方針は，同じく木造での竣工実績である葉煙草専売所と煙草製造仮工場を発展継承させたものと見ることができる。なかでも葉煙草専売所は，納入される一次産品の鑑定・買い上げを担う窓口機関であることから，基本的な建物の機能と構成要件が類似する。そのような理由もあり，本計画においては準備局建築部の長官となっていた阪谷によるかつての葉煙草専売所の視察後の指摘が強く意識されたことが見て取れる。庁舎の配置と平面計画など，まるで逐一修正回答を用意したかのような内容となっている。資料中で再三繰り返される「銀行風」との表記は，阪谷による「役所風」との批判を意識して実用性を強調したものと考えられる。

なお，この他に『年報　第一』の「第二章　塩務局所新営工事」「第五節　建築物ノ種類構造」には，塩の品質管理のための施設整備として「第一欵　本省構内塩分析室」と「第二欵　津田沼製塩試験所」の工事記載が見える（pp. 66-68。pp. 173-175 間には図版掲載もある）。とくに前者に

ついては「部室ノ配置及外観ノ容姿等ハ専ラ洋式」「本工事ハ耐久ノ目的ナルモ経費上ヨリ考察シテ不燃不朽ノ材料ヲ以テ全部ノ建築ヲ了スル能ハサルニ因リ煉瓦及木材ノ二種ヲ混和使用セリ」などとあり，塩務局の施設計画から通底する様式意識や工費節減への意識が認められる。その一方で，これらはいずれも個別の工事であり同時多発的な量的整備の対象ではない。塩専売制の安定のため，従前からの人的資源や経験値の蓄積を活用して計画されたものではあるが，「標準設計」の対象とは言い難い，というのが筆者の見解である。

注釈

1) 妻木頼黄「廣島に於ける假議事堂に就て」（『建築雑誌』第 107 号，pp. 295–313，造家学会，1895. 11）。

2) 梁間 63 尺の議場部分の小屋組について，妻木の演説内容と内観写真を元に復原的に考察した堀内正昭「広島臨時仮議事堂（竣工 1894 年）における議場小屋組の構法について」（『昭和女子大学環境デザイン学科紀要 学苑』第 873 号，pp. 32–42，2013. 7）では，議場部分の小屋組を対束小屋組とドイツ小屋の技法を応用したものと推定している。

3) 『年報　第一』の「第二章　塩務局所新営工事」「第一節　沿革」（p. 49）より。

4) 「塩務局所庁舎ニ対スル定員表」（『年報　第一』p. 50）では，四等から八等を括って「出張所及倉庫事務所」とされている。出張所と倉庫事務所の区分は明らかでないが，例えば『年報』中の各所で見られる「長府（豊西上）」との略記は，正式には「三田尻塩務局長府出張所豊西上倉庫」（『年報　第二』p. 120）だと読み取れる。「倉庫」の後にさらに「事務所」が省略されている可能性はあるが，括弧書きの前が出張所名で，その管区内に置かれた倉庫事務所であるという親―子の組織関係が理解できる。ただし，単に「長府」と称する出張所が存在しないことから，六等庁舎を持つ「長府（王司）」が同様に「長府出張所王司倉庫」の略記であるかどうかは判別しかねる。竣工後の運営に関してはともかく，施設計画上は両者の区別は事実上意味をなさないものと判断し，本書では総じて「出張所」と表記することとした。

5) 『年報　第一』の「建築ノ様式」（pp. 68–69）より。構内の建物配置は概ね仮建物の計画が踏襲され，庁舎は敷地の手前側に，構内道路の左右に振り分けて塩倉が配列された。

6) 同上。

7) 川島智生「醸造家と建築㊺　赤穂塩務局庁舎―塩業の近代化遺産―」（『醸界春秋』No. 70，pp. 37–42，醸界通信社，2001. 11）。

8) 赤穂市立民俗資料館（館長・久保良道）編『赤穂市立民俗資料館 90 年の歩み』（2001. 3）。

9) 斜材と金物による木造架構の耐震化は明治 24（1891）年の濃尾地震以降に震災予防調査会も提唱しており，それ自体は大蔵省営繕組織固有の手法とは言えない。ただし，妻木は広島臨時仮議事堂でのボルト使用の効果を手刻み工程の大幅な簡略化による工期短縮と言明しており，ここでも躯体補強の他にその意図があったことが推測できる。

補論　塩務局施設の運用実態—渡波派出所を例に—

　ここでは，筆者らが 2020 年 11 月から翌年 2 月にかけて行った地元の関係者らへのヒアリング調査に基づいて，渡波専売官吏派出所（宮城県）［表 補5-1］の平面構成や建築履歴，塩の収納および回送に係る構内の動線について整理する。「専売建築」が新築後どのように使用され増改築を重ねられていたのかという施設運用の一端を，復原的に明らかにすることを目的とした。ヒアリング対象者（氏名はイニシャル表記とする）の概要は下記の通りである（インタビュアーは，共同調査者の斎藤広通氏）。

- KT：　昭和 8（1933）年渡波生まれ，男性。元・小学校校長で，流留（ナガル）・渡波塩田の歴史と作業を紹介した冊子や以呂波歌留多を作成した。元・石巻市文化財保護委員。
- KK：　昭和 16（1941）年渡波生まれ，男性。渡波派出所近くで建築設計事務所を自営。元・石巻市文化財保護委員。
- CY：　昭和 7（1932）年渡波生まれ，女性。昭和 26（1951）年から 9 年間，渡波塩業組合の事務で働く。配偶者の故・C は渡波派出所長で閉所まで勤めた。

表 補5-1　渡波専売官吏派出所の沿革

年	月	法　制　・　出　来　事
明治 38（1905）	1	塩専売法　公布
	2	塩専売所仮建物新営工事　開始（順次入札執行，渡波は工事なし）
	6	塩専売法　施行
	10	大蔵省臨時建築部　設置（部長・妻木頼黄）
		塩務局所新営工事　開始
明治 39（1906）	3	臨時建築部より工事の説明員が派遣（3. 6–14） 　　　技手・原亀次郎（–10. 5 督役員として現場常駐） 入札執行（3. 10）→契約締結・着工（3. 15） 　　　請負人・平野佐五右衛門（石ノ巻町阪下町） 　　　保証人・中島豊治（石ノ巻町裏町）
	4	監督員の臨場（1 回目：4. 19–21）　　　　技手・藤井平治郎
	6	監督員の臨場（2 回目：6. 13–15）　　　　技手・岩崎彌太郎
	7	監督員の臨場（3 回目：7. 22）　　　　　技手・藤井平治郎 既済部分検査（7. 23–24）　　　　　　　技手・藤井平治郎
	10	竣工検査（10. 13）　　　　　　　　　　技手・植田松四郎
大正後期（1920 頃）	9	塩倉（石造）や通路などを増築，室内改修か
昭和 34（1959）		第 3 次塩業整備によって渡波塩田・野蒜塩田が廃止
時期不明		民間に払い下げ（漁業用倉庫として利用）
平成 23（2011）	3	東日本大震災の津波被害
	9	台風 15 号による冠水被害
	10	地震津波被害により解体

206

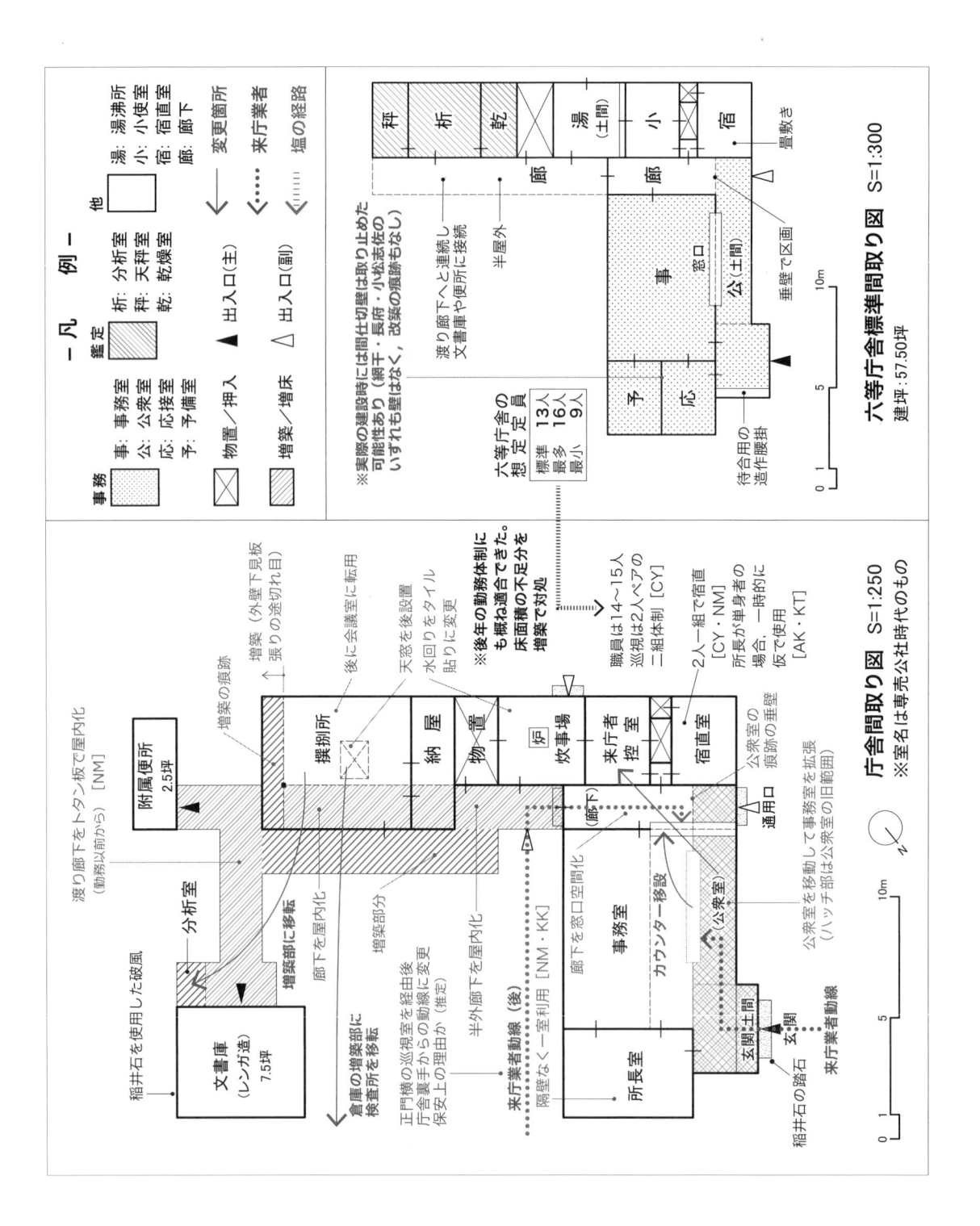

― 凡　例 ―

事務	
事：事務室	
公：公衆室	
応：応接室	
予：予備室	

鑑定
析：分析室
秤：天秤室
乾：乾燥室

他
湯：湯沸所
小：小使室
宿：宿直室
廊：廊下

物置／押入
増築／増床

▲ 出入口（主）
△ 出入口（副）

変更箇所
来庁業者
塩の経路

六等庁舎標準間取り図　S=1:300
建坪：57.50坪

※実際の建設時には間仕切り壁は取り止めた可能性あり（網干・長府・小松志佐の、改築の痕跡もなし）いずれも壁はなく、改築の痕跡もなし）

渡り廊下へと連続し文書庫や便所に接続

半屋外

六等庁舎の想定定員
標準　13人
最多　16人
最少　9人

待合室の造作腰掛

垂壁で区画

庁舎間取り図　S=1:250
※室名は専売公社時代のもの

※戦後年の勤務体制にも概ね適合できた。床面積の不足分を増築で対処

職員は14〜15人
巡視は2人ペアの二組体制 [CY]

2人一組で宿直
[CY・NM]
所長が単身者の場合、一時的に仮で使用
[AK・KT]

渡り廊下をトタン板で屋内化（勤務以前から）[NM]

増築（外壁下見板張りの逆切れ目）

増築の痕跡

撰別所

後に会議室に転用

天窓を後設置

水回りをタイル貼りに変更

附属便所
2.5坪

納屋

物置

炉

炊事場

来庁者控室

宿直室

公衆室の垂壁

増築部に移転

増築部分

廊下を屋内化

半外部廊下を屋内化

来庁業者動線（後）

事務室

カウンター移設

隔壁なく一室利用

（廊下）

通用口

（公衆室）

公衆室を移動して事務室を拡張（ハッチ部が公衆室の旧範囲）

公衆室を窓口空間化

文書庫
（レンガ造）
7.5坪

分析室

増築部に検査所を移転

稲井石を使用した破風

稲井石の踏石

所長室

玄関土間

玄関

来庁業者動線

廊下を窓口空間化 [NM・KK]

正門横の巡視室経由後の動線（推定）

半外部廊下を屋内化の理由か？庁舎裏手上の保安上の理由か？

0 1　5　10m

N

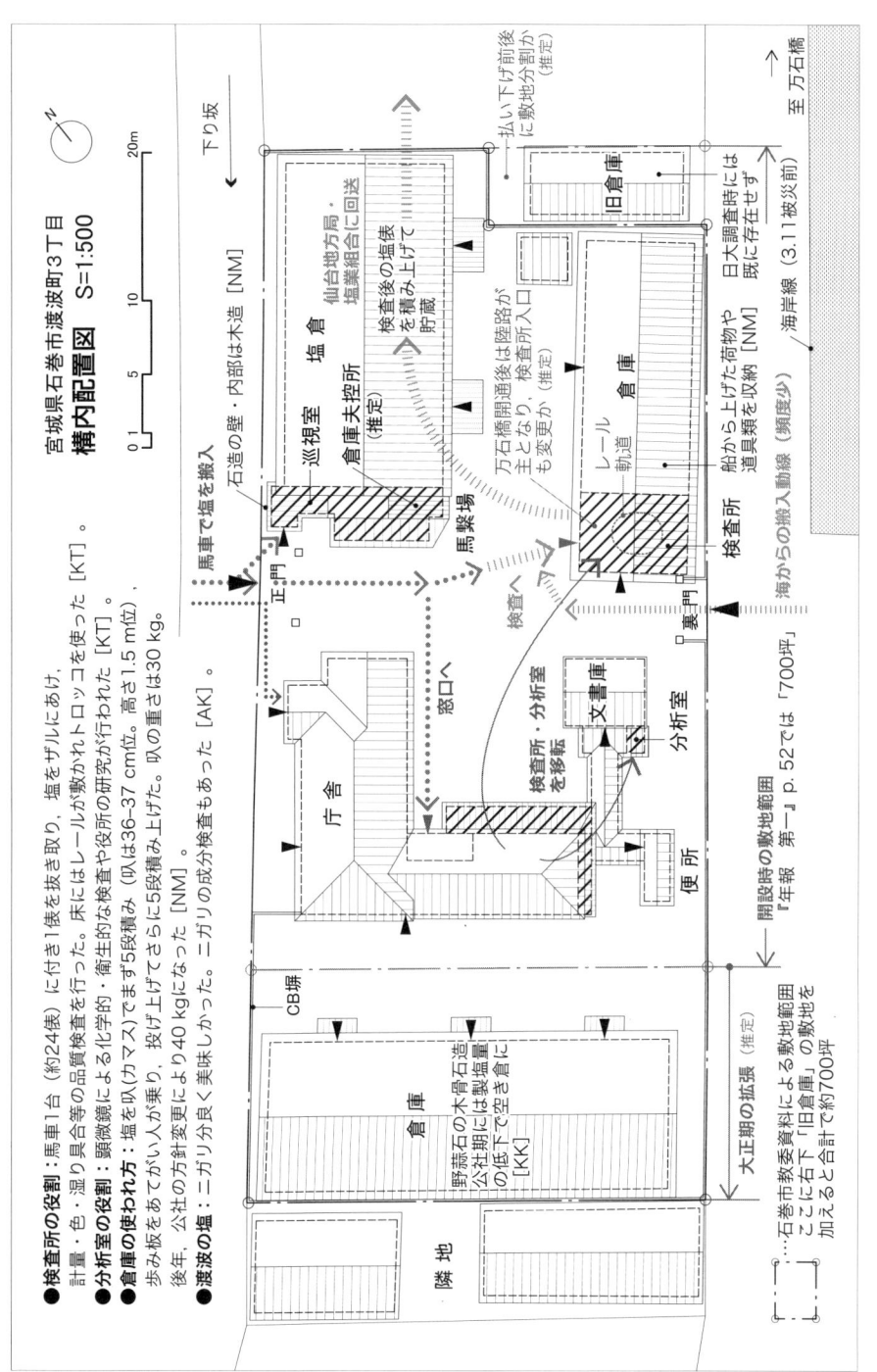

●**検査所の役割**：馬車1台（約24俵）に付き1俵を抜き取り、塩をザルにあけ、計量・色・湿り具合等の品質検査を行った。床にはレールが敷かれトロッコを使った [KT]。

●**分析室の役割**：顕微鏡による化学的・衛生的な検査や役所の研究が行われた [KT]。

●**倉庫の使われ方**：塩を叺（カマス）でまず5段積み（叺は36〜37 cm位。高さ1.5 m位），歩み板をあてがい人が乗り，投げ上げてさらに5段積み上げた。叺の重さは30 kg。後年，公社の方針変更により40 kgになった [NM]。

●**渡波の塩**：ニガリが分良く美味しかった。ニガリの成分検査もあった [AK]。

宮城県石巻市渡波町3丁目
構内配置図　S＝1:500

0 1　　5　　10　　　20m

下り板

払い下げ前後
に敷地分割か
（推定）

至 万石橋　→

仙台地方局・
塩業組合に回送

検査後の塩俵
を積み上げて
貯蔵

塩倉

万石橋開通後は陸路が
主となり，検査所入口
も変更か（推定）

石造の壁・内部は木造 [NM]

巡視室

倉庫夫控所
（推定）

石造の壁・内部は木造 [NM]

馬車で塩を搬入

正門

馬繋場

検査へ

**レール
軌道**

倉 庫

裏門

検査所

検査へ

船から上げた荷物や
道具類を収納 [NM]

日大調査時には
既に存在せず

海岸線（3.11被災前）

海からの搬入動線（頻度少）

庁 舎

窓口へ

**検査所・分析室
を移転**

文書庫

分析室

便 所

CB塀

開設時の敷地範囲
『年報 第一』p. 52では「700坪」

大正期の拡張（推定）

石巻市教委資料による敷地範囲
ここに右下「旧倉庫」の敷地を
加えると合計で約700坪

野蒜石の木骨石造
公社期には製塩量
の低下で空き倉庫に
[KK]

倉 庫

隣 地

⋯⋯石巻市教委資料による敷地範囲

旧倉庫

図 補 5-1　渡波派出所の間取りと構内配置

AK： 昭和 12（1937）年流留生まれ，男性。江戸時代からの塩田業者で 5 代目。渡波塩業組合
　　　で働いていた。

NM： 昭和 2（1927）年渡波生まれ，男性。渡波派出所で塩の分析に従事し，定年まで勤めた。

KY： 男性。父（大正 14（1925）年仙台生まれ）は昭和 18（1943）年頃から仙台地方局（五橋）
　　　塩専売関係の事務官で，出張（塩収納）で渡波派出所を訪れていた。

　証言内容は図に反映し整理した［図 補 5-1］。その際，明らかな記憶の齟齬は聞き手が発言者に
確認の上で訂正を加えた。とくに「庁舎間取り図」からは，庁舎が手狭になるに伴い半屋外廊下
の屋内化や増築が進められ，それと並行して構内の動線も設計時の想定から改変されたことが窺
われる。

終章
「専売建築」の実像

　本書では，大蔵技師・妻木頼黄の主導による「専売建築」の分析を通して，わが国の明治期以降の近代化過程において建築が担った役割やその意味の一端を明らかにしようと試みてきた。従来の「近代化過程」を焦点にした建築史研究では，①近代における「日本らしさ」の表現をめぐる様式論争，②西洋技術の受容過程という2つが大きな主題として存在していた。①については，歴史家による研究に限らず，建築家を交えての試行錯誤がある。建築学会の通常会および臨時通常会で2度にわたって開催された討論会「我国将来の建築様式を如何にすべきや」（第1回：1910. 5. 23，第2回：7. 8）やその後の帝冠様式をめぐる論争はその代表例と言える。②は，洋式建築技術の移入と普及の経過についての多くの技術史的な研究の蓄積がある。

　これらに対して本書は，近代産業社会における建築の特質として，「量の供給」という側面に着目した。「標準設計」は合理的にそれを成し遂げるための方策であり，建築以外にも例えば土木や船舶など工学分野に広く共通する考え方である。これは，工業技術の進歩と普及により部材の規格化や互換性，大量生産が確保されたことで，それ以前からあった量産化への要求に技術的に応えることが可能になったという逆の見方もあるだろう。しかしいずれにせよ，建築に関しては序章で整理したように住宅供給の分野で用いられることが多く，内容的には「間取りの規格化」と総括できるものである（鈴木2006）。つまり立面・断面の構成や構法については，平面を立体的に立ち上げる際に付随的に発生する要素に過ぎず，計画段階において重点を置いて検討すべき項目ではない，との認識である。本書は，そうした平面最優先の「標準設計」による施設供給とは異なる様相を示す，材料選定から架構，細部意匠や監理手法に至るまでの広範な「標準化」により短時日のうちに完成を見た「専売建築」の施設計画の実像を明らかにしようとしたものである。

　以下，五章にわたる分析を纏め，結論とする。

1 大蔵省営繕組織の運用実態

　営繕組織の部署編成および定員は，官制やそれに付属する「処務細則」などの各種規定によって定められた。取扱所建築部・準備局建築部・臨時建築部・臨時建築課と，各管掌の建築事務が完了した時点で組織廃止となってはいるが，妻木を中心とした主要技術者は在籍し続けている。中堅層以下の所属人員の入れ替わりや組織規模の拡大があるが，一貫して実際の在籍者数が常に定員を大きく下回っており，官制上の設定は空文化している。中でも元々の定員数が多く設定された専任の技手は，各組織を通して不足が著しい。技手の出身階層としては，大工出身者と工手学校に代表される工業系の実業学校出身者に大きく二分される。安定的な人材供給に応え得るのは毎年確実に卒業生として世に輩出される後者である。しかし，日清戦争後の急激な経営拡張や軍拡に伴う諸般の営繕事業の勃興に対して，その人材供給が追いついていなかったことが推測される。この点に関しては，大蔵省に限らず他省あるいは各府県の営繕組織をも含めて，定員充足の状況を具に検討する必要がある。

　こうした慢性的な専任技術者の不足を賄うため，官制上では言及のない雇や兼務者の任用があったことがわかった。雇は官吏ではないため，大蔵省本省ではなく営繕組織の長に人事の裁量権があった。そのため，時宜に適った比較的柔軟な任解用が可能であったと考えられる。出張記録などを見る限りでは，雇が技手同様に単独で遠隔地へ出張し監理業務にあたった例が多数あり，両者の担った担当職務に表面上大きな違いはないように見受けられる。両者ともに工手学校出身者が散見されることから，実務経験の多寡はともかく，学歴による単純な区別とは思われない。これらのことから，雇の任用でもって技手の不足分に充てたとの理解が首肯されよう。ただし，採用すべき人材の不足という根本的な事態の解決がない限り，これは中長期的な問題の打開策とはならない。そこで次なる段階の措置として，専任技術者の任用を事実上諦め，各府県や大蔵省関係の地方機関所属の建築技術者を兼務で任用することが行われたと考えられる。

　しかしながら，雇と兼務者を含めてもなお，定員の充足には遠い。そもそも，営繕組織を構成する技師以下の各官名に対する定員設定の経緯や根拠については，本書の基礎資料である『建築一班』『成蹟一斑』『建築部年報』のいずれにも言及は見られない。実際には，定員が予め余裕を見込んで設定されていた可能性もあるため，人員不足の実情については管掌業務に対する歩掛や人工算定の根拠など，想定定員の妥当性ともあわせて考えなければならない。この点については，史資料の博捜を含めて今後の課題点である。

　また，営繕組織の長に技師が補任され得るかどうかという点に着目すると，第2章で紹介した「営繕局」の官制案が一つの画期になる。その提議自体は現実のものとならなかったとは言え，準備局建築部および臨時建築部という組織の変遷と拡大に伴い，筆頭の技師である妻木が大蔵省内部において地歩を固め，自ら長に就くに至った経過を見て取れる。妻木死後の営繕管財局では再び長官には大蔵次官が就任する規定に戻され，技師はその下の地位に留められたことからも，妻木が誇った存在感と影響力を間接的に窺い知ることができる。

　技術官たる妻木は，学界を代表する辰野とのみ対峙したわけではない。第1章および第2章で検討した各種の史資料からは，大蔵省営繕組織の長官人事や技師の勅任官への任命という待遇向

上をめぐる省内闘争，「営繕局」構想の実現に向けての政治的な暗闘が窺われる。とくに『営繕局設置資料』で示された広壮な組織構想と少なくとも二度にわたる提議からは，妻木が従来から知られる旧幕府の縁故者のみならず，藩閥系政治家や政党関係者など幅広い人脈からその時々に有利な伝手を選んで利用しようとしたことが明らかである。その意味において，大蔵省営繕組織は妻木の基盤であると同時に彼の栄達の手段でもあった。したがって，大蔵省傘下での臨時組織の常置化を達成できなかったことは，省益としてだけでなく妻木個人にとっても大きな挫折であったと言わねばならない。

2　工事監理の実情

　営繕組織の定員未充足は，遠隔地へ派出する現場監理要員の不足に直結した。各施設の設計そのものは「標準化」により一定の省力化には成功しただろうが，そうして作成された設計図書に基づいて工事を全国各地で実施し均質な施設群を造営するには，綿密な現場監理が不可欠である。そのために，大蔵省管轄下の税関・造幣局・葉煙草専売所の諸機関に所属の技術者あるいは現場の所在する各府県吏員への監理業務の委嘱が行われた。こうした部外への監理業務の委嘱は，当初の取扱所建築部では確かに人員不足への対策として実施された。ところが，準備局建築部ではこれに出張費の節減という二義的な意味が加わり，戦時下におけるさらなる経費削減と本部の省力化の手法として確立した。

　工事監理の人員は「専売建築」の一連の施設計画に共通して，①入札前に工事概要の説明をする説明員，②現場に常駐して材料の良否などを取り締まり，工事を督励する督役員，③各現場を巡回して本部からの指示を伝達するとともに，督役員の勤務状況を管理する監督員の3つの役割に大別される。実際には，説明業務を終えた①の人員がそのまま②の督役員として現場に居残った例が多いが，明確に規定があるわけではない。合理的な人員配置を追求した結果であり，例外も散見される。同時に，監理報告書など多数の書式が用意配布され，在東京の本部と各現場との間の文書の往復によって工程把握が図られた。

　工期厳守のために，工事が遅延した場合の過怠金・賠償金は1日あたり請負金額の100分の2という極めて高率に設定された。第3章で扱った葉煙草専売所の施設計画時は，予定工期と専売法施行の間に若干の猶予があったためか，実際にそれが徴収された記録は見られない。天災など止むを得ない事情の場合は申請により工期延長を認める規定が契約書の条文にあり，それを準用したものと考えられる。これは，多少の工事遅延があっても専売法施行を左右する事態にはならないとの見通しがあったからこそで，さらには必要最小限の中心施設さえ完成していれば，外構工事などは後からの増設工事で間に合わせることができるとの目算もあっただろう。事実，本支所工事・出張所工事のいずれをとっても，葉煙草専売法の施行後に数次にわたる増設工事が執行されて施設の拡充整備が図られている。あまりに厳しく過怠金を科すと，後続の工事において応札者がいなくなり，入札が成立しなくなる恐れもあることから厳格な適用が躊躇われたという側面もあろう。それでも，わずか5日の遅延で請負金の1割を科される厳しい過怠金の設定は，請負者にとっては工期遵守に向けての心理的圧力として作用したであろうことは想像に難くない。

　工期遅延に対する過怠金（賠償金）の実際の徴収は，第5章の塩専売所仮建物工事における松原・高松・潟元・鳴門の計4件が記録上初めてのものである。これは，竣工期日から塩専売法の施行までが差し迫っていたことも関連しているだろう。過怠金賦課の規定から既に年単位で日が経っており，厳格な適用が請負者に対して予め告知されていたことも考えられる。いずれにしても，強圧的な過怠金の設定のみでは工事の順調な進捗を確保できないのは明らかで，詳細図を用いた細部に至るまでの明確な仕様と納まりの指示，監理人員に対しての文書配布や講習による事前教育といった諸施策によって，その実効性が確保された。

3　様式への意識

　「西洋形」とされた葉煙草専売所の事務所や「『レネーサンス』式」の専売局庁舎，「木造西洋館」の塩務局所の庁舎を除いて，様式に関する言及は史資料中には見られない。後の二者は外壁の下見板張りへのペンキ塗りと縦長形状の上げ下げ窓が共通項で，それに加えてそれぞれの玄関庇には装飾が見られる。葉煙草専売所の収授所は本支所，出張所のいずれをとっても敷地の中央に配置され，専売所の機能上は中心的な役割を担ったわけだが，様式は特段に設定されていない。官公署としての最低限の体裁を整える必要性から，事務所と庁舎が施設の顔としての役割を背負っていたことが明白である。その他の倉庫や上屋といった建物は「堅牢実用」重視で，意匠的にはとくに見るべきものはない。

　初田亨（1978）や菅原洋一（1990, 1991）などの既往研究では，「西洋形」やその類語は，明治初期の大工棟梁による「見よう見まね」の擬洋風建築から，高等教育を受けた学士建築家による本格的な「洋館建築」が普及するまでの過渡期である明治20年代を中心に隆盛したものだとされている。すなわち「西洋形」の担い手は，学士建築家ほどには海外の事情に精通していない地方の建築技術者が中心であるとの理解である。だからこそ，明治中後期以降の学士建築家の増加と活躍によって，「西洋形」は次第に姿を消したとの論理が成り立つ。対して，本書で扱った葉煙草専売所の事務所における「西洋形」の使用は，少なくとも設計者の属性の理解に関しては従来説の範疇から外れている。序章で紹介した通り，妻木は米国への留学だけでなく独逸への派遣経験もあり，当時の国内人材としては疑いなく随一の海外経験を誇った。それに加えて，合計でわずか20日程度の速成計画・工事ながら議事堂の大スパンを無柱で飛ばすことに成功した広島臨時仮議事堂をはじめ，木造構法への理解と関心の深さも窺える。これらを踏まえて整理を試みると，仮説の域を出ないながら次の結論に行き着く。

　まず，「西洋形」を確たる様式の一つとして理解することに無理があるように見える。現実には，「西洋形」という特定の様式の採用が決まり，その構成要件を満たすように各部の仕様や細部が策定されたわけではないのだろう。つまり，外観上は洋風に見えるよう全体の調和を整えてペンキ塗り仕上げを施した一方で，架構は地方での施工を急ぐあまり大部分を和式とせざるを得なかったという状況が先にある。その結果，できあがったものに対して「西洋形」との呼称を後付けしたというのが実情に近いのではなかろうか。「西洋形」の本質はその成立要件の緩さと，曖昧ながらも全体としては旧来の和風建築にない「新しさ」を感じさせる点にある。それが，「専

売建築」の中でも外観意匠が重視された葉煙草専売所内の事務所の様式を表すのに適した語として採用された，との理解が合理的ではなかろうか。塩務局所の庁舎に付与された「木造西洋館」の語も同様に理解できる。構造については，あえて「木造」と明記されていることから，ここでの「西洋館」もまた外観意匠について表明した記述であると読み取れる。

　「西洋形」や「西洋館」に限らずより広範に見れば，「洋式」の語がときどきの文脈に沿った意味・用法で場当たり的に使われたことを指摘できる。敷地構内への建物の配列・個々の建物の外観・室配置・架構への耐震補強など，その使用場面と意味は実に多岐にわたる。これらは，『建築一班』をはじめとする刊行資料の事業報告書としての性格から推して，新しい技術を取り入れて施設計画を遂行したことを大蔵省上層部や政府中枢に向けて強く訴える意味合いがあったと考えてよいだろう。さらに，「洋式」の外観に対して構造は在来の構法が主とされるなど，建物内外の不一致も目立つ。外観意匠と架構の両者が切り分けて扱われ，その組み合わせによって個々の建物が計画されたことが明白である［図 終-1］。

　専売局庁舎に用いられた「レネーサンス」の語は「洋式」よりも範囲を絞った表記になっており，アーチ要石など具体的な古典的部材を取り入れた意匠を指すための意識的な使い分けを窺わせる。ただし当該庁舎の構成は左右非対称であり，「西洋形」と同じく，必ずしも本来の語義に

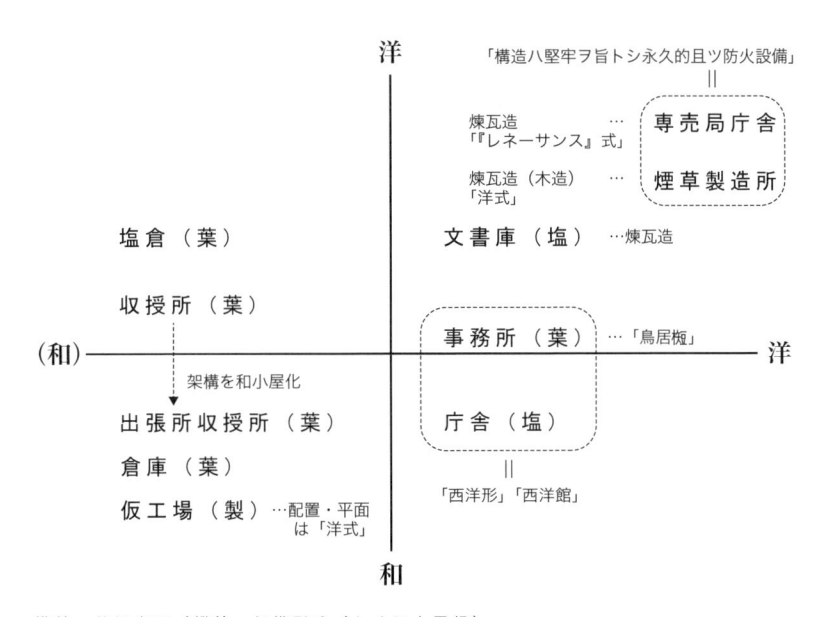

横軸－外観意匠／**縦軸**－架構形式（とくに小屋組）

図 終-1　「専売建築」における外観意匠と架構形式の組み合わせ

横軸である外観意匠については，洋風の事務所および庁舎とそれ以外に分けられる。文書庫は煉瓦造のため「洋」に区分したが，これは文書保管のために防火性が求められた結果である。和風への表現志向は史資料から窺えないものの，横軸上の「洋」に対置する概念として「(和)」を仮定した。
架構形式の選択は，操業上の都合により無柱とする必要性があるか否かという運用面の要因に大きく左右された。あわせて，梁間の距離や間仕切壁の有無など平面計画との関連が大きな要素と言える。天井を張るか否かという室内の仕様とも相関する。葉煙草専売所の事務所に採用された「鳥居楣」はドイツ小屋を和小屋風に簡略化したものと解釈し，和洋の境界上に位置付けた。

捉われず恣意的に用語選定された結果としての表記と見ることもできる。

　一方で，「和式」は木造構法への言及で登場するに留まり，様式概念を示す語としては用いられていない。仕様書中には一部で「和様」との表記もあるが，これも同様に構造に関する記述の一部であり，殊更に和風あるいは日本的な表現が追求されたわけではない。

4　妻木による「標準化」の意味

　定員割れが常態化していた大蔵省営繕組織の省力化と設計期間の短縮に，設計工程の標準化としての「標準設計」が貢献したことは確かである。その一方で，組織統制や監理の厳格化をも合意する「標準化」は逆に負担となったのではないか，との疑問が残る。工費の節減と工期の遵守のみを考えるならば，印刷配布した設計図書を元にして各現場に裁量を委ねる方式が最も合理的に思えるわけである。

　筆者はその一つの回答として，一見すると当初の目的と相反するようにも思える厳格な監理方式は，体面と権威を重んじる妻木個人の性質を反映したものであったと仮定したい。体面への執着は，神経質なまでに仔細な服務規定や出張員心得，戦地にあるが如き心構えでの勤務を説いた教条的な部長訓示による組織統制の姿勢からも透けて見える。官の権威を損なうことがないよう常に外部からの視線を意識していたことは明らかで，その自意識が組織内部のみならず工事そのものに対して向けられた結果，監理の厳格化に至ったと見ることができよう。無論，権威主義的な傾向は戦前期の官公庁や官吏に広く共通することだが，それを工事運営管理の手法として昇華させ施設計画の具現化に繋げた点こそが妻木の手腕であり，大蔵省営繕組織における「標準化」の特徴の一つでもある。さらに踏み込んで言えば，こうした過剰な体面重視の姿勢こそがまさに「武士的」なものと捉えることもできる。本書冒頭では，妻木家の武家としての来歴に着目した長谷川堯（1981）や清水慶一ら（1990）の先行研究に再三触れたが，それらに加えて筆者からも上記のように補足したい。

　序章で言及した向井覚（1971）の整理による「標準設計」の主たる達成目標の一つに，組織全体の技術水準の向上や経験値の蓄積がある。その点で，「専売建築」の各段階における「標準設計」が改訂を重ねて発展継承されることなく，全般的に極めて近視眼的な計画の反復に終始したことは，その「標準化」の限界点を示唆している。後世の建築計画への直接的な影響の少なさの要因と言えよう。「専売建築」の計画と実施が，当時の国家的な危難を救ったとも言えるほどに歴史的に重要な位置を占めているにもかかわらず，これまで曖昧な評価に甘んじていた理由でもあるだろう。

　工業規格やプレファブ工法が未発達の状況下での多量の施設群の竣工には，設計手法を標準化・規格化するだけでは足りない。一定以上の専門技能を身につけた人員を揃えることや組織内への配置，吏員・技術者への教育，遠隔地に点在する各現場の進捗把握など組織運用という視点やその具体的手段の整備が不可欠である。こうした組織的な営繕活動の成果として「専売建築」を見ると，所謂「近代建築（Modern Architecture）」の前時代の存在でありながらもそれが近代性を内包していたことを容易に理解できる。

5　「専売建築」と妻木の組織構想

　「専売建築」は，煉瓦造の煙草製造所と専売局庁舎の他はいずれも短時日での施設計画で，専売法施行に間に合うよう速成することが最優先とされた。しかも，葉煙草の後は煙草製造・塩と相次いで急遽の制度導入となったことから，施設群が竣工を迎えた後のことが考慮された形跡は全くない。第2章で整理した『営繕局設置資料』では妻木は，竣工期限に余裕のない「急施工事」を改めて，順次改築の計画を立てるとともに日頃の修繕に意を払えば一時に多額の新築工費が必要になる事態を避けられる，としている。文中では，「急施工事」がどの営繕や施設計画を指すものか具体的な言及はない。しかし，取扱所建築部の廃部後の提議であることや「第十五号　臨時葉煙草取扱所建築費対事務費年度別比較表」で比較資料として言及されていることから，妻木の念頭には葉煙草専売所の施設計画があったと見て間違いないだろう。

　しかし，営繕局設置提議は結局実現せず幻に終わり，その後は準備局建築部・臨時建築部・臨時建築課といったように，妻木が危惧を表明していた通りの非常置の組織体制が常態化した。それら各組織が管掌した施設計画もまた，修繕を顧みる暇のない「急施工事」の反復であった。これは，最初の取扱所建築部による葉煙草専売所の施設計画が当時の政府上層部に一つの「成功体験」として認識されたことも影響した可能性がある。たしかに，阪谷芳郎は部内演説の中で葉煙草専売所の建築上の不備をいくつか挙げている。その指摘は，敷地構内の事務所の配置や倉庫内の棚の構成など仔細にわたる。だが，その指摘の多くは工費がかかるとはいえ修繕による是正解決が可能で，施設運用上の致命傷となるものではない。何より，葉煙草専売法の施行を予定通り無事に迎えられたという点で当初の最大の目的は十分に達成できていたのである。この成功体験がその後の官庁営繕組織の常置化への方針転換を大きく拘束した可能性はやはり考慮すべきであろうし，続く準備局建築部による施設計画は，その判断をさらに後押しした成功体験の上積みとして数えられる。

　常置の官庁営繕組織は，大正14（1925）年5月の営繕管財局設置で漸く実現した。だが，その管掌業務範囲は「営繕局」設置提議に比べると大きく縮小されており，官庁営繕を一元的に管掌する統一機関とは言い難い。長官に就任できるのが大蔵次官に限定されたことからも，少なくとも妻木らの構想と同一の組織体制とは言えない。

　妻木らの営繕局構想の挫折が意味するところを少し長い時間軸の上で考えてみたい。まずは，官庁営繕についての長期的展望の欠落を指摘できる。幕末開港期・明治期以来の本邦の近代化や工業化が官主導で推し進められてきたことを鑑みれば，建築・建設分野においても官庁営繕や建築行政の果たした役割は決して小さくない。であるが故に，その展望の空白は後世にも影響を及ぼしたものと考えられる。

　「臨時葉煙草取扱所建築部」や「臨時煙草製造準備局建築部」は，設置目的を明瞭に示したその名称の通り，言わば「時限付き」あるいは「その場凌ぎ」の非常置組織である。こうした臨時組織の設置と廃止の繰り返しは，「組織のスクラップ・アンド・ビルド」に他ならない。この組織観が公共建築の修繕の軽視に結びついたとしても不自然ではないばかりか，半ば必然的にすら思える。つまり，短命であることを宿命づけられた営繕組織が，竣工後の維持管理や修繕といっ

た長期的視座を自ら確立させ得ることは難しく，またそういった役割を求められてもいなかったということである。さらに，官公庁における建築技術者の地位および職位としては大蔵省臨時建築部における妻木の到達点が最高で，その後の営繕管財局は結局のところ大蔵官僚（事務官）主導の組織として実現している。官庁施設・公共建築の整備が財務行政の一部門として扱われるという現代に通じる枠組みが，この時期に決定的に固定化したという見方もできる。やや短絡的かもしれないが，「専売建築」の竣工期限厳守を第一義としてその後の維持管理や修繕を殆ど顧みない計画方針は，遠く現代にまで繋がっているようである。そうした上辺の姿勢が深く社会に浸透し継承された一方で，妻木らが心血を注いだ「標準化」の思想と取り組みという根幹の部分は，今日まで忘れ去られているかに見える。

まとめ―妻木頼黄による「専売建築」―

　妻木頼黄は，「日本趣味」に精通した建築家として，あるいは碇聯鉄構法や防火床構法に見られる煉瓦造建築への耐震・耐火の取り組みが知られる。旗本の家の生まれという出自もあり，「和魂洋才」の明治の時代精神を象徴する建築家の一人としても認識されている。同時に，妻木やその腹心の部下たちを中心とした大蔵省営繕組織については，近年も話題が多い。第1章でも述べたように，2014年4月には妻木家から日本建築学会への史料寄贈を機に「妻木頼黄の都市と建築」展が開催され，同名の図録が出版された。同書には「妻木家資料」の目録が整理掲載され，広くその存在が知られることとなった。さらに2021年11月には，官僚建築家としての妻木の生涯を議事堂建設への熱意を軸に描いた木内昇の歴史小説『剛心』（集英社）が刊行されている。

　そういった際に妻木の代表作としてまず第一に挙げられるのは，これまで再三言及した，古典主義に則った外壁面に巨大なドームを戴いた横浜正金銀行本店本館（1904）である。この他に，洋風の平面構成に和風意匠を纏わせた日本勧業銀行本店（1899）や碇聯鉄構法を採用した醸造試験所（1904），横浜新港埠頭倉庫（一号倉庫：1913，二号倉庫：1911）もよく取り上げられる。それらに比して認知度は低いものの，専売制導入時の施設計画も妻木頼黄の業績の一つとして既に一定程度の評価はされている。ほぼ同時代のものとしては，建築学会主催の「明治建築座談会」[1]において，準備局建築部に技手として勤務した経歴を持つ田中豊太郎（1870-1947）が関連した発言[2]を残している他，『建築雑誌』の妻木追悼特集における曾禰達蔵（1853-1937）や矢橋らによる追悼文中での言及[3]がある。後に刊行された妻木の評伝でも，それらを直接あるいは間接的に引くかたちでの紹介が見られ，古くは序章でも紹介した村松貞次郎や長谷川堯によるものから，近年の青木祐介（2017）の論考[4]まで多くがある。ところが，その達成要因については，妻木個人の出自と手腕ばかりが強調され，組織あるいは供給の視点から総合的かつ仔細に論じたものは従来なかった。旧大蔵省関係のものを中心に，各種史資料の横断的な比較分析によって，妻木が率いた大蔵省営繕組織の内情と「専売建築」の成立過程とを実証的に明らかにし，その全体像を初めて俯瞰的に示したのが本書である。

　一連の「専売建築」の与条件はどれも共通して，数か月単位という短時日の工期，地方遠隔地での同時工事，低廉な工費という厳しいものである。その背景にはまず，専売制導入をめぐる利

害調整が難航したという国内事情があった。それが財務状況や国際情勢の窮迫によって急転直下での相次ぐ制度施行となったために，急速な施設計画が要求されることとなった。一連の計画を管掌した各営繕組織もまた，技術官の不足が常態化し満足とは言えない状態にあったことは第1章以降，繰り返し示した通りである。そうした困難な状況下にありながらも，厳格な組織統制と監理により「清廉潔白」と「公平」を体現しようと企図した点には，事実上一貫して建築事務を統括した妻木の強い意志の介在が認められる。加えて，ごく部分的にでも「洋式」の意匠や技術を採用することで，地方における「先駆」としての官庁施設の体裁を表現しようとした設計姿勢や美意識も指摘できる。無論，「洋式」の構法や計画技術の採用は，葉煙草や塩の秤量や鑑定，回送動線の整理など実際的な業務への機能的な配慮によるところも大である。「専売建築」は，それら幾つかの条件ないし要求と組織の内的な要因とのせめぎ合いによって生まれた。双方の間の現実的な落とし所が模索された結果，一つの解決指針として組織的な「標準化」に行き着いたと見るのが最も説得的だろう。そしてそれは当然ながら，設計工程のみを対象とした平面・立面の計画や仕様の規格化・階層化のみに留まらず，人員手配からその配置の合理化，文書の往復による遠隔地での工事の工程把握などを総体的に包含する工事運営管理の手法として複合的に機能することとなった。反面，国家財政の急場を凌ぐことに最大の意を注いだこの手法は，将来的な発展性や施設拡張，組織内への技術や経験の蓄積が十分に考慮されたものとは言い難い。この点において，鉄道駅舎（停車場）建築や官舎建築など，序章で並べた他の諸事例における「標準設計」とは大きく性質が異なる。

　最後に視点を転換して，監理業務を委嘱された地方在勤の建築技術者の側から「専売建築」を照射したい。第3章以降の各章で具体的に示したように，木造工事が主体とされ先進的な技術導入を控えられた「専売建築」は，山間部や海浜部はともかく，地方の都市部では特段に画期的な最新鋭のものであったとは思われない。それでも，地方の技術者にとっては，中央の建築事業に携わり，その技術水準を身をもって学び取る機会となったはずである。工事監理の項目や「堅牢」性を重視した各部の詳細納まり，低廉かつ効果的な洋風の細部意匠など様々な点において実地での教育材料となったことは想像に難くない。実際に監理を引き請けた地方吏員の中には，江川三郎八（1860–1939）や松本禹象（1870–1945）など後に建築界で名を成した人物も含まれる。現在のところ，彼らが「専売建築」について言及した日記や回想には行き当たっていないが，「専売建築」における「標準化」の教育的効果について論じるには，そういった史資料の博捜が必要となる。地方から見た「標準化」の実像を論じる上での課題としたい。

　技術史的な視点に寄ると，とかく先進的な技術の受容と普及の過程が着目されがちである。しかし，限られた時間と人的資源での大量の施設供給が求められた場合には，最新技術の導入が必ずしも工学的な最適解とはなり得ない。旧来の考え方や技術を基盤に据えて，ごく部分的に洋式・洋風の要素をエッセンスとして添加するように組み合わせて当座の体裁を繕う計画・実施手法は，明治期に近代国民国家の枠組みを急速に整備する際に極めて合目的的な選択であっただろう。「専売建築」はまさにその選択の所産と言えるが，それは単に厳しい与条件をパズルのように解いた結果では決してない。「専売建築」が妻木個人の出自や性格という極めて属人的な要素を原動力

にして実現したこと，その退任と連動するように姿を消して歴史に埋没した存在となっていたことは，本書で繰り返し述べた通りである。

注釈

1) 第2回（於・建築学会会議室，1932. 6. 3）の記事は『建築雑誌』第566号（pp. 145–196，1933. 1），第3回（於・建築学会会議室，1933. 6. 16）は同誌の第576号（pp. 1373–1406，1933. 10）に掲載されている。小林金平は第2回以降，田中豊太郎は第3回にのみ出席した。

2) 第3回にて田中が下記のように「専売建築」に言及している。しかし，これ以降話題は発展せず，次の陸軍参謀本部へと議論が流れた。
　　　田中君　…それからちよつと申上げたいと思ひますが、此原案の選択は何れ雑誌から取つたのでせうが、此時代では建物としては詰まらぬか知れないが、丁度日清戦役後の拡張とそれから煙草専売局の始まりし時代なんだが、さう云ふものは此場合の記録にされた方が宜しいと思ふ。日清戦争と日露戦争後の陸軍拡張と、塩の専売と、煙草の専売と、各地方にも大分仕事があつたのですが、それは雑誌などに出て居らぬものが多い。
　　　堀越君　ですからさう云ふことに付ても御話願へれば大変都合が宜いのです。
　　　田中君　専売局のは大分印刷物がありますから、何なら宜しかつたら差上げても宜しうございます。
　　　小林君　此工事の一番初めの方は大蔵省年報に出て居ます。是は確か学会にも報告になつて居る筈です。それから塩の専売の時にも年報で確かな記録になつて報告されて居ります。

3)「雑記：妻木博士を弔ふ」（『建築雑誌』第359号，pp. 1–20，1916. 11）にて，以下のように言及されている。
　　　○　正員　工学博士　曾禰達蔵
　　　…博士が大蔵省奉職の間同省直接関係の直接工事は亦尽く博士の干与したるものにして修中彼の葉煙草専売法及塩専売法に因て日本全国の要所々々に急設を要したる殆ど無数にして多種なる諸新建物を前後二回に短時期と少工費とを以て共に適当の設計を立て之を完成した博士の敏腕は皆人の驚嘆する所であつた。（以下略）
　　　○妻木博士を憶ふ　　正員　工学士　矢橋賢吉
　　　…又博士が在官中の大事業として特筆すべきものは、全国各地に散在する煙草製造所の建築である。言ふまでもなく是は日本政府の経営にかゝる産業建築中最大なる施設の一で、其工事の一半は今尚継続中であるが、博士が在官中に規画されたる所に依て、今日着々其工事の好成績を挙げつゝある。而して我々は此処にも亦博士の日頃切々として育くまれた配下が、博士の事業の成功を助勢するに大に与つて力があつた実例を見ることが出来るのであつた。

4) 青木祐介「妻木頼黄　建築家が背負った明治」（『日本近代建築家列伝―生き続ける建築―』鹿島出版会，pp. 57–64，2017. 1）は，妻木の事蹟や既往研究をバランスよく網羅した論考である。ただし，「専売建築」については僅かに「全国に葉煙草の専売所や製造所を建設した」と言及されるに留まる。

依拠史資料・参考文献一覧

一次史料・部内資料など

国立公文書館 蔵：〔営繕局設置ニ関スル調査書ノ件〕，1902. 4（請求番号：雑 01907100）

国立公文書館 蔵（松尾家文書）：行政　官職制、分課及処務　第77号，1885. 3–1912. 1（請求番号：平23財務 01010100）
　　営繕局設置に関する調書，1912. 1（件名番号：003）

国立公文書館 蔵：件名簿・政務調査会，1902（請求番号：件 B0064100）

国立公文書館 蔵：公文雑纂・明治三十四年・第十七巻・大蔵省一，1901（請求番号：纂 00558100）
　　専売局技手小林金平米国及仏独澳ノ諸国へ派遣ノ件，1901. 4（件名番号：013）

国立公文書館 蔵：公文雑纂・明治三十八年・第十七巻・大蔵省一，1905（請求番号：纂 00876100）
　　臨時煙草製造準備局事務顛末報告書ノ件，1905. 12（件名番号：047）

国立公文書館 蔵：昭和財政史資料第1号第116冊，1923. 10–1932（請求番号：平15財務 00138100）
　　営繕管財局官制第1条に依り各省に於て施行し得る営繕事業覚書，作成年月不明（件名番号：032）

国立公文書館 蔵：昭和財政史資料第2号第66冊，1902. 4–1929. 5（請求番号：平15財務 00233100）
　　営繕局設置に関する書類，1902. 4（件名番号：001）
　　営繕管財局設置案要領，1924. 9（件名番号：002）
　　営繕管財局設置案（第1次案–第3次案），1924（件名番号：003）

国立公文書館 蔵（松尾家文書）：財政　専売（葉煙草専売（外国法規、意見其他、法規、葉煙草取扱及取扱所）），1891–1899（請求番号：平23財務 00986100）
　　煙草専売所其他に関する演説要領　阪谷主計局長，1899. 5（件名番号：018）
　　葉煙草取扱所新築に関する件上申，1897. 12（件名番号：041）
　　葉煙草取扱所出張所建築事務一覧表，1898. 5（件名番号：042）
　　臨時葉煙草取扱所建築部事務概況，1898. 5（件名番号：043）
　　葉煙草取扱所本支所工事成績表，1898. 5（件名番号：045）
　　葉煙草取扱所本支所敷地建物計画一覧表，作成年月不明（件名番号：046）

国立公文書館 蔵（松尾家文書）：財政　専売（専売所長会、同議題其他関係書類）　第54号，1897–1898（請求番号：平23財務 00987100）
　　建築技手又は雇勤務区域表，作成年月不明（件名番号：017）
　　葉煙草配置順序，作成年月不明（件名番号：032）

国立公文書館 蔵：任免裁可書・明治三十四年・任免巻七，1901. 4（請求番号：任 B00261100）
　　大蔵技師妻木頼黄米国及仏独澳諸国へ差遣ノ件，1901. 4（件名番号：023）

国立公文書館 蔵：任免裁可書・明治三十六年・任免巻十二，1903. 5（請求番号：任 B00333100）
　　大蔵総務長官兼大蔵省主計局長阪谷芳郎兼官被免ノ件，1903. 5（件名番号：017）

千葉県文書館 蔵（後藤家（健）文書）：
　　辞令　臨時葉煙草取扱所建築部雇，1897. 1（文書番号：ア38）
　　出張命令　茨城県下大宮葉煙草取扱所新築工事現場督役，1897. 3（文書番号：ア39）
　　出張命令　茨城県下太田葉煙草取扱所新築工事現場督役，1897. 3（文書番号：ア41）
　　出張命令　茨城県下水戸葉煙草取扱所敷地測量，1897. 3（文書番号：ア42）
　　出張命令　茨城県下石塚葉煙草取扱所敷地測量，1897. 3（文書番号：ア43）
　　免職状，1898. 3（文書番号：ア197）

東京大学工学・情報理工学図書館　工1号館図書室A（社会基盤学）蔵：営繕局設置ニ關スル書類／〔妻木頼黄調査起案〕，1902. 4（登録番号：1011896246）

西山雄大 蔵：大蔵技師工学博士丹羽鋤彦　福岡兵庫両県下へ出張ヲ命ス，1916. 2

西山雄大 蔵：政蔵三號営繕局設置ニ関スル書類，作成年月不明

西山雄大 蔵：第九十四号　工部省ヲ設置スルコト，作成年月不明

日本建築学会図書館 蔵（妻木文庫）：廣島假議院建築書類　廣島出張日誌・他，1894（臨時帝国議院建築事務所，登録番号：J7037822）

防府市立防府図書館 蔵：防府郷土写真集　第4集，作成年月不明（資料番号：117122887）
　　44　三田尻塩務局（明治42年頃）

山口県文書館 蔵：官吏々員進退原書　知事官房　明治三十八年自十月至十二月，1906（請求番号：戦前 B 人事課 351）
　　第124号　江田留四郎技術員嘱託ノ件ニ付回報，1905. 11

絵葉書・古写真など

浅口市立寄島郷土資料館 蔵：標題表記なし（寄島出張所と入浜式塩田），撮影者不明，撮影時期不明（1938 以降）

浅口市立寄島郷土資料館 蔵：標題表記なし（寄島出張所と流下式塩田），撮影者不明，撮影時期不明（1956–1959.11）

せんまや街角資料館 蔵：地図第（八）號 岩手縣東磐井郡千厩町字北方百参拾番地ノ貳，測量者・製図者不明，作成年月不明

せんまや街角資料館 蔵：標題表記なし（三春専売支局千厩出張所），撮影者不明，1902.10–1904.7

せんまや街角資料館 蔵：標題表記なし（新旧事務所），撮影者不明，1940

多喜浜塩田資料館建設委員会（新居浜市多喜浜公民館内）蔵：標題表記なし（坂出地方専売局多喜浜出張所），撮影者不明，撮影時期不明（小野家旧蔵の 8 mm フィルムから一部を切り出したもの）

多喜浜塩田資料館建設委員会（新居浜市多喜浜公民館内）蔵：標題表記なし（多喜浜出張所の遠望），撮影者不明，撮影時期不明

東京電機工業株式会社 蔵：塩倉など木造建屋解体工事前記録写真群，諏訪良介（東京電機工業株式会社）撮影，撮影時期不明（2020.9 以前）

西山雄大 蔵：伊予国波止浜塩務局，原角店，発行年月不明（1907.4–1918.3）

西山雄大 蔵：越後関原村外四ヶ村葉煙草試作奨励会（其ノ一），発行者不明，発行年月不明（1907.4–1918.3，記念スタンプは「3.10.31」）

西山雄大：大阪地方専売局京都工場・落成紀念 大正十一年五月（左右 2 枚組），発行者不明，1922

西山雄大：小野新町専売支局 BRANCH OFFICE OF MONOPOLY BUREAU, ONO-SHINMACHI.，新陽堂，発行年月不明（1907.4–1918.3）

西山雄大 蔵：（金沢名勝）設備宏大なる金沢専売局 VIEW OF THE KANAZAWA MONOPOLY BUREAU, KANAZAWA.，WAKAYAMA，発行年月不明（1918.4–1933.2）

西山雄大：（讃岐）高松専売局，発行者不明，発行年月不明（1907.4–1918.3）

西山雄大 蔵：高崎地方専売局工場全景・和田八幡神社，発行者不明，発行年月不明（1933.2–1944）

西山雄大 蔵：名古屋専売支局，発行者不明，発行年月不明（1907.4–1918.3）

西山雄大 蔵：名古屋専売支局，浪越寫眞製版所，発行年月不明（1907.4–1918.3）

西山雄大 蔵：水戸専売支局 第九回職工奨励会記念（其一），発行者不明，発行年月不明（1907.4–1918.3）

西山雄大 蔵：（山形専売支局）捺印・包嚢貼工場 □作業順ノ七□，山形市吉野屋絵葉書店，発行年月不明（1907.4–1918.3）

西山雄大：渡波塩務局 THE ENMUKYOKU, WATANOHA，高長書店，発行年月不明（1907.4–1918.3）

西山雄大 蔵：標題表記なし（専売局東京第二製造所（全景）），発行者不明，発行年月不明（1907.4–1918.3）

西山雄大：標題表記なし（専売局山形製造所），山形市吉野屋絵葉書店，発行年月不明（1907.4–1918.3）

西山雄大：標題表記なし（八日市専売所庁舎前での職員集合写真），撮影者不明，撮影時期不明

姫島村教育委員会 蔵：標題表記なし（姫島出張所の正門と庁舎），撮影者不明，1960 頃

官公庁・公的機関による刊行物・記念誌など

愛知県幡豆郡吉良町教育委員会 編：吉良の塩田—幡豆郡の製塩業に関する調査報告—，愛知県幡豆郡吉良町教育委員会，2011.3

石川県教育委員会 編：石川県の近代化遺産—石川県近代化遺産（建造物等）総合調査報告書—，石川県教育委員会，2008.3

営繕管財局 編：営繕管財局営繕事業年報（大正十四年度）第一輯，営繕管財局，1934.10

営繕管財局 編：営繕管財局営繕事業年報（自大正十五昭和元年度 至昭和五年度）第二輯 上・下巻，営繕管財局，1936.12

大蔵省 編：明治三十七八年戦時財政始末報告，大蔵省，1906.4

大蔵省主税局 編：塩専売事業年報第一回（明治三十八年度），大蔵省主税局，1906.10

大蔵省主税局 編：塩専売事業年報第二回（明治三十九年度），大蔵省主税局，1907.12

大蔵省百年史編集室 編：大蔵省百年史 上・下・別巻，大蔵財務協会，1969.1

大蔵省臨時建築部 編：大蔵省臨時建築部年報 第一，大蔵省臨時建築部，1909.3

大蔵省臨時建築部 編：大蔵省臨時建築部年報 第二，大蔵省臨時建築部，1910.4

大蔵省臨時建築部 編：大蔵省臨時建築部年報 第三，大蔵省臨時建築部，1911.3

大蔵省臨時建築部 編：大蔵省臨時建築部年報 第四，大蔵省臨時建築部，1912.7

大蔵省臨時建築部 編：臨時煙草製造準備局成蹟一斑 第二建築部，大蔵省臨時建築部，1906.3

大蔵大臣官房臨時建築課 編：明治四十四年度大正元年度 大蔵大臣官房臨時建築課年報 第五，大蔵大臣官房臨時建築課，1917.7

岡山県教育庁文化財課 編：岡山県の近代化遺産—岡山県近代化遺産総合調査報告書—，岡山県教育委員会，2005.3

小川寫眞所 撮影・小川製版所 印刷：標題不明（記念 仙台専売支局新築落成披露会 大正六年五月二十八日），1907.5（非売品か）

神奈川県立歴史博物館：建物のご紹介（https://ch.kanagawa-museum.jp/cultural-properties/building#:~:text=1964 年（昭和 39 年，ドームを復元しました。（2025. 1. 7 閲覧））

川端直正 編：浪速区史，浪速区創設三十周年記念事業委員会，1957. 2

工学会・啓明会 編：明治工業史　建築篇，工学会，1927. 4

国立公文書館・創言社 編：国立公文書館ニュース，Vol. 3，2015. 9（http://www.archives.go.jp/naj_news/03/kaou.html（2021. 8. 1 閲覧））

坂出地方専売局 編：御大禮記念 坂出塩業改善一斑 昭和三年十一月，坂出地方専売局，1930. 3（非売品）

参議院：仮議事堂～現在の議事堂が建てられるまで（https://www.sangiin.go.jp/japanese/70/70-1.html（2020. 10. 1 閲覧））

専売局 編：塩専売史，専売局，1914. 3

専売局 編：専売二十五年誌，専売局，1922. 11

専売局長官官房調査課 編：専売局第十四回年報　明治四十四年度，専売局，1913. 3

煙草専売局 編：臨時煙草製造準備局成蹟一斑　第一編作業部，煙草専売局，1906. 3

長崎県教育委員会 編：長崎県の近代化遺産―長崎県近代化遺産総合調査報告書―，長崎県教育委員会，1998. 3

75 年史編集委員会 編：鹿児島工場のあゆみ，日本専売公社鹿児島工場，1981. 3

日本建築学会 編：日本近代建築学発達史　上・下巻，丸善，1972

日本建築学会 編：日本近代建築総覧―各地に遺る明治大正昭和の建物　新版，技報堂出版，1983. 11

日本建築学会 編：妻木頼黄の都市と建築，日本建築学会，2014. 4

日本専売公社：塩田のおもかげ，日本専売公社四国支社塩事業部，1973. 3（非売品）

日本専売公社：樟脳専売史，日本専売公社，1956（非売品）

日本専売公社防府工場：七十年のあゆみ，日本専売公社防府工場，1980. 7（非売品）

兵庫県教育委員会事務局文化財室：兵庫県の近代化遺産―兵庫県近代化遺産（建造物等）総合調査報告書―，兵庫県教育委員会事務局文化財室，2006. 3

藤澤寫眞館：福岡専売支局要覧，発行者不明（福岡専売支局か），発行年月不明（非売品か）

山口県教育庁文化財保護課 編：山口県の近代化遺産―山口県近代化遺産（建造物等）総合調査報告書―，山口県教育委員会，1998. 3

郵政省郵便局郵便事業史編纂室 編：郵便創業 120 年の歴史，ぎょうせい，1991. 3

寄島町文化財保護委員会 編：寄島の塩田，寄島町教育委員会，2006. 3（非売品）

臨時葉煙草取扱所建築部 編：臨時葉煙草取扱所建築部建築一斑，臨時葉煙草取扱所建築部，1899. 3

編者不明：山形専売支局土崎出張所要覧，発行者不明（山形専売支局か），発行年月不明（1920. 4 以降）（非売品か）

書籍

青柳栄 編：写真集明治大正昭和　大田原（ふるさとの想い出 89），国書刊行会，1979. 10

安藤安 編：日本橋紀念誌，日本橋紀念誌発行所，1911. 4（非売品）

板谷敏彦：日露戦争、資金調達の戦い―高橋是清と欧米バンカーたち，新潮社，2012. 8

稲垣栄三：日本の近代建築史―その成立過程―，丸善，1959. 6

岩崎光 編：写真集明治大正昭和　指宿（ふるさとの想い出 117），国書刊行会，1981. 1

太田雅慶 編：写真集明治大正昭和　竹原（ふるさとの想い出 304），国書刊行会，1985. 5

大成経凡：しまなみ海道の近代化遺産―足跡に咲く花を訪ねて―，創風社出版，2005. 1

川島智雄：戦後モダニズムの学校建築，鹿島出版会，2024. 2

クリスチャン・ノルベルグ＝シュルツ 著，前川道郎 訳：西洋の建築―空間と意味の歴史，本の友社，1998. 7

神代雄一郎・本間正義・前田泰次：原色日本の美術　第 32 巻　近代の建築・彫刻・工芸（改訂版），小学館，1980. 11

財間八郎・朝井柾善 編：写真集明治大正昭和　尾道（ふるさとの想い出 17），国書刊行会，1979. 3

清水重敦 著，東京国立博物館・京都国立博物館・奈良国立博物館・東京文化財研究所・奈良文化財研究所 監修：擬洋風建築　日本の美術（No. 446），至文堂，2003. 7

鈴木成文：五一Ｃ白書―私の建築計画戦後史（住まい学大系 101），住まいの図書館出版局，2006. 6

瀧大吉 講述：建築学講義　巻之二，建築書院，1909. 3

橘正 編：写真集明治大正昭和　下松，国書刊行会（ふるさとの想い出 306），1985. 5

中村達太郎：日本建築辞彙，丸善，1906. 6

西田素康 編：写真集明治大正昭和　撫養，国書刊行会（ふるさとの想い出 16），1985. 6

博物館明治村 編：明治建築をつくった人々　その四　妻木頼黄と臨時建築局―国会議事堂への系譜―，名古屋鉄道株式会社，1990. 10

長谷川堯 著，増田彰久 写真：日本の建築［明治大正昭和］　4 議事堂への系譜，三省堂，1981. 4

初田亨：職人たちの西洋建築，講談社，1997. 1

堀勇良：日本近代建築人名総覧　増補版，中央公論新社，2022. 7

222

丸山雅子 監修：日本近代建築家列伝―生き続ける建築―、鹿島出版会、2017. 1

青木祐介：姜木頼黄 建築家が背負った明治化、pp. 57-64

源愛日児：木造軸組構法の近代化、中央公論美術出版、2009. 8

三橋四郎：建築準備設計のシステム、中巻、大倉書店、1904. 12

向井覚：日本近代建築史ノート―西洋館を建てた人々―、世界書院、1965. 1

村松貞次郎：日本近代建築史山脈、鹿島研究所出版会、1965. 10

村松貞次郎：日本近代建築技術史（新建築技術叢書：8）、彰国社、1976. 9

村松貞次郎：近江栄・山口廣・長谷川堯＋磯崎新・鈴木博之＋藤森照信・堀勇良 著、新建築編集部 編：日本近代建築史再考―虚構の崩壊―、新建築社、1977. 3

編者不明：清水満之助店、清水方建築家屋撮影、第 7 篇、1900. 12（非売品か）

論文

天野あゆみ：明治期における中堅建築技術者の任免と履歴書、建築史学、第 78 号、pp. 102-118、建築史学会、2022. 3

天野あゆみ：大蔵省臨時煙草取扱所建築部における中堅建築技術者の人材確保と育成、京都芸術大学大学院紀要、第 3 号、pp. 132-145、2022. 10

石井滋：行政機関における雇員制度立、ソシオサイエンス、Vol. 21、pp. 94-108、早稲田大学社会科学総合学術院、2015. 3

崎山俊雄・永井康雄：近代日本の住宅建築における標準設計の成立過程に関する研究、日本建築学会計画系論文集、第 66 巻、第 542 号、pp. 213-220、2001. 4

崎山俊雄・永井康雄・安原盛彦：旧陸軍省における官舎建築の供給制度と平面構成について―近代日本の官舎建築に関する歴史的研究、日本建築学会計画系論文集、第 70 巻、第 595 号、pp. 189-196、2005. 9

崎山俊雄・永井康雄・安原盛彦：明治初期における官舎制度の形成過程について―近代日本の官舎建築に関する歴史的研究、日本建築学会計画系論文集、第 71 巻、第 608 号、pp. 149-156、2006. 10

崎山俊雄・飯淵康一・永井康雄・安原盛彦：戦前期における官舎建築の供給制度と平面構成について―その 1 成立から鉄道国有化前まで（明治 3 年～同 38 年）―、日本建築学会計画系論文集、第 73 巻、第 624 号、pp. 441-448、2008. 2

崎山俊雄・飯淵康一・安原盛彦：明治初期における地方官舎の供給制度と平面構成―近代日本の官舎建築に関する歴史的研究―、日本建築学会計画系論文集、第 74 巻、第 635 号、pp. 257-265、2009. 1

崎山俊雄・飯淵康一・安原盛彦：戦前期の国鉄における官舎建築の供給制度と平面構成について―その 2 明治 30 年代における鉄道省の拡張と官舎再考の視点を中心に―、日本建築学会計画系論文集、第 75 巻、第 684 号、pp. 453-461、2010. 2

菅原洋一：明治期の三重県関係建築施設における洋風意匠について―三重県第二・三・四中学校の建築を中心として―、日本建築学会計画系論文集、第 55 巻、第 408 号、pp. 165-177、1990. 2

菅原洋一：明治期の三重県関係建築施設の構成と類型、日本建築学会計画系論文集、第 56 巻、第 422 号、pp. 144-155、1991. 4

長谷川直司・守明子・河原利江：明治期煉瓦造建築物における組積工事管理、日本建築学会構造系論文集、第 71 巻、第 602 号、pp. 59-65、2016. 4

初田亨：明治初期の木挽町魚納屋と「西洋造り」について、日本建築学会論文報告集、第 269 号、pp. 193-198、1997. 9

堀井啓幸：戦後の学校建築史（その1）―学校経営研究会、1984. 4　―学校施設理論の蓄積と実際に関する若干の考察、学校経営研究、第 9 巻、pp. 29-48、大塚学校経営研究会、1984. 4

堀内正昭：法務省旧本館に用いられた煉瓦（ていれん）鉄練法について、日本建築学会計画系論文集、第 499 号、pp. 221-227、2001. 9

堀内正昭：ドイツの母屋組屋根から見たわが国のドイツ小屋について、日本建築学会計画系論文集、第 542 号、pp. 32-42、2013. 7

堀内正昭：広島臨時仮議事堂（竣工 1894 年）における議場小屋組の構法について、昭和女子大学環境デザイン学科紀要 学苑、第 873 号、pp. 443-444、2013. 7

村松貞次郎：幕末・明治初期洋風建築の小屋組とその発達、日本建築学会論文報告集、第 63 号、pp. 641-644、1959. 10

その他論稿

赤穂市立民俗資料館（館長・久保良道）編：赤穂市立民俗資料館 90 年の歩み、2001. 3（非売品）

足立裕司：旧赤穂塩務局庁舎と大蔵省臨時建築部について、日本建築学会大会学術講演梗概集、F-2 分冊、建築歴史・意匠、pp. 443-444、2004. 7

天野あゆみ・西山雄大：鉄道省初代建築課長・久野節の千葉県技師時代の業績―千葉県営鉄道および千葉県技手・後藤政二郎との関係に着目して―，2023 年度日本建築学会関東支部研究報告集Ⅱ，第 94 号，pp. 471–474，日本建築学会関東支部，2024. 3

磯田桂史：明治 30 年代前半の熊本県庁における営繕体制について，日本建築学会九州支部研究報告集，第 52 号，pp. 533–536，2013. 3

伊藤重剛・大塚和樹：専売局熊本煙草製造所の工場建築に関する研究，日本建築学会九州支部研究報告集，第 53 号，pp. 513–516，2014. 3

伊東忠太・大澤三之助・河合浩藏ほか：明治建築座談會（第 2 回），建築雑誌，第 47 輯，第 566 号，pp. 145–196，建築学会，1933. 1

伊東忠太・榎本惣太郎・大澤三之助ほか：明治建築座談會（第 3 回），建築雑誌，第 47 輯，第 576 号，pp. 1373–1406，建築学会，1933. 10

大熊喜邦・辰野金吾・片川東熊・曾禰達藏・中村達太郎・古市公威・石黒五十二・矢橋賢吉・小林金平：雜記：妻木博士を弔ふ，建築雑誌，第 30 緝，第 359 号，pp. 1–20，建築学会，1916. 11

大渓元千代：金沢市立図書館　別館，たばこ史研究，第 27 号，pp. 50–51，たばこ総合研究センター，1989. 2

岡崎直司：失われたモノたちへのレクイエム，舞たうん，第 117 号，pp. 24–25，えひめ地域政策研究センター，2013. 7

越智令而 編：吉見の塩田物語，吉見地区まちづくり協議会，2016. 12（非売品）

川島智生：醸造家と建築㊸　赤穂塩務局庁舎―塩業の近代化遺産―，醸界春秋，No. 70，pp. 37–42，醸界通信社，2001. 11

清水慶一：コーネル大学所蔵の小島憲之，妻木頼黄に関する資料について，日本建築学会大会学術講梗概集，F 分冊，建築歴史・意匠，pp. 777–778，1989. 9

清水慶一・堀勇良：妻木頼黄の初期の履歴について，日本建築学会大会学術講梗概集，F 分冊，建築歴史・意匠，pp. 743–744，1990. 9

『たばこ史研究』誌編集部：岩手県花巻市で見つけた大蔵省専売局時代の煙草販売所の倉庫，たばこ史研究，第 146 号，pp. 36–42，たばこ総合研究センター，2018. 11

妻木二郎（語り手）・蔵田周忠（聞き手）：人物風土記　第 6 回　苦学力行の旗本建築士　妻木頼黄氏，建築士，第 8 巻，第 80 号，pp. 12–18，日本建築士会連合会，1959. 6

妻木頼黄（演説）：廣島に於ける假議事堂に就て，建築雑誌，第 9 輯，第 107 号，pp. 295–313，造家学会，1895. 11

沼尻政太朗：葉煙草専賣所建築工事，建築雑誌，第 13 輯，第 148 号，pp. 100–101，建築学会，1899. 4

畠山篤雄：旧千厩町の葉たばこ産業近代遺構，たばこ史研究，第 95 号，pp. 2–7，たばこ総合研究センター，2006. 2

畠山篤雄：煙草と塩・二つの専売局建物遺構―千厩　渡波―，東磐史学，第 37 号，pp. 24–33，東磐史学会，2012. 8

初田亨：沼尻政太郎について，日本建築学会大会学術講梗概集，計画系，pp. 2039–2040，1979. 9

花岡直樹：委員会報告　伯方塩業旧事務所棟（今治市伯方町木浦）測量調査，いしづち，No. 123，pp. 3–9，愛媛県建築士会，2018. 7

平山育男：『臨時葉煙草取扱所建築部建築一斑』にみる建築材料などの調査，2023 年度日本建築学会関東支部研究報告集Ⅱ，第 94 号，pp. 483–486，2024. 3

皆川雄一・角幸博・池上重康：田中豊太郎（1870–1947）の建築活動，日本建築学会大会学術講梗概集，F-2 分冊，建築歴史・意匠，pp. 359–360，2002. 8

宮村勝男：官庁営繕の記録 5 営繕組織の変遷・近代日本の官庁街を作った建築家たちの歴史（その 1），公共建築，第 31 巻，第 1 号（通巻第 121 号），pp. 56–61，公共建築協会，1989. 6

宮村勝男：官庁営繕の記録 6 営繕組織の変遷・近代日本の官庁街を作った建築家たちの歴史（その 2），公共建築，第 31 巻，第 2 号（通巻第 122 号），pp. 64–69，公共建築協会，1989. 9

森井健介：人物風土記補遺，建築士，第 8 巻，第 82 号，pp. 32–33，日本建築士会連合会，1959. 8

山崎幹泰：「金沢煙草製造所新営工事設計図」について，日本建築学会北陸支部研究報告集，第 60 号，pp. 579–582，2017. 7

山本拓哉：全国たばこ史跡巡り（4）　専売局時代の建築物と妻木頼黄（上），たばこ史研究，第 116 号，pp. 30–34，たばこ総合研究センター，2011. 5

山本拓哉：全国たばこ史跡巡り（5）　専売局時代の建築物と妻木頼黄（中），たばこ史研究，第 117 号，pp. 34–39，たばこ総合研究センター，2011. 8

山本拓哉：全国たばこ史跡巡り（6）　専売局時代の建築物と妻木頼黄（下），たばこ史研究，第 118 号，pp. 28–35，たばこ総合研究センター，2011. 11

無記名記事（会告）：故正員工學博士 妻木頼黄，建築雑誌，第 30 緝，第 358 号，頁数なし，建築学会，1916. 10

無記名記事（巻末附図説明）：専賣局廳舎新築工事，建築雑誌，第 23 輯，第 268 号，p. 178，建築学会，1909. 4

無記名記事：辰野文庫・妻木文庫を記念図書室に開設，建築雑誌，第 99 巻，第 1216 号，pp. 87–95，建築学会，1984. 1

無記名記事（説林　演説）：我國将来の建築様式を如何にすべきや，建築雑誌，第 24 輯，第 282 号，pp. 252–289，

建築学会，1910.6
無記名記事（説林　討論）：我國將來の建築様式を如何にすべきや，建築雑誌，第 24 輯，第 284 号，pp. 395–417，
　建築学会，1910.8

<h1>あとがき</h1>

　本書は，九州大学大学院人間環境学府空間システム専攻に令和4（2022）年2月に提出した博士学位論文「明治日本の建築の近代化過程における標準化の一様相〜専売制導入時の大蔵技師妻木頼黄による施設計画に着目して〜」（同年3月23日，学位授与）を原型にしている。博士研究は，「JST次世代研究者挑戦的研究プログラム（JPMJSP2136）」および九州大学大学院人間環境学府の「令和3年度 学位取得（課程博士）に向けての研究助成」の支援により実施した。各章の多くは既発表の論文を元に，史資料の追加や事実関係の修正を踏まえて改稿した。各章の初出一覧は次の通りである。

序章　　新稿
第1章　明治後期の煙草と塩の専売制導入時の施設計画に関する研究〜大蔵省営繕組織の体制と工事運営管理の手法に着目して〜，日本建築学会計画系論文集，第87巻，第794号，2022.4
　補論　新稿
第2章　明治35年提出の「営繕局」設置構想について，日本建築学会技術報告集，第28巻，第70号，2022.10
第3章　葉煙草専売所の営繕における「西洋形」の意味について，九州大学大学院人間環境学研究院紀要　都市・建築学研究，第38号，2020.7
　　　　葉煙草取扱所出張所の図面史料について，日本建築学会技術報告集，第27巻，第67号，2021.10
　補論　新稿
第4章　新稿
第5章　塩務局所の営繕における標準設計の手法〜庁舎の等級区分に着目して〜，九州大学大学院人間環境学研究院紀要　都市・建築学研究，第39号，2021.1
　補論　渡波専売官吏派出所の平面構成と細部意匠—ヒアリング調査と現存部材群の観察から—，日本建築学会東北支部研究報告集，計画系，第84号，2021.6
終章　　新稿

　学位論文の審査過程では，主指導教員であり主査でもあった末廣香織教授（当時・准教授）の他，副査をお引き受け頂いた堀賀貴教授（九州大学大学院人間環境学研究院）・井上朝雄准教授（九州大学大学院芸術工学研究院）・﨑山俊雄准教授（東北学院大学工学部）の各先生方から，親身なご意見と励ましを頂いた。ともすれば狭隘な視点に陥りがちな中で，それぞれのご専門の立場からご助言を頂き，どうにか纏め上げることができた。とくに，序章における研究の視座の設定と結論については，4名の先生方のご助力なくして整理することはできなかったと思う。心より感謝を申

し上げます。

　論文審査の公聴会（2022年2月9日，オンライン開催）には30名を超える方々にご参加頂き，厳しくも心温かい試問を受け，多くの課題を頂戴した。また，それに先立つ令和3年度日本建築学会九州支部歴史・意匠委員会「教員と学生の研究交流会」（2021年6月12日，オンライン開催）においても，座長の伊東龍一教授（当時・熊本大学大学院自然科学教育部）や司会の木島孝之助教（九州大学大学院人間環境学研究院）をはじめ多くの先生方から「標準設計」に関する貴重なご意見とご指摘，参考情報を頂いた。この場にて，改めてお礼申し上げたい。

　本書を纏めるにあたり，それらの幾つかについては増補を行いつつ，論点をより明確にすべく冗長な部分を思い切って削除するなど，全体の加除修正を行った。なお十分な回答ができたとは言い難いが，積み残した課題は，今後の研究の糧として引き続き取り組んでいきたい。

　各地で行った現存建築物・遺構の調査では，以下の諸機関および個人の皆様にご支援・ご協力を頂いた。記して深甚なる謝意を表します（順不同）。

　斎藤広通氏（仙台市立仙台工業高等学校・近代仙台研究会）

　畠山篤雄氏（一関市教育委員会）

　熊谷美知子氏（せんまや街角資料館）

　周防大島町教育委員会

　加茂川歴史民俗資料館（吉備中央町教育委員会）

　諏訪芳一氏（東京電機工業株式会社会長）

　諏訪良介氏（東京電機工業株式会社社長）

　福田昶三宅の皆様（佐々町小浦免）

　千葉トヨペット株式会社

　さらに，以下の皆様から史資料の提供を頂いた。記して深甚なる謝意を表します（順不同）。清水建設株式会社所蔵の史料の利用にあたっては，松本隆史氏（清水建設株式会社技術研究所・九州大学大学文書館）に仲介の労を取って頂くとともに，アーカイブズ学的な見地から史資料の扱いについて広範なご教示やご示唆を頂いた。

　多喜浜塩田資料館建設委員会（新居浜市多喜浜公民館）

　浅口市立寄島郷土資料館（浅口市教育委員会）

　防府市立防府図書館

　清水建設株式会社 コーポレート・コミュニケーション部

　姫島村教育委員会

　淺川均氏（山口県文書館）

　岡山方面での調査には石田尽氏（元・九州大学農学部），千厩・周防大島・網干での調査には

岡村（山内）彩友美氏（当時・日本郵政株式会社施設部，現・日本郵政建築株式会社）に同行頂き，実測作業や記録撮影を補助頂いた。掲載図表の一部については，研究室の後輩である樋口紗矢氏（当時・九州大学大学院）に作成協力頂いた。学位取得後は，天野あゆみ氏（京都芸術大学）とのオンライン勉強会を継続開催し，明治から大正期にかけての大蔵省営繕についての共同調査を行っている。その成果も，ごく一部だが本書に盛り込むことができた。天野氏との協働により，「専売建築」を担った人材育成や敷地選定における地方と中央の交渉過程など，少しずつではあるが新たな展望が拓けつつある。さらに後究を期したい。

　学位論文執筆時から引き続き，中川原愛氏の協力と励ましにより，どうにか入稿まで辿り着くことができた。また，九州大学出版会の奥野有希氏のご尽力なくして本書が完成することはなかった。これまで支えて頂いた多くの方々や家族に，出版を報告するのが待ち遠しい。

　明治後期における国家的な事業でありながら近代建築史上の空白として残されていた「専売建築」の全体像を，モノ資料としての現存建築物・遺構や図面だけでなく，組織運用や所属人員にも焦点を当てて実証的に明らかにするのが，本書の試みであった。タイトルには最も頭を悩ませたが，「専売建築」の検証を通して明治日本を代表する建築家の一人である妻木頼黄の人物像を再構築したいとの意図もあり，学位論文提出時のものから一新することにした。そのねらいがどこまで果たせたか，今さらながら力不足を痛感している。読者各位からも忌憚のないご意見やご批判を賜りたい。

　本書の出版は静岡文化芸術大学出版助成による。またとない機会を与えて下さった関係者各位に深く感謝します。

令和 6（2024）年 12 月　西山雄大

索 引 （五十音順）

施設名称・建物名称

著者紹介

西山 雄大（にしやま・ゆうだい）

1989年松江市生まれ，広島市出身。2013年九州大学工学部建築学科を卒業。2015年九州大学大学院人間環境学府空間システム専攻修士課程を修了後，建築設計事務所に勤務。2019年同博士後期課程に編入学し，2022年修了。博士（工学）。九州大学大学院人間環境学研究院（都市・建築学部門）学術協力研究員を経て，2023年より静岡文化芸術大学デザイン学部デザイン学科特任助手。一級建築士。

専門分野
日本近代建築史

主な業績
「煙草・塩の専売制度創成期における建築計画」（2019年度日本建築学会大会（北陸）学術講演会）で若手優秀発表賞（建築歴史・意匠部門）［日本建築学会建築歴史・意匠委員会］
「塩務局所庁舎の等級区分と平面構成～図面史料と現存遺構の比較から～」（2020年度日本建築学会九州支部研究発表会）で建築九州賞 研究新人賞（建築歴史・意匠分野）［日本建築学会九州支部］

「専売建築」と妻木頼黄
「標準化」の思想と実践

2025年3月31日　初版発行

著　者　西　山　雄　大
発行者　清　水　和　裕
発行所　一般財団法人 九州大学出版会
　　　　〒819-0385 福岡市西区元岡744
　　　　九州大学パブリック4号館302号室
　　　　電話　092-836-8256
　　　　URL　https://kup.or.jp/
　　　　印刷／城島印刷㈱　製本／篠原製本㈱

The "Sembai-Kenchiku" and TSUMAKI Yorinaka:
His philosophy and practice in the "standardization"
© Yudai Nishiyama　Kyushu University Press, 2025
Printed in Japan　ISBN 978-4-7985-0381-3